Hans A. Hey (Hrsg.)

Trainerkarriere

Wie Sie als Trainer erfolgreich selbstständig
werden und bleiben

Hans A. Hey (Hrsg.)

Trainerkarriere

Wie Sie als Trainer erfolgreich selbstständig werden und bleiben

In Kooperation mit dem BDVT
Berufsverband Deutscher Verkäufsförderer
und Trainer e.V.

GABAL
Professional Training

Die Deutsche Bibliothek – CIP-Einheitsaufnahme
Ein Titelsatz für diese Publikation ist bei der Deutschen Bibliothek erhältlich.

ISBN 3-89749-218-0

Lektorat: Renate Richter, Bergisch Gladbach
Umschlaggestaltung: +Malsy Kommunikation und Gestaltung, Bremen
Satz und Layout: Erwin Hübner, Niedernhausen
Druck und Bindung: Salzland Druck, Staßfurt

Inhalt

6. Wege zum Erfolg

Hans A. Hey BDVT
Goerdelerstr. 126
74080 Heilbronn
Tel. 07131-45659
Fax 07131-41433
E-Mail: hey-erfolgstraining@yahoo.com

Hans A. Hey ist Spezialist für praxisnahes, aufgabenbezogenes Verkaufstraining. Er ist seit 1969 selbstständig. In langfristigen Personalentwicklungskonzeptionen betreut er führende deutsche Firmen, Verbände und Institutionen. Seine Aufgabenschwerpunkte sind: Personalentwicklung im Vertrieb, Leistungssteigerung im Verkauf, Persönlichkeitsförderung, Vermittlung professioneller Verkaufsstrategien und Praxistraining im Intervallsystem on the job.

Hey ist Ehrenpräsident des Berufsverbandes Deutscher Verkaufsförderer und Trainer (BDVT), Sprecher der Trainergruppe 8, Aufsichtsratsvorsitzender von „Die Trainer AG“ und Verfasser zahlreicher Buchbeiträge und Fachartikel.

Hans A. Hey ist vielfach ausgezeichnet. Er ist Gewinner des Deutschen Trainings-Preises in Gold (1992). Von der Bundesrepublik Deutschland wurde ihm das Bundesverdienstkreuz am Bande verliehen, vom Land Baden-Württemberg die Ehrennadel und von der Stadt Heilbronn die Goldene Münze.

Statt eines Vorworts:

Gedanken zur Berufswahl und zum Start in die Selbstständigkeit

Der Autor Hans A. Hey – in der Trainingsbranche seit langem als Vordenker und als Mentor vieler junger Trainer geschätzt – zeigt aus seiner langjährigen Trainingserfahrung die Risiken, Chancen und Anforderungen für den erfolgreichen Start in den Trainerberuf auf. Für junge TrainerInnen und Neueinsteiger im Markt der beruflichen Weiterbildung gibt der Trainer-Eignungs-Test© die Möglichkeit einer individuellen Prüfung der Grundmotivation. Nur wenn Lebensziele, Bedürfnisse, Erwartungen und Kompetenzen mit den Marktbedingungen realistisch abgeglichen sind, wird der Einstieg in die Selbstständigkeit als Trainer erfolgreich sein.

Wer vor der Entscheidung steht: „Soll ich den Beruf des Trainers* ergreifen oder mich als Trainer selbständig machen?“, wird vor dieser Berufswahl hoffentlich gründlich überlegen und das Für und Wider sorgfältig abwägen. Alle Beiträge dieses Buches sollen Hilfen zur richtigen Entscheidungsfindung sein. Dieser Beitrag richtet sich schwerpunktmäßig an diejenigen, die in der Überlegensphase vor der Berufswahl oder dem Schritt in die Selbstständigkeit stehen. Selbstverständlich eignen sich diese Ausführungen auch für Trainer, die ihre momentane berufliche Situation kritisch überprüfen wollen oder an Erweiterungen bzw. Veränderungen ihrer Tätigkeit denken.

Steigen wir also ein und wechseln jetzt zur persönlicheren, direkten Ansprache:

Der Markt ist überlaufen

Was treibt Sie eigentlich dazu, gerade diesen schwierigen, stressigen, zeitaufwendigen Beruf ergreifen zu wollen? Das Angebot an Trainern ist riesengroß. Im Berufsverband Deutscher Verkaufs-

* *Selbstverständlich werden in diesem Beitrag bei der Verwendung der männlichen Bezeichnung Trainerinnen, Partnerinnen etc. immer ausdrücklich mit angesprochen.*

förderer und Trainer (BDVT) rechnen wir mit 15.000 - 20.000 selbstständigen Trainern. Darüber hinaus gibt es noch eine enorme Zahl von „Gelegenheitsarbeitern", das sind zum Beispiel Unternehmensberater, die auch mal einen Trainingsauftrag mitnehmen, das riesige Heer von Referenten aus dem universitären und pädagogischen Bereich, Hochschulabsolventen, die keine feste Anstellung finden und sich deshalb als freiberufliche Trainer versuchen. Der Weiterbildungsmarkt ist dadurch völlig überbesetzt, der Wettbewerb gnadenlos hart. Die Auftraggeber werden mit Angeboten überschüttet. Darüber hinaus ist der Markt auch noch gespalten, das heißt Trainer mit Bekanntheitsgrad sind langfristig ausgelastet, Newcomer – oft mit hervorragender Qualifikation – tun sich unendlich schwer, ins Geschäft zu kommen. Fazit: Der Markt wartet nicht auf Sie. Warum sollte ein potenzieller Kunde gerade Sie auswählen? Wie und auf welchem Weg wollen Sie an Ihre künftigen Auftraggeber herankommen? Wie können Sie sich von der Masse aller anderen Anbieter unterscheiden, wie Ihren Marktpartner von Ihren Leistungen überzeugen? Welche Referenzen können Sie vorweisen? Wo liegt Ihre Spezialisierung, Ihr USP, der Ihnen ein unverwechselbares Profil verleiht?

1 Investitionen für den Einstieg

Mindestens 60.000 Euro für Investitionen

Haben Sie die notwendigen Investitionen in eine selbstständige Trainertätigkeit genau kalkuliert? Der BDVT schätzt diese Kosten in seinem Berufsbild „TrainerIn und BeraterIn BDVT" wie folgt:

- **Büroeinrichtung**
  Mobiliar, Computer, Drucker, Laptop, Scanner, Fotokopiergerät, Rechenmaschine, Telefax, ISDN-Anschluss usw.
  Geschätzter Aufwand: 20.000 bis 30.000 Euro
- **PKW/Kombi**
  mit möglichst großer Ladefläche
  Geschätzter Aufwand: 25.000 bis 30.000 Euro
- **Trainingsmedien und Hilfsmittel**
  Videoanlage, Flipchart, Overhead-Projektor, Moderatorenausrüstung, Dia-Projektor, Tonbandrekorder, Telefonsimultan-Anlage usw.
  Geschätzter Aufwand: 7.500 bis 10.000 Euro

- **Werbe- und Marketingmaßnahmen**
  Informationsschriften, Mailings, Anzeigen, Internet (Homepage), Beteiligung an Messen und Fachausstellungen usw.
  Geschätzter Aufwand: mindestens 7.500 Euro pro Jahr
- **Weiterbildung und Fachbibliothek**
  Teilnahme an Seminaren, Weiterbildungsveranstaltungen und Kongressen wie zum Beispiel „ProSales", Bücherkauf, Audiothek, Videothek, Multimedia
  Geschätzter Aufwand: 2.500 bis 5.000 Euro pro Jahr

Eventuell anfallende Personalkosten für Büropersonal sind in dieser Zusammenstellung noch nicht berücksichtigt. Darüber hinaus müssen Sie mit hoher Wahrscheinlichkeit mit einer Anlaufzeit bei Aufnahme der selbstständigen Tätigkeit und damit mit einer finanziellen Durststrecke rechnen.

2 Unternehmerische und fachliche Kompetenz ist gefordert

Trainer müssen vielen Funktionen gerecht werden

Wissen Sie, dass ein Trainer, und hier besonders der selbstständige ein Multitalent sein muss? Er soll

- ein exzellenter Fachmann sein.
- unternehmerische Qualitäten besitzen.
- hervorragend akquirieren können.
- über konzeptionelle Kompetenz verfügen.
- lebenslang lernbereit und flexibel sein, um ständig neue Entwicklungen zu erfassen und in sein Training einfließen zu lassen.

Oft unterwegs, wenig zu Hause

Wer kann von sich behaupten, all diesen Anforderungen voll genügen zu können? Sind Sie sich über Ihre Stärken und Schwächen im Klaren? Dass der Beruf des Trainers häufige Abwesenheit von zu Hause mit sich bringt und dadurch Familie und Partnerschaft eine hohe Toleranz gegenüber dieser Tätigkeit abverlangt, ist ein weiterer, ernst zu nehmender Belastungsfaktor dieses Berufes.

Wenn Sie jetzt auf mich, den Verfasser dieses Beitrags, zornig und kurz davor sind, das Buch in die Ecke zu werfen, oder darüber nachdenken, wie Sie den Kaufpreis wieder zurückerlangen können, dann habe ich volles Verständnis für Sie. Ganz bewusst habe ich massiv und etwas dramatisierend die Schwierigkeiten unseres Trainerberufs an den Anfang gestellt. Sie sollten sich völlig bewusst sein, auf was Sie sich einlassen, wenn Sie diesen Beruf als Lebensaufgabe wählen.

Geeignet für die Selbstständigkeit?

Um Ihnen eine weitere Hilfe bei Ihren Entscheidungen zu geben, machen Sie nun bitte den nachstehenden Test.

3 Der Trainer-Eignungs-Test©: Soll ich mich als Trainer selbständig machen?

Bitte kreuzen Sie auf dem Balken in der Mitte jeweils an, welcher Aussage Sie eher zustimmen und in welchem Maße (0 = unentschieden zwischen beiden Aussagen, 1 = leichte Präferenz der linken bzw. rechten Seite, 2 = starke Präferenz). Setzen Sie pro Balken bitte *nur ein Kreuz* und lassen Sie keine Aussage aus.

Seien Sie beim Ankreuzen bitte *ehrlich* zu sich selbst, denn nur so werden Sie auch ein auf Sie zutreffendes Testergebnis erhalten, das Ihnen bei der Planung Ihrer weiteren beruflichen Karriere weiterhelfen kann.

Punkte A	A		B	Punkte B
☐	Ich kann gut als Einzelkämpfer arbeiten.	2 1 0 1 2 ☐ ☐ ☐ ☐ ☐	Ich fühle mich wohl, wenn ich in einem Team arbeite.	☐
☐	Mir gefällt ein Tagesablauf mit viel Abwechslung und unterschiedlichen Arbeitszeiten.	2 1 0 1 2 ☐ ☐ ☐ ☐ ☐	Ich bevorzuge einen geordneten Tagesablauf und eine geregelte Arbeitszeit.	☐
☐	Ich komme mit unterschiedlichem, wechselndem Einkommen gut zurecht.	2 1 0 1 2 ☐ ☐ ☐ ☐ ☐	Ich bevorzuge ein festes, planbares Einkommen.	☐
☐	Ich bin bereit, gewisse Risiken einzugehen.	2 1 0 1 2 ☐ ☐ ☐ ☐ ☐	Bei mir steht Sicherheit an erster Stelle.	☐
☐	Ich akzeptiere, dass meine Tätigkeit längere Abwesenheit von meiner Familie/meinem Partner mit sich bringt.	2 1 0 1 2 ☐ ☐ ☐ ☐ ☐	Für mich ist es wichtig, täglich mit meiner Familie/meinem Partner zusammen zu sein.	☐
☐	Ich habe keine Probleme damit, wenn sich Freizeit und Arbeit vermischen.	2 1 0 1 2 ☐ ☐ ☐ ☐ ☐	Für mich ist es wichtig, dass Arbeit und Freizeit klar voneinander getrennt sind.	☐

Punkte A	A		B	Punkte B
☐	Ich arbeite gerne spontan und kann gut improvisieren.	2 1 0 1 2 ☐ ☐ ☐ ☐ ☐	Mir ist es lieber, wenn in meiner Tätigkeit alles gut geplant ist und der Ablauf genau stimmt.	☐
☐	Wenn ich eine Arbeit mehrmals gemacht habe, langweilt sie mich und ich muss sie ändern und neu gestalten.	2 1 0 1 2 ☐ ☐ ☐ ☐ ☐	Bei mir wird die Arbeit immer besser und perfekter, je öfter ich sie mache.	☐
☐	Ich reise gerne, Autofahren macht mir Spaß.	2 1 0 1 2 ☐ ☐ ☐ ☐ ☐	Lange Reisen und Autofahrten belasten mich.	☐
☐	Ich kann mich sehr gut selbst motivieren.	2 1 0 1 2 ☐ ☐ ☐ ☐ ☐	Ich brauche ein motivierendes Umfeld und Kollegen, die mich motivieren.	☐
☐	Ich kann berufliche Tätigkeiten und Arbeitsgebiete rasch wechseln.	2 1 0 1 2 ☐ ☐ ☐ ☐ ☐	Die Beständigkeit meines Arbeitsgebiets und meiner Tätigkeit sind mir wichtig.	☐
☐	Ich erwarte, dass meine Familie/mein Partner in ihren/seinen Bedürfnissen auf meine berufliche Tätigkeit Rücksicht nimmt.	2 1 0 1 2 ☐ ☐ ☐ ☐ ☐	Ich bin bereit, meine berufliche Tätigkeit an die Bedürfnisse meiner Familie/meines Partners anzupassen.	☐

Punkte A	A	2 1 0 1 2	B	Punkte B
☐	Ich lerne gerne immer wieder neue Menschen kennen und fühle mich in wechselnder Umgebung wohl.	2 ☐ 1 ☐ 0 ☐ 1 ☐ 2 ☐	Ich brauche einen festen Freundeskreis und stabile Verbindungen.	☐
☐	Ich erhole mich sehr schnell und kann sofort wieder Gas geben.	2 ☐ 1 ☐ 0 ☐ 1 ☐ 2 ☐	Ich brauche Ruhe und Muße, um meine Batterie wieder aufzuladen.	☐
☐	Ich komme gut damit zurecht, wenn meine Karriere nicht in festen Bahnen verläuft.	2 ☐ 1 ☐ 0 ☐ 1 ☐ 2 ☐	Meine Karriere soll überschaubar und planbar sein.	☐
☐	Ich brauche Freiheit und will selbstständig arbeiten.	2 ☐ 1 ☐ 0 ☐ 1 ☐ 2 ☐	Ich kann gut in Hierarchien und geregelten Strukturen arbeiten.	☐
☐	**Summe Punkte A**		**Summe Punkte B**	☐

Wenn Sie alle Kreuze gesetzt haben, übertragen Sie die Punktwerte für die Spalten A und B in die Kästchen am linken und rechten Rand und addieren Sie Ihre Punktwerte für die Spalten A und B. Wenn Sie nun die Summe der Spalte B von der Summe der Spalte A abziehen, erhalten Sie den Differenzwert, der Ihr Testergebnis darstellt. Er kann plus, minus oder gleich null sein. (So ergeben beispielsweise 4 Punkte in Spalte A minus 22 Punkte in Spalte B einen Differenzwert und damit ein Testergebnis von -18.) Sehen Sie bitte nun in der Testauflösung nach, welche Empfehlung für Ihr Testergebnis zutrifft. Sie befinden sich am Ende des Beitrags.

Summe Punkte A	
- Summe Punkte B	
Differenzwert	

Vielleicht haben Sie bei der Bearbeitung des Testes bald erkannt, welche Aussagen eher für die selbstständige Tätigkeit sprechen und welches die hemmenden Faktoren waren. Macht nichts, denn auch dieser Test sollte Ihre Überlegungen nur weiter anregen und konkretisieren.

Falls Sie nach der Lektüre dieser Ausführungen und dem Testergebnis zur Erkenntnis gelangen, der Beruf des Trainers und vor allem die Selbstständigkeit passt nicht zu Ihren Lebenszielen, Bedürfnissen und Erwartungen, dann haben Sie für sich eine wichtige Entscheidung getroffen. Akzeptieren Sie diese bitte, orientieren und planen Sie Ihre künftige Karriere in eine andere Richtung. Viel Glück!

Wenn Sie hier und jetzt trotz der aufgezeigten Belastungen des Trainerberufs zu dem Ergebnis gekommen sind: *Ich will Trainer werden*, dann gratuliere ich Ihnen herzlich. Sie haben eine starke Grundmotivation für unseren Beruf und die ist eine unabdingbare Voraussetzung, um als Trainer erfolgreich zu sein.

4 Ein erfolgreicher Start als Trainer

Jetzt gilt es, die Weichen richtig zu stellen, und hier gibt Ihnen das vorliegende Buch eine Fülle nützlicher Hinweise, Tipps und Ratschläge. Über 30 Autoren, allesamt erfolgreiche Fachleute auf ihrem Gebiet, präsentieren Ihnen praxisnah und kurz gefasst ihre Erkenntnisse zur Berufswahl, zu Marketing und Akquisition, zu Kaufmännischem und Organisation, zu Kooperationen, Netzwerken, Zusammenarbeit, zu Training im Wandel und Wegen zum Erfolg. Alle relevanten Themen, die für Trainer bei der Berufswahl und vor allem beim Start in die Selbständigkeit wichtig sind, werden angesprochen.

Erkenntnisse nutzen

In dieses Werk sind auch die Erfahrungen aus unzähligen Beratungsgesprächen, die in der Berufsgruppe Selbständige im BDVT geführt wurden, eingeflossen. Dieser Verband sieht es als eine seiner Hauptaufgaben an, jungen Trainern berufliche Beratung, Existenzgründungs- und Starthilfen zu geben. Nutzen Sie dieses komprimierte Know-how gründlich. Holen Sie aber noch mehr für sich heraus. Machen Sie diesen Praxisleitfaden zu einem Arbeitsbuch, zu Ihrem persönlichen Ratgeber. Ganz bewusst ist jeder Autor mit seiner vollen Adresse genannt. Sollten sich aus seinem Beitrag weitere Fragen für Sie ergeben, sprechen Sie den Verfasser an. Er wird Ihnen gerne weitere Auskünfte geben.

Nun wünsche ich Ihnen nur noch einen voll motivierten Start in Ihre Trainer-Karriere. Möge Ihnen dieses Buch helfen, in unserem faszinierenden Beruf erfolgreich tätig/selbstständig zu werden und zu bleiben.

Testauflösung:

Mein Differenzwert ist größer als +16:

→ Für Sie ist eine selbstständige Tätigkeit genau richtig. Sie können mit den Risiken und den Anstrengungen, die die Selbstständigkeit als Trainer mit sich bringt, gut leben und schätzen die Freiheit und Abwechslung, die eine solche Tätigkeit mit sich bringt. Hierbei sind Sie durchaus bereit, einen Teil Ihrer Freizeit zu opfern und private Interessen gegenüber den beruflichen Zielen zurückzustellen. Bitte führen Sie gegebenenfalls mit Ihrem Partner bzw. Ihrer Familie intensive Gespräche darüber, ob Ihre beiderseitigen Vorstellungen weitgehend übereinstimmen.

Mein Differenzwert liegt zwischen +16 und -16:

→ Sie sind unentschieden zwischen einer selbstständigen und einer nicht selbstständigen Tätigkeit. Auf der einen Seite reizen Sie zwar die Vorteile, die die Selbstständigkeit mit sich bringt, auf der anderen Seite scheuen Sie aber eventuell das Risiko oder sind nicht vollständig dazu bereit, die Nachteile der Selbstständigkeit in Kauf zu nehmen. Vielleicht lassen Sie Ihren Partner oder einen Kollegen den Test für Sie nochmals ausfüllen, um zu sehen, ob dieser Sie ähnlich einschätzt wie Sie sich selbst. Das gemeinsame Gespräch über Selbst- und Fremdbild kann Ihnen helfen, sich klarer zu werden. Vielleicht kennen Sie aber auch Trainer, die bereits selbstständig arbeiten, und suchen mit diesen das Gespräch über Ihre Situation. Bitte beziehen Sie in Ihre Überlegungen auch Ihre Familie bzw. Ihren Partner ein, da sich für diese auch viel ändern würde, wenn Sie sich selbstständig machen.

Mein Differenzwert ist kleiner als -16:

→ Für Sie ist eine selbstständige Tätigkeit weniger gut geeignet. Sie sollten eine Tätigkeit im Angestelltenverhältnis vorziehen. Für Sie sind ein sicherer Arbeitsplatz, ein gleichmäßiges, sicheres Einkommen sowie ein stabiles Kollegenumfeld und eine geregelte Tätigkeit wichtig. Sie sind durchaus bereit, sich für Ihre Aufgaben voll einzusetzen, brauchen auf der anderen Seite aber den Ausgleich durch Freizeit und durch gemeinsame Unternehmungen mit Partner, Familie und Freunden.

Dr. Walter Rosenberger
Im Zwinger 3
71229 Leonberg
Tel. 07152/22627
Tel. 07152/2432
E-Mail: Dr.Walter.Rosenberger@t-online.de

Dr. Walter Rosenberger ist als gelernter Kaufmann und studierter Sozialwissenschaftler mit ergiebiger Industriepraxis (als Leiter Verkaufsförderung, Verkäufer, Verkaufstrainer und Leiter Personalentwicklung) seit 1982 gefragter Berater für strategische Unternehmenserneuerung und ganzheitliche, strategieumsetzende Personenentwicklung. Rosenberger ist bekannt für eine – strikt an Unternehmens- und Führungsbedürfnissen ausgerichtete – professionelle Beratungs- und Seminararbeit.

Sein Leitspruch „Der Mensch im Unternehmen sichert die Zukunft" findet sich in zahlreichen Veröffentlichungen (Bücher, Buchbeiträge, Fachartikel) und im Buchprogramm des ROSENBERGER FACHVERLAGS LEONBERG, den Dr. Walter Rosenberger 1994 gründete.

Ethik im Training

Wie der Trainer die Grundwerte seines Berufs lebt

Der anerkannte Ethik-Experte Dr. Walter Rosenberger beschreibt in seinem Beitrag die unabdingbaren ethischen Voraussetzungen, zu der sich TrainerInnen selbst verpflichten müssen. Welche Organisationen und Verbände im Markt diesen Prozess öffentlichkeitswirksam unterstützen, wird detailliert dargestellt. Mit Praxisbeispielen, die die grundlegenden ethischen Entscheidungen im Trainingsprozess definieren, wird ein optimaler Handlungsrahmen aufgezeigt.

1 Einführung

Orientierung geben

Moses hatte es relativ einfach. Er sprach mit seinem Gott über die mangelnde Orientierung seines Volks, stieg vom Berg herab, formulierte fünfmal „Du sollst ...", viermal „Du sollst nicht ...", einmal „Lass dich nicht gelüsten ..." und stellte damit ein weit verbreitetes Regelwerk auf, das bis heute erzogen, trainiert und als gültig angesehen wird. Mit diesen Du sollst, Du sollst nicht und Lass dich nicht gelüsten gab er dem Volk jene Orientierung, die es seinerzeit wohl nötig hatte.

Moralische Instanz

Hinzu kam, dass das Regelwerk keiner weiteren Diskussion durch die „Adressaten" ausgesetzt war: Die allseits bekannten *zehn Gebote* wurden – unter lautem Getöse, das durch Feuer, Gewitter, Blitz und Donner unterstützt wurde – als Monolog (also in Form einer Ein-Weg-Kommunikation) veröffentlicht. Diskussion oder Disputation, Kooperation oder Mitbestimmung waren nicht vorgesehen, nicht gefragt und in der damaligen Zeit wohl auch nicht üblich. Doch war allen Teilnehmern des gewaltigen Geschehens ein für alle Mal klar, dass nicht alles, was „dem Volk" möglich und machbar war, ethisch oder moralisch auch vertretbar ist.

Kontrollierte Grundhaltung

Dabei steht der Begriff *Ethik* für eine - immer wieder überprüfte und beständige - Grundhaltung von Menschen und Organisationen.[1] In Konflikt- und Krisensituationen stellen sich immer die gleichen Gewissensfragen: „Soll ich? Soll ich nicht?“ Insofern wird vom verantwortlichen Entscheider in Wissenschaft, Wirtschaft, Lebens- und Berufspraxis eine eindeutige Antwort verlangt: JA oder NEIN!

Der Begriff *Moral* beschreibt die Werte, Normen und Haltungen einer (Berufs-)Gruppe[2] und fordert diese von ihren Mitgliedern ein. Moral verändert sich im Laufe der Zeit. So ist zu beobachten, dass manches, was über lange Zeit als unmoralisch galt („ ... das gehört sich nicht!“ oder „ ... das macht man nicht!“), nun gut, normal und von der Gesellschaft akzeptiert ist.

2 Geltungsbereiche der Ethik

Ethik in allen Komplexen

Die Frage nach ethischem Verhalten betrifft nicht ausschließlich die Gebiete Beratung und Training. Ethische Fragestellungen zeigen sich in allen Wissenschafts-, Wirtschafts- und Lebensbereichen als Auseinandersetzung in – meist existenziellen – Spannungsfeldern als

- *medizinische* Ethik (Leben verlängern, Leben verkürzen?),
- *pädagogische* Ethik (führen oder wachsen lassen?),
- *politische* Ethik (Waffenlieferung in Drittländer?),
- *christliche* Ethik (Vergebung oder Bestrafung?),
- *technische* Ethik (freiwillig auferlegte 250 Std.-km-Beschränkung!),
- *psychologische* Ethik (angemessene Anwendung psychologischer Modelle!),
- *Wirtschaftsethik* (ist Kinderarbeit in Entwicklungsländern verantwortbar?),

---

[1] Vgl.: Lay (1998): Werte, Moral, Ethik: Zur Begriffsklärung. In: ManagerSeminare Nr. 32, 7/98, S. 47

[2] A.o.O.

- *Führungsethik* (Führen : Verführen),
- *Verkaufsethik* (gutes : schlechtes Produkt ...) und schließlich
- *Trainingsethik.*

3 Ethik im Training

Ethik ist die innere bzw. notwendige Bedingung des Trainings bzw. der Geist, der das Trainingsgeschehen durchzieht. Training ist überhaupt nur verantwortbar, wenn es mit einer Ethik verbunden ist, d. h. als verantwortliches Handeln auf der Basis moralischer Standards geschieht.[3] Deshalb wird der von Ethik getragene Trainer nicht unmoralisch handeln können. Sein Handeln übertrifft die allgemein gelebte Moral.

Moralische Standards

Bedauerlicherweise fühlen sich von solchen Überlegungen meist diejenigen am wenigsten betroffen, die es am meisten angehen würde. Gleichwohl stellt sich die Frage, was nun die Ethik des Trainers in seinem Berufsfeld auf der Basis moralischer Standards tatsächlich auszeichnet.

- Ethik ist die Grundhaltung (das Berufsethos) des Trainers und betrifft die Qualität seiner Arbeit und deren Rahmenbedingungen
- Ethik ist das Verständnis des Trainers *zu* seinem Beruf
- Ethik ist das Grundverständnis des Trainers *in* seinem Beruf
- Ethik ist das durchgängig gelebte Tun des Trainers
- Ethik ist das beobachtbare, mess- und prüfbare Verhalten und Handeln des Trainers während seiner Arbeit

4 Ethische Berufsleitlinien

Verantwortlichkeiten des Trainers

Wenn ethische Berufsgrundsätze für Training und Weiterbildung diskutiert werden, fallen in der Regel meist dieselben Leitgedanken auf, wie:

[3] König/Volmer (1994), S. 240 ff.

- Verantwortlichkeit und Rechenschaft des Trainers für sein Tun
- Kompetenz und Professionalität der Berufsausübung des Trainers
- Einhalten moralischer und gesetzlicher Standards durch den Trainer
- Vermeidung irreführender Angaben über die eigenen Fähigkeiten
- Umgang mit Informationen bzw. Vertraulichkeit erhaltener Informationen
- Das Wohl und der Schutz des Teilnehmers vor anderen Teilnehmern und dem Trainer
- Ankündigung von Diensten
- Vergütung des Trainers
- Verkaufsfördernde Aktivitäten des Trainers im Rahmen seiner Tätigkeit
- Einhalten von Verträgen und Vereinbarungen

Ethische Inhalte im Berufsbild TrainerIn und BeraterIn BDVT

Das „Berufsbild TrainerIn und BeraterIn BDVT“[4] bekennt sich u. a.

- zu einem konstruktiven Menschenbild des Trainers
- zur Gleichberechtigung zwischen Trainer und Teilnehmer
- zur Selbst- und Mitbestimmung (Partizipation) des Teilnehmers
- zur Stärkung der Fähigkeiten und Selbstverantwortung des Teilnehmers
- zum respektvollen Umgang untereinander (unter Trainern, unter Teilnehmern)
- zur Absage von der Scientology Church
- zum ganzheitlichen Trainingsansatz (Körper – Geist –Seele)
- zur Einhaltung der vereinbarten Trainingsqualität und Trainingserfolgskontrolle

[4] BDVT e.V. [Hrsg.] (1999), 2. Auflage, S. 17 f.

5 Selbstverpflichtung der Branche durch den Berufskodex

Auch der Berufskodex für die Weiterbildung, beraten und beschlossen von der Ethikkommission deutscher Weiterbildungsorganisationen[5] „Forum: Werteorientierung in der Weiterbildung", beinhaltet die Selbstverpflichtung der derzeit angeschlossenen elf Weiterbildungsorganisationen – mit rund 9.000 Mitgliedern – zur ethischen Ausübung des Trainerberufes. Die Selbstverpflichtung ist in sechs Erklärungen formuliert, deren ausführliche Erläuterungen auf der Homepage des BDVT Berufsverband Deutscher Verkaufsförderer und Trainer e.V. unter www.bdvt.de abgerufen werden können.

1. Erklärung zum Menschenbild
   Die Weiterbildenden gehen in ihrer Tätigkeit von einem Menschenbild aus, das in der Werteordnung der Menschenrechte wurzelt.
2. Erklärung zum Selbstverständnis der Weiterbildenden
   Die Weiterbildenden beteiligen sich an der Entwicklung der Gesellschaft und unserer Welt. Sie übernehmen dabei eine besondere Verantwortung.
3. Erklärung zum Verhältnis Weiterbildner – Trainingsteilnehmer
   Die Weiterbildenden kommen ihrer besonderen persönlichen und sozialen Fürsorgepflicht gegenüber ihren Trainingsteilnehmenden nach.
4. Erklärung zum Verhältnis Weiterbildungsanbieter – Nachfrager/ Auftraggeber
   Die Weiterbildenden sehen sich gegenüber Nachfragenden ihrer Leistungsangebote zu den Prinzipien der Wahrheit, Klarheit und Vertraulichkeit verpflichtet.
5. Erklärung zum Verhältnis der Weiterbildenden untereinander
   Das Verhältnis der Weiterbildenden untereinander soll gekennzeichnet sein von Respekt und Kollegialität, von Fairness und Kooperationsbereitschaft.
6. Erklärung zum Verhältnis Weiterbildner und Berufsstand

---

5 „Forum: Werteorientierung in der Weiterbildung". Grundlagenentwurf September 1999.

Die Weiterbildenden wahren und fördern durch ihr Auftreten und ihre Arbeitsweisen das Ansehen des Berufsstandes.

Übertretung bekannter Normen

Es wird deutlich, dass alle Verantwortlichen in Training und Weiterbildung sehr genau wissen, welch hoher ethischer Anspruch an den Beruf gestellt wird, sodass es eigentlich keine weiteren Diskussionen darüber geben müsste, was im Training geht – und was nicht geht. Doch steht der Leser derselben Situation gegenüber, wenn er die Einhaltung allgemein gültiger Gebote in Politik, Wirtschaft und Gesellschaft fordert: Denn fast allen zivilisierten Gesellschaften sind die zehn Gebote bekannt – trotzdem werden Gebote missachtet bzw. übertreten.

Konflikte im Training

So lässt sich aus allen Verlautbarungen zum berufsethischen Verhalten von Trainern folgende These ableiten: Schriftlich formulierte Berufsgrundsätze zur Ethik im Training sind als Versprechen zu bewerten. Die Trainingspraxis verlangt deshalb nach Bestätigung, Anwendung und Kontrolle dessen, was schriftlich formuliert und ggf. veröffentlicht ist. Berufsethisches Verhalten und Handeln des Trainers offenbart sich in erster Linie im Zeitpunkt der praktischen Durchführung von Beratung, Training und Weiterbildung. Es zeigt sich im Umgang, im Verhalten und Handeln gegenüber den ihm anvertrauten Menschen – besonders in der Seminarsituation, also dann, wenn Trainer und Trainierte, Berater und Ratnehmer, Dozent und Teilnehmer „unter sich" sind.

6 Beschwerdestelle für die Weiterbildung

Unabhängiger Beschwerdeausschuss prüft

Daher hat das „Forum: Werteorientierung in der Weiterbildung e.V." – ein Dachverband, der für ethisches Handeln im Bereich der Aus- und Weiterbildung eintritt – eine Beschwerdestelle für die Öffentlichkeit eingerichtet. An diese Beschwerdestelle kann sich jeder schriftlich wenden, der der Auffassung ist, es liege ein Beschwerdegrund vor. Dazu gehören zum Beispiel: Repression gegenüber Seminarteilnehmern, mangelhafte Information über den Trainingsverlauf, Verstöße über die Geheimhaltungspflicht persönlicher Informationen, die im Rahmen von Weiterbildungsmaßnahmen gegeben werden, oder auch Intransparenz über Trainingsmethoden. Das Beschwerdeverfahren ist kostenlos und wird von einem unabhängigen Beschwerdeausschuss durchgeführt.

Nachfolgend finden Sie einige Hinweise für die praktische Anwendung der Berufsethik im Training.

7 Vier Praxis-Beispiele für ethisches Verhalten im Training

Prüfstand für ethisches Verhalten

Die folgenden Beispiele stellen Situationen dar, mit denen Trainer in der beruflichen Praxis immer wieder konfrontiert sind, wie sich berufsethisches Verhalten und Handeln des Trainers zeigt und was er beachten sollte.

1. Beispiel: Trainingsziele und Trainerverhalten
2. Beispiel: Offene und/oder verborgene Erwartungen von Auftraggebern und Trainings-Teilnehmern
3. Beispiel: Die Anwendung psychologischer Modelle im Training
4. Beispiel: Trainingsaufgabe und Professionalität

7.1 Beispiel: Trainingsziele und Trainerverhalten

Zielsetzung definieren

Zunächst gilt: Damit Training erfolgreich ist, muss die Trainingssituation als solche definiert werden. Denn nutzenstiftendes Training ist kein Neben- und Ineinander verschiedenster und widersprüchlichster Tätigkeiten, sondern ist abgrenzbar von anderen Handlungen in einer Organisation.[6]

Deshalb findet Training mit unterschiedlicher Zielsetzung statt, als

- themenbezogenes Training (Qualifizierung) oder
- personenbezogenes Training (Persönlichkeitsentwicklung) oder
- berufsbezogenes Training (ganzheitlich: Funktion und Person).

Zweifellos stiften alle drei Trainingsaspekte großen Nutzen. Und doch können diese drei Aspekte Spannungsfelder enthalten, welche

6 König/Volmer (1994), S. 240 ff.

den Trainer, die Trainingsziele und die teilnehmenden Personen betreffen. Denn stets kann ethisch „einwandfrei" oder auch ethisch „bedenklich" gehandelt (also: trainiert) werden.

Wissen und Fachkompetenz

Beim *themenbezogenen* Fachtraining will der Teilnehmer Wissen aufnehmen und seine Fachkompetenz optimieren. Er rechnet folglich nicht damit, dass ihn der Trainer zu Selbsterfahrungsäußerungen ermutigt oder gar sein Seelenleben „thematisiert". Verharrt der Trainer im Rahmen themenbezogenen Fachtrainings in solcher persönlichkeitsbezogenen Beeinflussung, muss er zumindest damit rechnen, dass sich der Teilnehmer entweder dagegen verwahrt oder das Seminar verwirrt verlässt.

Persönlichkeit einbringen

Ganz anders im *personenbezogenen* Training: Hier wird ein rhetorisch versierter, dozierender Trainer seine Aufgabe verfehlen, weil die Teilnehmer darauf eingerichtet sind, Persönliches – also ihre Person – einzubringen, weil sie die Wirkung ihrer Persönlichkeit mit Berater- oder Trainerhilfe verbessern wollen. Sind nun mit der rhetorischen Geschicklichkeit des Trainers zusätzlich manipulative Interventionen verbunden, wird personenbezogenes Training im Einzelfalle Persönlichkeitsschäden herbeiführen können.

Kongruenz von Person und Funktion

Schließlich verfolgt *berufsbezogenes* Training das Ziel, Berufsfunktion und Berufsperson in Einklang zu bringen. Im berufsbezogenen Training werden berufliche Alltagssituationen mit den persönlichen Fähigkeiten und Defiziten des Teilnehmers in Verbindung gebracht. Person und Funktion sollen Entwicklung erfahren. Berufsbezogenes Training erfordert folglich einen Trainer, der auf mindestens drei Gebieten Experte ist: Er ist Fachmann, er hat zwischenmenschliche Fähigkeiten und er verfügt über ausreichende berufliche Erfahrung. Darüber hinaus wird erwartet, dass sich der Trainer in die beruflichen Situationen der Teilnehmer zumindest einfühlen kann. Fehlen jene Voraussetzungen, wird er seine Trainer-Aufgaben nicht erfüllen können.

Thesen zur Berufsethik

Aus der Darstellung der verschiedenen Trainingsaspekte (themenbezogen, personenbezogen, berufsbezogen) lassen sich einige Thesen zu berufsethischem Verhalten in der Praxis ableiten:

- Zunächst sollte der Trainer im Vorhinein wissen, ob er die geeignete Qualifikation für den aktuellen Trainingsauftrag hat, damit Auftraggeber und Teilnehmer aus seiner Trainingsarbeit einen dauerhaften Gewinn/Nutzen ziehen: in themenbezogener, personenbezogener und/oder berufsbezogener Sicht.
- Auch der Auftraggeber sollte im Vorhinein wissen, ob der Trainer die Trainingsgruppe als Lerngruppe (themenbezogen), als Selbsterfahrungsgruppe (personenbezogen) oder als Arbeitsgruppe (berufsbezogen) ansieht.
- Und schließlich sollte auch der Teilnehmer im Vorhinein wissen, ob er sich auf eine Lerngruppe (themenbezogen), auf eine Selbsterfahrungsgruppe (personenbezogen) oder auf eine Arbeitsgruppe (berufsbezogen) einlässt.

Denn: Im Training selbst stehen die Ziele des Auftraggebers und/ oder des Teilnehmers im Mittelpunkt, nicht die Ambitionen des Trainers.

7.2 Beispiel: Offene und/oder verborgene Erwartungen von Auftraggebern und Trainings-Teilnehmern

Verdeckte Erwartungen definieren

Training ist stets von expliziten und impliziten *Erwartungen des Auftraggebers* begleitet: Beide Erwartungshaltungen – die ausdrücklich-gesagte und die gemeinte, aber nicht gesagte Ebene – können vor Übernahme eines Trainingsauftrags erfragt bzw. konkretisiert werden. Frage: Was soll durch Training erreicht werden?

Training ist stets auch von impliziten wie expliziten *Erwartungen des Teilnehmers* begleitet. Auch diese können vor Beginn einer Trainingsmaßnahme ermittelt werden. Frage: Was wollen Sie am Ende des Seminars konkret besser können als zu Beginn?

Daraus folgt freilich auch, dass Ethik in Beratung, Training und Weiterbildung nicht zur einseitigen Regelung und Verpflichtung des Trainers bezüglich dessen Leben, dessen Verhalten und Handeln führen darf. Ethik im Training betrifft auch die offen ausgesprochenen bzw.

verborgenen unausgesprochenen Erwartungen und persönlichen Ansprüche von Auftraggebern und Teilnehmern.

7.3 Beispiel: Die Anwendung psychologischer Modelle im Training

Modellziele oft unbekannt

Trainer sind in dieser Frage höchst engagierte Menschen, die sich ständig mühen, neueste psychologische Techniken kennen zu lernen und diese in Perfektion zu beherrschen, weil sie fest davon überzeugt sind, damit gesetzten Trainingszielen näher zu kommen. Da Trainer jedoch nur selten eine abgesicherte Vorstellung von den ursprünglichen Zielen psychologischer Handlungs- und Behandlungsmethoden haben können, wissen sie oftmals nicht, *was* sie tatsächlich tun: Sie laufen Gefahr, sich in jenen psychologischen Beratungsmodellen zu „verirren". Denn bei den Begründern der verschiedenen Konzepte psychologischer Beratung standen nicht die Behandlungs-*Techniken*, sondern grundlegende Überlegungen über Menschenbild und zentrale Werte im Vordergrund: z. B. Autonomie des Menschen, Achtung vor anderen ...[7] Um diese zu erfahren, müsste der Trainer aufwendiges „Quellenstudium" betreiben und die wissenschaftliche Auseinandersetzung suchen. Dies tut er aus vielfältigen Gründen in der Regel nicht. Er kauft vielmehr fertige oder vorgefertigte Testverfahren und Diagnose-Instrumente zur Persönlichkeitsanalyse ein, lässt sich hierfür gegen Entgelt (hohe Lizenzgebühren) einweisen, schult sich in diesen vorgegebenen psychologisch orientierten Handlungs- und Behandlungstechniken ... und verharrt in diesem erworbenen Wissen, ohne zu erfahren, was er mit diesen „Waffen" verschlimmbessern wird bzw. kann.

Stufen psychologischer Hilfe

So ergeben sich viele Schwierigkeiten und Nöte bei Teilnehmern und Trainern, wenn/weil Trainer (u.v.a.!) in der Unterscheidung der verschiedenen Ebenen psychologischer Hilfe nicht ausreichend qualifiziert sind: Nachfolgend finden Sie eine praxisrelevante Kategorisierung in drei Ebenen[8] für die Trainingspraxis:

---

[7] A.a.O.

[8] Vgl. Lievegoed (1986), S. 189 f.

- **Ebene 1**: Zwischenmenschliche, gegenseitige (brüderliche) Hilfe:
  Der Teilnehmer ist weitestgehend gesund.
- **Ebene 2**: Fachpsychologische Beratung: Bereich der Psychotherapie:
  Der Teilnehmer ist körperlich gesund, jedoch seelisch krank.
- **Ebene 3**: Fachärztliche Diagnostik, Prognostik und Therapie: Bereich der Psychiatrie:
  Der Teilnehmer ist psycho-physisch krank.

Grundsatz für Verhalten

Es ist zu hoffen, dass Trainer im Rahmen von Trainingsveranstaltungen nicht mit Krankheitsbildern konfrontiert werden; denn es ist besonders – auch für Psychologen und Psychiater – schwierig, zwischen „krank“ und „gesund“ zu unterscheiden. Daraus folgere ich: Die Ethik des Trainers im Hinblick auf die Verantwortung für Menschen sollte den Grundsatz berücksichtigen, dass er sich in *fachlich-beruflichen* Dingen stets genau, konsequent, abgesichert und direkt verhält, in *persönlichen* Dingen jedoch eher zurückhaltend, vorsichtig, rücksichtsvoll, behutsam, angstfrei.

Organisationssoziologie statt Psychologie

Darüber hinaus sollte der Trainer berücksichtigen, dass er bei der Entscheidung für ein psychologisches Beratungs- und Trainingsmodell dem Teilnehmer immer auch viele weitere Modelle[9] vorenthält. So stellt sich jedem Trainer, der mit psychologischen Beratungs- und Behandlungsmodellen arbeitet, die generelle Frage: Ist meine Methode bzw. mein psychologisches Modell für die Teilnehmergruppe ausreichend, geeignet, erfolgversprechend?

Deshalb als Anregung für Trainer, die sich nicht im Dschungel psychologischer Modelle verirren möchten: Vieles von dem, was Trainer – mit dem Schwerpunkt berufliche Weiterbildung – für ihren beruflichen und wirtschaftlichen Erfolg in der (Arbeits-, Betriebs- und Indivi-

[9] Grawe/Donati/Bernauer unterscheiden 10 humanistische, 9 psychodynamische, 14 kognitiv-behaviorale, 3 interpersonale, 4 Entspannungsverfahren und 2dialektische Modelle (vgl.: Psychotherapie im Wandel [1994]).

dual-)Psychologie) suchen, lässt sich ganz pragmatisch in der Organisationssoziologie und ihren Nachbargebieten finden (Organisationsziele, Organisationsbedingungen, Organisationsstruktur, Funktionen in einer Organisation, Verhalten von Organisationen, Umwelt-Beziehungen der Organisation, Organisation und Individuum).[10]

7.4 Beispiel: Trainingsaufgabe und Professionalität

Qualifizierungsziel benennen

Nicht jeder Trainingsauftrag ist schriftlich und so präzise definiert, dass der Trainer weiß, was im Rahmen seiner Trainingstätigkeit nun tatsächlich als Ergebnis stehen soll.

Präzise definierte Trainingsaufträge („Verbesserung der Fähigkeiten zur Preisargumentation bei Gebietsverkäufern") nennen das Trainings- bzw. Qualifizierungsziel, das von den Unternehmenszielen direkt abgeleitet ist. Die Übernahme eines solchen Trainingsauftrages ist eine konkrete Handlungsanweisung an den Trainer, das vereinbarte Trainings- bzw. Qualifizierungsziel zu erreichen.

Training in vier Stufen

Deshalb erfordern präzise definierte Trainingsaufträge ein aufgabenorientiertes Vorgehen (das *WIE* der *Problembewältigung*). Die Trainingsaufgabe kann dann – unabhängig von den Trainingsinhalten bzw. der konkreten Aufgabenstellung – in vier Stufen erfüllt werden:

1. Trainingsziele
2. Trainingskonzeption
3. Trainingsdurchführung
4. Trainingserfolgskontrolle

Nicht präzise definierte Trainingsaufträge (Auftraggeber: „Machen Sie ein Verkäufertraining, wie Sie es schon immer für XYZ machen!" oder „Machen Sie ein Teamtraining für die Bereichsleiter – ich will da endlich Ruhe haben!") verlangen vom Trainer ein anderes Vorgehen.

7 Schritte zur Problemklärung

In solchen Praxissituationen, die immer wieder vorkommen, zeigt sich die Professionalität des Trainers – soweit er auf Rückfrage keine

[10] Vgl.: Endruweit (1981). Organisationssoziologie.

genaueren Informationen erhält – unmittelbar zu Beginn der Trainingsmaßnahme: Sind die Trainingsziele nicht ei ndeutig beschrieben, dann wird der Trainer ein zielorientiertes, zielsuchendes und ganzheitlich-interaktives Vorgehen (das *OB* und *WAS* im Sinne einer *Problemklärung*) bevorzugen. Mit der Seminargruppe klärt er den Trainingsbedarf (Stärken, Defizite ...) und verständigt sich auf hohe und erreichbare Trainingsziele. Das methodische Vorgehen ist durch folgende sieben Erfolgs-Schritte[11] gekennzeichnet:

1. Situationsklärung
2. Identifikation des Kernproblems
3. Klären der Wirkungsverläufe
4. Bestimmen der Ziele – der nicht erreichbaren Ziele
5. Klären möglicher Handlungsalternativen
6. Bewertung und Auswahl von Maßnahmen
7. Ursachenbearbeitung durch Übung, Verwirklichung ...

Training als Problembewältigung und Beratung zur Problemklärung sind unterschiedliche Felder einer beruflichen Aufgabe, die Kunden übertragen können. Diese zu erkennen bzw. richtig einzuschätzen, ist im Einzelfall ein wichtiger Teil der von Berufsethik getragenen bzw. vereinbarten Trainingsqualität.

Resümee

Ethik umfasst im Training die ganze Breite fachlich-beruflichen Könnens einerseits und persönlichen Verhaltens andererseits. Ethik betrifft folglich sowohl den qualifizierten Umgang mit Trainingsinhalten als auch den verantwortlichen Umgang mit den Menschen, die zu Trainingsveranstaltungen kommen, weil sie sich einen unmittelbaren Nutzen für ihren Beruf und zusätzlich einen persönlichen Gewinn versprechen. Wir sind als Trainer „Führungskraft auf Zeit“ [12]. Damit übernimmt der Trainer für die relativ kurze und zeitlich stets begrenz-

[11] Rosenberger (1998): Führungskräfteberatung, S. 210 ff.

[12] Rosenberger (1988): Trainer und Training. Beiträge aus Wissenschaft und Praxis, Heft 1/88, S. 10.

te Dauer der Trainingsmaßnahmen die große Verantwortung für Kompetenz, Professionalität und Integrität. Die ethische Verpflichtung ist, diesen Aspekten auf Dauer gerecht zu bleiben. Nur auf dem Boden einer gelebten Ethik lässt sich Training verantwortlich und menschenwürdig durchführen.

Literatur

BDVT e.V. [Hrsg.] (1999): Berufsbild TrainerIn und BeraterIn BDVT; 2. Auflage, Köln: BDVT, S. 17 f.

Dehner (1998): Lust an Moral; Darmstadt: Wissenschaftliche Buchgesellschaft, S. 137 ff.

Endruweit (1981): Organisationssoziologie; Berlin: de Gruyter.

Enderle et al. (1993): Lexikon der Wirtschaftsethik; Freiburg: Herder, Sp. 249–258.

Ertelt/Schulz (1997): Beratung in Bildung und Beruf; Leonberg: Rosenberger, S. 365 ff.

Grawe/Donati/Bernauer (1994): Psychotherapie im Wandel; Göttingen: Hogrefe, S. 97 ff.

König/Volmer (1994): Systemische Organisationsberatung; Weinheim: Studienverlag, S. 240 ff.

Kubr (1998): Unternehmensberater auswählen und einsetzen; Leonberg: Rosenberger, S. 77 ff.

Lievegoed (1986): Lebenskrisen – Lebenschancen; München: Kösel, S. 189.

Lippitt/Lippitt (1999): Beratung als Prozess; Leonberg: Rosenberger, S. 105 ff.

Reddy (1999): Prozessberatung von Kleingruppen; Leonberg: Rosenberger, S. 207 ff.

Rosenberger (1988): Trainer und Training; Baden-Baden: Institut Mensch und Arbeitswelt, S. 1–42.

Rosenberger (1994): Lernziel Verantwortlichkeit; Renningen-Malmsheim: expert, S. 1–38.

Rosenberger (1998): Führungskräfteberatung; Renningen-Malmsheim: expert, S. 127 ff.

Peter Schmitt
Training & Beratung
Barghof 7
22850 Norderstedt
Tel. 040-52983767
Fax 040-52983769
info@peter-schmitt-training.de
www.peter-schmitt-training.de

Der Diplom-Betriebswirt und gelernte Betriebsberater Peter Schmitt war über 20 Jahre in leitender Funktion in der Personalentwicklung und im Marketing eines internationalen Mineralölkonzerns tätig. Der Gewinn des Deutschen Trainings-Preises in Gold bestätigte seine fachliche, innovative Kompetenz und seine Fähigkeiten, Teams zu bilden und erfolgreich weiterzuführen. Peter Schmitt bildet seit vielen Jahren erfolgreich Trainer und Führungskräfte weiter. Als lizenzierter Biostruktur-Analyse-Trainer fördert er die persönlichen durch Training veränderbaren Anteile und Fähigkeiten. Besonders im Flow ist er bei seinen Schwerpunkten: Persönlichkeitsentwicklung, Coaching, Kommunikation und Verhalten, Führung, Motivation, Innovation/Kreativität, Teamtraining, Konflikt- und Zeitmanagement, „Train-the-Trainer“ und natürlich als Keyspeaker auf Events und Kongressen.

Heute ist ihm, als Mitglied des Beirats und früherer Präsident (1998 – 2000) des BDVT Berufsverband Deutscher Verkaufsförderer und Trainer e.V., ein breites Experten-Netzwerk zugänglich.

Das Berufsbild „TrainerIn und BeraterIn BDVT“ als Orientierungshilfe im Weiterbildungsmarkt

Der Autor Peter Schmitt sieht die Trainingsbranche in einer breiten Diskussion um die Qualitätsentwicklung und Qualitätssicherung und zeigt die Bedeutung des Berufsbildes des BDVT auf in einem Markt, in dem es keinen staatlichen Titelschutz gibt. Fachliche Anforderungen, berufliche Qualitätsmerkmale, ethische Richtlinien und Qualifizierungsanforderungen sind hier definiert.

Wie ermittle ich den Qualifizierungsbedarf meiner Mitarbeiter? Wie finde ich den kompetenten Trainer, der diesen Bedarf im Sinne der Unternehmensziele deckt und zur Zielgruppe und zu unserer Ethik passt?

1. Ein Markt mit staatlich ungeregeltem Zugang

Ungeschützte Berufsbezeichnung

Das Branchenverzeichnis oder Werbeanzeigen mit ihrer unüberschaubaren Vielfalt von Berufsbezeichnungen für Trainer- und Berater-Dienstleistungen sind da wohl wenig hilfreich. Als Beispiele seien hier nur aufgeführt: Ausbilder, Organisations-, Kommunikations- und Quality-Management-Berater, Betriebs-Psychologe, -Soziologe, -Pädagoge, Beratungs- und Schulungsingenieur, Verhaltens-, Verkaufs-, Manager-, Organisations-, Personalentwicklungs-, TQM-, ISO-, Team-, Kreativ-, Strategie-, Success-, Struktogramm-, Multimedia-, Telefon-, Persönlichkeits-, Marketing-, Vertriebs-, CBT-, Rhetorik-, Train-the-Trainer-, Zeitmanagement-, Sekretärinnen-, NLP-, Human-Resources-, Management-, Outdoor-, DISG-, Motivations-, Informationsmanagement-, Präsentations- und Messe- Trainer, Farb- und Stil-Berater und letztlich Coach, Supervisor, Moderator, Arbeitsprozeßssbegleiter. Die Liste ließe sich unendlich weiterführen.

Welche Qualifikation steckt dahinter

Kann aber ein „Berufsfeld“ alle die oben beispielhaft genannten Qualifikationsanforderungen beschreiben?

Mann/Frau konnten. Peter Schmit, Präsident BDVT (1998–2000), und sein Team aus dem Berufs- und Fachverband BDVT recherchierten in der Trainer- und Beraterpraxis, in Unternehmensbereichen, in denen Organisationsentwicklung und Personalentwicklung konzipiert und umgesetzt wird. Sie diskutierten mit Hochschullehrern über Andragogik (Erwachsenenbildung) und die Ausbildung von Berufs- und Handelsschullehrern und besuchten Weiterbildungsmessen, um Inhaltliches und Methodisches zusammenzutragen und von oberflächlich Trendigem zu unterscheiden. Hieraus entstand als Neuauflage das einzige und vor allem aktuellste BDVT-Berufsbild für Trainer und Berater im deutschsprachigen Raum, das bereits Leitbildfunktion in der Wirtschaft hat.

Investitions-Verantwortung

Veränderungsprozesse, Bewusstseins- und Wertewandel erfordern noch mehr sozial-kommunikative Fähigkeiten, neue Lehr- und Lernformen und damit eine noch professionellere Weiterbildung in der beruflichen Praxis. Im Jahresdurchschnitt geben deutsche Unternehmen 20 Milliarden Euro für Weiterbildung und Qualifizierung ihrer Mitarbeiter aus. Eine goße Investitionsverantwortung für Personalentscheider, aber auch für die Dienstleister: Trainer und Berater.

Dies ist ein interessanter, aber noch wenig transparenter Markt, der durch neue Anbieter und Nachfrager im EU-Raum gerade eine zusätzliche Dimension erfährt. Damit zeigt sich die Bedeutung, sich verstärkt mit dem zu beschäftigten, was die Schlüsselqualifikation ihrer Mitarbeiter verbessert und Angebote der „Produzenten“ nachvollziehbar und vergleichbar macht.

2. Leitbildfunktion des BDVT-Berufsbildes

Leistungsstandards definieren

Das Berufsbild „TrainerIn und BeraterIn BDVT“ sieht das Institut der deutschen Wirtschaft Köln „als einen wichtigen Beitrag, um das Profil der beruflichen Tätigkeiten, der damit verbundenen Anforderungen und Qualifikationen zu schärfen“. Besondere Bedeutung erhält das Berufsbild dadurch, dass Nachfrager wie Anbieter von Trainingsdienstleistungen auf vergleichbare, qualitätsbeschreibende Leistungsstandards angewiesen sind, die sie nur im „Berufsbild für Trainer und Berater BDVT“ finden. Wie groß dieser Bedarf nach „Qualität bzw. Qualitätssicherung“ ist, zeigen die vielen Vereinsneugründungen, die versuchen, mit mehr oder minder von ISO 9000 abgeleiteten Kriterien den Mitgliedern bzw. Kunden ein „abgesichertes“ Leistungsversprechen zu geben. Zum anderen dokumentiert dieses Berufsbild aber auch die Fähigkeit der Selbstregulierung des Trainingsmarktes und bietet weiteren regulierend eingreifenden Gesetzesinitiativen wenig Chancen. Mit dem Ernstnehmen, Umsetzen und Leben der Inhalte des Berufsbildes haben es die Trainer und Berater selbst in den Händen, inwieweit der Markt für berufliche Weiterbildung auch in Zukunft frei bleibt von ähnlichen gesetzlichen Regularien wie die Iniativen zum „Lebensbewältigungshilfegesetz“.

3. Ziele und Inhalte des BDVT-Berufsbilds

Orientierung für den Markt

Das Berufsbild „TrainerIn und BeraterIn BDVT“ hat folgende Ziele und Inhalte:

- will die Lücke schließen zwischen Weiterbildungsnachfragern (Organisationsentwicklern, Personalentwicklern, Einkäufern) und Anbietern (Trainer und Berater BDVT). Es beschreibt Wirkungsfelder und Schnittstellen zwischen angestellten und selbstständigen Trainern bei gemeinsamer Projektarbeit im Betrieb
- definiert die aus Praxis und Wissenschaft abgeleiteten Qualifikationsmerkmale: Methoden-, Fach- und Sozialkompetenz des Trainers und Beraters
- gibt Prozessanleitung für Trainingskonzepte und deren Adaptierung in die berufliche Praxis: Bedarfsermittlung, Trainerbriefing, Aufbau von Trainerleitfaden und Medieneinsatz, beschreibt und empfiehlt teilnehmerorientierte Didaktik und Methodik, gibt Transferhilfen und setzt sich mit Evaluierung (Erfolgskontrollen im Training) auseinander
- erleichtert für Nachfrager die TrainerInnen-Auswahl durch die Bereitstellung von Qualifikationsprofilen, Auswahlkriterien und Beschreibung der unterschiedlichen Trainings-

methoden sowie deren jeweiliger Grenzen und Möglichkeiten und will berufliche Orientierungshilfe für Trainer und Berater sein: Omnipotenz oder Unique Selling Proposition (USP), es zeigt die heutigen Aufgabenfelder von Trainern und Beratern sowie deren Vernetzung auf – vom Organisations- und Personalentwickler, Management-/Verkaufs-Trainer/Berater, Supervisor bis zum Coach oder Produzenten von Trainingsmedien (Multimedia) und bietet akademischem Nachwuchs Entscheidungshilfe

- grenzt Tätigkeitsfelder und Anforderungen zwischen selbstständigen und angestellten Trainern ab, gibt Ratschläge für Existenzgründer, trifft Aussagen zu Investitionen und Honoraren
- stellt Grundwerte und Ethik eines Trainers/Beraters als unabdingbare Voraussetzungen für Erfolg vor und zeigt Weiterbildungsprogramme und Chancen auf, die der BDVT für Trainer und Berater bereithält (vom Workshop, Coaching, Lernpatenschaft bis zur ehrenamtlichen Mitarbeit)
- unterstützt das Profil des Trainers und dessen Image in Markt und Gesellschaft gewissermaßen als „Gütesiegel“

4. Beitrag zum Verbraucherschutz

Grundwerte definiert

In der Diskussion um Verbraucherschutz für Teilnehmer an Weiterbildungsmaßnahmen hat der BDVT bereits früh die Grundwerte definiert. Zur Verdeutlichung bietet sich hier an, einige Inhalte des Berufsbildes aus dem Bereich „Grundwerte und Ethik“ des Trainers und Beraters BDVT zu zitieren:

„Der intern oder extern arbeitende Trainer und Berater ist mit seiner Tätigkeit zwischen Auftraggeber und Teilnehmer angesiedelt. Er analysiert und koordiniert die Erwartungen von beiden Gruppen und übernimmt als eigenverantwortlich handelnde Persönlichkeit die Prozess-Verantwortung.“

„TrainerIn und BeraterIn BDVT“ führen ihre Arbeit zielgerichtet, unternehmensspezifisch, handlungs- und teilnehmerorientiert durch.

Kaum ein betrieblich-organisatorisches Problem kann allein durch Training gelöst werden; erfolgreiches Training ist immer ein Teil des betrieblichen Gesamtkonzepts."

„Die BDVT-Berufsbild-Ethik verpflichtet zur Offenheit und Ehrlichkeit gegenüber dem Auftraggeber. BDVT-TrainerInnen und BeraterInnen bekennen sich:

- zu einem konstruktiven Menschenbild und konzentrieren sich auf die Stärkung der Fähigkeiten und Selbstverantwortung der Teilnehmer (ein ganz wichtiges Kriterium für Trainings-Einkäufer und deren Teilnehmer!)
- nicht Mitglied der Scientology-Church zu sein beziehungsweise nach deren Methoden zu trainieren
- zum ganzheitlichen Trainingsansatz: Körper – Geist – Seele sowie zu der Notwendigkeit des lateralen, vernetzten und systemischen Denkens
- zur Einhaltung der vereinbarten Qualität: Dazu gehört die Übernahme nur solcher Aufträge, für die der Trainer die erforderliche Kompetenz besitzt. Für andere Aufgaben empfiehlt er entsprechend qualifizierte BDVT-Trainer und -Berater
- zur kontinuierlichen Weiterbildung (eine wesentliche Basis für ‚Qualität der Dienstleistung'"

Wie gesagt, nur ein Auszug, um Trainertätigkeit nicht nur aus der Sicht von Kompetenz und Qualifikation, sondern auch vor dem Hintergrund von Fairness gegenüber Teilnehmern und Auftraggebern und aus Verantwortung für deren Situation, Ziele und Wünsche abzubilden.

Ute Höfer
Training und Beratung
im: Leitwerk Emmendingen®
Forum für Kommunikation
Denzlinger Straße 27
79312 Emmendingen
Tel. 07641/930 98 – 50
Fax 07641/930 98 – 51
E-Mail: ute-hoefer@t-online.de

Ute Höfer, Dipl.-Päd., arbeitet seit 1990 als selbstständige Trainerin, Beraterin und Coach. Ihre Schwerpunktthemen sind: Rhetorik und Präsentationstechniken, Kommunikation, Führung, Teamentwicklung und Train the Trainer. Zusammen mit einem Trainerteam begleitet sie mittelständische Firmen bei Veränderungsprozessen bis zur Erreichung definierter Ziele. Ute Höfer ist Fachbuchautorin und hat das ganzheitliche, innovative, mehrfach ausgezeichnete Personalentwicklungssystem „die LernTour“ konzipiert.

Erfolgreiche Existenzgründung für Trainer: Voraussetzungen, Erfolgsfaktoren und die Bedeutung von Coaching

Die Autorin Ute Höfer setzt sich detailliert mit den Voraussetzungen für eine erfolgreiche Existenzgründung auseinander und zeigt die Erfolgsfaktoren hinsichtlich Zeitaufwand, Kompetenz, Wettbewerbsanalyse und Experten-Feedback auf. Das „Lebensprojekt Existenzgründung" sieht sie durch Einzelcoaching, aber besser noch durch Gruppencoaching ideal begleitet. Die definierten Anforderungen an einen Coach in der ersten wichtigen Startphase geben Neueinsteigern in den Trainermarkt eine ergänzende Orientierung für einen erfolgreichen Start.

Schillernde Trainerpersönlichkeiten, Veröffentlichungen über Erfolgsgeschichten, die Präsenz von großen Beratungs- und Trainingsinstituten in vielen Unternehmen und Verwaltungsbereichen lassen eine Existenzgründung als Trainer vielen Menschen sehr verlockend erscheinen – zumal nur ein scheinbar geringer finanzieller Einsatz notwendig erscheint, um rasch hohe Honorare zu realisieren. Außerdem scheint in dem gesamten Trainings- und Beratungsbereich genug Platz zu sein für die verschiedensten Berufe – hoch qualifizierte Spezialisten und erfahrene Praktiker tummeln sich hier ebenso wie leidenschaftliche Amateure und selbst ernannte Gurus aus den verschiedensten Sparten.

Von vielen wird das Feld für Trainings- und Beratungsleistungen daher als sehr offen und weit angesehen – es scheint sehr leicht zu sein, hier individuelle Leistungen zu platzieren und eigene Standards zu setzen.

Voraussetzungen für eine erfolgreiche Existenzgründung

„Eigene Stärken umsetzen und fehlende Kenntnisse über eine freiberufliche Tätigkeit durch gezielte Information und Beratung einkaufen" – so scheint die Faustformel für eine erfolgreiche Existenzgründung zu lauten. Frei nach dem Motto „Gut bin ich und das bisschen Buchführung lerne ich auch noch!".

Insbesondere wenn schon ein erster Auftraggeber für Trainingsprojekte vorhanden ist, scheint die Chance einer erfolgreichen Gründung gegeben. Laufen dann noch die ersten Trainings erfolgreich, sind der anfänglichen Euphorie kaum noch Grenzen gesetzt. Rasch werden weitere Trainingskonzepte entwickelt mit der eigenen Einschätzung: „Das kann ich auch noch!" So entsteht schnell ein kleiner „Bauchladen" an Angeboten, mit dessen Hilfe sich der Erfolg auf dem Markt kaum noch vermeiden lässt – denkt der angehende Trainer, die angehende Trainerin.

Völlig übersehen werden meist die realistischen Vorgaben für eine erfolgreiche Existenzgründung – insbesondere die Voraussetzungen im persönlichen Bereich:

Regional und zeitlich flexibel

- Gesundheit und Belastbarkeit
  Ein 8-Stunden-Tag reicht für eine erfolgreiche Existenzgründung nicht aus. Hier ist oft ein Maximum an Einsatz gefragt. Hinzu kommen bei TrainerInnen wechselnde Einsatzorte – also häufige Reisen, permanentes Einstellen auf neue Menschen und Situationen, Abstimmung der zeitlichen Einbindung auf die Bedürfnisse der Kunden (ein Seminarbeginn morgens um 6:00 Uhr ist in einem Hammerwerk angebracht) und ... und ... und ... Sind Ihnen diese Belastungen bewusst und sind Sie ihnen gewachsen – auch auf Dauer?

Private Toleranz

- Unterstützung durch die Familie, den/die Partner/in
  Haben Sie Ihre Familie im Rücken oder im Nacken? Wie reagiert das private Umfeld auf die enorme zeitliche Belastung?

Gibt es Verständnis für die Herausforderungen einer freiberuflichen Tätigkeit?

- Mehr Leistung – weniger Einkommen?!
  Ist Ihnen bewusst, dass Sie zuerst wesentlich mehr Leistung erbringen müssen, als in einem Angestelltenverhältnis, und trotzdem ein geringeres Einkommen haben werden? Übrigens: Haben Sie Reserven für die Anlaufphase und für „Durststrecken"?

Finanziell auf Sparflamme

- Eigene Leistung erfolgreich verkaufen
  Wie sieht Ihr eigenes Personal-Marketing aus? Sind Sie in der Lage sich – als Person – und Ihre Leistungen zu Ihren Bedingungen zu verkaufen? Wie sehen Ihre Fähigkeiten – aber auch Ihr Durchhaltevermögen – im Bereich Akquisition aus? Oder warten Sie lieber, bis Sie entdeckt werden?

Gekonnte Selbstvermarktung

- Beziehungsmanagement
  Wie sieht Ihr Beziehungsmanagement mit Ihren Auftraggebern, Interessenten und potentiellen Kunden aus? Können Sie hier neue Aufträge generieren? Sind Sie in funktionierende Netzwerke eingebunden?

Gute Verbindungen

- Unausgesprochene Erwartungen
  Mal ganz ehrlich: Wie steht es mit den geheimen Zielen und Visionen? Wie sehen psychologisch die Antreiber zu diesem Schritt in die Selbstständigkeit wirklich aus? Welche Ängste begleiten das ganze Unterfangen?

Ehrlich mit sich selbst

  Gerade in diesem Bereich sollte eine ehrliche Bilanz gezogen werden. Beruflicher Frust verbunden mit dem Wunsch, mit weniger Arbeit in kurzer Zeit viel Geld zu verdienen und dabei völlig frei über die Bedingungen entscheiden zu können, ist ein denkbar schlechter Ausgangspunkt für eine erfolgreiche Existenzgründung.

Neben diesen persönlichen Voraussetzungen sind die fachliche Qualifikation und zukünftige Qualifizierung von grundlegender Bedeutung. Wichtig ist in diesem Bereich, dass nicht nur das bisher erworbene Wissen, die entsprechenden Kenntnisse und Fähigkeiten für den Akquisitionserfolg und die Kundenbindung von Bedeutung sind, sondern auch die Frage: Wie wird die Aktualität des eigenen Wissens auch in Zukunft sichergestellt?

Erfolgsfaktoren für den Prozess der Existenzgründung

Es zeigt sich immer wieder, dass Existenzgründungen in erster Linie an Defiziten im persönlichen Bereich scheitern bzw. an der ungenügenden Verknüpfung von persönlichen und fachlichen, organisatorischen Disziplinen, Strategien und Maßnahmen. Und genau diese Defizite sind es auch, die im positiven Sinne die Erfolgsfaktoren ausmachen.

Die zentralen Erfolgsfaktoren entstehen aus folgenden Rahmenbedingungen :

Komplexe Vorgänge auseinander nehmen

1. **Zeitaufwand und Kompetenz realistisch einschätzen**
   ExistenzgründerInnen neigen dazu, sich einseitig auf ihre Geschäftsidee zu konzentrieren. Sie unterschätzen dabei den Aufwand für Organisation, Verwaltung, Mitarbeiterführung, Akquisition, PR-Arbeit etc.

   Diese Problematik vergrößert sich noch dadurch, dass fehlende Kenntnisse in diesen Bereichen nicht ad hoc erworben werden können und meist – mangels Liquidität – auch nicht einfach eingekauft werden können.

   Der entscheidende Erfolgsfaktor ist die Fähigkeit, Komplexität in allen Bereichen einer Existenzgründung immer wieder auf beherrschbare Strategien herunterzubrechen. Ebenso sind grundlegende Kenntnisse notwendig in den für ein Unternehmen relevanten Bereichen (Buchhaltung, Liquiditätsplanung, Marketing etc.) oder die nötige Liquidität, um diese Leistungen einkaufen zu können.

2. Konkurrenzsituation analysieren

Marketing anwenden

ExistenzgründerInnen fehlen häufig grundlegende Kenntnisse über den Bereich „Marketing“. Sie vernachlässigen daher oft konkrete Marktforschungen zu ihren Angeboten, neigen dazu, die Mitbewerbersituation, aber auch die Kundenbedürfnisse falsch einzuschätzen.

Als Erfolgsfaktor gilt auch hier: Entweder sind die fehlenden Kenntnisse auszugleichen oder aber zuzukaufen.

3. Geschäftsidee abprüfen

Experten-Feedback einholen

Existenzgründer schätzen die Realisierbarkeit ihrer Idee häufig falsch ein, wobei sich geschlechtsspezifische Unterschiede zeigen: Neigen Männer eher dazu, die eigenen Fähigkeiten und Stärken zu überschätzen, so tendieren Frauen eher zu einer Unterschätzung. In beiden Fällen ist es nicht möglich, aus der anfänglichen Euphorie eine tragfähige Geschäftsidee zu realisieren und dauerhaft aufrechtzuerhalten.

Der Erfolgsfaktor ist eine realistische Einschätzung des Vorhabens. Um diese zu erhalten, ist das Feedback von Experten unabdingbar.

Sowohl die Voraussetzungen für eine erfolgreiche Existenzgründung als auch die zentralen Erfolgsfaktoren zeigen, dass es bei diesem Prozess nicht ausreicht, fehlende Informationen punktuell zu beschaffen. Vielmehr handelt es sich um einen hochkomplexen Prozess, für den eine realistische Hilfe zur Selbsthilfe in der Begleitung notwendig ist: Coaching.

4. Einzelcoaching als Hilfe zur Selbsthilfe

Lebensprojekt Existenzgründung

Eine Existenzgründung ist ein Lebensprojekt. Es hört nie auf: Einmal begonnen, ist der permanente Zwang zur Weiterentwicklung der eigenen Person und des Unternehmens vorprogrammiert, um auf dem Markt bestehen zu können.

Allein diese Tatsache macht deutlich, wie wichtig bereits die Anfangsphase dieses „Projekts“ ist. Nur eine solide Existenz-

gründung bietet auch die Voraussetzungen für eine erfolgreiche, langjährige Selbstständigkeit.
Um diesen Prozess mit all seinen Höhen und Tiefen zu begleiten, ist ein Coaching die ideale Form:

Berichtigung des Selbstbildes

- Ein Coaching transportiert permanent die Außenwelt, die Sicht der Mitbewerber und des Marktes in den individuellen Existenzgründungprozess und relativiert damit sowohl die Euphorie- als auch die Enttäuschungsphasen. Eine wichtige Korrektur für das entstandene Selbstbild.

Individuelle Beratung

- In einem Coaching sind die Inhalte und Methoden individuell auf den / die Existenzgründer/in zugeschnitten. Ein Coaching ist daher die effektivste Form der Begleitung.

persönliche Erfolgsfaktoren

- Coaching arbeitet mit und an den individuellen Stärken und Schwächen des / der Existenzgründers/in und damit in den Bereichen, die für den Erfolg einer selbständigen Trainingstätigkeit von zentraler Bedeutung sind.

Verknüpfung zum Konzept

- Coaching zeigt Möglichkeiten auf, fachliche und organisatorische Themen mit den individuellen Stärken und Schwächen zu einem funktionierenden Konzept zu verbinden. Angehende selbständige TrainerInnen erhalten individuell abgestimmte tools, die es ermöglichen, die Stärken optimal einzusetzen und die Schwächen zu kompensieren.

Marketing einsetzen

Aus dem Gebiet des Marketings sind folgende Fragen interessant:

- Wie komme ich zu meinem USP (= Unique Selling Proposition = einzigartiger Verkaufsvorteil), um mich von meinen Mitbewerbern deutlich zu unterscheiden?
- Wie sieht mein relevanter Marktraum aus?
- Welche Marktnische kann ich bedienen?
- Welche Stärken und Schwächen haben meine Mitbewerber?
- Wie kann eine erfolgreiche Akquisition aussehen (abgestimmt auf die individuellen Stärken und Schwächen)?
- ....

Besonders wichtig ist beim Coaching, dass hier ein Maximum an Selbstständigkeit vom/von der ExistenzgründerIn gefordert wird. Somit werden Fähigkeiten entfaltet – und ggf. verstärkt –, die für eine erfolgreiche Unternehmensführung unabdingbar sind.

Gruppencoaching – Überprüfung durch das Team

Imaginäre Sicherheit entfällt

Der einzige Nachteil eines Einzelcoachings besteht in der Tatsache, dass sich der/die ExistenzgründerIn quasi in einem Schonraum bewegt: in einem Einzelcoaching bildet er/sie den Mittelpunkt aller Maßnahmen, Strategien und Tools. Hierdurch wird eine Sicherheit erzeugt, die später im „Markt" nicht im Ansatz vorhanden ist. „Geschützte Räume" gibt es am freien Markt nicht.

Nutzen erfahren

Aufgehoben werden kann dieser Nachteil durch ein Gruppencoaching – idealerweise besetzt mit ExistenzgründerInnen aus verschiedenen Branchen. Als ideal hat sich hier die Zahl von 4 TeilnehmerInnen pro Gruppe erwiesen. Mit dieser Anzahl können sowohl die Coachingansprüche für die einzelne Person realisiert als auch folgende Vorteile erlebbar gemacht werden:

- Im Gruppencoaching wird permanent die Unternehmensidee und der Stand der Weiterentwicklung überprüft. Die „Außenwelt" ist dauernd präsent.
- Die ExistenzgründerInnen lernen zu lernen einerseits und sie lernen aus fremden Erfahrungen andererseits.
- Die ExistenzgründerInnen erfahren die Bedeutung einer unternehmerischen Zusammenarbeit mit ihren Grenzen und Möglichkeiten, Risiken und Chancen, Motivationen und Kritikpunkten, Konflikten und Lösungen.

Anforderungen an den Coach

Fachliche Ansprüche

Um den hohen Anforderungen sowohl an Einzel- als auch an Gruppencoachings gerecht zu werden, sollte ein Coach mindestens folgende Grundvoraussetzungen erfüllen:

- Erfolgreich selbständig tätig seit mindestens 5 Jahren.

- Ausbildung in einer anerkannten prozessbegleitenden Methode, d.h. eine anerkannte Ausbildung in einer der humanistischen Methoden, z.B. Transaktionsanalyse (TA), Neurolinguistisches Programmieren (NLP), Psychodrama (PD) etc.
- Einbindung in wirtschaftliche Netzwerke um entsprechendes Know-how in die Coachings in Form externer SpezialistenInnen einbringen zu können. Ein Coach, der behauptet alles selbst leisten zu können, ist unglaubwürdig!
- Selbstständig tätig als TrainerIn und in der Tätigkeit sowohl des Trainings wie des Coachings ausgerichtet an einem Berufsbild, beispielsweise am BDVT-Berufsbild.

Resümee

- Erfolgreiche Existenzgründungen basieren in erster Linie auf persönlichen Voraussetzungen. Hier ist eine genaue Prüfung der Gegebenheiten notwendig.
- Nicht punktuelle Informationen, sondern die Begleitung im Prozess der Existenzgründung sichert den Erfolg.
- Die ideale Form für die Begleitung einer erfolgreichen Existenzgründung ist das Coaching.
- Nur im Coaching ist eine zielgerichtete, individuell abgestimmte Hilfe zur Selbsthilfe leistbar.
- Ein Gruppencoaching hat dabei – gegenüber dem Einzelcoaching – folgende Vorteile: ständige Überprüfung der Unternehmensidee durch die Gruppenmitglieder, Lernen aus fremden Erfahrungen von Anfang an, Austesten der Möglichkeiten und Grenzen der unternehmerischen Zusammenarbeit.

Dr. Angelika Hamann
dta – Deutsche Trainer- und
Führungskräfte-Akademie
Unternehmensberatung BDU
Tibarg 40
22459 Hamburg
Tel. 040-58 03 09
Fax 040-58 32 28
E-Mail: dtaAkademie@t-online.de
www.dta-akademie.de

Dr. Angelika Hamann BDVT/BDU, Mitglied im Q-Pool 100, ist Spezialistin für ergebnisorientierte, praxisnahe Organisations- und Personalentwicklung. Einer der Schwerpunkte ist bereits seit 1968 die Aus- und Weiterbildung von Trainern und Beratern, zunächst als Inhouse-Berater und -Trainer. Seit Gründung der dta – Deutsche Trainer - und Führungskräfte-Akademie und Unternehmensberatung sind auch selbständige Trainer und Berater in diese Aus- und Weiterbildung als gegenseitiger Synergie-Effekt integriert. Seit 1980 bis heute wurden inhouse und extern über 500 Trainer und Berater ausgebildet. In diesem sehr ergebnisorientierten Weiterbildungsfeld zum Performance Consultant ist die dta inzwischen Marktführer. Dr. Angelika Hamann war als Vize-Präsidentin BDVT einige Jahre sowohl für Öffentlichkeitsarbeit und PR als auch für den gesamten Bereich Training zuständig. Sie ist Mitautorin der Bücher Coaching: „Die Führungskraft als Trainer“ und „Wandel im Unternehmen“. Darüber hinaus ist sie Verfasserin zahlreicher Fachartikel.

Erfolgreiche Aus- und Weiterbildung des selbstständigen Trainers und Beraters

Die Autorin Dr. Angelika Hamann ist als Expertin und Initiatorin der Performance Improvement-Bewegung in Deutschland anerkannt und erfolgreich. Trainingskonzepte und Trainerausbildungen werden von der Autorin an der Frage gemessen: Wie kann Performance als personale Gesamtleistung nutzenstiftend und kontrollierbar für Unternehmen und Kunden strategisch geplant und umgesetzt werden? Die dargestellten Denkansätze und Qualifikationsvoraussetzungen sind Geistkapital jeder Weiterentwicklung von TrainerInnen.

1. Einige Gedanken am Anfang

Wie Hans Hey in seinen Gedanken zur Berufswahl und zum Start in die Selbstständigkeit auf Seite 13 ausführt, muss der selbstständige Trainer und Berater ein Multitalent sein. Nun – Sie haben sich entschieden! Herzlichen Glückwunsch dazu, viel Kraft, Glück und Erfolg!

Ein altes Sprichwort sagt allerdings: „Glück hat auf die Dauer nur der Tüchtige“ und „Kunst kommt von Können“, wenn es vom bloßen Wollen, der viel gerühmten „Motivation“, käme, müsste es „Wullst“ heißen (frei nach Prof. Wilhelm Dieß)

2. Welche Kompetenzen benötigen Sie für die erfolgreiche, ergebnisorientierte Arbeit als Trainer und Berater?

Zunächst: Trainer ist nicht gleich Trainer! Die reinen Trainings sowohl im Wissens- als auch im Verhaltensbereich werden in Zukunft maximal noch 20–30 % der betrieblichen Qualifikationen ausmachen. Das lernende Unternehmen, die lernende Organisation setzt eine permanente Weiterentwicklung im betrieblichen Alltag voraus, die nicht mit einigen wenigen Trainingstagen im Jahr zu schaffen ist. Dabei steht den immer komplexeren Anforderungen des Berufes ein Heer von halb- und unprofessionellen „Selfmade-, Hobby- und Amateurtrainern“ gegenüber. Professionalität ist gefragt. Neben den schwer wägbaren Fähigkeiten wie Empathie, Interesse an der Arbeit mit Menschen und Gruppen oder ethischen Prinzipien, gibt es durchaus handfeste Anforderungsprofile für den Beruf des Trainers/Beraters. Unabdingbar sind in jedem Fall die folgenden *Kernkompetenzen:*

- Emotionale Kompetenz
- Soziale Kompetenz
- Methoden-Kompetenz
- Sach- und Fachkompetenz

Was heißt das im Einzelnen?

2.1 Emotionale Kompetenz

Persönlichkeit zählt

Seit Golemans Buch ist **emotionale Intelligenz** zu einem Schlagwort geworden. Sie umfasst all das, was einen Trainer/Berater als Persönlichkeit auszeichnet. Seine Persönlichkeit kann man bekanntlich ständig weiterentwickeln. Es ist ein permanenter Lern- und Entwicklungsprozess, der durch eine fundierte Trainer- und Beraterausbildung bewusst gemacht und unterstützt werden muss. Dazu gehören:

- der professionelle Umgang mit der eigenen wie auch fremden Unsicherheit aufgrund des immer offeneren Seminar-Designs
- die Flexibilität
- die Frustrationstoleranz

Positive Einstellung

Ein Trainer muss laufend an seiner Persönlichkeitsentwicklung arbeiten. Er braucht auch immer wieder von Zeit zu Zeit Coaching und Supervision. Der Negativ-Fokus des Trainierens, der ursprünglich aus der defizitausgleichenden Arbeitsweise entstand, nach dem Motto „Ich zeige denen schon, was sie alles nicht können!“, muss sich in eine positive Einstellung den Teilnehmern gegenüber wandeln, muss entwicklungsorientiert sein, den Teilnehmern zeigen, wie sie etwas schaffen können und wo ihre Stärken liegen. Also: weg vom „Reparaturbetrieb" hin zur Evolution.

2.2 Soziale Kompetenz

Zur *sozialen Kompetenz* gehören

- Gruppenkompetenz,
- Umgang mit teiloffenen Designs und Themen in themenzentrierten Lerngruppen, pädagogisches Know-how,
- kommunikative und rhetorische Fähigkeiten,

um nur einige zu nennen.

- Frustrationstoleranz: Wer sich auf die Arbeit mit Menschen in Organisationen einlässt, braucht viel Erfahrung und Ausdauer, da sich der Nutzen von innerbetrieblichen Trainings oft nicht sofort abschätzen lassen kann. Trainer brauchen nicht allein schon wegen ihrer exponierten Stellung zwischen Auftraggeber- und Klientenwünschen eine überdurchschnittliche Rollenflexibilität: Sie müssen Experte, Lehrer, Pädagoge, Trainer/Berater und bisweilen „Guru" sein können, ohne darin „aufzugehen".

2.3 Methodenkompetenz

Das Ganze erkennen

Zum *Methoden- und Interventionsrepertoire* gehören zusätzlich zur erforderlichen Methodenvielfalt und Methodenflexibilität ein solides fachliches Standbein und eine methodische Wurzel.

Wichtig ist, dass sich ein Trainer und Berater nicht mit „Scheuklappen" nur auf den Sektor bezieht, in dem er jeweils trainiert, sondern er braucht einen ganzheitlichen, systemischen Ansatz.

Das zeigt sich sehr gut an der Geschichte mit den 6 Blinden und dem Elefanten®, dem dta-Markenzeichen:

Abb. 1:
Die Blinden und der Elefant

Nur wer den Blick für das Ganze hat, wird auch das Ganze erkennen

Natürlich benötigt jeder Trainer/Berater auch *theoretisches Spezialwissen,* zum Beispiel: Kenntnisse aus der Kommunikationstheorie, Gruppendynamik, der systemischen Organisationstheorie, der Wirtschaftssoziologie und -philosophie u.a.m.

Last but not least benötigt ein erfolgreicher Trainer/Berater Wissen über Organisationen. Diese Auflistung klingt sehr anspruchsvoll, und sie ist es auch.

3. Trainer- und Beraterausbildung, der Meilenstein zum Erfolg oder alter Wein in neuen Schläuchen?

Anpassung an komplexe Entwicklungen

Wann und für wen macht eine Ausbildung Sinn? Kurz und bündig für jeden, der den verantwortungsvollen Beruf ergreift. Entgegen der Meinung vieler Self-made-Trainer, die der Auffassung sind, es genügt einige Jahre geführt oder verkauft zu haben, um sein Wissen an andere weiterzugeben, muss ein effizienter Trainer und Berater folgende Voraussetzungen erfüllen:

Ganzheitlicher Ansatz

- Eine fundierte Trainerausbildung bei einer Institution, die vom *Markt* her anerkannt und gefragt ist. Dabei ist der systemische, ganzheitliche Ansatz, orientiert an den strategischen Erfolgspositionen des jeweiligen Unternehmens, unabdingbare Voraussetzung. Vorsicht ist bei selbst ernannten Qualitätssiegeln von Verbänden o.Ä. geboten. Oft sind das nur verbandspolitische Aktivitäten ohne tatsächlichen Qualitätshintergrund.

Erfahrung

- Wichtig ist natürlich ein gewisser Reifegrad des Trainers und praktisches Erleben aus der Binnenperspektive von Organisationen. Es ist nicht sehr ratsam, gleich den Start in die Selbstständigkeit zu wagen, bevor man nicht einige Jahre intern in einem Unternehmen als Trainer oder in vergleichbarer Tätigkeit gearbeitet hat.

Fundierte Grundlagen

- Lebenslanges Lernen ist gefragt, d.h. sich ständig weiterzubilden, sein Selbst-Studium zu pflegen, um jeweils auf dem neuesten Stand zu sein. Denn:

Wer ein Problem sichtbar besser löst als andere, der kann seine Erfolge nicht verhindern!

Die ständige Weiterentwicklung eines erfolgreichen Trainers/Beraters sollte möglichst auf fundierten Grundlagen beruhen, wie zum Beispiel humanistischer Psychologie, Gestalttherapie, Psychodrama, Transaktionsanalyse um nur einige zu nennen. Da im Hinblick auf die Komplexität der Entwicklungsaufgaben eine klare Rollentrennung von Trainer, Prozess-Begleiter, Organisationsentwickler, Coach und Mentor gar nicht mehr möglich ist, ist es wichtig, dass eine solche Ausbildung auch diesen geänderten Anforderungen gerecht wird.

Vom Training zur Performance

Nicht umsonst spricht man heute vom Performance Consultant und vom ständigen Performance Improvement. Und nur ein Trainer und Berater, der *Ergebnisse* und wirkliche *Verbesserungsprozesse* nachweisen kann, wird langfristig erfolgreich sein können. Ein gut ausgebildeter Trainer/Berater muss auch hinschauen, wo er selbst überhaupt Nutzen bringen kann und wo er die Bescheidenheit aufbringen muss, zu sagen, dass dieses Problem nicht durch Training zu lösen ist, sondern durch andere Maßnahmen, z. B. Umstrukturierung, Änderung von Arbeitsabläufen etc.

3.1 Was muss ich als Trainer/Berater beachten?

Nur eine Trainer/Berater-Ausbildung, die diesen Performance-Ansatz beachtet, ist letztlich den Zeit- und Geldaufwand wert. Das lässt sich anhand der folgenden Grafik darstellen:

Bedarfskategorien:

Performance Improvement

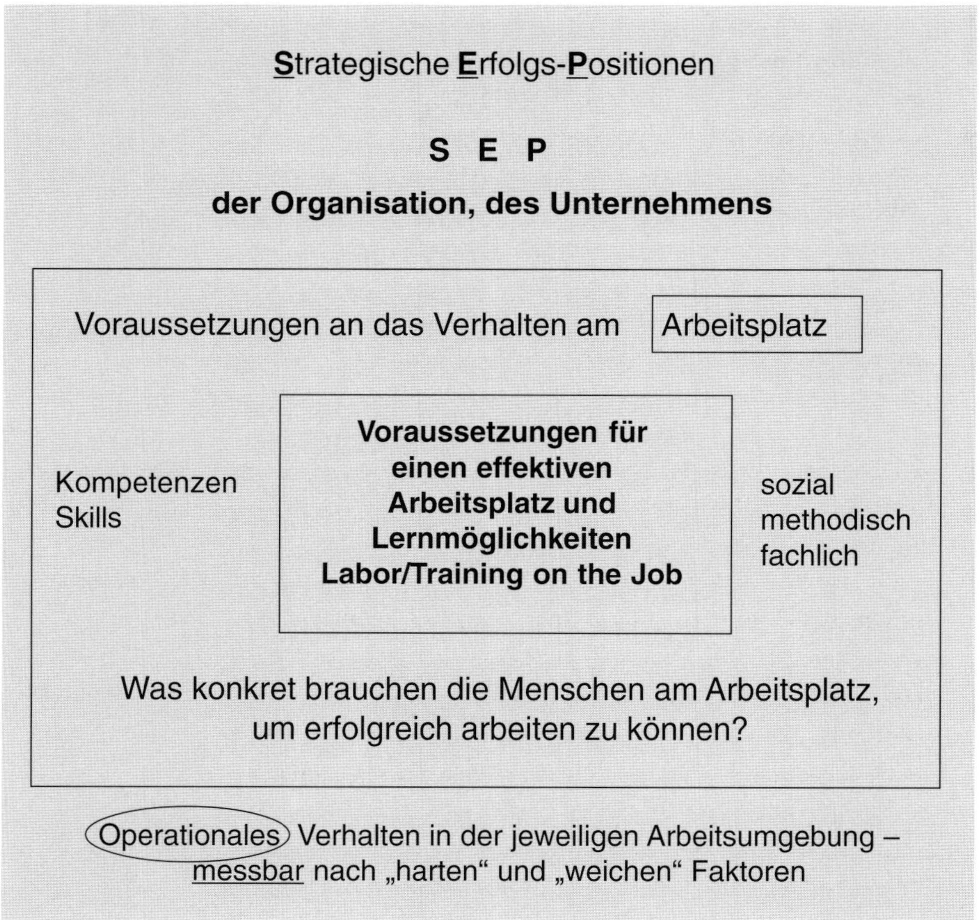

Abb. 2: Strategische Erfolgs-Positionen der Organisation

Setzt sich die Ihnen angebotene Trainer- und Beraterausbildung mit folgenden Fragen auseinander?

- Wissen Sie genau, wann Sie an Ursachen arbeiten und wann Sie sich nur mit Symptomen beschäftigen?
- Welchen Return on Investment bringen Ihnen Ihre Ausgaben für die Personalentwicklung?
- Wie wird der Nutzen von Qualifizierung ermittelt?
- Was erwartet man von Ihnen – Tätigkeiten oder Ergebnisse?

Der Trainer und Berater als Performance Consultant ...

- ...arbeitet ergebnisorientiert
- ...fokussiert auf die Ursachen von Leistungsproblemen; findet den optimalen „Hebel" für die Problemlösung.
- ...führt zu nachhaltigen, messbaren Erfolgen
- ...trägt mit seiner Arbeit direkt zur erhöhten Wertschöpfung in dem betreuten Unternehmen, in dem von ihm trainierten Bereich bei.

3.2 Welche Qualitätsstandards der Anbieter von Trainer-Aus- und Weiterbildungen muss ich beachten?

- **Zertifizierung** Zunächst einmal muss es völlig selbstverständlich sein, dass ein Aus- und Weiterbildungsinstitut nach der ISO 9001 ff. zertifiziert ist.
- **Trainer-Auswahl** Es muss eine Trainer-„Mannschaft" zur Verfügung stehen, die selbst über Führungs- und Trainingspraxis verfügt und auch auf wissenschaftlich fundierte Ausbildungen zurückgreifen kann. Dabei sollten sich psychologische, soziologische und betriebswirtschaftliche Anteile möglichst die Waage halten. Wichtig ist auch, dass einem Trainer-Aspiranten einige Lernmodelle zur Verfügung stehen, d.h., dass mehrere Trainer mit unterschiedlichen Verhaltensweisen eingesetzt werden, sodass der Teilnehmer die Möglichkeit hat, am Modell zu lernen und sich seinen persönlichen Tutor für die gesamte Ausbildungszeit zu suchen.

Bewährt im Markt

- Es empfiehlt sich zu fragen, wie lange das Institut auf dem Markt ist, da im Augenblick die Meinung herrscht, dass mit Trainerausbildung sehr schnell und sehr viel Geld zu verdienen ist.

Eine effektive Aus- und Weiterbildung von Trainern muss sich immer mit der Zukunftssicherung des Unternehmens auseinander setzen, für das jeweils gearbeitet wird. Es stellen sich folgende Fragen:

Markt- und unternehmenskonform denken

- Was muss ich als Trainer, Berater oder Führungskraft tun, damit das von mir betreute Unternehmen wettbewerbs- und überlebensfähig bleibt oder wird?
- Was muss ich als Trainer, Berater oder Führungskraft tun, um zu helfen, „erwachsene“, verantwortungsbewusste, unternehmerisch denkende Mitarbeiter zu entwickeln?
- Wie kann ich diesen Prozess so in den Betriebsalltag integrieren helfen, dass nicht nur in Seminaren und Workshops die „neue Welt“ gestaltet wird?
- Welches Rüstzeug benötige ich als Trainer, Berater oder Führungskraft, um den erforderlichen organisatorischen Wandel mit umsetzen zu helfen?
- Wie initiiere und begleite ich den ständigen Entwicklungs- und Veränderungsprozess im Unternehmen wertschöpfend?

Darum prüfe, wer sich für eine längerfristige Ausbildung bindet

Prüfkriterien

- Kann ich mit früheren Absolventen Kontakt aufnehmen, um Referenzen einzuholen?
- Unterzieht sich das Ausbildungsunternehmen selbst einem ständigen Entwicklungs- und Veränderungsprozess, einem laufenden Performance Improvement?
- Leben meine Ausbilder das, was sie lehren?
- Gibt es für mich als künftiger Teilnehmer dieser Ausbildung zunächst einmal ein Coaching- oder Einzelgespräch mit einem verantwortlichen Ausbilder des Unternehmens?
- Gibt es zu Beginn der Aus- und Weiterbildung eine *individuelle* Zielvereinbarung im Rahmen des Gesamtprogramms?
- Werden diese erarbeiteten Ziele auch während der einzelnen

Ausbildungsschritte immer wieder hinterfragt, evaluiert, evtl. ergänzt und fortgeschrieben?

3.3 Welcher Zeitaufwand ist sinnvoll?

Ein Dreivierteljahr

- Es sollte in jedem Fall ein längerer Zeitraum für die Ausbildung geplant sein, sodass in der Zeit zwischen den einzelnen Präsenz-Weiterbildungen die Möglichkeit des Ausprobierens und des Transfers besteht. Starten sollte eine Ausbildung stets mit der Persönlichkeit des Trainers als Prozessbegleiter und seiner persönlichen und sozialen Kompetenz. Zeitblöcke für die Erprobung des Erfahrenen im betrieblichen Alltag sollten eingeplant werden. In weiteren Bausteinen werden die erforderlichen Fähigkeiten, um methodisch und strategisch beraten und trainieren zu können, mit den Teilnehmern anhand von deren Praxis erarbeitet und validiert. Dazwischen muss in Praxisblöcken wieder das Erlernte ausprobiert werden. Wichtig ist während der Präsenztage ein Selbsterleben der Steuerung von Gruppenprozessen, ein Selbstausprobieren von Moderation und innovativen Rollenspielmethoden sowie die Entwicklung und Begleitung von Teams anhand der Lerngruppe mit ständigem qualifiziertem Feedback von Trainern und Teilnehmern.

Um eine einigermaßen fundierte Trainer- und Beraterausbildung zu erhalten, ist ein Zeitraum von ca. 9 Monaten mit permanenter Praxisüberprüfung erforderlich. Reine Wochenendmeetings sind der Gruppendynamik nicht nützlich und nicht effizient.

Seminarzeit zum Üben

- Der Schwerpunkt einer effektiven Ausbildung muss im Lernen durch eigenes Tun und Erleben liegen. Zum Wissenslernen muss es Vor- und Nachbereitungsunterlagen geben, um die kostbare Seminarzeit dem Üben widmen zu können. Evaluierung, Bildungscontrolling, Transfersicherung und Coachinganteile sind wichtig. Eine förmliche Abschlussprüfung am Ende eines solchen Prozesses ist nicht sehr sinnvoll, da in einer kurzen Prüfungszeit nicht alles gesehen werden kann.

Lernpartnerschaften

- Wichtig ist eine *fortlaufende Überprüfung* und *Reflexion* des erlernten Verhaltens mit ständigen *Feedback-Phasen* seitens der Trainer und der jeweiligen Lerngruppe. Dabei ist es auch wichtig, Lernpartnerschaften gleich zu Beginn der Trainer- und Beraterausbildung zu vereinbaren, damit man auch von Kollegen aus dem Ausbildungslehrgang partnerschaftlich unterstützt werden kann.

Meisterstück

- Prozessbegleitend zur gesamten Ausbildung sollte an einem „Meisterstück" gearbeitet werden, in das jeweils die erlernten Schritte sukzessive integriert werden können. Dieses „Meisterstück" bildet dann den offiziellen geprüften Abschluss. Eingeplant muss in jedem Fall sein, dass seitens des Ausbildungsinstituts auch Supervision und permanente Praxishilfe angeboten wird.

- Last not least benötigt der selbstständige Trainer eine permanente Unterstützung für sein eigenes Bildungsmarketing von den am Markt selbst immer noch tätigen Ausbildern mit deren Kontakten und Praxis-Know-how.

- Hilfreich ist die Schaffung von Netzwerken innerhalb der jeweiligen Ausbildungsgruppen, die selbstständigen Trainern später auch Zusammenarbeit mit innerbetrieblichen Trainern ermöglichen.

4. Lebenslanges Lernen als Basis des Erfolgs!

Vom Einzelkämpfer zum Trainer

Jedem gut ausgebildeten Trainer ist bewusst, dass mit seinem „Meisterstück" und der Beendigung der Ausbildung das Lernen nicht aufhört. Unterstützt durch die Tutoren aus der ursprünglichen Aus- und Weiterbildung oder durch seine Lernpartner wird sich der selbstständige Trainer mit permanenter eigener Weiterentwicklung befassen. Je nach seiner Neigung und seinen Möglichkeiten im Markt wird er sich dabei themenzentriert entsprechende Schwerpunkte setzen. In seiner Trainerausbildung hat er umfangreiche Literaturtipps bekommen. Er muss auch nach wie vor die Möglichkeit haben, mit seinen Tutoren aus der Ausbildung Kontakt aufzunehmen und sich beraten zu lassen. Unabhängig davon empfiehlt sich für jeden ausgebildeten Trainer auch eine regelmäßige eigene Supervision. Diese kann einmal durch Trainerkollegen erfolgen, die als Kotrainer mitarbeiten oder aber von Fall zu Fall durch eine Vertrauensperson als Coach. Hilfreich sind auch vertiefende Aufbauseminare zu aktuellen Themen.

Durch das Netzwerk, das sich im Rahmen einer solchen Trainer- und Berater-Aus- und Weiterbildung entwickelt, hat auch das „Einzelkämpfer-Dasein" von selbstständigen Trainern und Beratern ein Ende, man wird zum erfolgreichen „Netzwerk-Player".

Literaturempfehlung:

„Coaching: Die Führungskraft als Trainer", ISBN 3-931085-31-7, Rosenberger Fachverlag.
„Wandel im Unternehmen", ISBN 3-930799-76-6, GABAL Verlag GmbH.

Manfred Sieg
Bergstraße 42
75382 Althengstett
Tel. 07051-77849
Fax 07051-77851
E-Mail: Manfred.Sieg@t-online.de

Manfred Sieg ist verantwortlich für das Servicegeschäft im Geschäftsbereich Mittelstand der IBM Deutschland GmbH.

Seit 1973 bei der IBM, war er zuerst Vertriebsbeauftragter, dann Trainer und später in verschiedenen Geschäftsbereichen Vertriebsleiter, Geschäftsstellen- und Regionalleiter sowie Operations-Manager in Marketing und Vertrieb.

Darüber hinaus ist er Referent zu unterschiedlichsten Managementthemen, in Verbänden aktiv und Jurymitglied für den Deutschen Verkaufsförderungs-Preis.

Seit 2001 ist Manfred Sieg Präsident des BDVT Berufsverband Deutscher Verkaufsförderer und Trainer.

Marketing für Trainer

10 Fragen und Antworten zum erfolgreichen Marketing für Trainer

Der Autor Manfred Sieg erläutert umfassend die Bedeutung der Marketing-Kompetenz als Meilenstein zum Erfolg im Trainerberuf. Nicht nur für Neueinsteiger, sondern auch für bereits erfolgreich etablierte TrainerInnen bietet dieser Beitrag einen Fundus an Anregungen für alle Fragen rund um Marktsituation, Imagefaktoren, ideelle und materielle Ziele. Der professionelle Einsatz der Informations- und Kommunikationstechnologie und der existenziell wichtige Aufbau einer digitalen Identität für eine zukunftsorientierte Karriere sind ein besonderes Anliegen dieses Beitrags.

Die wichtigste Frage zum erfolgreichen Marketing für Trainer haben Sie sich bereits selbst beantwortet. Sie sind entschlossen, sich selbstständig zu machen, und überzeugt davon, dass jetzt der Erfolg Ihnen gehört. Sie sind super motiviert – aber wer weiß das außer Ihnen und Ihren engsten Familienmitgliedern und Freunden? Wen haben Sie auf dem Markt bereits überzeugt, dass nicht nur Ihr Training, sondern auch Ihr Service stimmt? Wer kennt Ihr Angebot und weiß, dass Sie besser sind als die Konkurrenz? Können Sie mit Ihrer Geschäftsidee ein unverwechselbares Image entwickeln, das Sie aus der Masse des Wettbewerbs herausheben wird? Ihre Aufgabe ist es jetzt, den Markt zu beeinflussen und zu erobern, dafür benötigen Sie Zeit und Marketing-Kompetenz.

1 Was ist Marketing?

Ausrichtung auf den Markt

Marketing ist eine zentrale Aufgabe der Unternehmensführung und dient der Steuerung des Betriebes vom Markt her. Ihr Marketing sollte sich auf das Marktgeschehen und die Bedürfnisse der potenziellen Kunden ausrichten. Denn s i e beurteilen, ob Ihr Portfolio, Ihre Leistungen und Konditionen gut sind. Sie werden Ihr Image bewerten und sich entscheiden, ob sie Ihnen vertrauen oder zur Konkurrenz gehen.

Umfassender Marketingplan

Marketing hat die Aufgabe, die Zielgruppe zu interessieren sowie zu mobilisieren, und erfordert planvolles Vorgehen. Ihr Marketingplan sollte u. a. folgende Aspekte behandeln:

- Welche Leistungen bzw. Problemlösungen sollen wie angeboten werden?
  - Produktprogramm (Portfolio)
  - Kundendienst (z.B. Informationsservice)
- Zu welchen Bedingungen sollen die Produkte angeboten werden?
  - Preispolitik (Tagessätze)
  - Zahlungskonditionen
- Welche Informations- und Beeinflussungsmaßnahmen sollen ergriffen werden?
  - Werbung
  - Verkaufsförderung
  - Fachartikel
  - Öffentlichkeitsarbeit (Public Relations)
  - Referenzen
  - Eintrag in Trainerverzeichnisse
  - Persönlicher Verkauf
  - Referent, z.B. im BDVT Regionalclub
- Für welche potenziellen Kunden, auf welchem Weg und an welchen Standorten sollen die Leistungen erbracht werden?
  - Offene oder Firmenseminare
  - inhouse (Hotel, vor Ort beim Kunden)
  - Outdoor (Natur, Seilgarten ...)
  - im Feld (bei Kunden des Kunden)
  - Multimedia (Computerbased Training, Bücher, Audio-/ Video- Kassetten ...)
  - Internet (Online-Betreuung, Kundenbeziehung ...)

2 Was kennzeichnet den Markt?

Intensive Konkurrenz

Kunden wollen erfolgreicher sein und ihre Probleme lösen. Sie bieten Ihnen damit ein unerschöpfliches Potenzial für den Verkauf von Erfolgssteigerungskonzepten. Der Trainings- und Beratermarkt unterliegt dabei den gleichen Veränderungen und Herausforderungen wie andere Branchen: intensiver Wettbewerb, Honorarkämpfe durch Verdrängungswettbewerb, Produktvergleichbarkeit (z.B. bei Verkaufstrainings), rückläufige Investitionsbereitschaft in lange Außer-Haus-Trainings, neue Produkte, Methoden, Vorgehensweisen (Multimedia, Computerbased Training, Distance Learning (Internet) usw.).

3 Wer sind meine Kunden und was wollen sie erreichen?

Genaue Marktanalyse

Beschäftigen Sie sich intensiv mit Ihrem Markt und bearbeiten Sie auf Ihr Leistungsspektrum bezogen die so genannten ‚marktorientierten Überlebensfragen' und kreieren Sie hierfür passende Lösungen:

Was wollen die Kunden?
Was kann ich, kann ich nicht?
Wie gut decke ich die Kundenbedürfnisse ab?
Wie ist meine Wettbewerbsposition?
Was unterscheidet mich vom Wettbewerb?
Worin liegt die Zukunft?
Wer braucht mich, braucht mich nicht?
Worauf muss ich mich einstellen?
Wo und wie kann ich Kaufanreize schaffen?
Wo kann Umsatz wegbrechen?
Welche Marketing- und Vertriebsmaßnahmen sind erforderlich?

Orientieren Sie sich in erster Linie am Bedürfnis Ihrer Kunden nach mehr Erfolg. Ihr Angebot muss inhaltlich so überzeugend sein und von Ihnen glaubwürdig präsentiert werden, dass Ihr Kunde es sich betriebswirtschaftlich quasi nicht leisten kann, Ihr Beratungs- und/ oder Trainingsangebot auszuschlagen.

4 Wie will ich gesehen werden?

Bereits Ihr Firmenname sollte interessant klingen und leicht merkbar sein. Formulieren Sie dazu einen Satz, der Ihre Vision ausdrückt und für jeden verständlich macht, was Ihr Unternehmen bietet. („Wir sind

Unternehmensphilosophie formulieren

ein Unternehmen, das ..."). Positionieren Sie sich, indem Sie Ihre wichtigsten Werte und Leitlinien formulieren, nach denen Sie Ihre Produkte entwickeln (z.B. kundenspezifisch) und dem Kunden Nutzen bringen (beispielsweise Win-win-Beziehung, Qualität, Spaß, Professionalität).

Das Wort Professionalität vereinigt in sich mehrere Aspekte, denen Trainer im Hinblick auf Ihre Berufsausübung und Werbung um den Kunden gerecht werden sollten:

Professionalität	=	höchste Kompetenz, Qualität und Zuverlässigkeit,
Profession	=	Leidenschaft für die Aufgabe
Profit	=	alle wollen Nutzen (win-win)
Profil	=	da weiß der Kunde, was er vom Lieferanten hat
Profi	=	Spezialist und bester Partner für den Kunden
Pro	=	für den Kunden und aus Sicht des Kunden arbeiten

Für Ihre Marketingstrategie und Verkaufskommunikation lassen sich hieraus die Antworten zu folgenden Positionierungsfragen ableiten:

Warum bin ich der beste Partner für den Kunden?
Welches Know-how habe ich?
Welche Referenzen kann ich vorweisen?
Wie ist meine Arbeitsweise?
Was ist das Besondere?

5. Was will ich (messbar) erreichen?

Rechenbarer Erfolg

Ihre Ziele leiten sich aus Ihren persönlichen Bedürfnissen (materiell, ideell, zeitlich ...), Ihren Fähigkeiten und aus den Möglichkeiten des Marktes ab. Beispielsweise:

persönliche Bedürfnisse:	Tsd. Euro Umsatz im Jahr, Tage für Verbandsarbeit
Fähigkeiten:	Anzahl Veröffentlichungen,
Markt:	Anzahl fakturierte Tage mit neuen Produkten

6 Womit will ich meine Ziele erreichen?

Gesamtlösungen Präsentieren

Die Beschreibung Ihres Portfolios, Ihrer Spezialisierung, Ihrer Qualifikation sollte selbsterklärend sein, aber auch etwas Neues beinhalten sowie Einzigartigkeit im Vergleich zu Mitbewerbern ausstrahlen. Tiefgang ist besser als Breite. Bieten Sie Gesamtlösungen statt Teile/Komponenten an. Beispielsweise

Mein Angebotsportfolio:	Beratung und Training in ...
Meine Erfahrungen/Referenzen:	Steigerung der ... bei ...
Mein Spezialgebiet:	Analysieren von ...
	Beraten in ...
	Entwickeln von ...
	Trainieren von ...
	Erstellen von ...
	Einführen von ...

Formulieren Sie daraus Ihre Nutzen-Story für Ihren Kunden. Vergessen Sie dabei nicht, dass Sie selbst der wichtigste Bestandteil Ihres Produktes sind.

7 Welche Strategie wähle ich?

Professionell arbeiten

Die meisten Unternehmen im Trainermarkt verfügen über keine oder keine ausreichend formulierte und professionell umgesetzte Marktbearbeitungsstrategie. Das ist Ihre Chance!

- Konzentrieren Sie sich auf Ihre Kernkompetenzen.
- Definieren Sie Ihren Markt entsprechend Ihrem Leistungsangebot.
- Identifizieren Sie potenzielle Zielgruppen.
- Orientieren Sie Ihr Angebot an den Kundenanforderungen.
- Differenzieren Sie sich gegenüber Ihren Mitbewerbern inhaltlich, persönlich, verkäuferisch und in der Kundenbeziehung.
- Sprechen Sie die potenziellen Kunden stimulierend an.
- Präsentieren Sie in überzeugender Weise dem Entscheider Ihr Angebot und grundsätzlich basierend auf der Kundenzielsetzung.

- Bearbeiten Sie Ihren Markt aktiv, systematisch und vorausschauend.
- Seien Sie durch gute Öffentlichkeitsarbeit in aller Munde.
- Treten Sie als Referent bei Veranstaltungen auf und sorgen Sie für Presseartikel.
- Durch geschickte Öffentlichkeitsarbeit Sog zu erzeugen ist besser als mit Druck zu arbeiten.
- Prüfen Sie, wer Ihnen bei der Akquisition helfen kann (Presse, Referenzen ...)
- Verfolgen Sie eine Mehrwege-Kontaktstrategie und führen Sie Werbung,
- Direktmarketing und Verkaufsförderung verzahnt durch.
- Suchen Sie systematisch nach neuen Geschäfts-Chancen.
- Steigern Sie Ihren Erfolg durch exzellente Kundenbetreuung und Service.
- Seien Sie einfach angenehm anders als andere.

8 Welche Mittel der Verkaufsförderung sollten Trainer einsetzen?

Die Mittel, sich zu präsentieren und dem Markt bekannt zu machen, sind vielfältig.

Das gesprochene Wort
Geschäftseröffnung
Tag der offenen Tür
Tagungen, Kongresse, Messen

Optische Mittel
Prospekte
Bildmaterial
PC-Beamer, Videos, CDs

Das geschriebene Wort
Firmenbroschüre
Homepage
Werbebriefe
Angebote
Leistungsbeschreibungen
Referenzen
Veröffentlichungen
Presseartikel
Aufnahme in Trainerverzeichnisse, Verbände

Hilfen für das Verkaufsgespräch
Angebotsmappe
Referenzmappe
Präsentation
Argumentationshilfen (z.B. Nutzenkalkulation)

Alle schriftlichen Unterlagen sollten kurze, aussagefähige Texte beinhalten. Zeit zum Lesen hat heute niemand mehr und ein Bild sagt mehr als 1.000 Worte. Daher sollte das Erscheinungsbild Ihres Unternehmens bereits auf den ersten Blick einprägsam und überzeugend sein.

Corporate Identity

Schenken Sie Ihrer Corporate Identity große Aufmerksamkeit und achten Sie darauf, dass Ihr Erscheinungsbild (Aussagen, Stil, Logo etc.) durchgängig auf allen Unterlagen (Briefbogen, Visitenkarte, Firmenbroschüre, Unternehmenspräsentation, Angebot, Seminarunterlagen, Arbeitsunterlagen, Werbung, Telefonbucheintrag, Homepage im Internet usw.) gleich ist.

Ihre Firmenbroschüre sollte interessant gestaltet sein und auch Ihre Vision, Ihre Werte und Leitlinien beinhalten. Superlative oder Übertreibungen kommen nicht gut an. Aber Ihr Unternehmens- und Mitarbeiterprofil, Ihr Angebot, Ihre Berichte über Veranstaltungen und Hinweise auf Veröffentlichungen und Referenzen sollten anregend zu lesen sein.

Kundenbezogene Texte

Ihre Trainingsunterlagen haben selbstverständlich einen firmenspezifischen Touch und tragen z.B. das Logo Ihres Kunden. Mit PC und Scanner ist das kein großer Aufwand, zeigt aber Ihrem Auftraggeber und den Interessenten Ihre Identifikation mit dem Kunden und Ihr professionelles Auftreten.

9 Welche konkreten Maßnahmen führe ich durch?

Auch Sie starten vielleicht als Einzelkämpfer und müssen zunächst Boden unter den Füßen bekommen und Ihre Existenz absichern. Demzufolge beschäftigen Sie noch keine Bürokraft und die gesamte Akquisitions- und Administrationstätigkeit liegt bei Ihnen.

Perfekte Technik einsetzen

Nutzen Sie deshalb von Anfang alle Möglichkeiten der Informations- und Kommunikationstechnologie. Ohne PC geht es nicht. Und Sie brauchen eine digitale Identität. Entweder Sie sind im Web oder früher oder später wieder weg vom Fenster. Am besten lassen Sie sich von dem künftig erwarteten Servicestandard, nämlich 24 Stunden an

7 Tagen die Woche erreichbar zu sein, leiten. Das bedeutet nicht, dass Sie mit Ihrem Internet-PC ins Bett oder Ihrem Mobiltelefon ins Bad gehen müssen. Pfiffige aktuelle Ansagen auf dem Anrufbeantworter, Fernabruf von Nachrichten oder einen Bürodienst zu nutzen, wären Lösungsmöglichkeiten.

Terminnah reagieren

Entscheidend ist in jedem Fall, dass Sie kurzfristig auf Kundenanfragen qualifiziert reagieren. Qualifiziert heißt dabei nicht, erst einmal einen Prospekt zu schicken und auf eine Reaktion zu hoffen, sondern mit dem Kunden zu sprechen oder ihm eine Nachricht zu hinterlassen, wann Sie ihn terminnah zuverlässig kontaktieren. Mobiltelefonie und Internet ermöglichen rund um die Uhr nahezu an jedem Punkt der Erde den Dialog, den Empfang oder Versand von Nachrichten.

Wie kommen Sie zu Kundenanfragen? Durch Fleiß, Ausdauer und die konsequente und systematische Umsetzung der in den vorstehenden Punkten empfohlenen Vorgehensweisen und Maßnahmen. Gehen Sie dorthin, wo sich Ihre Zielgruppe trifft, vielleicht lernen Sie etwas dazu oder begegnen potenziellen Kunden.

10 Wie sammle ich meine Kundeninformationen?

Technik akribisch einsetzen

Sammeln und speichern Sie auswertbar mit Ihrem PC alle relevanten Informationen über Interessenten, Kunden und die Daten Ihrer durchgeführten und geplanten Aktivitäten. Starten Sie damit sofort. Schaffen Sie sich hierzu eine entsprechende Info-Warehouse-Software an oder bauen Sie sich mit einer handelsüblichen Bürosoftware Ihre Kundeninformations- und Aktivitätendatenbank auf.

Diese Datenbank ist in Verbindung mit einem Textprogramm und dem Internet (E-Mail) für Ihre tägliche Arbeit von großem Nutzen. Über entsprechende Softwarefunktionen können Sie sich z.B. an terminierte Aktivitäten oder Geburtstage Ihrer wichtigen Kunden erinnern lassen.

Im Zusammenhang mit den Kundendaten und Ihren Geschäftserfolgen kann Ihnen die Aktivitätendokumentation im Laufe der Zeit die entscheidenden Erkenntnisse über Stärken, Schwächen, Erfolgsfaktoren, Kundenpotenziale, Chancen, Risiken usw. liefern.

Zusammenfassung

Konzentrieren Sie sich auf Ihre Kernkompetenzen und die potenziellen Zielgruppen. Profilieren Sie sich durch systematische Marktbearbeitung und differenzieren Sie sich gegenüber Ihren Mitbewerbern durch kundenorientierte Angebote, hervorragende Leistungen und vorausschauende Kundenbetreuung rund um die Uhr. Schaffen Sie Vertrauen und streben Sie dauerhafte Partnerschaft an. Kommunizieren Sie effizient, motivierend und Interesse weckend. Nutzen Sie alle Möglichkeiten der Informations- und Kommunikationstechnologie und pflegen Sie eine Kundeninformations-Datenbank.

Peter Josef Senner
Herbert-Kessel-Str. 13
86842 Türkheim
Tel. 0 82 45/90 46 50
Fax 0 82 45/90 46 52
E-Mail: zentrale@coaching-concepts.de
www.coaching-concepts.de

Peter Josef Senner ist Geschäftsführer der Coaching Concepts GmbH + Co. KG in Türkheim. Im Rahmen eines Franchise-Systems betreibt sein Unternehmen ein bundesweit organisiertes Trainer-Netzwerk. Als Fachbuchautor hat er sich insbesondere mit seinen im Max Schimmel Verlag in Würzburg erschienenen Büchern „Verkäufer-Coaching" (erschienen 1995), „Kunden-Coaching" (1997), „Investition Kunde" (1999) und „8 Erfolgsdisziplinen für Verkaufsleiter" (2000) einen Namen gemacht. Unter dem Titel „Flexible Leadership" entwickelte er eine E-Learning-Video-ROM für das Training des gleichnamigen Konzepts der Mitarbeiterführung. In seiner Franchise-Organisation bildet Peter Josef Senner regelmäßig erfolgreiche Führungskräfte der Wirtschaft zu Trainern aus. Wesentliches Augenmerk bei der Ausbildung und der späteren Betreuung liegt auf der Akquisition.

Die fünf Trainer-Akquisitionsgesetze

Der Autor Peter Josef Senner charakterisiert die wichtigsten Maßnahmen und Vorgehensweisen für die wirkungsvolle Kundenakquisition. Warum eine gute Auftragslage nicht unbedingt auch zukünftig ein gutes Geschäft verheißt, wie Zeitplanung und Liquidität zusammenhängen oder warum Optimismus in der Kostenplanung verhängnisvoll sein kann – dies sind nur einige der aus der Erfahrung resultierenden Praxistipps. Ein erprobtes und individuell einsetzbares Forecast-System gibt dem jungen Trainer-Unternehmen eine gute Basis für den eigenen Erfolg.

Das Hauptaugenmerk eines Trainers liegt nicht ohne Logik in der Regel auf der Optimierung seiner Trainer-Leistungen bei der Arbeit mit Seminargruppen. Da werden ständig didaktische Methoden überprüft, geändert, verfeinert oder auch aufwendig neue Arbeitsweisen entwickelt. Das ist selbstverständlich sinnvoll und gehört zum unbedingten Muss eines Qualitätsanspruchs, den der Trainer an sich stellt und den vor allem der Kunde an ihn stellt. Investitionen in die eigene Person und die Verbesserung der Seminarmethoden und -konzepte sind beim Trainer deshalb traditionell unter dem Label „Persönliche Weiterbildung“ angesiedelt. Hierzu werden selbst Seminare gebucht und in nicht geringem Umfang Trainer-Literatur zum autodidaktischen Lernen gekauft.

1 In die eigene Verkaufs-Praxis investieren

Verkaufs-methoden aktuell halten

Ich möchte ganz klar zum Ausdruck bringen, dass mindestens die gleiche Zeit und wenigstens das gleiche Geld in die Verbesserung der eigenen Akquisitionsmethoden und in verkäuferische Fähigkeiten investiert werden sollte. Damit ist nicht gemeint: Geld in die Werbung für die eigene Person pumpen! Dies ist eine andere, auch notwendige Baustelle – für ein anderes Budget. Manchmal, wenn man den Stellenwert des Verkaufs gerade bei einem Verkaufstrainer objektiv hinterfragt, hat der Beobachter das Gefühl, vor einem Paradoxon zu stehen: Der Verkaufstrainer versucht bei den Teilnehmern genau das zu optimieren, was er im Hinblick auf die eigene Person sträflichst vernachlässigt. In den ersten Trainerjahren ist möglicherweise die Erinnerung an die eigene Verkaufspraxis noch frisch, der Trainer zehrt davon. Mit der Zeit „schleift man sich ab", schließlich – so sagt man sich – „bin ich ja (sogar) Verkaufstrainer".

Das erste Trainer-Akquisitionsgesetz heißt deshalb:

Investieren Sie das gleiche Geld und den gleichen Aufwand wie im Bereich der methodischen Fähigkeiten in die Verbesserung Ihrer verkäuferischen Fähigkeiten.

2 Schwankungen im Trainer-Zyklus ausgleichen

Nicht ausbuchen lassen

„Volle Auftragsbücher" – ein Schlagwort, das wir aus der Berichterstattung von Unternehmen und auch aus der Medien-Berichterstattung über Belange der volkswirtschaftlichen Konjunktur kennen. Auch für uns Trainer sind volle Auftragsbücher natürlich etwas absolut Erstrebenswertes. Vorausgesetzt allerdings, der Trainer verwechselt nicht den Begriff mit Symptomen wie „5 Seminartage in der Woche" und „für Wochen und Monate ausgebucht", sonst läuft er Gefahr, im wahrsten Sinne des Begriffs „ausgebucht" zu werden.

„In guten Zeiten musst du Seminartage durchziehen, so viel wie nur geht", hat mir in den Anfangsjahren meiner Selbstständigkeit einmal ein wohlmeinender Kollege geraten. Meine Meinung heute ist: Falsch! Irreführend! Gefährlich! Sie rätseln darüber, weshalb? Ist doch unlogisch, Geld nicht zu verdienen, wenn es machbar ist?!

Brisante Folgen

Zunächst einmal sollte man auf dem Teppich bleiben! Solche Phasen der dauernden Seminartätigkeit haben nämlich in der Regel negative Begleiterscheinungen:

- Ein größerer Auftrag (an Seminartagen) wird mit geringeren Tagessätzen „erkauft".

- Die gesamte Vorhut und Nachhut, nämlich die allfällige Büroarbeit, bleibt liegen.
- Die Qualität der Trainingsleistung sinkt ganz zwangsläufig, der Teilnehmer spürt es.
- Bricht ein Auftrag plötzlich weg oder wird verschoben, kann so schnell kein Ersatz generiert werden.

Aber als gravierendste Konsequenz: Es fehlt die Zeit, für den eigenen Verkauf zu arbeiten, selbst weiter zu akquirieren. Die Folge ist in aller Regel: Einer Phase des permanenten Trainings folgt eine Phase der permanenten Akquisition. Monetär betrachtet: Eine Phase des fehlenden Geldeingangs! Dies ist eben ein falscher, ein gefährlicher Zyklus.

Aus diesem Grund hier das zweite Trainer-Akquisitionsgesetz:

> **Akquisition muss ein permanenter Bestandteil der Trainer-Tätigkeit sein. Auch bei guter Auftragslage ist Zeit für die Akquisition zu reservieren.**

Akquisition wöchentlich

Genau genommen sollte dieses Gesetz schon in einem Wochenablauf zum Ausdruck kommen. Mindestens ein Tag pro Woche sollte für die eigene Akquisition reserviert bleiben. Und damit meine ich nicht „Bürotätigkeit", sondern aktive Akquisition, Termine mit Kunden, mindestens aber telefonische und/oder schriftliche Kundenkontakte mit dem Ziel: neue Aufträge! So betrachtet ergibt sich ein ganz anderer Trainer-Zyklus. Die Wellenbewegung zwischen Trainertagen und Akquisitionstagen verläuft im Jahresablauf viel harmonischer, nicht mehr blockweise. Das hat zur Folge, dass im Schnitt der Geldeingang sich wesentlich vorteilhafter verteilt, das wirtschaftliche Gesamtergebnis sich verbessert und das unternehmerische Risiko des Trainers sinkt.

Und hierzu ein ergänzender Tipp: Setzen Sie sich aktiv für die Erhöhung Ihrer Tageshonorarsätze ein als Ersatz für Seminartagesblöcke zu Dumping-Tagessätzen.

3. Die Auftragsbudgetierung langfristig planen

Obwohl es vordergründig zunächst seltsam klingt, dass ein Trainer seine Aufträge planen kann, lässt sich dennoch eine unmittelbare Verbindung zwischen dem Geschäftserfolg und einer dazu gehörenden professionellen Planung beweisen.

Einnahmen planen

In der Regel findet diese Planung bei Trainern jedoch ausschließlich auf dem Feld der Ausgaben statt. Natürlich lassen sich dadurch die Kosten gut in ihrem dafür vorgesehenen Rahmen eindämmen. Doch das notwendige Gegenstück – die Budgetierung der Einnahmen – findet nicht statt. Einnahmen zu planen, scheint nach Meinung vieler erst im fortgeschrittenen Stadium des jeweiligen Projekts möglich zu werden.

Aufträge für vier Folge-Quartale terminieren

Aufträge langfristig akquirieren

Erschwerend kommt hinzu, dass die Eintrittswahrscheinlichkeit eines Auftrags in der Regel ad hoc und nach subjektivem, pauschalem Situationsempfinden beurteilt wird. Hier besteht entscheidender Handlungsbedarf durch Einführung einer Auftragsbudgetierung.

Was hat man sich darunter genauer vorzustellen? Je nach Kundenzuschnitt und Akquisitionsstand verteilen sich die bestehenden Trainingsaufträge auf einen Zeitraum mit unterschiedlicher Länge im Voraus. Meist zeichnet sich das kommende Quartal recht deutlich ab und Veränderungen sind nur mehr schwer zu erwarten.

Das zweite folgende Quartal besteht schon nicht mehr aus so vielen eindeutig festliegenden Terminen. Abhängig von einigen möglichen Auftragsabschlüssen kämen zu bestehenden Terminen noch ein gewisser Umfang an Trainingstagen bzw. natürlich entsprechenden Einnahmen hinzu. Betrachtet man das diesen ersten beiden Quartalen folgende Halbjahr, ist dort erst spärlich eine präzise Terminierung im Kalender vorhanden. Der tatsächliche spätere Geschäftsumfang ist umso mehr abhängig von der anstehenden Akquisition.

Daher lautet das dritte Trainer-Akquisitionsgesetz:

Die stets aktuelle Auftragsbudgetierung ist das wesentliche Orientierungsmittel für die Akquisitionsplanung.

4. Forecast-System exakt führen

Als Faustregel werden insgesamt 12 Monate für ein Forecast-System der Aufträge herangezogen und bei jedem Quartalswechsel rollierend aufgefüllt. Im Rahmen einer Budgetierung wird nun jedem tatsächlichen und potenziellen Kunden ein Ziel-Auftragsumfang zugeordnet, differenziert nach Ist- und Soll-Kunden.

Die folgende Tabelle liefert ein Muster für eine solche Auftragsbudgetierung für den Betrachtungszeitraum eines Kalenderjahres:

Auftragsbudgetierung

Muster für Excel o.Ä.

Ausgaben	***0***	***Einnahmen***	***0***				
			0		0		0
KFZ-Kosten	0	**Kunden (best. Aufträge)**		**Projekte (in Akquisition)**		**Zielprojekte/-branchen**	
Reisekosten	0	0	Kunde 1	0	Projekt 1	0	N.N. 1
Bürokosten	0	0	Kunde 2	0	Projekt 2	0	N.N 2
Tel./Kommun.	0	0	Kunde 3	0	Projekt 3	0	N.N. 3
Investitionen	0	0	Kunde 4	0	Projekt 4	0	N.N. 4
Werbung	0	0	Kunde 5	0	Projekt 5	0	N.N. 5
Finanzierung	0	0		0		0	
Personal	0	0		0		0	
		0		0		0	
Sonstiges	0						
Ausgaben	**0**	0	(Summe Ausgaben)				
Steuern	**0**	0	(zu erwartende Steuerhöhe)				
Privat	**0**	0	(angesetzter Privatbedarf)				
Auftragsbudget	**0**	0	Summe der 3 Positionen sollte deckungsgleich sein mit der Summe der projektierten Einnahmen aus den Feldern „Kunden“, „Projekte“ und „Zielprojekte/-branchen“				

Erläuterung:

Als „Kunde“ sind bestehende Aufträge mit dem Kundennamen einzutragen, „Projekte“ befinden sich noch in der Akquisition. Unter „Ziel“ sind Akquisitionsfelder, -branchen oder entsprechende Unternehmen einzusetzen, bei denen noch keine Aktivitäten unternommen wurden, die Aufnahme der konkreten Akquisitionstätigkeit jedoch geplant ist.

Realität zulassen

Worin besteht der Nutzen der Auftragsbudgetierung im Allgemeinen und dieser Unterteilung im Besonderen? Im Grunde geht es schlicht darum, das „Selbsttäuschungssyndrom“ zu vermeiden. Man wähnt sich dabei in gutem „Auftragsfutter“, täuscht sich jedoch durch eine zeitlich zu kurzfristige Betrachtung selbst über die real anstehenden Aufgaben für später notwendige Einnahmen aus Trainings. Zwängt man sich allerdings bewusst in das Korsett der Auftragsbudgetierung, eröffnet sich einem schnell der Blick für dringend oder baldig anstehende Akquisitionsaufgaben und der Trainer ist froh, wenn er aus dieser Erkenntnis heraus bereits die Trainergesetze 1, 2 und 3 beherzigt.

Um die Budgetierung langfristig durchzuführen, gilt Trainer-Akquisitionsgesetz Nr. 4:

Beginnen Sie mit der Budgetierung des Folgejahres bereits zum Ende des ersten Halbjahres im aktuellen Zeitraum.

5 Alle Kosten integrieren

So weit, so gut und aus den Erläuterungen der letzten Seite leicht abzuleiten. Tatsächlich wirksam wird das vierte Trainer-Akquisitionsgesetz jedoch erst durch sein Pendant Nr. 5.

Jeder Trainer packt in die Ausgabenseite sicherlich eine Planung der Geschäftsausgaben. Je mehr er aus vergangenen Jahren über Erfahrungswerte verfügt, desto präziser entsteht hier auf Sicht eines Jahres gesehen ein entsprechender Betrag auf der Soll-Seite, eben die geplanten Geschäftsausgaben.

Private Kosten überblicken

Dazu packt man nun die ebenfalls sorgfältig zu planenden privaten Anforderungen. Den Gesamtbetrag nämlich, der im Zeitraum von 12 Monaten bereitzustellen ist. Dabei sollte man ein Minimalziel und ein Optimalziel betragsmäßig formulieren. Für die Auftragsbudgetierung ist das Optimalziel heranzuziehen. Damit endet jedoch leider die Ausgabenseite immer noch nicht.

Steuern kalkulieren

Hinzu kommt das leidige Thema „Steuern". Um auch die Privatausgaben abdecken zu können, muss zur Auftragsbudgetierung nämlich auch der Faktor „Fällige Steuern in Abhängigkeit von der Höhe des Betriebsergebnisses" berücksichtigt werden. Insgesamt besteht die Ausgabenseite somit aus drei Sektoren: Geschäftsausgaben, Steuern und Privatausgaben. Ziemlich logisch eigentlich. Doch wer hier einmal seriös zu kalkulieren beginnt und sich nicht dem bisher gepflegten Optimismus hingibt, kommt allzu häufig auf den Boden der Tatsachen und erkennt daran erneut die immense Bedeutung der Akquisition.

Stornierungen vorsehen

Das Trainergesetz Nr. 5 integriert nun aber den entscheidenden Punkt, nämlich eine weitere Quasi-Ausgabenposition „Verlorene und verschobene Aufträge"! Alles Budgetieren hilft denjenigen Trainern nicht, die vergessen, dass man selbstverständlich nicht alle „Projekte" und „Ziele" erfolgreich in Aufträge ummünzt.

Deshalb gilt das fünfte Trainer-Akquisitionsgesetz:

> **Die Höhe der „Einnahmen-Seite" der Auftragsbudgetierung beträgt wenigstens 120 % der Höhe aller Ausgabenbereiche inklusive Anpassung der Steuern.**

Wer so seriös und sorgfältig plant und seine Akquisition langfristig ausrichtet und kontinuierlich ausübt, wird bei entsprechender Eigenprofilierung und Trainingsqualität ganz sicher als Trainer erfolgreich sein.

Resümee

- Trainer-Akquisitionsgesetz Nr. 1
  Investitionen in die eigene Person beschränken Trainer häufig auf den Bereich der methodischen Fähigkeiten.
  Deshalb gilt:
  Investieren Sie das gleiche Geld und den gleichen Aufwand in die Verbesserung Ihrer verkäuferischen Fähigkeiten!

- Trainer-Akquisitionsgesetz Nr. 2
  Achten Sie auf einen guten Mix aus Trainingstätigkeit und Akquisitionstätigkeit, damit Risiko und Einkommen dauerhaft in gutem Verhältnis zueinander stehen!
  Deshalb gilt:
  Akquisition ist permanenter Bestandteil der Trainer-Tätigkeit.

- Trainer-Akquisitionsgesetz Nr. 3
  Erfolg lässt sich zu einem guten Teil planen. Ein organisierter Blick in die Zukunft durch Budgetierung gehört zur Selbstorganisation.
  Deshalb gilt:
  Die stets aktuelle Auftragsbudgetierung ist das wesentliche Orientierungsmittel für die Akquisitionsplanung.

- Trainer-Akquisitionsgesetz Nr. 4
  Langfristige Planung gilt auch für die Auftragsbudgetierung.
  Deshalb gilt:
  Beginnen Sie mit der Budgetierung des Folgejahres bereits zum Ende des ersten Halbjahres im aktuellen Zeitraum.

- Trainer-Akquisitionsgesetz Nr. 5
  Die Höhe der „Einnahmen-Seite“ der Auftragsbudgetierung beträgt wenigstens 120 % der Höhe aller Ausgaben inklusive Anpassung der Steuern.

Georg Zügler
Trainer und Berater BDVT
Martin-Luther-Straße 53
91413 Neustadt/Aisch
Tel. 09161/87 66 88
Fax 09161/87 66 89
E-Mail: Georg.Zuegler@t-online.de
www.taff-training.de

Staatlich geprüfter Techniker

Langjähriger technischer Berater (Schwerpunkt Kalt-Akquisition und Key Account) für die mittelfränkische Ziegelindustrie

Professionelle Trainerausbildung

So gewinne ich als Trainer meine Aufträge

Die Praxis der erfolgreichen Akquisition

„Optimisten sind die, die auf der Wolke wandeln unter der die Pessimisten Trübsal blasen."

Der Autor Georg Zügler setzt in seinem Beitrag den Erfolgsakzent auf die Qualifikation, Selbstmotivation und die detaillierte Planung des Kundenkontakts in jeder Phase der Akquisition. Welche Maßnahmen der Kundenakquisition besonders wirkungsvoll sind, in der Praxis die besten Erfolge hatten, wo Kooperationen sinnvoll sind und wie die Einstiegsschwelle erfolgreich überschritten wird – zu all diesen Fragen werden von dem erfahrenen Praktiker griffige Erkenntnisse vermittelt.

1 Erfolgreiche Tipps aus der Praxis für den Trainer-Beruf

Erfolgsfaktoren

Gern gebe ich Ihnen meine in der Praxis erprobten und angewandten Voraussetzungen für eine erfolgreiche Auftragsakquisition weiter. Aus meiner Erfahrung spielen hier verschiedene Faktoren eine wichtige Rolle, die für ein Gelingen genauso bedeutend sind wie die Akquisition an sich.

- Betrachten Sie den Aufbau Ihrer Karriere als das wahrscheinlich größte Projekt Ihres Lebens. Analysieren Sie Ihre bisherigen Voraussetzungen, wie Bildung, Kontakte, Finanzen und Auftreten, das ist Ihre Basis.
- Machen Sie einen Qualifizierungs-Check (siehe S. 5). Gleichen Sie Ihre Erfahrung als Trainer ab mit den Anforderungen, die der Markt stellt. Ergänzen Sie ggf. Ihre Qualifizierung.
- Aus meiner eigenen Erfahrung ist die so genannte „akademische Intelligenz" nicht so sehr entscheidend. Vielmehr ist die „kommunikative Intelligenz" und die „emotionale Intelligenz" die Voraussetzungen für erfolgreiches Handeln.

Ziele setzen

- Arbeiten Sie nach dem Prinzip: Visionen – Ziel – Teilziele
  Die konkrete Zeitschiene:
  Vision
  Zeitrahmen mehr als 5 Jahre bis unendlich
  Ziele
  Zeitrahmen von ca. 1 bis ca. 5 Jahre
  Teilziele
  von Tageszielen bis ca. 1 Jahr

- Die Teilziele sollen für den Existenz-Aufbau als hauptberuflicher Trainer als auch für Teilziele im privaten/familiären Bereich gleichermaßen konkret definiert werden. Eine Teilzielkontrolle ist dabei besonders wichtig. „Steter Tropfen höhlt den Stein!" oder „Rom ist auch nicht an einem Tag erbaut worden". Beginnen Sie noch heute damit.

Im bekannten Markt beginnen

- In der Einstiegsphase bleiben Sie erfahrungsgemäß am besten in Ihrer bisherigen Branche. Sie haben in diesem Markt viel Fachwissen gesammelt. Das gibt Ihnen Sicherheit bei der Akquisition Ihrer Aufträge. Diese Sicherheit hilft Ihnen, schwierige Erstkontaktsituationen beim Verkauf Ihrer Leistung zu überwinden.

- „Tue Gutes und rede darüber." Nach diesem Motto hilft es häufig in Verkaufsgesprächen seine eigene Leistung ins rechte Licht zu rücken. Dabei setze ich sehr gerne die „rhetorische Frage" ein und arbeite viel mit „Plädoyers" (Einwand-Vorwegnahmen).

- Denken Sie an Ihre bisherigen Erfolge. An Erfolge im Beruf, bei Bewerbungen und an private Erfolge. Schreiben Sie sich in Stichpunkten diese Erfolge in Ihr Timesystem auf und lesen Sie diese täglich, bevor Sie mit Ihrer Arbeit beginnen. Ergänzen Sie diese Liste ständig mit neuen Erfolgen. Richten Sie bewusst Ihr Augenmerk auf diese positiven Aspekte Ihrer Persönlichkeit. Auf Dauer wirken diese auf Sie verstärkend für Ihre Motivation und Ihr Selbstbewusstsein.

Machen Sie Ihren Qualifizierungs-Check!

Checkliste – persönliche Vorraussetzungen:

Bildung	**Was genau:** (in aussagefähigen Stichpunkten)	**Welchen Nutzen hat der Kunde davon?**
Studium/Lehre, Meister		
Fachausbildungen		
Trainerausbildung		
Weitere Bildungsmaßnahmen		
Meine berufliche Entwicklung		
Meine Leistungshöhepunkte Projekte Entwicklungen Führung von Personal Führung einer Abteilung Führung eines Betriebes (nennen Sie hier in Stichpunkten, warum Sie besonders für die Bildung und Entwicklung von Mitarbeitern qualifiziert sind)		

1.1 Den persönlichen Auftritt bewusst planen

Der persönliche Auftritt ist eine Visitenkarte mit bleibendem Eindruck. Denken Sie an die fünf Sinneskanäle, wie Sie selbst Menschen wahrnehmen. Dabei sind Eindrücke wie Gestik, Mimik, Augenkontakt, Händedruck, Platzwahl, Unterlagen (einschließlich Visitenkarten, ggf. mit Logo, Flyer und Präsentationsmappe), Kleidung, kurz: Ihr gesamtes Erscheinungsbild, von sehr großer Bedeutung.

Anhand des ersten Eindruckes, den Ihr Gesprächspartner von Ihnen gewinnt, werden sie in der Regel bereits kategorisiert und in eine Schublade gesteckt. Ist der erste Eindruck in den Augen ihres Gesprächspartners gut, so haben Sie bereits die erste und oft auch die wichtigste Hürde genommen.

Eigenmotivierung

Mit folgender täglicher Übung motiviere ich mich: Bevor ich das Haus verlasse, blicke ich in einen meiner großen Spiegel, um meine Haltung mit meiner inneren Einstellung in Einklang zu bringen. Ich stehe davor und drehe mich ins Halbprofil nach links und rechts, beobachte meine Mimik, Gestik und Kleidung und stelle mir vor, dass ich gerade meinen Gesprächspartner begrüße.

Diese kurze Eigenprogrammierung (ca. 10 bis 20 sec) reicht bereits aus, damit meine innere Einstellung meinem potenziellen Kunden gegenüber positiv und selbstbewusst ist.

Innere Stärke aufbauen

Auf der Fahrt zum Kunden höre ich bis ca. 5 Minuten vor der Ankunft anregende Musik. Dies baut zusätzlich meine innere Stärke auf. Die letzten 5 Minuten nutze ich, um mich innerlich zu sammeln. Beim Kunden angekommen, mit vielleicht vor Aufregung leicht feuchten Händen, berühre ich, bevor ich das Gebäude betrete, mit der Handinnenfläche für einige Sekunden die Außenwand um sie abzukühlen. Dabei atme ich einige Male tief durch. Danach betrete ich das Gebäude meines (zukünftigen) Partners.

1.2 So haben Sie die Entscheider im Blick

Platzwahl entscheidend

Nach der Anmeldung, Begrüßung meines Gesprächspartners und dem Angebot an mich, Platz zu nehmen, suche ich mir nach Möglichkeit einen Platz im rechten Winkel zu ihm. Bei mehreren Gesprächspartnern versuche ich an einer Stirnseite Platz, und wenn das nicht möglich ist, dann ebenfalls an einem Eck Platz zu nehmen. Die praktische Erfahrung aus vielen Besprechungsterminen für Großobjekte hat mir gezeigt, dass es besonders wichtig ist, sich Raum zu nehmen und/oder zumindest alle Gesprächspartner im Blick zu haben. Häufig saßen nämlich wichtige Entscheider gerne abseits um mich zu beobachten. Damit diese jedoch von mir in das Gespräch mit einbezogen werden können, ist es sinnvoll sich eine geeignete Ausgangsposition zu verschaffen.

Während des Gespräches liegt es dann einzig an Ihnen, Ihre Fähigkeiten einzusetzen. Emotionale und kommunikative Intelligenz sollten dabei selbstverständlich sein.

Bevor sie jedoch so weit sind, geht es darum, überhaupt einen Gesprächstermin zu erhalten. Im folgenden Abschnitt gebe ich Ihnen gerne meine Praxis-Erfahrungen zu erfolgreichen Vorgehensweisen weiter.

2 Die erfolgreiche Akquisition

Nachdem ich meine Entscheidung getroffen hatte, selbständiger Trainer zu werden, überlegte ich, woher und wie ich Aufträge erhalte.

- Welche Strategie ist sinnvoll, um Aufmerksamkeit zu erregen: Mailingaktionen, eigene Telefon-Akquisition, Call-Center beauftragen für Terminvereinbarungen?
- Welche Kunden spreche ich an? Spreche ich Kunden aus der Branche an, aus der ich komme, oder spreche ich Kunden aus anderen Bereichen an?
- Wie spreche ich die Kunden an? Habe ich ggf. hierzu ein Alleinstellungsmerkmal? Gibt es interessante Themen, die noch nicht besetzt sind?
- Was begeistert meine Kunden? Was ist für den Kunden neu und eventuell imagesteigernd? Welchen Nutzen hat der Kunde von meinen Leistungen?
- Wie unterscheide ich mich von anderen Trainern? Vom Auftreten, von den Themenkreisen oder von der Branchenerfahrung?

Wie spreche ich die Kunden an? Habe ich ggf. hierzu ein Alleinstellungsmerkmal? Gibt es interessante Themen, die noch nicht besetzt sind?

2.1 Wie und wo spreche ich meine Kunden an?

Erfahrungsgemäß hat sich bei mir die in der nachfolgenden Tabelle dargestellten Aktionen als besonders wirksam, wirksam und weniger wirksam erwiesen.

Akquisitions-Matrix

Akquisitions-methode	besonders Wirksam	wirksam	weniger wirksam
Mailingaktionen			X
Telefon	X		
Messebesuche	X		
Internetauftritt			X
Trainerver-zeichnisse	X		
Datenbanken		X	
Call-Center		X	
Vorträge bei Verbänden und bei Unternehmen	X		

2.2 Branchenspezifisch akquirieren

Kompetenzen verbinden

Als Kundenmagnet hat sich meine Qualifizierung als Kommunikations-Trainer und Bauspezialist erwiesen. Weshalb? Weil ich Fachkompetenz in meinem ursprünglich erlernten Beruf mit der eigenen Erfahrung von Akquisition und Kommunikationsfähigkeit verbinde. Daher war es bei meinem Start ein großer Vorteil meiner Branche treu zu bleiben.

Dies ersparte mir finanziell sehr aufwendige und – wie die Erfahrung gezeigt hat – wenig wirksame Mailingaktionen. Diese Mailingaktionen haben durchaus ihren Sinn, allerdings nur in Verbindung mit konsequentem Nachtelefonieren.

Da ich zu Beginn meiner selbstständigen Trainertätigkeit in der Branche geblieben bin, hatte ich natürlich eine ausgezeichnete Kenntnis von den Aufgaben und Problemen der Unternehmen. Durch einen bereits großen Kundenstamm, den ich als technischer Berater betreute, nutzte ich die Chance und sprach als ersten Kundenkreis die mir bekannten Unternehmen an. Durch selbstbewusstes Auftreten in Verbindung mit kommunikativer und technischer Sachkenntnis war der Ersteinstieg sehr schnell geschafft. Ich habe jedoch grundsätzlich nicht meine eigenen Kenntnisse im Gespräch vorausgesetzt, sondern die Kunden nach deren Aufgaben und Problemen befragt.

Analyse-Fragen

- Was sind im Augenblick die drängendsten Probleme?
- Wie beurteilen Sie Ihren Markt?
- Hat sich das Käuferverhalten (wesentlich) geändert?
- Wie hat sich das Käuferverhalten geändert?
- Wie reagieren Sie und Ihre Mitarbeiter auf die veränderte Situation?
- Wie sehen Ihre Zukunftsaussichten aus?
- Haben Sie hierzu konkrete Maßnahmen geplant?
- Welche Maßnahmen haben Sie geplant?
- Haben Sie bereits konkrete Maßnahmen zur aktiven Kundengewinnung eingesetzt?
- Was genau war das?
- Welche Erfahrung haben Sie mit diesen Aktionen gemacht?
- Verfolgen Sie eine feste Strategie um Kunden zu gewinnen?
- Wie sieht diese aus?
- Wie viel an Budget haben Sie für Ihr Kundengewinnungsprogramm eingeplant?
- Haben Sie Kundenbefragungen durchgeführt?
- Was schätzen Ihre Kunden an Ihrem Produkt und Ihrer Dienstleistung?

Setzen Sie die folgende Liste von Fragen für ihre Branche fort und verwenden Sie die Fragen individuell, je nach Kunde.

Problem- und Aufgabenstellung des Kunden	Ihre möglichen Fragen	Einwände und mögliche Argumente des Kunden	Einwandbehandlung	Lösungen
Hyperwettbewerb: Verkauf findet nur über Preis statt.	Wie beurteilen Sie die augenblickliche Situation in Ihrem Markt?		***Es gibt jetzt die Möglichkeit, mit verschiedenen Einwandbehandlungsmethoden vorzugehen.***	
	Verstehe ich Sie richtig, der Wettbewerb ist technisch und personell vergleichbar in seiner Leistung?		***Teuer ist das Stichwort:***	
	Was halten Sie davon, anstatt ausschließlich in Werbung und Hardware zu investieren, Ihre Mitarbeiter zu schulen?	Das ist zwar interessant, jedoch in der Regel sehr teuer.	*„Sie brauchen einen Partner für die Lösung ihrer drängenden Aufgaben und dieser Partner bin ich.„* ***Oder*** *„Interessant, was genau verstehen Sie darunter?“* ***Oder***	

Problem- und Aufgaben-stellung des Kunden	Ihre Möglichen Fragen	Einwände und mögliche Argumente des Kunden	Einwandbehandlung	Lösungen
			„Hhm, verstehe ich Sie richtig, Sie sind der Meinung, dass Investitionen in die Mitarbeiter zu teuer sind?“ *„Der Preis ist ein Kriterium, die Leistung und der daraus resultierende Nutzen ein Anderes. Der Seminar-Nutzen wie mehr Absatz, mehr Umsatz, mehr Gewinn, ist der Lohn für Ihre Investition.“*	**Auf das Problem individuell abgestimmte Seminarbausteine anbieten.**

2.3 Einwandbehandlungen vorwegnehmen

Bei der Ergänzung der möglichen Fragen, die Sie stellen können, schaffen Sie gleichzeitig eine eigene Spalte für mögliche Einwände, eine Spalte für mögliche Einwandbehandlungen und eine für Lösungen.

Planen Sie den möglichen Gesprächsverlauf vergleichbar mit in Verkaufsseminaren praktizierten Gesprächsverläufen.

Sie sehen anhand dieses Beispiels, die Einwandbehandlungsmöglichkeiten sind vielfältig und lassen sich bei nur einem Einwand individuell anwenden. Deshalb ist es von großer Bedeutung, sich im Vorfeld klar darüber zu sein, wie Sie möglichst viele Einwände behandeln.

In meiner Praxis habe ich dieses Schema angewandt und bereits beim dritten Kunden konnte ich dadurch ein Trainee-Programm über 25 Trainingstage innerhalb eines Jahres durchführen.

Bereits beim Einstieg achten Sie bitte darauf, dass die Trainingsmaßnahmen nicht als Schnellschuss, begrenzt auf 1 oder 2 Tage, angelegt sind. Überlegen Sie sich vorher: „Welche Aufgabenstellungen hat mein Kunde und wie hilft ihm mein Konzept in einer kontinuierlichen Verbesserung diese Aufgabe erfolgreich abzuschließen?“ Das Prinzip „lebenslanges Lernen“ gilt nicht allein auf dem fachlichen Gebiet von MitarbeiterInnen, sondern immer mehr in der Entwicklung von persönlicher und menschlicher Kompetenz. Ziel Ihrer Leistung zum Nutzen Ihrer Kunden sind unter anderem:

Ziel + Nutzen	**Zusatznutzen**
+ mehr Umsatz	und weniger Aufwand
+ mehr Gewinn	und weniger Kosten
+ mehr Image	und weniger Fluktuation von Kunden und MitarbeiterInnen
+ mehr Motivation	und weniger interne und externe Reibungsverluste

Führen Sie diese Aufzählung beliebig fort. Wichtig ist, dass diese Stichpunkte als Schlagworte dienen, bei der direkt oder indirekt gestellten Frage des Kunden, „Was haben wir (ich) davon, wenn ich mit Ihnen zusammenarbeite".

2.4 Das Kunden-Multiplikator-System

Service für Ihren Kunden

Eine weitere Möglichkeit ist, bei Kunden, die Sie früher betreut hatten, Workshops von ein bis zwei Stunden und Vorträge über Themen, die alle in der Branche interessieren, durchzuführen. Ihr Kunde macht daraus eine eigene Kundenveranstaltung und übernimmt die Einladungen. Sie haben dann die Möglichkeit nicht alleine über Hard Facts zu reden, sondern immer wieder den Hinweis auf die Bedeutung von Soft Facts vorzbringen. Damit schaffen Sie Spannung und Interesse. Ob Sie hierfür ein Honorar fordern oder nicht, bleibt Ihnen überlassen. Ich habe es nicht getan.

Weshalb? Weil ich dabei gewinne.

Mein Gewinn: Potenzielle Kunden werden durch meinen Kunden für mich kostenlos eingeladen.
Mein Kunde erlebt mich live, wie ich seine Kunden begeistere.
Mein Kunde erkennt dadurch, dass ich für ihn ein potenzieller Partner bin.
Der Einstieg zum Verkauf von Seminaren und/oder Trainee-Programmen und/oder zur begleitenden Unternehmensentwicklung ist damit geschafft.

3 Seminarangebote für Verbände und Institutionen

Die geschilderte Vorgehensweise habe ich in ähnlicher Form auch bei Verbänden und Institutionen eingesetzt.

Verbände, z.B.: Handwerkskammern
Innungen
Institutionen, z.B.: IHKs
Bau-Akademien
Meisterschulen
Handwerkskammern

Neue Angebote schaffen

Die Erfahrungen, die ich hier gesammelt habe, waren interessant und ich habe gelernt, dass bei den Gesprächen ein hohes Maß an Flexibilität wichtig ist. Konkret hieß das, dass meine potenziellen Kunden in der Regel bereits seit vielen Jahren mit Trainern arbeiten. Das bedeutete für mich beim Einstieg einen schwierigen Stand. Dieses Defizit glich ich durch individuelle und neue Angebote für das Seminarprogramm aus.

Bevor ich Kontakt zu Verbänden und Institutionen aufnahm, ließ ich mir die Veranstaltungskataloge zusenden und prüfte, welche Seminare bereits angeboten wurden. Daraufhin habe ich meine Angebote abgestimmt. Durch Umbau und Umbenennung von Seminarinhalten erhielt das „Kind" einen neuen Namen. Die Kunden waren mit dieser Darstellung sehr zufrieden, denn sie hatten damit einige neue Seminare im Programm. Der jeweilige Nutzen für Bildungsanbieter ist dabei ein abwechslungsreiches Programm.

„Der Köder muss dem Fisch schmecken, nicht dem Angler!"

Potenzielle Kunden über Bildungsträger

Parallel zu diesem Vorgehen, habe ich noch zusätzliche Seminarangebote wie „Betriebliches Vorschlagswesen" angeboten. Der Nutzen für den Kunden ist der gleiche wie im vorangegangenen Absatz. Der Nutzen für mich bestand und besteht darin, dass ich über einen imageträchtigen Bildungsträger weitere potenzielle Kunden in die Seminare bekomme. Das alles ohne Kosten für Mailings, ohne Kosten für Telefonate. Die Akquisition übernimmt bei dieser Strategie der Bildungsträger. Druck der Kataloge, Logistik, Seminarräume, Teilnehmer anschreiben und einladen, Rechnungen stellen und die Forderungen eintreiben, all das ist Aufgabe des Bildungsträgers.

4 Messen mit hohem Kontaktnutzen

Branchenspezifische Messen und Massenveranstaltungen sind ideal geeignet um Kunden zu werben.

Durch Ihr Fachwissen sind Sie in der Lage, kundenspezifisch in das Gespräch einzusteigen. Durch Fragen nach Größe des Unternehmens, Mitarbeiterzahl, Umsatzvolumen, Auslandsgeschäft, Führungsstruktur und Trainingsmaßnahmen sind Sie sehr schnell an dem Punkt, an dem Sie sich nach folgenden Gesprächspartnern erkundigen können.

- Wer ist der geeignete Ansprechpartner für Unternehmens- und Personalentwicklung?
- Ist der Marketingleiter auf dem Stand oder auf der Messe?
- Ist der Personalchef/Leiter Personalentwicklung auf dem Stand oder auf der Messe?

Anschrift, Ansprechpartner, Telefonnummern mit Durchwahl und die sinnvollste Zeit, wann Sie anrufen können/sollen, sind dann nur noch Formalitäten.

Nehmen Sie danach Kontakt unter Bezugnahme auf die Messe auf. Damit haben Sie bereits den Einstieg.

Die Summe der Akquisitions-Möglichkeiten ist mit Sicherheit unbegrenzt. Die Ihnen hier vorgestellten Vorgehensweisen haben sich bei mir bewährt und nach diesem Basisraster agiere ich auch heute. Alle genannten praktischen Kenntnisse habe ich selbst zigfach in der Praxis angewandt, durch eigene Erfahrung weiterentwickelt und umgesetzt. Sie haben sich allesamt bewährt.

Die Zusammenfassung auf der folgenden Seite ist als Checkliste aufgebaut, damit Sie gleich heute damit beginnen können. Ich wünsche Ihnen viel Erfolg und Spaß beim Aufbau Ihrer Karriere.

Checkliste:

Kontakte vorhanden zu:	Entscheider/ Ansprechpartner	Aufgaben- + Problemstellung
Frühere Kunden meines Arbeitgebers		
Bildungsträgern		
Verbänden		
Über Messen		

Die Checkliste soll Ihnen als Anreiz dienen, sich eigene, auf Ihre Bedürfnisse abgestimmte Listen zu erstellen.

Beginnen Sie noch heute mit Ihrer konkreten Planung und Umsetzung und Sie haben dadurch den wichtigsten Schritt in Ihrem Karriereverlauf getan. Einen Schritt hin zur „Positiv-Spirale“.

Hans A. Hey BDVT
Goerdelerstr. 126
74080 Heilbronn
Tel. 07131/45659
Fax 07131/41433
E-Mail: hey-erfolgstraining@yahoo.com

Hans A. Hey ist Spezialist für praxisnahes, aufgabenbezogenes Verkaufstraining. Er ist seit 1969 selbstständig. In langfristigen Personalentwicklungskonzeptionen betreut er führende deutsche Firmen, Verbände und Institutionen. Seine Aufgabenschwerpunkte sind: Personalentwicklung im Vertrieb, Leistungssteigerung im Verkauf, Persönlichkeitsförderung, Vermittlung professioneller Verkaufsstrategien und Praxistraining im Intervallsystem on the job.

Hey ist Ehrenpräsident des Berufsverbandes Deutscher Verkaufsförderer und Trainer (BDVT), Sprecher der Trainergruppe 8, Aufsichtsratsvorsitzender von „Die Trainer AG" und Verfasser zahlreicher Buchbeiträge und Fachartikel.

Hans A. Hey ist vielfach ausgezeichnet. Er ist Gewinner des Deutschen Trainings-Preises in Gold (1992). Von der Bundesrepublik Deutschland wurde ihm das Bundesverdienstkreuz am Bande verliehen, vom Land Baden-Württemberg die Ehrennadel und von der Stadt Heilbronn die Goldene Münze.

So gewinnen Sie Trainingsaufträge

– Ein 11-Punkte-Programm –

Der Autor Hans A. Hey stellt in seinem Beitrag einen bisher einmaligen Leitfaden der erfolgreichen Kommunikation und Gesprächsstrategie vor, der Bildungseinkäufern und TrainerInnen hilft, die richtigen und die wichtigen Informationen voneinander zu erhalten. Resultierend aus seiner langjährigen Beratungserfahrung wird mit dem Leitfaden das Fundament einer dauerhaften und für beide Bildungspartner leistungsstarken Geschäftsbeziehung aufgebaut.

Thema Nummer 1 für jede Trainerin und jeden Trainer ist am Anfang der Selbstständigkeit: „Wie finde ich meine Kunden?“, „Wie komme ich in den Markt?“, „Wie gewinne ich Aufträge?“. Weil die Lösung dieser Fragen existenzielle Bedeutung hat, wurde der Akquisition von Trainingsaufträgen breiter Raum gegeben.

Erwartungen kennen und erfüllen

Für die Auftragsvergabe ist es entscheidend, dass der Trainer die Bedürfnisse, Ziele und Erwartungen des Auftraggebers analysiert und exakt erfüllt. Darüber hinaus ist es wichtig, die Kriterien für die Trainerauswahl zu kennen und in die Gesprächsstrategie einzubeziehen. Deshalb sollen jetzt Empfehlungen für die Trainerauswahl für Auftraggeber und Akquisitionstipps für Trainer gegenübergestellt und in Übereinstimmung gebracht werden.

1 Vorstellung des Unternehmens, in dem trainiert werden soll

Empfehlung für die Trainerauswahl an den Auftraggeber:

Seriosität prüfen

Stellen Sie dem Trainer zunächst Ihr Unternehmen, das Leistungsangebot, die Produkte und Dienstleistungen und die Organisation vor. Achten Sie darauf, ob Ihr Gesprächspartner über Vorinformationen verfügt, sich auf dieses Gespräch gründlich vorbereitet hat, gezielte Fragen stellt und analytisch in die Tiefe geht. Bereits an dieser Stelle erkennen Sie häufig, ob der Bewerber mit Standardseminaren die schnelle Mark machen will oder ob Sie einen seriösen, kundenbezogen arbeitenden Anbieter vor sich haben.

Akquisitionstipp für den Trainer:

Informiert und interessiert sein

Lassen Sie Ihren Gesprächspartner sein Unternehmen vorstellen. Meist tut er dies mit Stolz. Zeigen Sie, dass Sie das Unternehmen kennen und sich mit dessen Angebot, Bekanntheitsgrad, Ruf und Image bereits vertraut gemacht haben. Stellen Sie klärende Fragen, analysieren Sie tiefer. Erbitten Sie umfassende Unterlagen. Wenn Ihnen ein Organigramm des Unternehmens ausgehändigt wird, ist dies bereits ein Vertrauensbeweis, also fragen Sie danach. Zeigen Sie durch Ihr Kommunikationsverhalten, dass Sie das Unternehmen wirklich interessiert und Sie bereit sind, sich individuell und voll auf die Ziele, Bedürfnisse, Erwartungen und Probleme des Auftraggebers einzustellen.

Zusätzlicher Tipp: Entwickeln Sie einen standardisierten Bogen zur Analyse von Unternehmen, Trainingszielen und Zielgruppen.

2 Trainingsziel

Empfehlung für die Trainerauswahl an den Auftraggeber:

Kompetenz prüfen

Nennen Sie dem Trainer alle Gründe, warum Sie ein Training für notwendig halten und was Sie mit dem Training erreichen wollen. Fragen Sie den Trainer, ob er sich mit diesen Zielen identifizieren kann und sich für die Durchführung kompetent hält.

Akquisitionstipp für den Trainer:

Trainingsziele gründlich prüfen

Hören Sie aufmerksam zu und stellen Sie erweiternde Fragen. Klären Sie die Trainingsziele aus Sicht des Auftraggebers besonders gründlich. Sollte Ihr Gesprächspartner seine Ziele und Erwartungen, die er mit dem Training verbindet, nicht von sich aus äußern, dann stellen Sie diese Fragen möglichst frühzeitig selbst. Argumentieren Sie dann, warum Sie für die Erfüllung dieser Ziele geeignet sind. Beweise erhöhen die Glaubwürdigkeit. Scheuen Sie sich nicht, offen zu sagen, wenn diese Trainingsziele fachlich nicht zu Ihnen passen.

3 Trainingszielgruppe

Empfehlung für die Trainerauswahl an den Auftraggeber:

Beschreiben Sie genau die Zielgruppen, die trainiert werden sollen, deren Hauptaufgaben, die hierarchische Einordnung und die Anzahl der zu schulenden Mitarbeiter.

Akquisitionstipp für den Trainer:
Dies ist für Ihren Erfolg eine der wichtigsten Diskussionsphasen. Für Ihre Gesprächsführung wirkt es sich jetzt positiv aus, wenn Sie sich im Vorfeld und bei der Vorbereitung des Akquisitionsgesprächs möglichst viele Informationen über das Unternehmen, den Markt, die Branche, das Angebot, den Vertrieb, die Aufgaben der zu trainierenden Zielgruppen usw. besorgt haben. Dadurch zeigen Sie, dass die Probleme des Auftraggebers für Sie im Mittelpunkt stehen und Sie die Aufgaben der Trainingszielgruppe verstehen und beurteilen können.

Vorbereitung auf die Zielgruppe

4 Einmalveranstaltung oder langfristiges Training

Empfehlung für die Trainerauswahl an den Auftraggeber:
Verhaltensänderungen können nur durch langfristiges Training erreicht werden. Achten Sie deshalb darauf, ob der Trainer rasch fertige Seminare aus dem Ärmel zaubert, standardisierte Konfektionsware anbietet und welchen Trainingszeitraum er für angemessen hält.

Akquisitionstipp für den Trainer:
Zeigen Sie sehr bald, dass Sie Ihr Training langfristig gestalten und aufbauen. Ihr künftiger Auftraggeber muss rasch erkennen, dass Sie ganzheitliche Trainingskonzeptionen favorisieren und langfristige Kundenbindungen anstreben. Damit Ihre späteren Trainingsangebote auf bestehendem Wissen aufbauen und neue Impulse geben, klären Sie vorab, welche Schulungsmaßnahmen und Trainings die vorgesehene Zielgruppe bereits durchlaufen hat.

5 Maßgeschneidertes Trainingsprogramm

Empfehlung für die Trainerauswahl an den Auftraggeber:
Wichtig ist, dass der Trainer zeigen kann, wie er eine Trainingskonzeption speziell für Ihre Zielsetzungen, Ihre Problemstellungen, Ihr Unternehmen entwickeln will. Wichtige Prüfkriterien sind dabei Aussagen über: Analyse, Praxisbeobachtung, Einbeziehung aller

Langfristiges Denken bevorzugt

handelnden Personen, insbesondere der Führungskräfte, Erfolgskontrolle, Nachfolgemaßnahmen.

Akquisitionstipp für den Trainer:
Grundsätzlich und zuallererst muss ein firmenspezifisch aufgebautes Training die vernetzten Strukturen des jeweiligen Unternehmens berücksichtigen und alle handelnden Personen von Anfang an in die Trainingsmaßnahmen integrieren (siehe Schaubild):

Erfolgreiches Training berücksichtigt die vernetzten Strukturen des Unternehmens und integriert die handelnden Personen von Anfang an

Abb. 1: Modell für erfolgreiches Training in vernetzten Unternehmensstrukturen

Die Konzeption eines Firmentrainings soll immer von oben nach unten, entsprechend der so genannten Top-down-Methode, erfolgen. Die Unternehmensleitung muss über alle Trainingsziele, -inhalte und -maßnahmen voll informiert sein, sie akzeptieren und genehmigen. Für den Erfolg eines Verkaufstrainings ist es unabdingbar, dass Marketing und der gesamte Vertrieb in die Trainingskonzeption und alle Maßnahmen von Anfang an voll involviert sind. Auch Service- und Kundendienstmitarbeiter, die großen Einfluss auf Kundenzufriedenheit und Kundenbindung haben, sind einzubeziehen. Im Sinne eines langfristigen Personalentwicklungskonzeptes ist die aktive Mitwirkung der Personalverantwortlichen an allen Trainingsmaßnahmen unverzichtbar. Aber auch Unternehmensteile, wie Forschung und Entwicklung, Produktion, Logistik, Controlling, die von den zu trainierenden Verkaufsaufgaben weiter entfernt sind, sollten zumindest in

Informationsveranstaltungen über die Trainingsmaßnahmen und ihre Zielsetzungen informiert werden. Der Organismus Unternehmen kann nur dann optimale Leistung bringen, wenn alle Teile reibungslos zusammenwirken. Diese ganzheitliche Sicht müssen Sie Ihrem Auftraggeber vermitteln. Oft ist dieser Ansatz, der weit über isolierte Trainingsmaßnahmen hinausgeht, in Ihrer Präsentation ein entscheidender Wettbewerbsvorteil, der Sie von nicht konzeptionell arbeitenden Trainern unterscheidet.

Zeigen Sie nach diesen Grundaussagen auf, wie Sie ein maßgeschneidertes, firmenspezifisches Training aufbauen. Ein Modell ähnlich dem „Erfolgskreis des firmenspezifischen Trainings", wie er nachfolgend dargestellt ist, zeigt anschaulich die ganzheitliche Systematik auf:

Abb. 2: Ganzheitliche Systematik erfolgreichen Trainings

6 Trainerqualifikation

Empfehlung für die Trainerauswahl an den Auftraggeber:
Lassen Sie sich von dem anbietenden Trainer detailliert seinen beruflichen Werdegang schildern. Sieht er sich mehr als Praktiker oder als Theoretiker, ist er Spezialist oder Alleskönner? Was tut er für seine eigene Weiterbildung?

Akquisitionstipp für den Trainer:

Persönlichkeit und Kompetenz überzeugen

Als Trainer gewinnen Sie in erster Linie durch Ihre Persönlichkeit. Deshalb ist eine gekonnte, wirkungsvolle Präsentation Ihrer selbst und Ihrer Fähigkeiten die Grundvoraussetzung Ihres Erfolges. Sie müssen sich schlicht gesagt überzeugend verkaufen können. Ihr „Ego-Verkaufsgespräch" muss sitzen. Schildern Sie verständlich und knapp Ihren Werdegang, Ihre Ausbildung, die Qualifikationen, die Sie erworben haben. Überlegen Sie dabei genau aus Sicht des Kunden, welche Schwerpunkte, z.B. Praktiker, Akademiker, Spezialist, Sie besonders herausstellen müssen. Sagen Sie etwas über Ihre permanente Weiterbildung, die Zugehörigkeit zu Bildungspools und Berufsverbänden aus.

7 Praxiserfahrung des Trainers

Empfehlung für die Trainerauswahl an den Auftraggeber:

Praktiker im Vorteil

Hat der Trainer das, was er trainieren möchte, selbst gemacht? Wenn ein Trainer heute im Management- oder Verkaufstraining arbeitet, so ist es ein klarer Vorsprung, wenn er selbst eigene Erfahrungen als Führungskraft sammeln konnte bzw. wenn er selbst verkauft hat. Lassen Sie sich diese Praxiserfahrungen schlüssig nachweisen.

Akquisitionstipp für den Trainer:

Die Praxiskenntnisse, die Sie in Ihrem Trainingsgebiet erworben haben, sollten Sie dem Interessenten besonders nachdrücklich und eindrucksvoll präsentieren können.

8 Aktuelle Referenzen

Empfehlung für die Trainerauswahl an den Auftraggeber:

Bitten Sie den Trainer um Referenzen von Unternehmen, für die er in den letzten zwei Jahren gearbeitet hat, mit Angaben der Trainingsaufgaben, die er dort durchführte. Lassen Sie sich einen Ansprechpartner nennen.

Akquisitionstipp für den Trainer:

Referenzen gut managen

Geben Sie immer nur aktuelle Empfehlungen an. Steuern Sie, wer im von Ihnen genannten Unternehmen als Referenzgeber angesprochen werden soll. Informieren Sie den Partner Ihres Vertrauens rechtzeitig, dass und warum Sie gerade ihn als Referenz angeben. Präsentieren Sie Beispiele, welche konkreten Ergebnisse Ihre Trainingsmaßnahmen in anderen Unternehmen und Trainingsprojekten gebracht haben.

Falls Sie noch nicht ausreichend über Empfehlungen verfügen: Verzichten Sie auf Flunkereien oder Ausweichmanöver. Vorwärtsstrategie mit entwaffnender Offenheit ist erfolgversprechender. Sagen Sie dem Auftraggeber, dass er der Erste (in dieser Branche) ist, für den Sie trainieren. Gerade darin liegt für ihn die Chance, dass Sie das Projekt wirklich neu durchdenken, kreativ gestalten und sich bei der Durchführung kraftvoller einsetzen als die etablierten Wettbewerber.

9 Arbeitsweise des Trainers

Empfehlung für die Trainerauswahl an den Auftraggeber:

In der Praxis prüfen

Mit welchen Methoden und Medien arbeitet der Anbieter? Wichtig ist dabei, auf aktivierende Trainingsmethoden zu achten. Ist er bereit, sich im praktischen Training beobachten zu lassen?

Akquisitionstipp für den Trainer:

Stellen Sie Ihre bevorzugten Methoden und Medien dar. Ideal ist es, wenn bereits aus Ihrer Akquisitionspräsentation Ihre Arbeitsweise als Trainer erkennbar wird. Bieten Sie dem Auftraggeber Möglichkeiten, Sie live in Aktion zu erleben.

10 Zeitaufwand, Terminplan, Durchführungssicherheit

Empfehlung für die Trainerauswahl an den Auftraggeber:

Realistischer Zeit-Check

Lassen Sie den Trainer den Zeitaufwand für die andiskutierten Trainingsmaßnahmen darstellen. Welche terminlichen Möglichkeiten hat er? Kann er einen Trainingsauftrag in der von Ihrem Unternehmen vorgegebenen Größe überhaupt bewältigen? Arbeitet er allein oder im Team? Welche Mitarbeit und Mitwirkung im Trainingsprojekt wird von Ihnen verlangt?

Akquisitionstipp für den Trainer:
Prüfen Sie vor dem Akquisitionsgespräch Ihre terminlichen Möglichkeiten sorgfältig. Wie könnte ein machbarer Zeitplan für die Realisierung dieses Trainingsauftrages aussehen? Bei einem größeren Unternehmen oder umfangreichen Volumen des zu vergebenden Trainingsauftrages haben Sie als Einzelkämpfer schlechte Karten. Deshalb sollte das Trainerteam bereits feststehen und genannt werden können, das diesen Trainingsauftrag übernehmen würde. Es kann taktisch klug sein, bereits in der Akquisitionsphase und bei der Präsentation als Trainerteam aufzutreten.

11 Honorarvorstellungen, Trainingsinvestitionen, Kostenvoranschlag

Empfehlung für die Trainerauswahl an den Auftraggeber:

Leistung gegen Leistung

Bitten Sie den Trainer bereits in der Akquisitionsphase um Informationen über die zu erwartenden Kosten und die Trainingsinvestitionen für Ihre Budgetplanung.

Akquisitionstipp für den Trainer:
Nennen Sie Ihre Honorarsätze. Lassen Sie sich in diesem frühen Stadium aber nicht aufs Glatteis eines genauen Kostenvoranschlages führen. Sie können zu diesem Zeitpunkt den genauen Auftragsumfang noch nicht abschätzen. Verweisen Sie auf ein späteres exaktes Angebot mit präzisen Angaben. Rechnen Sie in diesem Angebot die Trainingsinvestitionen auf den einzelnen zu trainierenden Mitarbeiter herunter. Die preisgünstige Investition pro Mitarbeiter relativiert die Kosten und überzeugt.

Ein besonderer Rat für Sie: Lassen Sie nicht mit sich handeln, auch wenn gerade dieses Projekt ein Auftrags- und Honorardefizit ausgleichen könnte. Rasches Nachgeben im Preis wird beim Trainer immer mit Schwäche gleichgesetzt. Beherzigen Sie das, was Sie als Trainer mit Ihren Teilnehmern für das erfolgreiche Preisgespräch trainieren. Also: keine Leistung ohne Gegenleistung, das heißt z.B. Entgegenkommen im Preis, gekoppelt an eine Erhöhung des Trainingsvolumens, Garantie der Langfristigkeit des Auftrags, Übernahme von Aufgaben durch den Auftraggeber usw.

Keine Rabatte im Preisgespräch

Noch ein persönlicher Tipp: Wenn bei mir ein Auftraggeber handeln möchte, was selten vorkommt, antworte ich mit meinem treuesten Augenaufschlag: „Ich soll Ihre Mitarbeiter fürs Preisgespräch fit machen. Wie glaubwürdig finden Sie einen Trainer, der selbst im Preis nachgibt?“ Meist ist dann das Thema vom Tisch.

Resümee

Der Trainer erhält den Auftrag, der die Ziele und Erwartungen des Auftraggebers am besten erfüllt, der maßgeschneiderte, firmenspezifische Problemlösungen präsentiert, am stärksten den Nutzen seines Trainings aufzeigt und durch Unverwechselbarkeit und Ausstrahlung seiner Persönlichkeit am meisten überzeugt.

Die Akquisitionstipps dieses 11-Punkte-Programmes helfen Ihnen, wirklich kundenbezogen und nutzenorientiert zu arbeiten und dadurch Trainingsaufträge zu gewinnen.

Donata Gräfin Fugger
Fugger response
Erfolgs- und Kommunikationsberatung
Marktplatz 4
D-87757 Kirchheim/Schwaben
Tel. 08266/86946-0
Fax 08266/86946-1
info@fugger-response.de
www.fugger-response.de

Donata Gräfin Fugger ist Kommunikations- und Erfolgsberaterin in den Bereichen moderne gesellschaftliche Umgangsformen, Verkauf sowie Telefon- und Direktmarketing.

Zwischen dem abgeschlossenen BWL-Studium und ihrer Selbstständigkeit liegen über neun Jahre aktiver Verkaufstätigkeit:

- Aufbau von Verkaufsabteilungen verschiedener Verlage
- Seminar- und Schulungsaufträge unterschiedlichster Produkte und Dienstleistungen
- Koordination und Durchführung unterschiedlicher Marketing-Mix-Aktivitäten

Im Juli 2000 wurde das Unternehmen Fugger response gegründet und dynamisch auf- und ausgebaut. Die Fugger-response-Seminare sind praxisnah und kundenorientiert.

Ich freue mich sehr auf den Dialog, speziell per Telefon!

Trainingsaufträge durch zielorientierte Telefon-Akquisition

Für die Autorin Gräfin Donata Fugger ist Telefonmarketing ein anerkanntes und erfolgreiches Dialoginstrument zum Aufbau der Kundenbeziehungen im Training. Psychologisches und administratives Insiderwissen fließen in diesen Beitrag ebenso ein wie praktische Hinweise auf branchenrelevante Informationsquellen. Eine umfassende Checkliste macht auch für Einsteiger die Instrumente einer wirkungsvollen Telefonakquisition transparent.

1 Stellenwert des Telefonmarketings im Marketing-Mix

Mehr als 2,5 Milliarden Euro gaben deutsche Direktmarketing-Anwender für Telefonaktionen im Jahr 1999 aus. Vor allem Unternehmen der Dienstleistungsbranche und des Handels bedienten sich dieses Instruments. Ein ideales Medium auch für TrainerInnen, die in der direkten und persönlichen Verbindung ihr Kommunikationswissen optimal einsetzen können. In allen wichtigen Branchen ist Telefonmarketing ein anerkanntes Dialoginstrument zur Anbahnung neuer Geschäftskontakte und somit auch für TrainerInnen ein erstklassiges Akquisitionstool. (s. Tabelle 1 auf Folgeseite)

Im Jahr 2000 wurden allein in Deutschland 290 Mrd. Gesprächsminuten geführt. Der wachsende Telekommunikations-Markt in Deutschland hat ein Umsatzvolumen von rund 48 Mrd Euro. Durch die Liberalisierung konnten die Telefonkosten für Unternehmen um mindestens 30% im Durchschnitt gesenkt werden.

Das Telefon ist somit gerade für TrainerInnen das unverzichtbare und preisgünstige Arbeitsinstrument für den beruflichen Erfolg.

Ranking: Werbemitteleinsatz 1999 in Prozent der Direktmarketing-Anwender

Tabelle 1: Telefoneinsatz akzeptiert

Branche	1	%	2	%	3	%
Handel	Mailings	56	Telefon-marketing	56	interaktive Dienste	32
Dienstleister	Telefon-marketing	58	Mailings	55	interaktive Dienste	39
Verarb. Gewerbe	Telefon-marketing	51	Mailings	51	interaktive Dienste	27
Gesamt	Telefon-marketing	55	Mailings	54	interaktive Dienste	33

Quelle: Studie Direktmarketing Deutschland 2000, Deutsche Post

2 Aufbau der Adressdatei – Auswahl von Adressen

Individuell beginnen

Das A und O für den Erfolg ist der Aufbau und vor allem die Pflege einer aussagefähigen Adressdatei. Das ist leichter gesagt als getan, da sich binnen einem Jahr im Geschäftsleben ca. 30 % der Adressen ändern (Umzug, Ansprechpartner, Fusion etc.). Für Jungtrainer ist es meiner Meinung nach nicht zu empfehlen, Adressen in größeren Mengen zu kaufen, da der finanzielle Aufwand für die einmalige Nutzung erheblich ist (€ 1 bis 2,5 pro Adresse) und auch die Qualität der Adressen und Ansprechpartner zu wünschen übrig lässt. Es ist wesentlich preisgünstiger mit Studenten zusammenzuarbeiten, auf Geringverdiener-Basis diesen Part zu organisieren oder die Daten selbst anzulegen.

Es gibt preiswerte Alternativen, um Adressen geeigneter Unternehmen und von Zielkunden zu generieren (Auswahl):

Kostengünstige Quellen

- KlickTel oder andere Telefon-CDs
- Branchentelefonbuch
- Wer liefert was?
- Hoppenstedt
- Messekataloge, auch bereits als CD-ROM erhältlich
- Internet
- Fachzeitschriften (s. Anhang)
- Zeitungen (Anzeigen, PR-Beiträge)
- Verbandsmitgliederverzeichnisse
- Bekanntenkreis, Freundeskreis
- etc.

Zweihundert bis dreihundert qualitativ gute Adressen (Eingabe und Qualifizierung: 3–4 Arbeitstage) sind für den Anfang eine gute Basis zur telefonischen Akquisition

3 Daten und Informationen vernetzen

Technik einsetzen

Überlegen Sie, ob eine Kontaktmanagementsoftware oder gleich eine CRM-Lösung (Customer Relationship Management) für Sie sinnvoll ist. Die vernetzte Kundenbeziehung wird mehr und mehr an Bedeutung gewinnen.

Zwischen € 250 bis 500kostet eine Kontaktmanagementsoftware und eine Standardversion für CRM-Systeme ist ab € 600 bis 2.000 erhältlich. Sehr nützliche Hinweise sind in der Zeitschrift acquisa 3/2001 nachzulesen: „CRM-Check: Ist Ihr Unternehmen startbereit?“ Die einfachste Lösung ist Outlook, allerdings auch mit den geringsten kundenorientierten Bearbeitungsmöglichkeiten. Auch die Sicherung der Datensätze lässt zu wünschen übrig.

4 Nutzenüberlegungen für den ersten Telefonkontakt

Gut vorbereiten

Nicht die Menge entscheidet, sondern die Qualität der Adressen gepaart mit der „freundlichen und konsequenten Art“ Ihrer Telefonakquisition. Die Erfahrung zeigt, dass Ansprechpartner gleich im ersten Gespräch erfahren möchten, was das Besondere Ihrer Dienstleistungen ist, wo die Erfahrungen und Spezialisierungen Ihres Trainings-unternehmens liegen. Auf diese Fragen sollten Sie vorbereitet sein. Auch sollten Sie Lösungsansätze speziell für die Branche und die besonderen Problemstellungen des Kunden vorab entwickeln. Darüber hinaus sind Erfolgsnachweise in der Praxis eine ideale Visitenkarte.

Mögliche Ansätze:

- kostenlose Probeteilnahme an einem Testseminar
- Geld-zurück-Garantie beim Verlassen des Seminars bis 12.00 Uhr
- Geld zurück bei begründeter Unzufriedenheit (Restrisiko bei der Formulierung!)
- Hotline-Betreuung nach dem Seminar als Service (telefonische Antworten auf Fragen der Teilnehmer)

Als TrainerIn müssen Sie sich das richtige Fingerspitzengefühl durch Learning by Doing aneignen, um telefonisch den richtigen Ansprechpartner in dem jeweiligen Unternehmen zu kontaktieren. Die Zuständigkeiten sind überall unterschiedlich geregelt. Mal ist es der Geschäftsführer persönlich, mal die Personalentwicklung oder es entscheidet der Vertriebsbereich selbst. Mühsam ernährt sich hier das Eichhörnchen.

5 Insiderwissen bringt Sie voran

Branchenkenntnisse unverzichtbar

Die Branchenkenntnisse werden für die Unternehmen immer wichtiger. Auch wenn Sie sich z.B. bei einer Trainervermittlung bewerben, sind gerade die Branchenkenntnisse ausschlaggebend und auch eine Chance für JungtrainerInnen.

Das ist nachvollziehbar, denn TrainerInnen sind im weiteren Sinne „Unternehmensberater" und tragen die spezifischen Marktentwicklungen in modifizierter Form auch von Unternehmen zu Unternehmen. Das macht Sie interessant und unverzichtbar.

Woher bekommen Sie die aktuell branchenrelevanten Informationen?

- Fachzeitschriften
- Stat. Bundesamt
- Presse
- kostenlose Newsletter via Internet
- GfK, Nürnberg
- Nielsen-Universen
- Marktstudien im Internet (Focus, W&V etc.)
- Verbände
- Kollegen
- Kunden in spe

6 Die besten Telefonzeiten

Unterschiede in Ost und West

Sie werden in kürzester Zeit mitbekommen, wann die besten Telefonzeiten in Deutschland sind, um die Entscheidungsträger zu kontaktieren. Im Osten Deutschlands z. B. erreichen Sie die Teilnehmer im Personalwesen schon vor 8.00 Uhr. Auch nach 10 Jahren der Wiedervereinigung fängt der Osten früher an zu arbeiten und hört auch weiterhin früher auf. Im Westen ist dagegen der Kontakt ab 9.00 Uhr ideal, zwischen 11.45 Uhr und 13.45 Uhr ist schon wieder Mittagszeit in Deutschland. Im europäischen Ausland weichen die Zeiten etwas ab. Nach 16.00 Uhr bzw. 17.00 Uhr ist es oftmals eine Herausforderung, die Entscheider zu erreichen. Auch wenn Ihnen das Angebot gemacht wird, Sie zurückzurufen, ist es immer zu empfehlen, dass Sie den ersten Schritt aktiv tun. Der erste Eindruck ist entscheidend und bleibt.

7. Lächeln – und Termine halten

Drei Versuche mindestens

Richten Sie sich auf 3 bis 7 Wahlversuche ein, um mit Ihrem gewünschten Gesprächspartner wie die Königskinder zusammenzukommen. Sagen Sie Ihrem Ansprechpartner, dass Sie sich über das Zustandekommen des Gesprächs freuen.

„Guten Tag, Herr Mustermann, schön, dass ich Sie erreiche. Haben Sie im Augenblick Zeit für wichtige Informationen zum Thema xy?“ Bei „nein“ selbstverständlich nach einem Termin fragen, wann es besser passt, und diesen auch auf jeden Fall einhalten. Machen Sie sich am besten sofort nach dem Gespräch kurz Notizen über den Verlauf und die Vereinbarungen.

8. Angebot per Telefon

Besser als der Wettbewerb

Hier kommen Sie mit der klassischen AIDA-Formel (attention, interest, desire, action) am leichtesten zurecht. Was heißt das nun in der Praxis? Versichern Sie sich, wirklich den Entscheider am anderen Ende der Leitung zu haben. Formulieren Sie bereits vor dem Telefonat einen wirkungsvollen Einstieg, der Sie von Ihren Wettbewerbern abhebt.

Jeden Tag rufen Dutzende Anbieter an. Es gibt viele Möglichkeiten einzusteigen und dabei spiegeln Sie in dem Moment Ihren ganz persönlichen Stil. Sie entscheiden, ob Sie forsch in das Gespräch einsteigen oder nicht. Sie werden von Gespräch zu Gespräch mehr Sicherheit bekommen und neue Wege mit sicherem Fuß gehen.

Den Verlauf eines klassischen Dialogleitfadens möchte ich hier nicht abwickeln, sondern nur punktuelle Anregungen geben.

In der nächsten Phase wecken Sie das Interesse noch intensiver. Bieten Sie weiteren Nutzen für Ihren Kunden. Sie haben sich ja vorher gewiss Gedanken gemacht, was das Besondere Ihrer Trainingsangebote ist. Oder füllen Sie jetzt die folgenden Punkte aus:

Spezifisch argumentieren

Das Besondere an meinen Seminaren ist (Branchenkenntnisse etc.):

1) ....
2) ....
3) ....
4) ....
5) ....
6) ....
7) ....

Bei der Schlussphase und Abschlussfrage könnte folgende Formulierung Ihnen weiterhelfen:

„Herr/Frau XY, nun gibt es zwei Möglichkeiten für Sie, das Spezialseminar für Ihre Branche und meine Person kennen zu lernen. Entweder ich präsentiere vor einem Entscheiderkreis in Ihrem Unternehmen oder Sie erleben mich in einem meiner Seminare. Welche Möglichkeit bevorzugen Sie?"

Vermeiden Sie möglichst das Zusenden von Unterlagen oder speziellen Ausarbeitungen, da es ideale Möglichkeiten bietet, Ihr Angebot abzulehnen.

9. Das maßgeschneiderte schriftliche Angebot

Lesen Sie hierzu Seite 143

Bei diesem Aspekt möchte ich auf die hervorragende Ausarbeitung des Kollegen Dieter A. Sonnenholzer verweisen (Seite 143). Die Punkte 1– 16 sind logisch aufeinander abgestimmt und funktionieren wirklich. Probieren Sie es einfach aus.

10. Nachfassaktion

Sofort reagieren

Das Angebot sollte spätestens nach 2–3 Tagen beim Kunden sein, denn dann wirkt auch noch der Eindruck des Telefonates nach. Jedes schriftliche Angebot – auch das Mailing – muss nachtelefoniert werden, um das Maximum aus Ihren Mailings heraus zu holen. Idealerweise passiert das nach einer Woche, falls Sie nichts anderes mit dem Kunden vereinbart haben. Die zeitliche Koordination ist speziell in der Startphase eine echte Herausforderung. Falls Sie sich für eine telefonische Unterstützung entscheiden, sind ein paar Punkte zu beachten.

11. Einkauf von Telefon-Service

Alternativen prüfen

Die preisgünstigste Variante am Anfang ist die stundenweise Mitarbeit auf Geringverdiener-Basis.

Interessiert an diesem Fachgebiet sind besonders Studenten der Medienkommunikation. Sollten Sie mit einem Call-Center zusammenarbeiten wollen, so hilft der DDV (Deutscher Direktmarketing Verband e.V.) bei der Suche nach möglichen und seriösen Vertragspartnern weiter (www.ddv.de). Wichtig ist allerdings, dass Sie versuchen, das Call-Center auf gemeinsam definierte Erfolgsziele vertraglich festzuschreiben. Die Berechnung erfolgt entweder pro Gespräch zuzüglich der Kosten für Schulungen, Aufbau einer Datenbank, Supervisor etc. oder pauschal für ein definiertes Projekt. Das aktive Telefonmarketing (Outbound) ist auf jeden Fall teurer als das passive Telefonmarketing (Inbound).

Vergütungsvarianten (Outbound):

- Entscheiderkontakte/Nettokontakte
- Bruttokontakte
- Provisionsabrechnung
- Telefonstunden

Vergütungsvarianten (Inbound):

- Preis pro Call
- Preis pro Minute
- Festpreis pro Call + Minutenpreis
- Minutenkontingent

Sie sollten mehrere Referenzen des Call-Centers kontaktieren, sich auch die Erfolgsquoten nennen lassen und möglichst nachprüfen. Auch sollten Sie zuerst nur über Testläufe verhandeln mit ca. 100 Kontakten, bevor Sie einen größeren Adresspool bearbeiten lassen. Das erspart Kosten und Enttäuschungen. Call-Center sind in der letzten Zeit wie Pilze aus dem Boden geschossen.

Zusammenfassung: Telefonakquisition mit System

Checkliste

Zielgruppen festlegen Adressliste erstellen	Selektionskriterien schaffen, Adressmaterial nach Erfolgschancen qualifizieren
Informationen über das das Unternehmen und den Ansprechpartner herausfinden	Brancheninformationen, Auskünfte anderer Unternehmen, Messekontakte, Internet-Homepages, Telefonkontakt, um den/die für Training zuständigen Ansprechpartner herauszufinden
Konkretes Gesprächsziel festlegen	Terminvereinbarung für persönliche Vorstellung und Präsentation, Einladung zum „Schnupperseminar", spezielles Trainingsangebot, Übersendung von Unterlagen (Vorsicht, ideal zum Abwimmeln)
Erfolg versprechenden Aufhänger finden – daraus konkrete Gesprächseröffnung formulieren	z.B.: Bezug auf Anschreiben, Empfehlung, Messekontakt, spezielle Problemlösung, neues Trainingsthema, Seminareinladung etc. Hier hat es sich in der Praxis sehr bewährt, ein schriftliches Skript zu erstellen.
Nutzenargumentation für Ihr Trainingsangebot finden	Was ist das Besondere an Ihrem Angebot? Welche Alleinstellungsmerkmale (USP) haben Sie? Welche Problemlösungen können Sie speziell diesem Unternehmen/der Branche bieten? Welche Vorteile bringt es Ihrem Geschäftspartner, wenn er mit Ihnen zusammenarbeitet?
Mögliche Fragen und Einwände berücksich-	Was kommt häufig als Gegenargument?

tigen – Nutzenantworten überlegen	– zurzeit kein Bedarf – zufriedene Arbeit mit anderen Trainern – ausschließlich firmeninternes Training – kein Budget – Training bereits langfristig geplant – Sie sind unbekannt usw. Auf diese Standardeinwände Antworten mit hohem Kundennutzen formulieren. Weitere Einwände notieren. Schriftliche Einwand-Antwort-Kartei erstellen. Dies ist besonders wichtig, wenn andere Personen in die Telefonakquisition einbezogen werden.
Rückzugsziele festlegen	Übersendung von Unterlagen Termin für erneuten Telefonkontakt „Dankeschön“ für das Gespräch, evtl. mit nettem Gag
Erfolg/Misserfolg der Anrufe analysieren	Was ist gut angekommen? Wo gab es Schwierigkeiten? Je nach Situation den Gesprächspartner um kurzes Feedback bitten. Gespräch für die Eigenanalyse – nur nach Ankündigung – mitschneiden.
Telefonskripts überarbeiten – optimieren	Welche Aufhänger schaffen Interesse? Alternativformulierungen erproben Wie ist der optimale Akquisitionsmix? Z.B. Anschreiben mit nachfolgendem Telefonat Wer aus Ihrem Team holt die meisten Termine? Warum? Durch regelmäßige Auswertung der Erfahrungen, finden Sie Ihr ideales Telefonakquisitionsgespräch.

Anhang:

Literaturempfehlungen

- Helga Schuler: *30 Minuten für erfolgreiche Business-Telefonate*, GABAL Verlag
- Gerlinde Felix: *Auf jeden Kundeneinwand am Telefon sofort die richtige Antwort*, NM Verlag Norbert Müller
- Günter Greff: *Telefonverkauf mit noch mehr Power*, Gabler Verlag

Wichtige Adressen:

DDV e.V.
Hasengartenstr. 14
65189 Wiesbaden
Tel. 06 11/9 77 93-13
Fax 06 11/9 77 93-99

Fachzeitschriften – Direkt Marketing

IM Marketing-Forum GmbH
Englerstraße 26
76275 Ettlingen
Tel. 0 72 43/5 40 00
Fax 0 72 43/54 00-54
E-Mail: info@im-marketingforum.de
http://www.im-marketingforum.de

<e>MARKET
Wochenmagazin für Online-Marketing und eCommerce
Europa-Fachpresse-Verlag GmbH & Co. KG
Karlstraße 35-37
80333 München
Tel. 0 89/5 48 52-00
Fax 0 89/5 48 52-108
E-Mail: redaktion@emar.de

MailMarketing
Text Verlag GmbH
Hamburger Straße 23
22083 Hamburg
Tel. 0 40/2 29 26 24
Fax 0 40/2 27 86 76
E-Mail: vertrieb@textintern.de

ONEtoONE
J&S Dialog-Medien GmbH
Bei den Mühren 91
20457 Hamburg
Tel. 0 40/36 98 32-0
Fax 0 40/36 98 32-36
E-Mail: onetoone@jsdialog.de
http://www.onetoone.de

Praxisletter Mailings
IM-Fachverlag
Englerstraße 26
76275 Ettlingen
Tel. 0 72 43/54 00-0
Fax 0 72 43/54 00-54
E-Mail: info@im-marketingforum.de
http://www.im-marketingforum.de

Response
Verlag Semsch und Partner GmbH
Postfach 19 62
36229 Bad Hersfeld
Tel. 0 66 21/7 60 61
Fax 0 66 21/7 07 58

Call Center konkret
IM Marketing-Forum GmbH
Englerstraße 26
76275 Ettlingen
Tel. 0 72 43/54 00-0
Fax 0 72 43/54 00-54
E-Mail: info@im-fachverlag.de
http://www.im-fachverlag.de

Call Center profi
Betriebswirtschaftlicher Verlag
Dr. Th. Gabler GmbH
Abraham-Lincoln-Straße 46
65189 Wiesbaden
Tel. 06 11/78 78-346
Fax 06 11/78 78-437
http://www.callcenterprofi.de

TeleTalk
telepublic Verlag
Pobielskistr. 325
30659 Hannover
Tel. 05 11/3 34 84 00
Fax 05 11/3 34 84 99
E-Mail: info@teletalk.de
http://www.teletalk.de

absatzwirtschaft
Verlagsgruppe Handelsblatt GmbH
Postfach 10 11 02
40002 Düsseldorf
Tel. 02 11/8 87-14 22
Fax 02 11/8 87-14 20
E-Mail: absatzwirtschaft@vhb.de
http://www.absatzwirtschaft.de

acquisa
Max Schimmel Verlag GmbH & Co. KG
Im Kreuz 9
97076 Würzburg
Tel. 09 31/2 79 14 00
Fax 09 31/2 79 14 44
E-Mail: redaktion@schimmelverlag.de
http://schimmelverlag.de

HORIZONT
Deutscher Fachverlag GmbH
60264 Frankfurt
Tel. 069/75 95 01
Fax 069/75 95-12 40
E-Mail: info@horizont.net
http://www.horizont.net

W&V werben & verkaufen
Europa-Fachpresse-Verlag
Karlstraße 35-37
80333 München
Tel. 0 89/5 48 52-0
Fax 0 89/5 48 52-1 87
E-Mail: kknue@wuv.de
http://www.wuv.de

Der Kontakter
Märkte & Medien GmbH
Karlstr. 41
80333 München
Tel. 0 89/5 48 52-0
Fax 0 89/5 48 52-5 19
http://www.kontakter.de

media & marketing
Europa-Fachpresse-Verlag
Karlstr. 35-37
80333 München
Tel. 0 89/5 48 52-1 96
Fax 0 89/5 48 52-1 42
http://www.mediaundmarketing.de

Motivation
WAP Verlag GmbH
Rudolf-Diesel-Str. 14
53859 Niederkassel
Tel. 02 28/4 59 52-0
Fax 02 28/4 59 52-99
E-mail:post@wap-verlag.de
http://www.iq-online.de

IQ-Magazin
WAP Verlag GmbH
Rudolf Diesel Str. 14
53859 Niederkassel
Tel. 02 28/4 59 52-0
Fax 02 28/4 59 52-99
E-mail:post@wap-verlag.de
http://www.iq-online.de

managerSeminare
Gerhard May Verlags GmbH
Endenicherstr. 282
53121 Bonn
Tel. 02 28/9 77 91-0
Fax 02 28/61 61 64
E-Mail: info@managerseminare.de
http://www.managerseminare.de

wirtschaft&weiterbildung
Max Schimmel Verlag GmbH & Co. KG
Im Kreuz 9
97076 Würzburg
Tel. 09 31/2 79 15 10
Fax. 09 31/2 79 15 11
E-Mail: redaktion@schimmelverlag.de
http://schimmelverlag.de

Management&Training
Gutenbergstr. 8
65836 Kriftel
Tel: 0 61 92/4 08-2 43
Fax: 0 61 92/4 02-2 48

Dirk Kreuter
Wilhelm Marx Haus
Heinrich-Heine-Allee 53
40213 Düsseldorf
Telefon: 0800/5738837
Telefax: 0180/5738837
E-Mail: DirkKreuter@verkaufstrainer.de
http://www.verkaufstrainer.de

Dirk Kreuter, Verkaufstrainer, Groß- und Außenhandelskaufmann, langjährige Verkaufs- und Vertriebserfahrung bei Handel und Industrie im Sportartikel- und Zweiradbereich als Inhaber einer Handelsvertretung CDH, mehrjähriger Geschäftsführer einer Sportartikel-Vertriebsgesellschaft mbH, Absolvent der neunmonatigen Trainerfachqualifizierung des BDVT (*Berufsverband Deutscher Verkaufsförderer und Trainer*) trainiert und berät Unternehmen branchenübergreifend in allen Verkaufsthemen.

Als langjähriger erfolgreicher Verkäufer für erklärungsbedürftige Produkte und Dienstleistungen begann Dirk Kreuter 1991 über produktbezogene Verkaufstrainings seinen Einstieg in die Weiterbildung.
Heute zählen namhafte Unternehmen wie z.B. Sony, Philips, Lufthansa, Deutsche Telekom, AEG, Shell etc. zu seinen Kunden. Er trainiert speziell Verkäufer und Mitarbeiter mit Kundenkontakten.
Als Spezialist für praxisnahes, teilnehmerorientiertes, zielgerichtetes und sofort umsetzbares Verkaufstraining liegt seine Stärke darin, sich voll auf die Ziele und Aufgaben seiner Klienten zu konzentrieren und eine hohe emotionale Identifikation zu seinen Kunden und deren Mitarbeiter aufzubauen.

Erfolgreiche Projektakquisition mit Datenbanken und Internet für Trainer

Der Autor Dirk Kreuter hat die erfolgsbestimmenden Merkmale des Online-Marketing im Fokus. Welche Auswirkungen der Einsatz Internet-relevanter Kommunikationsmaßnahmen hat, wird mit überzeugenden Überlegungen und praktischen Beispielen dargestellt. Sie zeigen dem Neueinsteiger, dass eine gleichgeschaltete Umsetzung bisher klassischer Marketing-Methoden unwirksam und erfolgsverhindernd ist. Ein Ausblick auf zukünftige Entwicklungen im Online-Marketing gibt TrainerInnen die Chance, jetzt die richtigen virtuellen Weichen zu stellen.

1 Vom Marketing zum Online-Marketing

Wenn Sie als Trainer Ihre Dienstleistung verkaufen möchten, werden Sie nicht umhinkommen, Marketing zu betreiben. Durch Marketing wird die Botschaft, die Sie zu überbringen haben, Ihre Zielgruppe erreichen, durch Marketing werden potenzielle Kunden von Ihrem Angebot erfahren. Und nur durch Marketing werden die Empfänger Ihrer Botschaft zu Käufern und zu treuen Kunden.

Instrumente im Marketing-Mix

Sie werden den Marketing-Mix, also die Kombination von Maßnahmen, mit der Sie Ihre Botschaft übermitteln und letztendlich Ihre Dienstleistung verkaufen, aufgrund zahlreicher Faktoren entwickeln, die Sie nach der Analyse Ihres Marktes und Ihres Umfeldes festlegen. Im klassischen Marketing stehen Ihnen unter anderem folgende Marketinginstrumente zur Verfügung:

- Produktgestaltung (Trainingsthemen, Seminardesign usw.)
- Preis (Honorar/Tagessatz, Reisekosten, Konzepterstellung, erfolgsorientierte Entlohnungskomponenten usw.)
- Vertrieb (offene Seminare, Trainerbroker, Trainer-Netzwerke, Kooperationen mit Bildungsanbietern usw.)
- Werbung/PR (Anzeigen, Mailings, Messeauftritte, Broschüren usw.)

Neue Fokussierung

Mit dem Internet sind auch für Trainer neue Marketinginstrumente entstanden, die den Marketing-Mix ergänzen, die aber auch zu einer Schwerpunktverlagerung und zu einem Umdenken bezüglich der gesamten Trainer-Marketing-Strategie führen können. Diese Instrumente sind kurz gefasst:

- die eigene Webpräsenz, speziell die Website und E-Mail
- Marketingmöglichkeiten auf fremden Online-Angeboten, speziell auf Trainerdatenbanken

Je nach Branche, Trainingsthema oder Dienstleistung werden sich die Möglichkeiten des Internet mehr oder weniger stark auf den Einsatz der einzelnen Marketinginstrumente und damit auf den Marketing-Mix auswirken. Die Entscheidung, das Internet als Marketing-Werkzeug zu verwenden, ist jedoch in jedem Fall mehr als nur der Entschluss, den bislang verwendeten Marketingmöglichkeiten für Trainer eine weitere Facette hinzuzufügen.

Herausforderungen im Online-Marketing

Wer sich dazu entschließt, Online-Marketing zu betreiben, entscheidet sich für ein Werkzeug, das neue Sichtweisen voraussetzt, das die Auseinandersetzung mit neuen Medien, mit neuen Technologien und mit neuen Formen der Kommunikation erfordert.

Beispiel Homepage

Stellen nämlich die kundennutzenorientierte Aufbereitung von Informationen und Kommunikation im traditionellen Trainer-Marketing bereits ein wichtiges Instrument dar, so nimmt deren Bedeutung im Rahmen des Online-Marketing um ein Vielfaches zu. Das Web ist eine Welt aus Bits und Bytes, in der die Vermittlung von Inhalten ganz anderen Gesetzen folgt, als dies „offline“ der Fall ist. So wird der Empfänger einer umfangreichen Trainer-Imagebroschüre vielleicht im ersten Moment ungehalten sein, wenn er den dicken Umschlag auf seinem Schreibtisch vorfindet, aber er wird die Broschüre trotzdem möglicherweise nicht gleich in den Papierkorb werfen, sondern sie in einer ruhigen Stunde oder bei akutem Trainingsbedarf doch durchblättern. Die umfangreiche Broschüre eins zu eins auf eine Webseite zu übertragen wird den Surfer durch Unübersichtlichkeit und lange Ladezeiten verärgern, er klickt sich weg – und kommt nie wieder.

Umfangreiches wird weggeklickt

Dieses Beispiel mag krass sein, denn kaum jemand kommt heute noch auf die Idee, einen Webauftritt wie eine Imagebroschüre zu gestalten, aber es soll zeigen, dass mit dem Einsatz von Online-Marketing ein Umdenken vonnöten ist. Denn während die Trainerbroschüre auf Kosten des Versenders auf den Schreibtisch des potenziellen Auftraggebers transportiert wird, zahlt dieser die Übermittlung der Botschaft im Web mit seiner Telefongebühr und mit der Gebühr für den Provider oder Online-Dienst. Diese einfache Erkenntnis sollte jeglichem Marketing-Engagement im Internet zugrunde gelegt werden, denn sie hat unter anderem Auswirkungen darauf, ob jemand ein zweites Mal auf Ihre Seiten kommt.

Online-Kosten liegen beim Empfänger

2 Service und Support durch eigene Website

Die eigene Website, vor ein, zwei Jahren noch eine Option, für die – oder gegen die – man sich als Trainer entscheiden konnte, ist heute für Trainingsanbieter aller Größenordnungen ein wichtiges Instrument geworden. Die Aufgaben, die ein gut gestalteter Auftritt im Internet erfüllt, sind vielfältig:

Instrument für viele Aufgaben

- Besucher können sich in kürzester Zeit ein Bild über Ihr Angebot verschaffen.

- Interessierte können sich auf Ihrer Website über Trainingsthemen und Dienstleistungen informieren, und das rund um die Uhr.
- Potenzielle Auftraggeber können Honorare und Qualitätsmerkmale Ihres Angebots mit den Angeboten der Mitbewerber vergleichen – weltweit.
- Im integrierten Shop können Besucher online bestellen (z.B. Bücher, Hörbücher, Trainingsvideos, Seminarkonzepte usw.).
- Die Website kann den Teilnehmer-Support – im Sinne von Transfersicherung und Teilnehmerunterlagen – unterstützen (z.B. Trainings-Newsletter per E-Mail, virtuelle Klassenzimmer usw.).
- In einer virtuellen Presselounge bieten Sie Journalisten Ihre aktuellen Pressemeldungen und Fotos von Seminaren, Trainingspreisen, die Sie gewonnen haben, aktuellen Neuigkeiten, Ihrem Angebot und Ihrer eigenen Person.

Eine Trainer-Website dient somit primär der Information, der Kundengewinnung, der Kunden-/Teilnehmerbetreuung, der Kundenbindung, dem Verkauf von Produkten und/oder dem Vertrieb von Trainingsdienstleistungen sowie dem Kontakt zu allgemein Interes-

Beispiel Trainingsprojekte

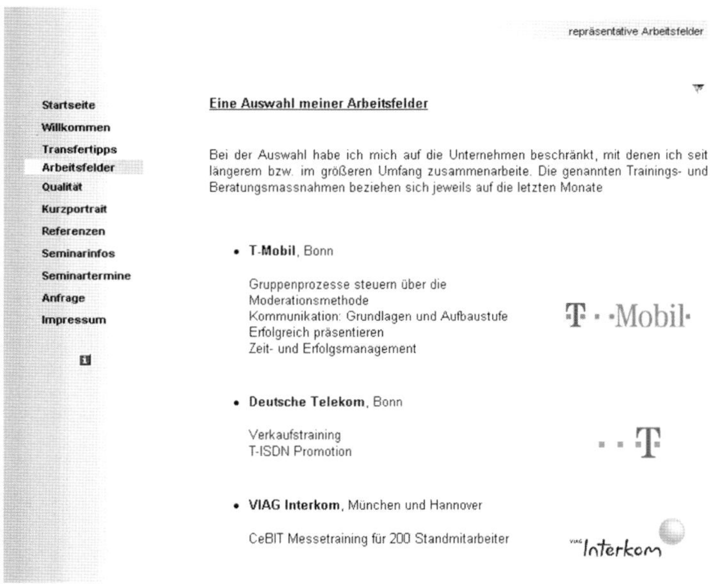

sierten. Dazu unterstützt der Webauftritt die Kommunikation mit den Medien/der Presse.

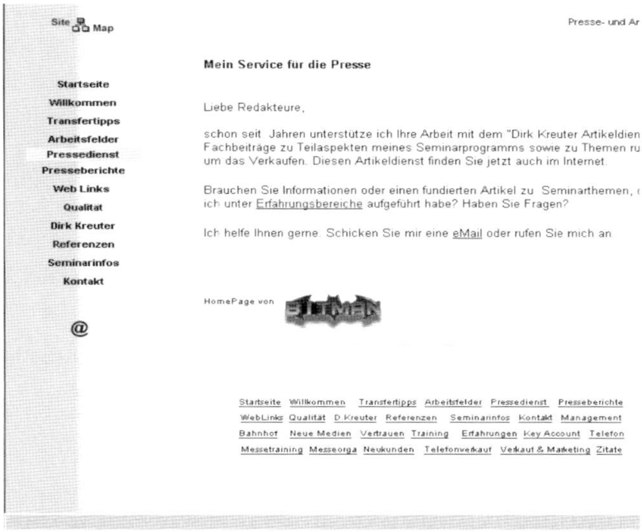

Beispiel virtuelle PR-Arbeit

Information ist infolge der weltweiten Vernetzung und der immer größer werdenden Geschwindigkeit in allen Lebens- und Geschäftsbereichen auch ein für Trainer zunehmend wichtiger Wettbewerbsfaktor. Die richtige Information zur rechten Zeit am rechten Ort – eine Idealvorstellung, die in Zeiten von ständigem Informationszuwachs und Reizüberflutung nicht immer ganz einfach umzusetzen ist.

Die Präsenz im Internet bietet sehr viele Möglichkeiten, sich dem Ideal anzunähern.

3 Online-Marketing und Site-Promotion

Gefunden werden im Netz

Online-Marketing ist einerseits ein zusätzliches Instrument im Rahmen Ihres Marketing-Mix, das Ihre bisherigen Maßnahmen ergänzt. Online-Marketing bedeutet andererseits aber auch Marketing für Ihren Webauftritt: Sie setzen Maßnahmen ein,

- die Ihre Webpräsenz bekannt machen,
- die Kunden und potenzielle Auftraggeber auf Ihre Seiten „locken“ und die

- die Surfer zum Durchstöbern Ihres Online-Angebotes animieren.

Aktionen fürs Web

Die schönste Website nützt wenig, wenn sie nicht von den „Richtigen" besucht wird. Das heißt, Sie müssen Ihren Webauftritt selbst durch verschiedene Maßnahmen „promoten". Einige dieser Instrumente sind:

Selbsterklärende Adresse

- Die Auswahl einer einprägsamen Internetadresse (Domain/URL). Hierbei sind für Trainer Domains nach Angeboten/Trainingsthemen (z.B. www. Verkaufstrainer.de oder www. Messetraining.de) sinnvoller als Adressen, die den Namen enthalten (z.B. www. DirkKreuter.de oder www. DK-Training.de). Die Gründe hierfür sind: Die meisten Surfer suchen noch immer nach Stichworten außerhalb der Suchmaschinen, und sachlogische Adressen werden in den Köpfen Ihrer Kunden besser abgespeichert.

Eintrag in Suchmaschinen

- Die Eintragung Ihrer Website in Suchmaschinen und Webkatalogen. Auch hier gibt es bestimmte Regeln, die zu beachten sind: Sie können sich selbst in jeder Suchmaschine eintragen – das ist sehr einfach –, um aber auch unter den ersten 5 Treffern angezeigt zu werden, sollten Sie diese Aufgabe von einem Profi machen lassen.
- Bannerwerbung, Bannertausch

Querverweise

- Links (Querverweise) von interessanten zielgruppenspezifischen Websites auf Ihre Adresse. Beispielsweise sollten Sie als Inhaber einer Trainerlizenz für bestimmte Trainingsprodukte (z.B. DISG-Persönlichkeitsmodell) einen Link zu Ihrer Homepage auf der Seite Ihres Lizenzgebers haben, damit der interessierte Surfer sofort und ohne Umwege zu Ihnen findet. Auch Trainer, die sich in Netzwerken organisieren, sollten sich untereinander verlinken, um den Surfer an sich zu binden.
- Der Aufdruck Ihrer Internet- und Ihrer E-Mail-Adresse auf allen Geschäftspapieren (z.B. Visitenkarte, Briefbogen, Imagebroschüre, Teilnehmerhandouts usw.)
- Pressearbeit

4 So nutzen Sie Datenbanken

- Die Eintragung Ihrer Daten in diversen Trainer- und Weiterbildungsdatenbanken sorgt je nach Qualität der Datenbank für Anfragen. Beachten Sie hierbei, dass die Datenbanken immer aktuell gepflegt sind und in diversen Medien beworben werden.

Empfehlungen professioneller Datenbanken:
- Trainer.de
- BDU.de (nur für BDU-Mitglieder)
- BDVT.de (nur für BDVT-Mitglieder)
- Managerseminare.de (die größte deutschsprachige Datenbank)
- Seminarwelt.de (EDV/IT-orientiert)

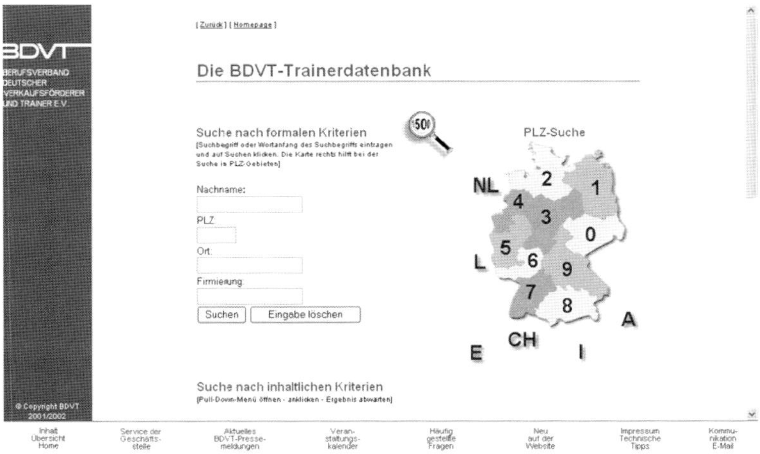

Beispiel Datenbank

Kontrollieren Sie die Qualität

Die Liste ist nicht vollständig! Mir sind noch etwa 30 weitere Datenbanken in diesem Bereich bekannt. Ständig kommen neue dazu. Viele sind jedoch mehr auf den eigenen Profit ausgelegt, als dem Kunden einen echten Nutzen zu bieten! Prüfen Sie vorher die Qualität der Datenbankbetreiber. Ermitteln Sie z.B. die Anzahl der Datensätze, wie können Sie Ihre Daten selbst pflegen, welche Kosten entstehen (Achtung! Auch auf Vermittlungsprovisionen achten! Lesen Sie das Kleingedruckte!), Anzahl der Zugriffe pro Monat, Suchmöglichkeiten für Besucher (Name, Ort, PLZ, Branchenerfahrung, Kosten, Trainingsthemen, Trainingserfahrung).

Hier weitere Datenbanken:

- Liquide.de
- Euro-ct.de
- Kursdirekt.de
- Seminar-info.de
- Ikmt.de/de-search.htm
- SEMINUS.de
- Add-brain.com
- in24-train.de
- berater.de
- KontorHouse.com/reverseshopping/
- Trainerbank.de
- Freelance-boerse.de

Zu all diesen Maßnahmen kommen vielfältige Aktivitäten per E-Mail, denen wir uns im Folgenden widmen werden.

5 E-Mail statt Snail-Mail

E-Mail ist mehr als nur „elektronische Post". E-Mail ist ein wichtiges Instrument, dem im Online-Marketing ein Ehrenplatz eingeräumt werden sollte. Die Vorteile von E-Mail in der Trainerakquisition sind schnell umrissen:

Preiswert, einfach und schnell

E-Mail ist

- kostengünstig
- schnell
- einfach im Handling

Und: E-Mail steht bei den Internetnutzern hoch im Kurs.

Das bedeutet allerdings nicht, dass E-Mail von Unternehmen und Trainern bereits heute schon optimal eingesetzt wird. Vielmehr ist E-Mail sowohl in den technischen Möglichkeiten als auch in den Möglichkeiten gezielter Informationspolitik in unseren Breiten erst von wenigen als optimales Kommunikationsinstrument erkannt worden.

Ein Beispiel für diese Aussage ist die „Antwortbereitschaft und Reaktionsgeschwindigkeit“ in den Top-500-Unternehmen in Deutschland mit eigenem Internetauftritt laut einer Umfrage der Tageszeitung „Die Welt“:

Professionell einsetzen

- Etwa 50 % der Unternehmen reagierten nicht auf Kundenanfragen per E-Mail.

Chance im Kundenkontakt

Diese Unternehmen haben ganz offenbar die Bedeutung von E-Mail für die Kundenkommunikation noch nicht erkannt und vergeben damit viele Chancen für die Gestaltung des Beziehungsmarketings. Diesem Manko sollten Sie als Trainer vorbeugen: Eine effektive Kundenkommunikation sollte innerhalb von 24 Stunden stattfinden!
Das bedeutet auch für Trainer als Einzelkämpfer: *einmal am Tag E-Mail abfragen!!!* Kunden erwarten bei Anfragen via E-Mail eine Rückmeldung innerhalb von 24 Stunden.
Praxistipp: Das Notebook mit Modem geht immer mit auf Reisen!

6 Mailinglisten für Expertentipps

Zum Thema E-Mail gehört auch *das Medium Mailingliste:*

Jeder hilft jedem

Der Begriff „Mailingliste“ bezeichnet eine mehr oder weniger automatisierte E-Mail-Verteilerliste. Die Empfänger der über die Liste versandten E-Mails tragen sich freiwillig als Abonnenten auf dem Verteiler ein und können sich auch selbst wieder abmelden. Alle Teilnehmer der Diskussionsliste erhalten jede an die E-Mail-Adresse der Liste gerichtete Mail. Es handelt sich um Kommunikation von vielen Absendern zu vielen Empfängern, die alle selbst zu Sendern werden können. Für Trainer gibt es im deutschsprachigen Raum aktuell zwei interessante Mailinglisten:

- Die BDVT-Maillist, nur für BDVT-Mitglieder. Informationen und Anmeldung über die BDVT-Webseiten. Zurzeit hat die Liste etwa 250 Mitglieder. Anmeldung und aktuelle Informationen finden Sie unter www. BDVT.de.
- Die Trainerliste Österreich, für alle Interessierten zugänglich, Anmeldung und Information über eine formlose E-Mail-Anfrage an Trainer-Liste@ping.at. Zurzeit hat diese Liste

etwa 600 Mitglieder aus Deutschland, Österreich und der Schweiz.

Berufsbezogene Inhlate

Die Inhalte der Listen: Tipps und Erfahrungsaustausch unter Trainern, Kooperationsanfragen und -angebote, Auftragsvermittlung u.v.m. Besonderheit der BDVT-Liste: Auftragsanfragen an die BDVT Geschäftsstelle in Köln werden direkt in die Liste gesetzt !

7 Online-Marketing für Trainer: Was bringt die Zukunft?

Wachstum B2B

Die Bedeutung des Internets für die Wirtschaft, und somit auch für die Trainer, wird zweifellos in den nächsten Jahren enorm zunehmen. Die Wachstumsraten im Bereich internetgestützter Business-to-Business-Plattformen steigen deutlich über die Bereiche, welche sich mit Endkunden beschäftigen! Dadurch wird sich die Internet-Landschaft in den nächsten Monaten sehr verändern, dadurch werden auch völlig neue Formen des Online-Marketing entstehen.

Folgende Trends zeichnen sich ab:

7.1 Die Leistungen der Datenleitungen werden zunehmen

Neue Technologien

Der Ausbau der Infrastruktur führt zu einer Verstärkung der Leitungskapazitäten. Neue Technologien wie Satellitenübertragung, WAP-Technologie und ADSL sorgen für eine massive Erhöhung der Bandbreiten, was wiederum dazu führt, dass große Datenmengen mit hoher Geschwindigkeit transportiert werden können. Damit werden attraktive Vertriebswege für Produkte wie Videos und Musik geschaffen. Hier profitieren Trainer von neuen Lernformen wie z.B. internetbasierten DVD-Seminaren, Video-/Audio-Fallstudien zur Seminarvor- oder -nachbereitung u.v.m.

7.2 Internet wird Alltag

So normal wie das Telefon

Das Internet und seine Dienste nehmen im Alltag eine immer größere Bedeutung ein. Homebanking via Internet, Bestellungen im Online-Shop, Versand von umfangreichen Daten per E-Mail u.v.m. verlagern viele Tätigkeiten des alltäglichen Lebens ins Web. Die Kommunikation via E-Mail, traditionell die meistgenutzte Internet-Anwendung, wird in wenigen Jahren auch in Europa so alltäglich sein wie das Telefon.

7.3 Medienverkauf online

Der Download von Videos und Musikfiles, aber auch von Büchern und diversen textbezogenen Angeboten in elektronischer Form wird sich verstärkt durchsetzen. Schon jetzt gibt es diverse Anbieter, die Bücher kapitelweise zum Verkauf via Download im Web vermarkten.

7.4 TV und www werden in vielen Bereichen zusammenwachsen

Simpel auch für TV-Fans

Das Fernsehen als Surfstation – die Verschmelzung der Medien ist bereits in vollem Gange. Schon heute kann man über bestimmte Geräte via Fernsehgerät ins Internet gelangen oder E-Mails bearbeiten. Die einfache Bedienbarkeit wird auch jene ins Web holen, die sich bisher nicht mit der PC-Technik anfreunden konnten.

7.5 Push-Technologien werden immer wichtiger.

Für die meisten Internet-Surfer ist die Informationsflut kaum zu bewältigen. Dienstleistungen, die filtern und vorsortieren, werden zukünftig hoch im Kurs stehen.

7.6 WAP kommt.

Dienste für den Empfang von Daten auf dem Mobiltelefon werden sich schnell entwickeln. WAP wird diesen Trend unterstützen. Mit WAP-fähigen Mobiltelefonen kann zukünftig auf dafür adaptierten Webseiten gesurft werden. Personalisierte Nachrichtendienste aller Art werden entstehen: Mini-E-Mails mit Tipps zu allen Lebensbereichen, mit Börsenkursen, Wetterberichten, Fußballergebnissen oder aktuellen Nachrichten sind nur einige der vielen Möglichkeiten.

7.7 Overnewsed but underinformed.

Die Fähigkeiten des Menschen zur Aufnahme und Verarbeitung von Informationen sind begrenzt. Werbung und Medien kämpfen um unsere Aufmerksamkeit, was dazu führt, dass wir vor der Fülle an Impulsen resignieren. Wer die *interessanteren* Informationen *rascher* bietet, wird mittelfristig den Sieg im Kampf um die Aufmerksamkeit der Empfänger davontragen.

Kreativ nutzen

7.8 Online-Marketing mit unbegrenzten Möglichkeiten.

Neue Impulse, wie WAP oder WEB-TV, verschaffen dem Online-Marketing neue Wege. E-Mail wird an Bedeutung gewinnen, weil es sich immer mehr auch im privaten Bereich durchsetzt und weil gleichzeitig immer mehr Übertragungskanäle entstehen. Newsletters können mit dem PC, dem Notebook, dem Handheld und dem Handy abgerufen werden. Erinnerungsdienste, personalisierte Produkttipps und Nachrichtendienste sehen goldenen Zeiten entgegen. In Zeiten, in denen Geschwindigkeit alles ist, werden Premiumdienste gegen geringe Gebühr exklusiven – weil schnelleren – Zugang zu Informationen bieten. Der Kreativität sind hier keine Grenzen gesetzt.

Ausblick

Andy Grove, Chef der Chip-Firma Intel, ist der festen Überzeugung: „In fünf Jahren gibt es keine Internet-Firmen mehr. Dann muss jedes Unternehmen eine Internet-Firma sein, um überhaupt überleben zu können. Der Erfolg wird nicht mehr von der Anzahl der Fabriken und Lagerhallen abhängen, sondern davon, wie ein Unternehmen seinen Informationsfluss organisiert und seine Daten auswertet. Nur wenn ich schneller bin und mehr weiß als mein Konkurrent, habe ich einen Vorteil im Wettbewerb."

Auch die Weiterbildungsbranche ist betroffen: Egal, ob Seminarveranstalter, Trainer, Führungskräfte, Personalentwickler, Seminarteilnehmer: Alle müssen sich auf die veränderten Rahmenbedingungen einstellen, ob sie wollen oder nicht. Der Markt verändert sich schneller als je zuvor. Dabei wünsche ich Ihnen viel Erfolg.

Ihr Dirk Kreuter

Dieter A. Sonnenholzer
Sonnenholzer Unternehmensberatung
Bürgermeister-Wild-Str. 2
85621 Ottobrunn
Telefon 089-99020444
Telefax 089-99020445
sonnenholzer@sonnenholzer.de
www.sonnenholzer.de

Dieter A. Sonnenholzer ist seit über 10 Jahren als Unternehmensberater und Trainer für namhafte Unternehmen, Forschungseinrichtungen und Ministerien tätig. Dabei legt er besonderen Wert auf ganzheitliche Strategien in Vertrieb und Management. In seinem Institut in München bildet er seit 1990 erfolgreich Unternehmensberater und Trainer aus, mit den Schwerpunkten Kommunikation, Verkauf und Management. Seit 1999 wird die Berater- und Trainerausbildung mit der Qualifikation „BDVT-geprüfter Trainer und Berater" abgeschlossen.

Schlüsselpunkt bei allen Leistungen der Sonnenholzer Beratung ist die hohe Praxisorientierung.

Er ist der Autor der Bücher „Mitarbeiter-Reanimation", Campus Verlag, sowie „Die clevere Umsatzoffensive", Gabler Verlag

Angebote *richtig* erstellen

Der Autor Dieter A. Sonnenholzer hat das Angebot, den wichtigsten Part der Auftragsphase, analytisch und akribisch auseinander genommen und perfekt mit allen Registern erfolgsinjizierender Faktoren für TrainerInnen aufbereitet. Selbst erfahrene Trainer werden mit dieser Profi-Version ihre eigenen Angebote optimieren können, jeder Neueinsteiger ist sofort in der Lage, ein optisch und kundenbezogen exzellentes Angebot zu erstellen.

Die Folgen eines Angebots

Angebote als akquisitorisches Mittel

Angebote müssen bestimmte Standards erfüllen, auch wenn sie von Trainern gemacht werden – beileibe keine triviale Feststellung. Wenn man zu Gesicht bekommt, was Trainer tagtäglich einreichen, dann bekommt man hin und wieder Zweifel, ob alle Trainer wissen

- dass Fachvorgesetzte, die (neben den Personal- oder Personalentwicklungs-Verantwortlichen) ihr Angebot prüfen, von anderen Lieferanten andere Standards gewohnt sind.
- dass die wahrgenommene Professionalität eines Angebotes auf die vermutete (attribuierte) Professionalität des Trainers ausstrahlt.
- dass das Angebot mithin ein akquisitorisches Mittel und ein Erfolgsfaktor ist.

Perfektion wird erwartet

Wenn Sie gut präsentiert und gute Vorgespräche geführt haben, gefährden Sie Ihre Chancen daher nicht durch ein unprofessionelles Angebot. Auf der anderen Seite gibt es auch viele Firmen, die mit ihrem Angebotswesen immer noch erhebliche Probleme haben. Bei diesen wirkt ein sauber gestaltetes, übersichtliches und aussagekräftiges Angebot auch als Vorbild, das vom Trainer meist erwartet wird.

Es versteht sich von selbst, dass ein Angebot in einer handlichen

Haptische, optische und verbale Qualität

Mappe mit einer guten Optik eingereicht wird. Aufmachung, physische Anmutung, Griffqualität des Papiers und Verarbeitung (zum Beispiel Bindungsart) müssen stimmen, auch wenn man immer noch oft das Gegenteil davon auf den Tisch bekommt. Außerdem sollte die Mappe neben dem eigentlichen Angebot ergänzende Unterlagen wie Prospekte, Imagebroschüren, Geschäftsbedingungen (s.u.), Fallstudien, publizierte Fachbeiträge (falls vorhanden) oder Referenzen enthalten. Einige Tipps:

- Kartonierte Umschläge schützen Ihr Angebot davor, geknickt anzukommen.
- Mehr als zwei Vertipper pro Seite sind peinlich und unprofessionell.
- Wer Probleme mit sprachlichem Ausdruck und Stil hat: Auch das läßsst sich trainieren. Schachtelsätze, Ellipsen (Auslassungen) und Redundanzen (Doppelungen) wirken negativ.

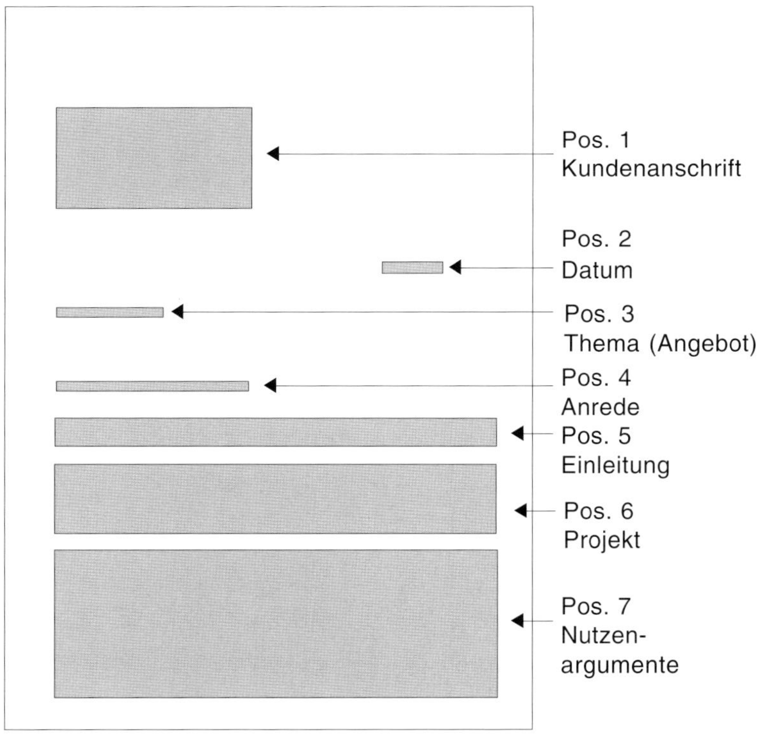

Deckblatt

Das Deckblatt

Das Deckblatt des Angebotes enthält die Interessenten-Anschrift, stellt den Bezug zum Trainingsprojekt her und liefert Nutzenargumente für die Entscheider im Unternehmen des Interessenten. Seine Positionen im Einzelnen:

Position 1: Die Interessenten-Anschrift

Korrekte Firmierung verwenden

Auch wenn Ihnen dies selbstverständlich erscheint: Anschrift, Ansprechpartner und Firmierung müssen sachlich und orthographisch korrekt geschrieben sein. Oft ist die offizielle Firmierung abweichend vom Sprachgebrauch in- oder außerhalb des Unternehmens. Man sagt zum Beispiel „Metallgesellschaft". Verwenden Sie jedoch diese Firmierung, wird Ihr Angebot auf den ersten Blick in Ungnade fallen. Denn die korrekte Firmierung ist mg technologies ag, wobei die Bezeichnung der Aktiengesellschaft auffälligerweise klein geschrieben wird. In einem Satz: Halten Sie die Firmenrichtlinien zum Corporate Design ein.

Abteilung integrieren

Speziell bei größeren Unternehmen ist die korrekte Angabe des zuständigen Bereiches sehr wichtig, damit Ihr Angebot nicht als Irrläufer endet. Viele Trainerinnen und Trainer empfinden es als peinlich, den Interessenten nach Trivialitäten wie der korrekten Bereichsbezeichnung zu fragen. Den Teilnehmern unserer Trainer-Ausbildungen sagen wir jedoch immer wieder: Eine in Teilen unkorrekte Anschrift ist viel peinlicher, als vorab danach zu fragen.

Reihenfolge beachten

Beachten Sie beim Anschreiben auch die im Briefverkehr üblichen Konventionen. Zum Beispiel: Name des Interessenten vor Firmenname – Post landet ungeöffnet auf Adressatentisch. Das ist wichtig, wenn Ihr Schreiben persönliche Bezüge enthält, was durchaus förderlich für die Geschäftsbeziehung ist. Firmenname vor Interessentenname – Post wird vorab zumindest von Sekretärin und/oder Vorgesetztem gelesen.

Position 2: Das Datum

Zeitnah datieren

Ein Angebot sollte das richtige Datum haben: möglichst zeitnah. Manche Trainer schaffen es, noch am selben oder am Folgetag nach dem Interessentengespräch das Angebot abzuschicken: Das ist ein Wettbewerbs- und Akquisitionsvorteil. Falls der Verkehrsgebrauch beim Interessenten das nahe legt: eigene und/oder Kurzzeichen des Interessenten auf gleicher Höhe mit dem Datum angeben.

Position 3: Der Vorgang

Projekt benennen

Früher stand hier: Betreff oder Bezug. Das macht man heute nicht mehr (s. DIN-Brief). Man nennt einfach ohne diese beiden Begriffe kurz den Inhalt, die Definition oder die Kurzbeschreibung der Maßnahme, zum Beispiel „Verkaufstraining für Außendienst und Regionalverkaufsleiter", eventuell mit einem Bezug zum innerbetrieblichen Bildungsprojekt, wie beispielsweise „im Rahmen der Verkaufsoffensive Süd".

Position 4: Die Anrede

Korrekte Titel und Schreibweise

Schreiben Sie den Namen des Interessenten unter allen Umständen richtig. Sind Sie unsicher? Sekretärin oder die Dame von der Durchwahl -0 fragen („Bitte helfen Sie mir bei der korrekten Schreibweise..."). Nichts ist peinlicher als falsche Namen – auch das kommt immer noch vor. Nennen Sie auch die Titel des Adressaten: nur die akademischen. Die Berufsbezeichnung erscheint in der Anrede nicht und tut sie das trotzdem, was zu beobachten ist, sieht das befremdlich aus.

Position 5: Ihre Einleitung

Den Empfänger einstimmen

Fallen Sie nicht mit der Tür ins Haus. Ihr Interessent bekommt täglich so viel Post, da müssen Sie ihm schon Gelegenheit zur geistigen Orientierung geben. Schaffen Sie daher die Verbindung zum Anlass des Angebotes, zum Beispiel zu einem vorausgegangenen Besuch oder einer schriftlichen Anfrage des Interessenten. Angenehm wirkt es, wenn Sie diese Verbindung mit einem Dank beginnen, das schafft eine freundliche Einstimmung: „... vielen Dank für die freundliche Aufnahme in Ihrem Haus."

Position 6: Das Projekt

Bezug zum Unternehmen herstellen

Zeigen Sie dem Interessenten, dass Sie seinen Bedarf richtig erkannt haben und ihm nicht ein 08/15-Angebot unterjubeln wollen: Nehmen Sie Bezug zum Bildungs- oder internen Projekt, innerhalb dessen Ihre angebotene Maßnahme eingesetzt werden soll. Außerdem hilft das dem Interessenten, sich zu orientieren: Er hat viele Projekte, die er gleichzeitig betreut. Zum Beispiel: „Für Ihre Reorganisation der Fertigungsebene bieten wir Ihnen nachfolgend eine Teamentwicklung für die Arbeitsgruppen der ...“

Position 7: Ihre Nutzenargumente

Nutzen mit Unternehmenszielen verknüpfen

Je früher Sie zwei oder drei Nutzenargumente nennen, desto früher erscheint dem Interessenten Ihr Angebot in einem positiven Licht. Bieten Sie keinen allgemein gültigen Nutzen an – der Bedarf des Interessenten ist immer spezifisch. Verknüpfen Sie denNutzen Ihres Angebotes glaubhaft und nachvollziehbar mit den Zielen des Interessenten – nur das wird als Nutzen wahrgenommen. An dieser Stelle bieten sich insbesondere Argumente an, von denen Sie aus einem vorangegangenen Kontakt wissen, dass sie dem Interessenten am wichtigsten sind, zum Beispiel Praxisbezug der Maßnahme oder Lerntransfer-Sicherung.

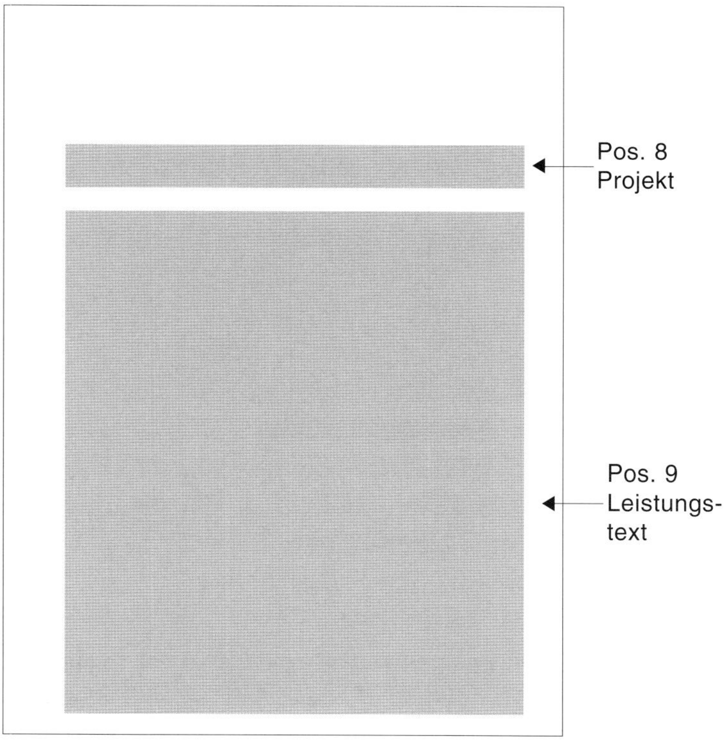

Angebotstext

Der Angebotstext

Angebot auf Seite 2

Seite zwei des Angebotes enthält den eigentlichen Angebotstext. Warum dafür zwei Seiten? Weil Angebote meist an Fach- oder Stabsabteilungen weitergeleitet werden und das ohne das (in Teilen möglicherweise persönliche) Anschreiben geschieht. Die Positionen im Einzelnen:

Position 8: Noch einmal das Projekt

Verknüpfung

Um dem (vom Adressaten verschiedenen) Leser die Zuordnung zu erleichtern, stellen Sie hier noch einmal das innerbetriebliche Projekt („Teamentwicklung im Innendienst") und die angebotene Maßnahme („Impuls-Workshop für Teamleader") kurz dar.

Position 9: Beschreibung der Maßnahme

Beim Inhalt nur so viel wie nötig

1. *Inhalt:* Bitte nicht zu detailliert. Decken Sie die Karten nicht zu weit auf. Viele Firmen holen Angebote lediglich ein, um dann für interne Maßnahmen abzukupfern. Außerdem gibt es viele verdeckte Wettbewerbsanfragen. Wir empfehlen den Absolventen unserer Trainer-Ausbildung daher: Machen Sie nur nach einem persönlichen Gespräch ein Angebot; niemals ein Angebot „ins Blaue" hinein.
2. *Ziele* der Maßnahme
3. *Gruppengröße*
4. *Datum* oder „Termine nach Vereinbarung"
5. *Ort:* Es empfiehlt sich, zumindest die Region festzulegen.
6. *Dauer, Intervalle*
7. *Zielgruppe(n)*
8. *Trainer*, welcher die Maßnahme leitet.

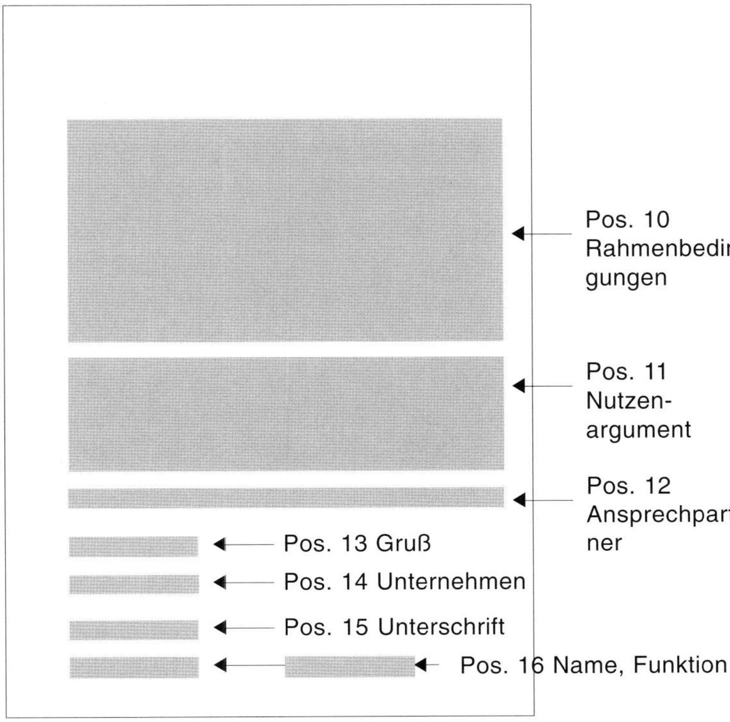

Schlußssseite

Position 10: Die Rahmenbedingungen

Rechtliche Absicherung

Besonders eindrücklich machen wir die Absolventen unserer Trainer-Ausbildungen darauf aufmerksam, dass nur die Nennung aller wesentlichen Eckpunkte ein rechtlich gesichertes Angebot gewährleistet. Es gibt immer wieder Kunden, die kurzfristig umdisponieren oder gar stornieren und der Trainer oder die Trainerin dann ohne rechtlich gesichertes Angebot das Honorar (teilweise) verliert. Nennen Sie im Einzelnen:

1. *Tageshonorar xy €* plus Mehrwertsteuer und Nebenkosten (Spesen, Übernachtungen, Raummieten etc.). Vergessen Sie insbesondere das „etc." nicht.
2. *Fahrtkosten pro Kilometer* plus Mehrwertsteuer oder Fahrtkosten nach Aufwand (Flug, Taxi, ...).
3. *Alle Zahlungen rein netto* innerhalb acht Tagen.
4. *Preisbindungsfrist* bis (Datum).

5. *Es gelten unsere* Geschäftsbedingungen (s. Anlage). Tipp: Der BDVT hat Rahmengeschäftsbedingungen für Trainer. Fragen Sie an.
6. *Ich freue mich*, wenn Sie uns mit dem Auftrag für ein xy betrauen.

Position 11: Mit Nutzenargumenten abbinden

Sandwich-Technik einsetzen

Der Interessent und etwaige Führungskräfte aus seinem Unternehmen haben Ihren Preis gelesen und sind nun erst einmal beeindruckt. Geben Sie ein bis zwei Nutzenargumente, damit der Interessent erkennt, dass sein Nutzen den Preis wert ist. Das ist die so genannte Sandwich-Technik: Vor und nach dem Preis werden Nutzenargumente genannt. Zeigen Sie daneben Interesse an dem Auftrag. Auch das nimmt der Interessent als Nutzenargument wahr.

Position 12: Der Ansprechpartner

Service für Rückfragen

Bitte vergessen Sie diesen Punkt nicht. Er zeigt, dass Sie mitdenken und Service bieten. Zeigen Sie dem Interessenten, wer bei Rückfragen für ihn oder sie da ist, mit Namen und Durchwahl. Ein Tipp: Herren und Frauen gibt es eigentlich nicht mehr bei Ansprechpartnern. Namen werden mit Vornamen genannt, es sei denn, Sie möchten konservativ erscheinen, weil Sie sich so darstellen möchten oder weil die Unternehmenskultur des Interessenten wahrnehmbar und ausgesprochen konservativ erscheint.

Position 13: Ihr Gruß

Am Kunden orientieren

„Mit freundlichen Grüßen" ist der Standard-Gruß im Verkehrsgebrauch. Manche Trainer versuchen sich mit Anfügungen abzuheben: „Mit freundlichem Gruß aus dem sonnigen Sauerland". Wenn das beim Interessenten ankommt, ist das förderlich. Passt es zu seiner Persönlichkeit und Unternehmenskultur?

Position 14: Ihre Unternehmensbezeichnung

Direkt unter dem Gruß wird die Bezeichnung Ihres Unternehmens gesetzt. Man sieht das oft falsch: unter der Unterschrift.

Position 15: Ihre Unterschrift

Die Unterschrift wird immer als Ausdruck der Persönlichkeit des Unterzeichners gesehen. Unser Tipp: Alle großen Männer und Frauen haben ihre Signatur geübt. Das zahlt sich aus. Die Signatur wird prägnant. Gleichzeitig sollte die Unterschrift auch leserlich sein. Manche sind zwar prägnant, aber unleserlich. Sie sind so auf Haken und Linien verkürzt, dass der Adressat damit Achtlosigkeit und Nachlässigkeit assoziiert. Halten Sie auch Kompetenzregelungen ein: Für jeden Mitarbeiter sollte festgelegt sein, mit welchem Zusatz er unterschreibt. In der Regel gilt: Geschäftsführer ohne Zusatz, alle anderen mit i.A. oder i.V. Besonders eindrücklich sind zwei Unterschriften, dann steht links der Vorgesetzte und rechts der Partner.

Prägnant und lesbar

Position 16: Name und Funktion

Unterhalb der Unterschrift stehen Name und Funktion. Oft wird die Funktion „vergessen".

Ein gutes Angebot: Ihre Visitenkarte

Optimiert mit einigen Standards

Ein klares, übersichtliches, optisch ansprechendes, sprachlich eingängig und orthographisch richtig geschriebenes, vollständiges (!) und nutzenorientiertes (!) Angebot ist ein Akquisitionsfaktor und Ihre Visitenkarte. Erfüllt Ihr Angebot diese Anforderungen, sind Sie dem Auftrag einen entscheidenden Schritt näher gekommen. Noch ein Tipp in Sachen PC-Unterstützung: Es erspart Ihnen Arbeit, wenn Sie nicht jedes Angebot von null beginnend neu schreiben müssen, sondern auf themenbezogene Standardangebote zurückgreifen können. Doch vermeiden Sie dabei unter allen Umständen, *zu viele* Standardformulierungen zu übernehmen. Es gilt die Regel: So standardisiert wie nötig, aber so unternehmens-, interessenten-, nutzen-, bedarfs- und situationsspezifisch wie nur irgend möglich. Kein Interessent honoriert es, sichtbar über einen Kamm mit anderen Interessenten geschoren zu werden.

Auf einen Blick: Angebote erstellen

- ❑ Orientieren Sie sich am formalen Branchen-Niveau: Sie sollten keine weniger gut anzuschauenden Angebote abliefern als jeder andere Lieferant Ihres Interessenten.
- ❑ Erstellen Sie aus obigen Punkten 1–16 ein Musterangebot nach Ihren Gegebenheiten, auf das Sie als Textmodul zurückgreifen können.
- ❑ Konzentrieren Sie sich vor allem auf die erfolgsentscheidende Nutzenargumentation.
- ❑ Achten Sie insbesondere auch auf die rechtliche Absicherung Ihres Angebotes.
- ❑ Schreiben Sie in klarer, verständlicher und aktivierender Sprache jenseits der berüchtigten und bei Interessenten unbeliebten „Trainerprosa“.

Dr. Barbara Topp
Wirtschaftspsychologisches Institut
Friedrich-Ebert-Str. 6
99096 Erfurt
Tel. 036/3460557

Dr. Barbara Topp ist geschäftsführende Gesellschafterin des Wirtschaftspsychologischen Institutes Erfurt. Sie machte sich 1990 gemeinsam mit einer Partnerin selbstständig und gründete ein privates Weiterbildungsinstitut.

Mit einem Trainerteam bietet das Institut Trainings und Beratung zum kreativen Management von Mitarbeitern und Kunden an. Die Spezialistin in Sachen Menschenführung arbeitet zu den Schwerpunktthemen Kreatives Führen, Persönliche Motivation und Persönlichkeitsentwicklung in Trainings sowie Firmen- und Einzelberatung. Partner sind vor allem mittelständische Firmen sowie öffentliche Einrichtungen.

Die erfolgreiche Präsentation des Trainers und seiner Leistungen

Die Autorin Dr. Barbara Topp reflektiert aus ihrem psychologischen Fachwissen heraus die wichtigsten Erfolgsfaktoren im Aufbau einer selbstständigen TrainerInnen-Existenz. Aus dem Mix zwischen kritischer Betrachtung des Aufbaus eines eigenen Trainings-Unternehmens und handlungsorientierten Erfahrungen können TrainerInnen wichtiges Praxiswissen erwerben. Ein umfangreiches Fallbeispiel zeigt überwindbare Präsentations-Hürden in vielen Facetten und bereitet damit den erfolgreichen Absprung vor.

Der persönliche Eindruck entscheidet

Es genügt für einen Trainer nicht, hervorragende Leistungen zu erbringen. Es ist entscheidend, dass er sie auch erfolgreich präsentieren und verkaufen kann.

Wer sich selbstständig machen und erfolgreich auf dem Markt bleiben will, muss sich selbst und seine Dienstleistungen überzeugend und zielgruppengerecht präsentieren. Wir wissen heute alle, dass es nicht nur auf die Qualität der Trainerarbeit ankommt. Immer wieder zeigt die Trainerpraxis, dass der persönliche Eindruck, die Verpackung des Inhaltes ausschlaggebend für die endgültige Entscheidung sind. Es spielt immer auch der subjektive Faktor eine Rolle, beispielsweise die Sympathie, die ich als Trainer erzeuge, sowie eine ansprechende Präsentation.

1 Allgemeine Vorbereitung auf ein Präsentationsgespräch

Nutzen bieten

Für die Entscheidung des Kunden spielt die Eigendarstellung des Trainers eine wichtige Rolle, denn er will für seine Weiterbildung und Personalentwicklung ja möglichst „den besten Mann oder die beste Frau“. Ich muss mich als Trainer so präsentieren, dass ich den Kunden von mir und meiner Leistung überzeugen kann. Wenn ich dem Geschäftsführer oder Personalverantwortlichen Argumente in die

Hand gebe, die ihm helfen die Mitarbeiter von der Notwendigkeit eines Trainings zu überzeugen, habe ich ihm einen zusätzlichen Nutzen bereitet.

Die *Eigendarstellung* des Trainers ist ein wesentlicher Bestandteil des Präsentationsgespräches. Ein junger Trainer muss sich, bevor er zum Kunden geht, mit dieser Frage intensiv auseinander setzen. Dazu gehört es, von sich zu wissen:

- Was ist das *Besondere* an mir und meiner Trainerarbeit?
- Wodurch *unterscheide* ich mich von anderen?
- Wofür bin ich bzw. meine Firma *Spezialist*?
- Was kann ich anbieten, *was andere nicht haben können*?

1.1 Selbstbewusst mit den eigenen Stärken überzeugen

Spezialist sein

Darüber brauche ich als Trainer Klarheit und eigene Überzeugung. Nur wenn ich selbst von mir überzeugt bin, kann ich mich entsprechend präsentieren und den Kunden überzeugen.

Setzen Sie sich auch ehrlich mit Ihren Schwächen auseinander. Was kann ich nicht oder auch noch nicht und wovon sollte ich die Finger lassen? Nach meiner Ansicht haben besonders junge Trainer das Problem, dass sie sich auf zu viele verschiedene Trainingsthemen einlassen und damit ihre Einzigartigkeit verloren geht. Heute suchen die Firmen im Einzeltrainer zunehmend den Spezialisten für Führung oder Verkauf oder Rhetorik usw. Wenn wir uns die bekannten und erfolgreichen Persönlichkeiten des Trainingsmarktes ansehen, dann sind sie immer Experten auf einem Gebiet und als solche verkaufen sie sich auch.

Es gilt mit überzeugenden Worten zu sagen, welchen *Nutzen der Kunde* von meiner Arbeit hat. Verpacken Sie das, was Sie können, in einen Nutzen für den Kunden, z.B. erhält er Impulse für unternehmerische Problemlösungen, wird seine Kommunikationsfähigkeit gefördert usw.

1.2 Basisformulierungen der Geschäftsidee entwickeln

Viele Trainer verstehen es nicht, dem Kunden zu sagen, was er bzw. seine Firma davon hat, wenn er mit ihnen arbeitet. Machen Sie sich das ganz konkret klar und formulieren Sie es in einer klaren und eindeutigen Sprache.

Die gleiche Sprache sprechen

Und dann lernen Sie das am besten auswendig. So habe ich das jedenfalls am Anfang gemacht. Es muss in Fleisch und Blut übergehen und ohne Stocken leicht von den Lippen gehen. Besonders wichtig ist dies, wenn man eine Firma mit mehreren Trainern vertritt oder in Trainerkooperationen arbeitet. Hier muss jeder mit der gleichen Sprache sprechen.

Zeigen Sie auf, was das *Ziel Ihrer Trainingsarbeit* ist, wozu werden Sie beitragen, z.B. zu optimierten Kundenbeziehungen, zu einer Verbesserung der Führungsarbeit und der Zusammenarbeit im Team usw.

1.3 Ihre Mission konkretisieren und veröffentlichen

Leitidee formulieren

Wichtig ist nach meiner Ansicht aber auch, dass der Kunde weiß, nach welchen *Handlungsprinzipien* und Werten der Trainer arbeitet. Wir haben Prämissen unserer Arbeit mit den Kunden formuliert, die ich dem potenziellen Partner vor einer Zusammenarbeit mitteile, wie z.B. der Partner übernimmt Selbstverantwortung, die Basis sind Offenheit und Vertrauen usw. In einem persönlichen Motto meiner Arbeit kann man alles Wesentliche komprimiert zum Ausdruck bringen. Unser Motto des Umgangs mit unseren Kunden sind die 3 F, was bedeutet: frisch im Umgang miteinander, fair im Geben und frei in der Entscheidung.

Auf diese Art und Weise lernen neue Kunden mich und das Institut kennen und können entscheiden, ob wir Partner in der Weiterbildung werden wollen.

Das alles ist natürlich nicht von Anfang an klar, auch wir haben einige Jahre dazu gebraucht, um diese Klarheit zu entwickeln. Dabei hatten wir auch Hilfe von erfahrenen Trainern nötig, auch aus dem BDVT.

1.4 Lassen Sie Ihre Außenwirkung professionell gestalten

Flexible Anpassung vorsehen

Die Entwicklung von Informationen, in denen ich mich und meine Firma darstelle, gehört zu den Vorbereitungen. Unternehmer, Geschäftsführer, Personalverantwortliche erwarten im ersten Kontakt zumindest ein Informationsblatt des Trainers, um sich ein Bild zu machen. Daraus muss eindeutig hervorgehen, wer ich bin und was ich kann.

Auch Referenzen sollten angegeben werden. Für junge Trainer, die noch nicht über so viele namhafte Referenzfirmen verfügen, ergibt die Zusammenarbeit mit Instituten oder anderen Trainern in gemeinsamen Projekten gute Referenzadressen.

Suchen Sie sich Hilfe bei einem Profi, beispielsweise bei einem Grafiker, einem Texter, einer Werbeagentur, der darauf spezialisiert ist, Ihr Unternehmen imagewirksam darzustellen. Eine Mappe mit austauschbaren Informationsblättern ist besser als ein fertiger Prospekt, da bei der persönlichen Weiterentwicklung die eigene Darstellung flexibel gestaltet werden kann.

Mit diesen Vorbereitungen haben Sie eine sichere Insel, auf der Sie im Präsentationsgespräch mit Ruhe und Gelassenheit stehen können.

2 Spezifische Vorbereitung auf ein Präsentationsgespräch

Gut informiert sein

Natürlich spielt die anzubietende Leistung eine wichtige Rolle, denn jedes Unternehmen erwartet das maßgeschneiderte und beste Konzept und keineswegs eines, das schon hundertmal unter anderen Bedingungen eingesetzt wurde. Ein unternehmensspezifisches Trainingskonzept soll garantieren, dass Mitarbeiter besser motiviert sind, Verkäufer exzellenter verkaufen, Führungskräfte wirksamer kommunizieren. Unabhängig davon, ob der Kontakt zu einer neuen Firma durch eine Empfehlung entstanden ist oder durch ein Mailing – man benötigt eine Fülle von Informationen über den potenziellen neuen Auftraggeber.

Telefon oder Internet

Bei neuen, mir bisher unbekannten Firmen gilt es zu recherchieren und Wichtiges in Erfahrung zu bringen. Entweder führe ich ein telefonisches Vorgespräch mit einem Verantwortlichen im Unternehmen oder ich vereinbare einen Termin für ein persönliches Treffen, um Informationen einzuholen. Was und wie Sie diese Informationen einholen, ist Ihrem Geschick und Gespür überlassen. Oft spielen hier auch Rahmenbedingungen wie die räumliche Entfernung eine Rolle. Denken Sie auch an die Möglichkeiten der elektronischen Medien. Aus dem Internet, über Suchmaschinen oder die Kunden-Website kann man heute sehr viel über potenzielle Kunden erfahren.

2.1 Das müssen Sie wissen

Checkliste anlegen

Eine *Checkliste für Kunden-Informationen* kann nützliche Dienste leisten:

- Allgemeine Informationen (Umsatz, Mitarbeiter, Gründungsjahr, rechtliche Verhältnisse)
- Produkte/Dienstleistungen
- Zielgruppen/Kundenstrukturen
- Unternehmensphilosophie
- Image in der Region
- Weiterbildungsmaßnahmen und Zufriedenheit damit
- Bei großen Firmen besonders wichtig: Was läuft außerdem an Weiterbildungen und mit welchen Partnern?
- Organisationsstruktur (zumindest grob)

Je nachdem, welche Trainingsleistungen man anbieten will, sind weitere spezifische Informationen erforderlich.

- Die Zielgruppe muss eindeutig definiert werden.
- Was wurde für diese Zielgruppe bisher an Weiterbildungen durchgeführt?
- Rahmenbedingungen (Seminarort, Zeit, Umfang)

Auch Aspekte wie

- praktizierter Führungsstil,
- Informationsfluss,
- zwischenmenschliche Beziehungen,
- Zusammenarbeit Innendienst/Außendienst usw.

können wichtige Aspekte für die Vorbereitung auf die Trainingsarbeit sein.

Zeitintensive Vorleistung

Mit diesen Informationen ist der Trainer in der Lage, seine Präsentation maßgeschneidert auf den potentiellen Kunden und seine Problemstellung auszurichten. Das ist oft im Vorfeld eine umfangreiche Arbeit, die viel Zeit in Anspruch nimmt. Und nicht immer hat man Erfolg, weil ja auch nicht jedes Präsentationsgespräch mit dem Kunden zum Vertragsabschluss führt. Der junge Trainer muss sich im Klaren sein, dass es hier sehr viel zu investieren gilt, was sich nicht immer sofort auszahlt. Betrachten Sie Präsentationen ohne Abschluss als Investition in Ihren Erfahrungsschatz, als Lernschritt auf dem Weg zum Erfolg.

3 Aspekte des Präsentationsgesprächs, dargestellt am Fallbeispiel

Am Beispiel einer eigenen Präsentation in einer Firma möchte ich die wesentlichen Aspekte des Präsentationsgespräches darstellen.

Im Ergebnis eines gezielten Mailings an mittelständische Unternehmen entstand der Kontakt zu einer Firma, die Interesse an einer Personalentwicklung für verschiedene Mitarbeitergruppen äußerte. Die Firma war uns bisher noch nicht bekannt und es lagen auch kaum Informationen über sie vor. Bei einem ersten konkreteren Telefonat wurde der Rahmen der Trainingsmaßnahmen abgesteckt. Die Firma zeigte Interesse an einer modularen Trainingsmaßnahme für die Führungskräfte verschiedener bundesweiter Niederlassungen und beabsichtigte ein Vertriebstraining durchzuführen. Wir vereinbarten ein Gespräch mit beiden Geschäftsführern und der Personalleiterin.

3.1 Zeit für die Orientierung einplanen

Meist kennt man vor dem Gespräch die Räumlichkeiten, in denen man sich treffen wird, nicht. Deshalb ist es wichtig, *rechtzeitig* zu kommen, um Pünktlichkeit zu garantieren. Ich gehe gern etwas früher zu einem Präsentationsgespräch, sodass ich noch etwas Zeit habe ein wenig Atmosphäre zu schnuppern. So kann ich mich umsehen oder auch einmal mit der Sekretärin oder dem Pförtner oder einem anderen Mitarbeiter ins Gespräch kommen.

Pünktlichkeit

In meinem oben erwähnten Präsentationsgespräch hörte ich beim Warten auf den Geschäftsführer mehrere Telefonate der Empfangsdame mit. Nach meiner eigenen Beobachtung hatte ich spontan den Eindruck, dass sie trainingsbedürftig war. Als der Geschäftsführer sich dann im Gespräch zufällig über Schwierigkeiten in der Kommunikation mit Kunden beklagte, hatten wir gemeinsam den Ansatzpunkt für ein zusätzliches Telefontraining gefunden.

3.2 Gespräch ohne inneren Druck

Mentale Sicherheit

Vor dem Gespräch ist es wichtig, sich über das *Ziel des Gespräches* im Klaren zu werden. Natürlich wollte ich den Auftrag. Es war für mich als Trainerin sehr reizvoll, mit einer Firma in der eigenen Region zu arbeiten, die Geld für ein längerfristiges Personalentwicklungskonzept ausgeben und nicht nur punktuell arbeiten wollte, sondern verschiedene Zielgruppen einbezog. Ich konnte mit großem Interesse und Motivation, aber ohne inneren Druck nach dem Motto „Ich brauche den Auftrag um jeden Preis!" an die Präsentation herangehen. Diese Sicherheit halte ich für besonders wichtig, denn ein Gefühl der Stärke gibt mir innere Ruhe und Konzentration und erlaubt mir, mich an meiner Leistung und dem, was ich damit erreichen will, zu orientieren. Trainer, die aus einer hilflosen Position heraus in eine Präsentation gehen, neigen schnell zu Zugeständnissen inhaltlicher, organisatorischer und materieller Art, die das Ergebnis der Personalentwicklung und den eigenen finanziellen Erfolg gefährden.

3.3 Auf Nachfragen vorbereitet sein

Menschenbild und Evaluation

Da meine Gesprächspartner mich und unser Institut noch nicht kannten, musste ich *ein Kurzporträt meiner Person und der Firma* vorstellen. Das nahm etwa 30 Minuten mit entsprechenden Nachfragen der Gesprächspartner in Anspruch.

Hier wurde ich zusätzlich mit folgenden **Fragen** konfrontiert:

- Wie ist der theoretische Hintergrund unserer Arbeit?
- Welches Menschenbild vertreten wir?
- Wie sind die Lernziele für das Training?
- Wie führen wir Erfolgskontrollen durch (Evaluierung)?
- Mit welchen Methoden arbeiten wir?
- Welche Nachbetreuung ist möglich?

Ich empfehle Ihnen, sich auf solche Fragen vorzubereiten. Auch wenn Sie nicht immer und von jedem Kunden gestellt werden, sind sie doch für das eigene Selbstverständnis wichtig.

3.4 Flexibel im Gespräch bleiben

Was soll sich verändern

Im nächsten Schritt *präsentierte ich mein Angebot*, welches ich im Vorfeld ja sorgfältig erarbeitet hatte. Es richtet sich zum einen nach dem, was ich kann, und zum anderen nach dem, was der Kunde braucht.

Stellen Sie hier ausführlich dar, welche Lernziele und welchen Nutzen die Trainingsmaßnahme für die Zielgruppe und damit das Unternehmen hat. Für mich geht es in der Trainingsarbeit zum einem um das Wissen, das Wollen und das Können der Teilnehmer. Bringen Sie klar und deutlich zum Ausdruck, was sich nach dem Training verändert haben soll.

Es ist aber auch wichtig, flexibel zu bleiben und andere Möglichkeiten im Kopf zu haben. Es ist mir schon mehrfach passiert, dass eine Firma zwar konkrete Vorstellungen hatte, welche Zielgruppe mit welchem Konzept trainiert werden sollte, aber wir dann gemeinsam im Gespräch erkannt haben, dass im Vorfeld des Geplanten etwas ganz anderes passieren muss. Hier braucht der Trainer Flexibilität und die Fähigkeit, sein Konzept zu modifizieren. In unserem konkreten Beispiel ergaben sich zusätzlich zum geplanten Vorhaben noch eine Coachingmaßnahme für zwei Führungskräfte und ein Telefontraining.

Noch ein wichtiger Hinweis. Erfragen Sie exakt, was der Kunde unter bestimmten Themen versteht. Nicht immer ist es ein Rhetorikseminar, wenn er von Rhetorik spricht. Schon mehrfach konnte ich erst durch ein konsequentes Nachfragen – was genau sich verändern soll – ermitteln, welches Ziel das Training haben sollte.

4 Mittel der Präsentation

Der Trainer muss sich fragen, auf welche Art und Weise er sein Angebot am überzeugendsten präsentieren kann. Ziel ist es, am Ende die Partner zu überzeugen, dass sie handeln und den Vertrag unterschreiben oder das Angebot bestätigen. Ich will zur Aktion auffordern, dazu muss ich den Nutzen deutlich zu machen, den mein Angebot für den Kunden beinhaltet.

Verschiedene Präsentationsmethoden einplanen

Eine anschauliche, verständliche Sprache sowie eine wirkungsvolle Gestaltung sind dabei wichtig. Entscheider haben in der Regel wenig Zeit und wollen in kurzer Zeit zu richtigen Entscheidungen kommen. Fragen Sie sich: Was wissen meine Kunden bereits und was muss ich ihnen noch mitteilen, damit sie handeln können?

Ich überlege mir dazu:

- Was sage ich, stelle ich mit *Worten* dar?
- Welche *Visualisierungen* brauche ich um Anschaulichkeit zu gewährleisten?
- Sind eventuell *schriftliche Unterlagen* erforderlich?
- Worüber wird möglicherweise zu *diskutieren* sein?

5 Auf sensible und ausgeglichene Gesprächsführung achten

Körpersprache beachten

Ein *positives Gesprächsklima* spielt eine wichtige Rolle. Wir wissen alle, wie prägend der erste Eindruck eines Menschen ist und wie relevant das für die letztendliche Entscheidung sein kann. Achten Sie auf die Art und Weise, wie Sie Menschen ansprechen, beachten Sie

Alter, Geschlecht, Bildungsstand und Vorkenntnisse der Gesprächspartner. Wichtig ist dabei auch sich vor Augen zu führen, welche Ziele und Erwartungen, aber auch möglicherweise welche Einstellungen und Werthaltungen meine Gesprächspartner haben. Je besser ich meine Vorinformationen nutze und je sensibler ich auf meine Partner im Gespräch reagiere, umso überzeugender werde ich sein.

Beachten Sie auch, dass Sie nicht zu viele und nicht zu schnell Informationen weitergeben. Unsere menschliche Aufnahmekapazität ist begrenzt und schon mancher Trainer hat seinen Kunden mit Möglichkeiten überschüttet und dadurch verwirrt und handlungsunfähig gemacht. Lassen Sie dem Partner auf der anderen Seite Zeit zum Atemholen und Nachdenken. Wer sensibel die Körpersprache seiner Gesprächspartner beobachtet, kann prüfen, ob das, was er sagt und wie er es sagt, auch beim anderen ankommt.

6 Dialog mit einem guten Abschluss

Verschießen Sie nicht gleich das ganze Pulver am Anfang. Überlegen Sie eindeutig, was Sie unbedingt über sich und Ihre Leistungen sagen müssen, und behalten Sie noch etwas in petto. Ein Bonbon am Schluss, wenn man das Gefühl hat: „Jetzt fehlt nur ein kleines i-Tüpfelchen und der Abschluss ist perfekt“, ist ein guter Schachzug. In meinem konkreten Beispiel konnte ich eine Referenzfirma erwähnen, die ein wichtiger Geschäftspartner des Unternehmens war.

Öffnende Fragen stellen

Beachten Sie, dass der *Dialog mit dem Kunden* der beste Weg ist, um maßgeschneiderte Angebote zu machen. Öffnende Fragen an den Kunden bringen ein Gespräch in Gang und ermöglichen ihm, seine Bedürfnisse zu artikulieren.

Eine wichtige Frage ist, welche bisherigen Erfahrungen meine Partner mit Trainingsmaßnahmen gemacht haben.

7 Werthaltungen und Funktionen einbeziehen

Es gilt eine Sensibilität zu entwickeln für *Wünsche, Werte und Präferenzen der Partner*. Was habe ich in den Vorgesprächen bei den

Entscheidern bemerkt? Wo liegen möglicherweise Hindernisse durch Machtkonstellationen? Wer hat die Entscheidungskompetenz? Auf wen muss ich mein Hauptaugenmerk richten? Das alles sind wichtige Fragen im Vorfeld.

Niemanden übergehen

Dabei darf man auf gar keinen Fall bei mehreren Gesprächspartnern jemand übergehen. Jeder Mensch will ernst genommen werden. Der Personalverantwortliche ist zuständig für die organisatorische Abklärung, der Vertriebsleiter muss vor dem Training Zielvereinbarungsgespräche mit den Verkäufern führen und der Abteilungsleiter ist vielleicht Seminarteilnehmer. Deshalb nehmen Sie jeden der Gesprächspartner ernst, schenken Sie seinen Bedürfnissen und Bedenken Aufmerksamkeit.

8 Mit Metaphern und Bildern anschaulich überzeugen

Prägnant sein

Ein wichtiger Aspekt zur Überzeugung der Gesprächspartner ist die Anschaulichkeit. Wer mit *Praxisbeispielen*, mit *persönlichen Erfahrungen*, mit *Zitaten, Sprichwörtern* und *Fakten* aufweisen kann, sammelt viele Pluspunkte. Hier sollte sich jeder Trainer einen kleinen Fundus anlegen, den er flexibel einsetzen kann.

Ich lege in meiner sprachlichen Darstellung darauf Wert, dass ich etwas so einfach wie möglich ausdrücke, mit einer gewissen Logik herangehe und möglichst prägnant und anschaulich rede. Diese Sprache verstehen auch die meisten meiner Gesprächspartner in der mittelständischen Wirtschaft, die Geschäftsführer, Unternehmer und Personalleiter der Firmen.

Visualisierungen sollte man dann nutzen, wenn es darum geht, schwierige Sachverhalte anschaulich darzustellen, Aufmerksamkeit zu erzeugen und damit zu motivieren.

Bilder sparsam einsetzen

Ich tendiere eher zu einem sparsamen Einsatz im Präsentationsgespräch. Ein Trainer wirkt als Person und sollte eher mit seiner Sprache überzeugen. Ein Feuerwerk von Folien ist meines Erachtens fehl am Platz. Auch in Präsentationen vor größeren Gruppen sollten Sie damit eher sparsam sein. Vielleicht eine überzeugende

Folie zu den eigenen Leistungen und eine anschauliche Darstellung eines Konzeptes. Alles andere kann man besser in Worte kleiden und lenkt damit die Aufmerksamkeit der Gesprächspartner auch mehr auf sich als Trainer.

Weniger ist mehr

Schriftliche Unterlagen für den Gesprächspartner sind vorzubereiten. Sie dienen zum einen der Anschaulichkeit, zum anderen aber auch als Entscheidungs- und Erinnerungshilfe. Achten Sie aber darauf, nicht zu viel weiterzugeben. Erfahrungsgemäß werden die Gesprächspartner eher mit schriftlichen Informationen überschüttet. In der Kürze liegt die Würze. Wer etwas kurz und prägnant darstellen kann, ist überzeugender.

Authentisch sein

Eine innere Sicherheit auf der Basis eines *gesunden Selbstwertgefühles* ist grundlegende Voraussetzung für eine erfolgreiche Präsentation. Der entscheidende Aspekt bei der Überzeugungskraft eines Trainers ist für mich die Tatsache, dass der Trainer *das selbst lebt, was er trainieren will.* Wer Verkäufer trainieren will, muss selbst ein exzellenter Verkäufer sein. Wer Führungskräften Zeitmanagement und Selbstorganisation vermitteln will, muss selbst mit perfekter Organisation und Zeiteinteilung glänzen. Wer Rhetorikseminare verkaufen will, sollte mit gekonnten Worten in einer überzeugenden Sprache sprechen.

9 Lampenfieber in Energie umsetzen

Den Auftritt trainieren

Natürlich kann ein Trainer vor einem Präsentationsgespräch auch Lampenfieber haben, schließlich zeigt das: Mir sind der Kunde und der Auftrag nicht gleichgültig. Aber unruhiges Auf-und-ab-Gehen, eine brüchige Stimme und ständig das Wort „Äh“ sind Verhaltensweisen, die man unbedingt lernen muss abzustellen.

Die Furcht vor dem Versagen führt viele Trainer zu dieser Unsicherheit. Ein erster Schritt ist, sich die Aufregung einzugestehen und diese innere Spannung als positive Energie zu nutzen. Oft bemerken unsere Partner diese Unsicherheit auch gar nicht und man sollte sie im Vorfeld deshalb nicht dramatisieren.

Ich gehe heute zu den meisten Gesprächen mit einer *Ruhe und Gelassenheit* auf der Basis meines inneren Bewusstseins, dass ich den Auftrag bekomme, wenn wir beide – der Kunde und ich – zueinander passen. Und wenn die Leistung unseres Teams genau das ist, was mein Kunde braucht, dann wird er das auch erkennen. Diese innere Sicherheit ist für mich die Basis, auf deren Grundlage ich mich auch überzeugend präsentieren kann. Übung macht den Meister – die Erfahrung wächst mit jedem Gespräch und jeder Präsentation. Deshalb suchen Sie gerade am Anfang nach so vielen Gelegenheiten wie möglich.

10 Kleidung: Karrierekiller oder Karriereleiter

Kleidung kommuniziert

Seien wir ehrlich: Ihr Wettbewerber wird bei gleichem Engagement, aber mit besserem „Styling" den Auftrag erhalten, den Sie gerne hätten. Eine umfassende und seriöse Farb- und Stilberatung ist daher für jeden angehenden Trainer und jede Trainerin eine der besten Investitionen in den eigenen Auftritt. Wissen Sie, mit welchen Farben Sie machtvoll auftreten, oder auch, welche Farben Sie in Gesprächen tragen sollten, in denen eher Zuhören angesagt ist? Kennen Sie die Wechselwirkungen zwischen Körperbau und Mustern, Materialien, Design? Gehören Sie zu den Trainern, die denken: „Für einen Mann ist das richtige Styling kein großes Thema"? Oder zu den Trainerinnen, die meinen, als Frau das nötige Fingerspitzengefühl zu haben? Ihr vermeintliches Fingerspitzengefühl für Ihren äußeren Auftritt in allen Ehren, aber gerade hier gibt es viel professionelles Know-how, das Ihnen mehr nutzt als das von vielen psychologischen Elementen geprägte eigene Feeling.

Für Ihren Auftritt spielen natürlich die Branche und die Stellung des Gesprächspartners eine wichtige Rolle. Die Kleidung muss zum Anlass passen, aber Sie müssen sich auch wohl fühlen. Wenn ein Trainer meint, sich für ein Vorstandsgespräch in einen Nadelstreifenanzug mit gestreifter Krawatte zwängen zu müssen, und fühlt sich darin aber ausgesprochen unwohl, dann wird das den Gesprächsverlauf negativ beeinflussen.

Gerade Trainerinnen sollten bei der Wahl ihrer Kleidung vorsichtig sein, weil die Gestaltungsmöglichkeiten bei Frauen viel größer sind. Und da passiert es schnell einmal, dass man danebengreift und ein auffälliges Accessoire wählt, welches einen ständigen Blickfang für die Gesprächspartner darstellt und vom Gesprächsthema ablenkt. Und das ist sicher nicht das Ziel Ihrer Präsentation.

11 Kommunikation, die zum Dialog führt

Interesse zeigen

Achten Sie darauf, dass die *Gesprächsanteile ausgewogen* sind. Viele Geschäftsführer und Personalverantwortliche legen großen Wert darauf, dass sie einem kompetenten Menschen auch einmal ihre Sorgen und Nöte mitteilen können. Das *aktive Zuhören* ist nicht nur eine wichtige Kommunikationstechnik im Training, sondern stellt auch für die Präsentation des Trainers eine wesentliche Fähigkeit dar. Ich habe viele Trainer erlebt, die sich wunderten, keinen Auftrag zu erhalten, wo sie doch eine so perfekte Darstellung ihrer Leistungen vorbereitet hatten. Entscheidend war aber für den Kunden, dass er einen verständnisvollen Trainer wollte, der zuhört und auf ihn und seine Situation eingeht. Perfektion um jeden Preis führt nicht zum Erfolg, wenn man den Partner dabei außer Acht lässt. Hören Sie Ihrem Gesprächspartner sorgfältig zu und fallen Sie ihm nicht ins Wort, zeigen Sie Interesse durch Blickkontakt und Körpersprache, unterbrechen Sie ihn nicht und schweigen Sie, wenn erforderlich.

Aktiv fragen

Vergessen Sie aber auch nicht *eigene Fragen* zu stellen gemäß dem Grundsatz im Kommunikationstraining: Wer fragt, der führt. Mit Fragen signalisieren Sie Interesse, zeigen Sie sich gut informiert und lenken das Gespräch in die gewünschte Richtung.

12 Verhandeln mit Erfolg

Vorbereitet sein

Bereiten Sie sich vor den anschließenden Angebotsverhandlungen auf jeden Fall auf *Fragen und Gegenargumente* vor. Sich im Vorfeld zu überlegen, mit welchen Argumenten ich auf was reagiere, gibt mir eine gewisse Sicherheit. Wir wissen alle aus unseren Erfahrungen, welche Einwände immer wieder von potenziellen Kunden gegen unsere Konzepte angeführt werden. Sie sollten sich hier wappnen, damit Sie überzeugend argumentieren können.

Sicher argumentieren

Mit *Fragen nach den Rahmenbedingungen*, die ein Trainer oft anders anbietet, als vertragliche Rahmenbedingungen der Unternehmen es vorsehen, mit Fragen nach dem Honorar und der Erfolgsgarantie muss man rechnen. Wer hier als Trainer prägnant und sicher argumentieren kann, hat die Chance auf einen Vertragsabschluss, der das Angebot weitgehend unverändert lässt. Wichtig ist, die Ruhe zu bewahren und genau zuzuhören.

Und bedenken Sie, man kann nicht auf alle Fragen eine Antwort haben, man muss nicht auf alle Einwände eingehen und auch ein Trainer ist nicht allwissend. Zeigen Sie Verständnis für die Bedenken des Partners und suchen Sie gemeinsam mit ihm nach Lösungen, es gibt immer Alternativen.

Verzichten können

Aber auch das *Nein-sagen-Können* zu einem verlockenden Angebot ist manchmal notwendig. Verzichten Sie auf ein Angebot, wenn Sie kein Experte dafür sind, und sprechen Sie lieber eine Empfehlung für einen Kollegen aus. Lehnen Sie Aufträge ab, wenn Sie sie nicht für erfüllbar halten, und begründen Sie, warum Sie meinen, dass die geplante Maßnahme keinen Erfolg haben wird.

Immer positiv bleiben

Es ist ganz wichtig, in jedem Fall das Gespräch *positiv zu beenden,* auch und gerade, wenn Sie für sich keinen erfolgreichen Abschluss haben oder es vermuten. Man muss immer erhobenen Hauptes und mit einem positiven Klima aus einem Präsentationsgespräch herausgehen. Auch wenn es diesmal vielleicht nicht geklappt hat, könnte es ja eine zweite Chance geben und die bekommen Sie nur, wenn Sie einen angenehmen Eindruck hinterlassen.

Es empfiehlt sich eine lockere Redewendung parat zu haben. Wenn ich damit konfrontiert werde, sage ich an dieser Stelle gern: „Schade, dass es diesmal nicht geklappt hat, aber vielleicht kommen wir ja ein andermal zusammen. Es würde mich freuen."

Entscheidungen abwarten können

Unklug ist es auch, den Gesprächspartner zu stark auf eine Entscheidung hin zu drängen. Wenn ich spüre, er kann oder will noch nicht entscheiden, sollte ich das tolerieren. Oft bin ich einer von mehreren

Anbietern und es ist selbstverständlich, dass sich der Gesprächspartner erst ein vollständiges Bild macht.

Überarbeitung des Angebots

Hat die Präsentation zu einem noch offenen Ergebnis geführt, erarbeite ich auf der Basis aller besprochenen Aspekte ein verändertes, aber maßgeschneidertes Angebot für den Kunden. Nicht immer muss im Anschluss noch ein Gespräch stattfinden. Ich versuche in dem durchgeführten Präsentationsgespräch alle offenen Fragen zu klären, damit es zu einer Vereinbarung kommen kann. Je besser ich vorbereitet bin und je eindeutiger ich argumentieren kann, umso wahrscheinlicher ist eine Entscheidung der Partner in diesem Gespräch.

13 Nachbereitung der Präsentation

Selbstkritisch prüfen

Dieser Aspekt ist sehr wichtig, besonders für junge Trainer. Wie soll ich aus Erfahrungen lernen, wenn ich mir meine positiven oder negativen Erfahrungen nicht bewusst mache? Fragen Sie sich nach einem Gespräch, ob Sie Ihre gesteckten Ziele erreicht haben. Nicht jedes Präsentationsgespräch kann und wird erfolgreich sein, wir müssen mit Fehlschlägen leben. Wenn Sie keinen Erfolg hatten, ist eine genaue Prüfung aller Aspekte der Präsentation wichtig. Fragen Sie sich auch beim Erfolg kritisch, was gut und was weniger gut gelaufen ist und warum.

Suche nach dem blinden Fleck

Prüfen Sie die Verständlichkeit Ihrer Sprache, Ihre Argumentationsfähigkeit, wie selbstsicher Sie waren, wie gut Sie das Angebot dargestellt haben usw. Eine kritische Selbstreflexion auf der Suche nach dem blinden Fleck ist wichtig. Die Frage ist, ob es an mir lag oder an meinem Angebot. Vielleicht bin ich auch einfach nicht der richtige Trainer für diese Firma.

Ich denke, man muss auch akzeptieren können, dass andere Trainer erfolgreicher sind, weil sie sich besser präsentieren konnten oder das bessere Angebot hatten. Sie können daraus lernen, was Sie beim nächsten Mal anders machen wollen. Durch *Übung und Selbstreflexion* immer besser zu werden, darum geht es für den erfolgreichen Trainer. Nutzen Sie das Feedback von Kunden, Kollegen und

Seminarteilnehmern um Ihre eigene Einschätzung zu ergänzen und möglicherweise auch zu relativieren.

Wenn alle diese Aspekte bedacht und beachtet werden, gelingt es auch Ihnen als jungem Trainer immer besser in Gesprächen und Präsentationen mit Ihren Leistungen zu überzeugen. Ich spreche aus eigener Erfahrung, denn vor 10 Jahren war auch ich ein Anfänger. Ich habe es durch Ausprobieren, Fehler machen, Lernen und vor allem durch Offensein für andere geschafft, meine Leistungen und die meines Institutes überzeugend darzustellen und zu verkaufen, getreu meinem Lebensmotto *„Man erhält nur die Chance, die man sich selber gibt!“*.

Coach the Coach!
Diplomvolkswirt
Claus von Kutzschenbach
Managementberatung und -Training
Wilhelminenstraße 1
D-65193 Wiesbaden
Telefon: 0611/523720
Fax: 0611/5900532
coach-the-coach@t-online.de
http://www.coach-the-coach.de

Claus von Kutzschenbach arbeitet seit 1995 als selbstständiger Unternehmensberater für vertriebsorientierte mittelständische und große Unternehmen. Schwerpunkte: Strategie- und Kommunikationsberatung, Führungs- und Vertriebscoaching. Zuvor war er selbst lange Zeit in Führungs- und Managementverantwortung für einen großen Medienkonzern tätig, davor machte er nach seinem Studium der Volkswirtschaft, Politologie und Soziologie an der Universität Kiel (Diplom-Volkswirt) Karriere als Wirtschaftsjournalist.

Claus von Kutzschenbach ist Gründer und Herausgeber der Zeitschrift Sales Business (Gabler Verlag, Wiesbaden), Gründungsgesellschafter der Internet-Vertriebstraining.de GmbH, Olching, und war von Juni 2000 bis August 2001 im BDVT Vizepräsident für die Ressorts Strategie, Kommunikation und Organisationsentwicklung.

Richtige Presse- und PR-Arbeit

Der Autor Claus von Kutzschenbach erläutert klar und präzise die Chancen, Möglichkeiten, aber auch Grenzen professioneller Pressearbeit. Damit erhalten TrainerInnen ein Handlungskonzept, das sehr gradlinig – und verdichtet mit einer Vielzahl nachahmenswerter Ideen – den Weg in eine professionelle Pressearbeit vorbereitet. Die aus der Insidersicht geschriebenen Tipps und Hintergrundinformationen geben sowohl Newcomern wie etablierten TrainerInnen das Background-Wissen für den richtigen Umgang mit Journalisten.

Wie kommen Sie als Trainer oder Trainerin in die Presse? – Ganz einfach: Schalten Sie eine Anzeige, und schon sind Sie drin. – Oh weh: Hätten Sie auch selbst gewusst? – Dann bitte ich um Entschuldigung: Verärgern wollte ich Sie nicht, sondern ein wenig nachdenklich machen.

Vision medialer Präsenz

Unter Presse- und PR-Arbeit versteht man gemeinhin nicht Anzeigenschaltung, sondern eine vorteilhafte Platzierung Ihres Namens und Ihres Tuns im redaktionellen Teil. Und das, ohne dafür zu bezahlen, im Gegenteil: Am besten wäre noch ein fettes Honorar für Ihren abgedruckten Artikel, der Ihren Bekanntheitsgrad zigtausendfach multipliziert, Ihr Image steigert, Ihre Bindung zu bestehenden Kunden festigt und Ihnen möglicherweise auch noch Anfragen und Aufträge potenzieller Kunden beschert. Noch besser, wenn Ihnen die Journalisten die Arbeit abnehmen und Sie als kompetenten Experten ständig im Blatt zitieren und feiern. Ja, das wär's doch!

Oder besser Anzeigen schalten?

Ja, das wär's – und das ist unser Thema. Doch zuvor möchte ich Ihnen eine Alternative anbieten: Im nüchternen Vergleich zur redaktionellen Pressearbeit schneidet eine Anzeige gar nicht einmal so schlecht ab: Denn die Anzeige kommt

- genau dann, wenn Sie es wünschen,

- mit der von Ihnen bestimmten Thematik und Optik,
- mit kalkulierbaren Kosten,
- mit einer höheren Wahrscheinlichkeit, Response vom Leser zu erhalten, als das ein redaktioneller Beitrag der Sache nach leisten kann.

Diese Vorteile bieten redaktionelle Beiträge nicht. Allerdings können Sie mit einer Anzeige auch kaum das Image gewinnen, das Sie als Autor oder als wichtige Person des Zeitgeschehens anstreben. Das ist nun mal Sache der Journalisten und der Redaktion.

Vorsicht Fettnäpfchen: Wo Journalisten empfindlich reagieren

Verantwortung für den Inhalt

Redakteure/-innen bestimmen, was im redaktionellen Teil „ins Blatt" kommt. Dabei lassen sie sich möglichst durch niemanden und nichts in ihrem Bestreben aufhalten, das in die Zeitung zu bringen, was ihrer Meinung nach politisch, fachlich, zur Unterhaltung oder aus welchen Gründen auch immer relevant ist und was aus ihrer Sicht den Lesern gefällt und von Nutzen sein kann.

Und wie ist das dann mit der Pressefreiheit? Vorsicht: Das führt oft zu schmerzlichen Missverständnissen: Die Pressefreiheit – ein wichtiges demokratisches Gut – gesteht lediglich Journalisten einige gesetzliche Freiheiten zu. Pressefreiheit heißt nicht, dass auch Sie die Freiheit haben (oder gar das Recht dazu), über die Köpfe der Redaktion hinweg zu bestimmen, was in der Presse erscheint.

Redakteure und -innen müssen sich an ihrem Arbeitsplatz mit vielen Einflüssen auseinander setzen. Das sollten Sie wissen, bevor Sie mit der Redaktion Kontakt aufnehmen und Ihr Anliegen vortragen. Redakteure stehen selbst in einem harten internen Wettbewerb mit Kollegen benachbarter Ressorts, der Anzeigenabteilung und der Technik – im Kampf um redaktionellen Platz, Termine und konkurrierende Interessen (siehe Abbildung 1).

Die Redaktion im internen Spannungsfeld

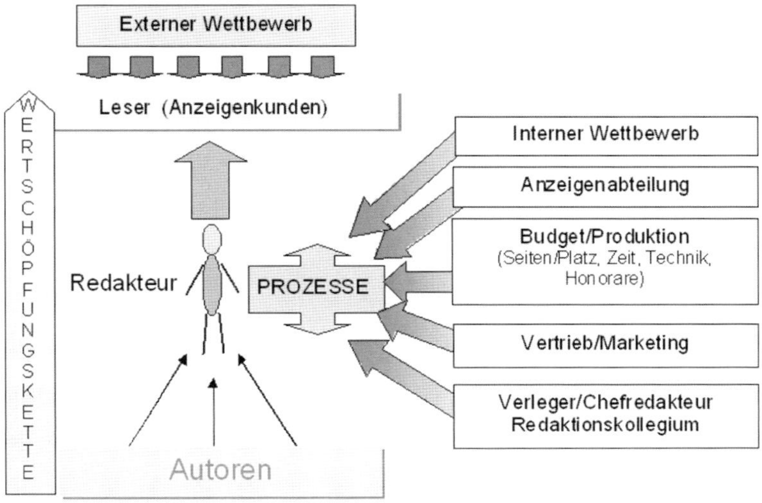

Abbildung 1: Redakteure und Redakteurinnen arbeiten in einem diffizilen internen Spannungsfeld und unter engen Rahmenbedingungen des Budgets. Autoren werden in diesem Prozess nicht als Kunden, sondern als Lieferanten betrachtet.

Show funktioniert nicht

Bevor Sie also zum Telefonhörer greifen, um mit der Redaktion ins Gespräch zu kommen, denken Sie bitte zunächst einmal über Ihre Rolle gegenüber der Redaktion nach: Sie sind lediglich Anbieter von Informationen – kein Kunde, wie in der Anzeigenabteilung, sondern Lieferant. Auch als Star-Trainer mit hohem Tagessatz und tollen Referenzen sind Sie für die Redaktion möglicherweise zunächst nur einer von vielen, vielen anderen, der (im negativen Sinn) redaktionellen Platz schnorren will, um Geld für Anzeigen zu sparen. Immer wieder ignorieren das gerade recht erfolgreiche Trainerinnen und Trainer und tappen mit ihrer anderswo vielleicht bewährten Selbstdarstellungsshow voll in die Eitelkeits-Falle von Journalisten, die sich zunächst einmal selbst als überaus wichtig einstufen und ihre eigenen Eitelkeiten pflegen (siehe Checklist: Tipps zum Umgang mit Journalisten).

Tipp: Auch wenn Sie Ihr Anliegen in der Redaktion mit großspurigem Auftreten durchsetzen können: Denken Sie immer daran, dass Redaktionen auch von Lesern oft um Empfehlungen für gute Trainer gebeten werden – spätestens dann rächt sich Ihr Verhalten ...

Strategie: Wofür wollen Sie Experte sein?

Die richtigen Medien für Ihr Profil

Was bieten Sie der Redaktion an: Was können Sie gut – was können Sie sogar besser als andere? – Und wer profitiert von Ihrem Können vermutlich am meisten? Mit den Antworten auf diese Fragen haben Sie nicht nur Ihre Strategie skizziert, sondern auch den ersten Schritt ihrer Presse- und Öffentlichkeitsarbeit. Der zweite Schritt ist, nun das richtige Pressemedium zu finden – dabei helfen Ihnen die Mediadaten – und dann den Informationsbedarf der Redaktion zu ermitteln. Klugerweise sollten Sie erst dann mit dem Schreiben beginnen (oder einen Ghostwriter beauftragen – siehe unten), wenn Ihnen klar ist, was und für wen die Redaktion schreibt.

Tipp: Vielfach geht's auch umgekehrt: Sie verfassen Beiträge und schicken sie mehr oder weniger wahllos an Redaktionen – irgendwo werden sie vielleicht mal veröffentlicht. Problem dabei: Ihre Beiträge sind dann zwangsläufig sehr allgemein gehalten und Sie bekommen möglicherweise schnell das Image eines Feld-, Wald- und Wiesentrainers (mit entsprechend niedrigen Tagessätzen ...).

Expertenwissen weitergeben

Strategisch besser ist es, Sie positionieren sich von Anfang an als Experte für ganz bestimmte Inhalte oder Methoden im Training. Als Experte werden Sie von der Redaktion immer mehr auch allgemein zu Trainingsfragen befragt ohne selbst noch Beiträge schreiben zu müssen. Gut deshalb, wenn Sie über Ihre Trainingsdisziplin hinaus – etwa über regen Kontakt zu Kollegen oder im Berufsverband – ständig über aktuelle Trends und Ereignisse in der Szene informiert sind und dann ein umso wichtigerer Gesprächspartner für Redaktionen werden.

Überregionale Presse: Reserviert für Personen öffentlichen Interesses

Natürlich ist es der Wunschtraum fast aller Trainer und Trainerinnen, einmal im „Manager Magazin", in der FAZ, in der „Süddeutschen Zeitung" oder vielleicht sogar in „Focus" oder „Spiegel" namentlich aufzutauchen.

Öffentliches Interesse generieren

Klar, wer im Nachrichtenteil von überregionalen Wirtschaftstiteln oder Tageszeitungen (oder gar im Fernsehen) erwähnt, zitiert oder gar interviewt wird, muss eine „Person des öffentlichen Lebens" sein. Das schaffen Sie, wenn Sie als Trainer, Coach oder Berater bundesweit oder international in hohem Ansehen stehen (zum Beispiel, wenn Sie den Bundeskanzler beraten). Eine „Person des öffentlichen Lebens" sind Sie aber auch dann, wenn Sie als Repräsentant eines Berufsverbandes für viele Hundert oder Tausend Mitglieder sprechen. Natürlich sollte der Verband einen guten Namen haben und groß sein – der Berufsverband Deutscher Verkaufsförderer und Trainer (BDVT) ist es.

Lokale Tageszeitung: Gemeinwohl steht obenan

Regionaler Experte werden

Was im überregionalen Bereich nur wenigen gelingt, erscheint im regionalen oder lokalen Bereich leichter, die Konkurrenz ist kleiner. Multiplikator Ihres Wirkens sind hier in erster Linie die Tageszeitungen, aber auch Broschüren der Industrie- und Handelskammern oder anderer regional arbeitender Verbände und Organisationen. Wenn Sie beispielsweise als Regionalclub-Vorsitzender des BDVT interessante Veranstaltungen vor Ort ausrichten, dann ist das schon mal einen Besuch bei der Redaktion Ihrer örtlichen Tageszeitung und ein Gespräch über Ihre Arbeit, die Arbeit des Verbandes und das lokale Ereignis wert. Ergebnis Ihrer Bemühungen könnte dann schon mal eine kleine Notiz über diese Veranstaltung sein und – weil der Kontakt ja nun steht – Interviews und Veröffentlichungen auch in anderen Fragen des Trainings. So werden Sie, weil kein anderer greifbar ist, zum lokalen/regionalen Experten in Fragen des Trainings ...

Grundfrage jeder erfolgreichen Pressearbeit also: Was interessiert Journalisten? Erweiterte Frage: Was glauben Journalisten, dass ihre Leser interessiert?

Aktionen fürs Gemeinwohl

Die Lokalredaktion einer Tageszeitung interessiert, was in ihrer Stadt und im Umland vor sich geht. Das sind allerdings weniger Trainingsinhalte (wie viele Leser einer Tageszeitung sind wirklich an Trainingsfragen interessiert oder davon betroffen?), vielmehr dagegen Aktionen, die dem Gemeinwohl der Stadt oder dem Land dienen. Zum Beispiel: wenn sich Trainer für einen guten Zweck zusammenfinden und

- ein Outdoortraining mit strafanfälligen Jugendlichen veranstalten,
- ein Gratis-Verhaltenstraining durchführen mit den für Publikumsverkehr zuständigen Mitarbeitern des städtischen Ordnungsamtes,
- eine Aktion für wohltätige Zecke (am besten mit lokalem Bezug) durchführen und damit ihre Trainings-/Verkaufstrainings-Fähigkeiten gut präsentieren,,
- einen Gratis-Kurs „Verhaltenstraining" bei Pflegern des örtlichen Krankenhauses durchführen

und so weiter und so fort.

Kooperationen suchen

Idee dabei: sich mit den Organisationen und Institutionen zu verbünden, die im Interesse des örtlichen Geschehens sind. Besonders aufgeschlossen sind Redaktionen für manche Aktionen in der Vorweihnachtszeit oder – Beispiel Outdoortraining – in der Ferienzeit. Thema und Timing müssen also stimmen. Berichtenswert für Lokalredaktionen sind natürlich auch große, überregionale Trainertreffen in der Stadt.

Fotos einsetzen

Erster Tipp: Immer gut ist es, Aktionen mit originellen Foto-Motiven zu veranstalten und anzubieten. Ein spannendes Foto mit entsprechender Bildunterschrift bekommen Sie viel eher in der Lokalzeitung platziert, denn die Redaktionen haben normalerweise jede Menge Text, aber nur wenig wirklich gute Fotos.

Profis fotografieren lassen

Und dazu ein ganz wichtiger zweiter Tipp: Bitte vermeiden Sie es, selbst zu fotografieren oder Freunde zu bitten, die glauben, gut fotografieren zu können. Das Ergebnis ist in den Augen der Redaktion meist unbefriedigend. Engagieren Sie deshalb, auch für eigene Zwecke, Pressefotografen (die meisten arbeiten als freie Journalisten). Und wenn Sie schlauerweise eine Lokalredaktion anrufen, ihr schildern, was Sie vorhaben, deswegen um den Namen eines guten Pressefotografen für die eigene Dokumentation (oder für die Verbandszeitschrift) bitten, dann haben Sie einen unverfänglichen Aufhänger und Interessewecker für die Redaktion, dieses Foto eventuell auch zur Verwendung im Lokalteil der Tageszeitung anzubieten.

Leserbriefe schreiben

Dritter Tipp: Die einfachste Methode, in den redaktionellen Teil Ihrer Tageszeitung zu kommen, sind Leserbriefe. Denn damit zeigen Sie der Redaktion, dass Ihre Berichte interessant sind und gelesen werden (tut Redakteuren immer gut), und die Redaktion kann mit dem Abdruck von Leserbriefen die Qualität ihrer Arbeit und einen regen Dialog mit Lesern dokumentieren. Nehmen wir einmal an, Ihre Lokalzeitung berichtet über mangelnde Kundenorientierung, über schlechtes Führungsverhalten, über einen Motivations-Scharlatan: Setzen Sie sich sofort an Ihren Computer, nehmen Sie gezielt zu diesem Bericht Stellung und schreiben Sie, was aus Ihrer Expertensicht wirklich Sache ist. Damit machen Sie – auch wenn Ihr Leserbrief zunächst nicht gedruckt werden sollte – zumindest die Redaktion auf Ihren Namen aufmerksam. Eine Veröffentlichung ist dann am wahrscheinlichsten, wenn Ihr Leserbrief nicht mehr als – sagen wir – 15 bis höchstens 20 Zeilen beträgt und unmittelbar nach Erscheinen des betreffenden Berichts in der Redaktion ankommt.

Fachzeitschriften (1): Branchenblätter – verkannte Pflichtlektüre

Wenig Trainingsthemen in Branchenblättern

Wenn Sie sich als Trainer oder Trainerin als Experte/-in in einer Branche positionieren wollen, dann sind die Branchen-Zeitschriften das wichtigste Medium für Ihre PR-Arbeit. Denn in diesen Medien ist der Bereich „Training“ oft noch wenig oder gar nicht vertreten: Wenn es Ihnen da gelingt, Redaktionen für Ihre Themen zu erwärmen, haben Sie zunächst wenig Wettbewerb aus eigenen Reihen, und Sie werden für die Redaktion schnell zum Trainings-Experten schlechthin.

Nehmen wir einmal an, Ihre Kunden kommen überwiegend aus dem Holz verarbeitenden Gewerbe, Sie trainieren dort Verkäufer. Dann sollten Sie Ihren Beitrag, der natürlich Ihre speziellen Trainingsthemen enthält, so spezifisch auf die aktuelle Situation in dieser Branche abstellen, in der Sprache dieser Branche schreiben (branchenspezifische Fachausdrücke einflechten) und Beispiele aus dieser Branche einfügen, dass er als spezifische Problem-/Expertenlösung im Holzfachhandel gilt.

Damit bewirken Sie zweierlei:

- Sie unterstützen die Redaktion in ihrer Positionierung, das Expertenblatt für den Holzfachhandel zu sein,
- Sie bieten den Lesern Nutzen, weil Sie deren spezielle Situation verstehen, Betroffenheit auslösen und Lösungsansätze über Ihre Trainingskompetenz anbieten.

Branchenzeitschriften oder -Zeitungen werden in ihrer Bedeutung bei Trainern noch vielfach unterschätzt: Bei Umfragen über das Leseverhalten von Führungskräften steht auf Platz eins die örtliche Tageszeitung oder eine überregionale Wirtschaftszeitung, dicht dahinter kommt das Pflichtblatt der Branche und erst auf Platz drei rangieren – deutlich abgeschlagen – berufliche Fach- oder Special-Interest-Titel.

Fachzeitschriften (2): Nicht festbeißen!

Hier liest die Konkurrenz

Branchenübergreifende Fachzeitschriften und im weiteren Sinne Special-Interest-Titel sind Magazine und Zeitschriften, die branchenübergreifend ganz bestimmte berufliche Funktionen oder Interessensgebiete zum Thema haben. Das sind für den Trainerberuf die Titel „managerSeminare", „wirtschaft & weiterbildung", „Motivation", „Management & Training" – um nur einmal die bekanntesten zu nennen. Vielleicht abonnieren Sie selbst auch eine dieser Zeitschriften – dann wissen Sie: Mit diesen Zeitschriften erreichen Sie Kolleginnen und Kollegen und möglicherweise/wahrscheinlich/hoffentlich lesen Ihre potenziellen Auftraggeber mit.

Allerdings: Welches Ziel verfolgen Sie damit? Wen erreichen Sie mit Ihren Beiträgen und was genau wollen Sie dort über sich und Ihre Arbeit anbieten?

Lohnt sich der PR-Einsatz?

Tipp: Wenn Sie sehr viel Energie aufwenden, in Trainings-Zeitschriften zu publizieren, wächst Ihr Ansehen unter Kollegen – gleichzeitig bieten Sie Ihren Konkurrenten Angriffsziele. Das zeugt sicherlich von sportlichem Ehrgeiz. Gleichzeitig wächst jedoch die Gefahr, dass Sie sich mit Ihrer Konzentration auf eine Positionierung und die entsprechende Auseinandersetzung innerhalb der Trainerszene festbeißen und den Kontakt und das Gespür für den Bedarf in der realen und viel weniger spannenden Welt Ihrer potenziellen Auftraggeber verlieren, Ihre Argumentation und Ziele werden zunehmend abgehoben, fachintrovertiert und „akademisch".

Während Sie bei den Spezialtiteln für Training zumindest theoretisch noch relativ einfach Beiträge unterbringen können (dort hat die Redaktion einen sehr hohen Bedarf an Beiträgen), ist das bei Fachzeitschriften etwa für Vertrieb, Handwerk, Ingenieure, Non-Profit-Organisationen oder Branchenzeitschriften schon schwieriger: Dort gibt es nur wenig redaktionelle Seiten für Trainings-Themen, entsprechend hart ist der Wettbewerb mit anderen Autoren. Aber es lohnt vermutlich mehr ...

Experten-Tipps

Wichtigste Leitlinie auch hier:

- Was wollen die Leser wissen, welche Tipps erhoffen sie sich in welcher Situation?
- Gibt es einen konkreten Problemansatz, der den Lesern direkt hilft/Nutzen stiftet?
- Passt Ihr Beitrag inhaltlich in das redaktionelle Konzept?
- Können Sie Ihren Beitrag mit interessanten Fotos oder Grafiken anreichern?

An die Arbeit: Tipps zum Tun

Gesetzt den Fall, Ihre Gespräche mit der Redaktion sind positiv verlaufen und Sie sind jetzt dran, einen Beitrag zu schreiben: Was müssen Sie unbedingt beachten? – Tipps zum Tun:

Konkreten Nutzen bieten: Beiträge für nutzenorientierte Fachzeit-

Problemlösungen anbieten

schriften unterscheiden sich ganz wesentlich von all dem, was Sie bisher vielleicht im Laufe einer akademischen Ausbildung veröffentlicht haben. Den Redakteur (die Leser) interessieren theoretische Hintergründe nur am Rande, sie wollen sofort und in kürzester Zeit darüber informiert werden, wie Probleme zu lösen sind, welcher Nutzen sofort aus dem Beitrag abgeleitet werden kann.

Kein Missbrauch

Theorienstreit vermeiden: Vermeiden Sie, die Redaktion (und dahinter die Leser) als Waffe zu missbrauchen für eine Auseinandersetzung innerhalb der Trainerszene. Das nutzt vielleicht Ihrem Ego (und Ihren Rivalen), aber sonst niemandem. Es sei denn, Sie haben es mit einem ausgesprochenen Insider-Blatt zu tun, das nur innerhalb der Szene gelesen wird, das vom Methodenstreit profitiert und ihn sogar provoziert (um Leser zu gewinnen und zu halten). Allerdings: Lohnt sich dann der Aufwand?

Detailliert schreiben

Gebrauchsanleitung formulieren: Immer wieder höre ich, dass Trainer und Berater Angst haben, sich durch einen guten Beitrag selbst Konkurrenz zu machen: „Wenn ich das alles schreibe, kommen die Leute nicht mehr ins Seminar, sie können es ja viel einfacher in der Zeitschrift lesen!“ Richtig, das können sie und genau dafür ist eine Zeitschrift gemacht. Allerdings: Die Menschen, die glauben, sich alles anlesen zu können, buchen sowieso kein Training. Und die, die sich für ein Training interessieren, wollen sich vorher – in der Zeitschrift – davon überzeugen, ob der Trainer auch gut ist. Also: Halten Sie nicht hinterm Berg mit Ihrem Know-how, schreiben Sie im Detail und formulieren Sie ganz konkret eine Gebrauchsanleitung, wie eine Methode einzusetzen ist, wie sie wirkt und wie sie der Leser – allein aus der Lektüre Ihres Beitrags – in seinem Berufsalltag einsetzen kann. Die wesentlichen Erkenntnisse in Ihrem Beitrag auszusparen und stattdessen einen Hinweis auf Ihre Trainings zu geben, ist tödlich: Zu Recht wird jede gute Redaktion Ihren Beitrag sofort ablehnen und Ihnen raten, stattdessen eine Anzeige aufzugeben (siehe vorn).

Einfach und klar formulieren

Bildhaft schreiben: Wie geht das, bildhaft schreiben? Ein einfacher Tipp: Schreiben Sie so, wie Sie das Thema Ihrer achtjährigen Tochter oder Ihrem Sohn erzählen würden: Vermeiden Sie Fachausdrücke, bilden Sie kurze Sätze, schreiben Sie in der Gegenwart, mit aktiven

Sätzen, sprechen Sie den Leser direkt an. Zu simpel? Nein, ganz bestimmt nicht: Es ist leichter, nichtssagend, glatt, langatmig und unkonkret akademisch zu formulieren, als präzise Aussagen in aller Kürze zu formulieren und auf jedes schmückende Beiwerk der geheimen Selbstbeweihräucherung zu verzichten.

Ihr größter Feind – die Langeweile des Lesers: Wer ist Ihr größter Feind als Autor? Nicht der Kollege, der ein paar Seiten weiter hinten oder in einem anderen Magazin publiziert – Ihr größter Feind ist die Langeweile, die der Leser möglicherweise bei der Lektüre Ihres Beitrags empfindet. Denn der Leser entscheidet, ob er Ihren Beitrag weiterliest oder mit seiner knapp bemessenen Zeit etwas ganz anderes anfängt.

Schreiben lassen

Ihr bester Freund – Ihr Ghostwriter: So, und jetzt noch ein wichtiger Tipp zum Schluss – lassen Sie sich zumindest beim Schreiben anfangs von Profis unterstützen. Aus eigener Erfahrung weiß ich, dass Trainer/innen, also gerade die Menschen, die vor Gruppen wirklich gut sind und andere begeistern und motivieren können, völlig versagen, wenn es darum geht, das, was sie tun, auch zu beschreiben. Warum auch immer, es ist so. Wenn Sie also nicht – überaus selten – eine Doppelbegabung (Schreiben und Agieren) haben, sollten Sie sich schnellstmöglich einen guten Ghostwriter besorgen. Woher? Na, fragen Sie doch einfach einmal die Redaktion, bei der Sie „Ihren" Beitrag unterbringen wollen, wen sie da empfehlen kann (mit dem Vorteil, dass dieser Beitrag dann schon unter ganz anderen Vorzeichen in der Redaktion behandelt wird!).

Die Investition in Ghostwriter lohnt sich meistens. Weniger dagegen empfehle ich, zu Beginn Ihrer PR-Arbeit eine PR-Agentur einzuschalten, die Ihnen beispielsweise auch die Kontakte zur Redaktion abnimmt. Sicher, das spart viel Aufwand. Andererseits ist aber gerade der direkte Kontakt mit der Redaktion unendlich wichtig: Die Redaktion muss sich ein Bild von Ihnen machen und Sie direkt (nicht erst über die Agentur) erreichen können, wenn Sie sich langfristig als gefragter und oft zitierter Experte positionieren wollen. Und das ist ja das Ziel jeder erfolgreichen PR-Arbeit.

Stichworte

Impressum

Zuständigkeit checken

Im Impressum finden Sie Ihre/n Ansprechpartner/in der Redaktion. Wenn im Impressum die Ressorts „Weiterbildung“ oder „Training“ nicht ausgewiesen sind, gibt Ihnen das Redaktionssekretariat oder die Redaktionsassistenz gern Auskunft, welche Redakteurin oder welcher Redakteur dafür zuständig ist – bitte nicht gleich den Chefredakteur deswegen anrufen.

Mediadaten

Leserstruktur prüfen

Die Mediadaten von Zeitungen, Zeitschriften, Hörfunk und Fernsehen enthalten neben den Anzeigen(schalt-)preisen auch die wirklich wichtigen Angaben:

- an welche Zielgruppe sich das Medium richtet,
- wie hoch die Auflage ist,
- wie viele Abonnenten es hat, wie viele Exemplare am Kiosk angeboten werden – und wie viele Exemplare frei verteilt werden (je mehr Abonnenten, desto besser!)?

Möglicherweise erfahren Sie aus den Mediadaten auch noch, welche Wettbewerber dieses Mediums auf dem Markt sind, nämlich dann, wenn Ihr Ziel-Objekt im Vergleich Daten von Medien aus dem Wettbewerb auflistet. Mediadaten erhalten Sie von der Anzeigenabteilung der Verlage, die Adresse finden Sie im Impressum.

Honorar

Wann Geld fließt

Fragen Sie, wenn Sie einen Beitrag veröffentlichen wollen, auch gleich nach dem Honorar – und seien Sie nicht enttäuscht, wenn Ihnen keines angeboten wird: Die Redaktionen wissen um den PR-Wert eines Beitrags. Wenn Sie nur gegen Honorar schreiben wollen, nehmen die Redaktionen eben einen Kollegen/eine Kollegin, der/die ohne Honorar schreibt. Anders ist das bei professionellen Journalisten oder Fotografen, die von dieser Arbeit leben. Diese bekommen ein Honorar, wenn Sie direkt durch die Redaktion beauftragt werden. Wenn Sie allerdings selbst Ghostwriter oder Fotografen beauftragen, zahlen Sie deren Honorar (nicht die Redaktion!).

Rechte

Keine Rechte verkaufen

Normalerweise gibt es keine schriftlichen Verträge mit Redaktionen. Mein Tipp: Belassen Sie es dabei und machen Sie der Redaktion keinen Stress. Die Chance, dass Sie auch ein zweites Mal publizieren können, wird dadurch größer ... In schriftlichen Verträgen mit Verlagen (Bücher, größere Beiträge) behält sich der Verlag meist vor, Ihre Arbeit auch in anderen Medien des Verlags (meist ohne größere Rücksprache mit Ihnen) veröffentlichen zu dürfen. Dagegen ist im Prinzip nichts zu sagen, Sie wollen ja, dass Ihre Gedanken multipliziert werden. Gleichzeitig versuchen Verlage, die Rechte an Ihren Beiträgen exklusiv zu erwerben, das heißt: Sie haben dann kein Recht mehr, Ihren Beitrag woanders oder sogar für eigene Zwecke im Seminar zu nutzen. Darauf sollten Sie nicht eingehen, denn damit binden Sie sich unnötigerweise.

Checklisten zum Umgang mit Journalisten:

Grundregeln

- Presse-Erzeugnisse sind Produkte, die Redaktion verantwortet das Produkt, nur sie entscheidet, was gut und was nicht gut ist bzw. was veröffentlicht wird. Diskussionen darüber sollten Sie besser vermeiden; auch dann, wenn im Gegenzug Journalisten sehr wohl Ihre Seminare kritisch beurteilen. Das ist deren Job.
- Pressefreiheit heißt nicht, dass Sie als Lieferanten (Autoren) auch Anspruch auf die Produktgestaltung des Mediums haben!
- Journalisten arbeiten stets im internen Spannungsverhältnis zwischen Chefredaktion (Verleger, Herstellung (Produktion), Vertrieb und Anzeigenabteilung. Als Autor helfen Sie Journalisten bei ihrer Arbeit (und tragen zum Stressabbau bei):

  - mit zugesagten Beiträgen, die zum vereinbarten Termin, auf dem vereinbarten Datenträger, mit dem vereinbarten Inhalt, im vereinbarten Stil abgegeben werden,
  - mit persönlicher Erreichbarkeit (bzw. delegierter Entscheidungskompetenz und Erreichbarkeit Ihres Ghostwriters/Ihrer PR-Agentur) und
  - mit Toleranz bei Korrekturen (Kürzen/Umschreiben) des Redakteurs: Auch wenn's schwer fällt – die lobende Anerkennung der Redaktionsarbeit wirkt für die weitere Zusammenarbeit Wunder!

Vermeiden Sie ...

- Angeben – mit Auto, Referenzen, Terminen, Aufträgen und anderen Superlativen, die beim Nachrechnen sowieso unglaubwürdig sind.
- Bevormunden – lassen Sie Journalisten, auch wenn sie fachfremd sind, selbst urteilen (dafür sind sie da!).
- Unkenntnis: nicht Beiträge anbieten, ohne das Magazin zu kennen und sich vorher über die Struktur und Verantwortlichkeit der Redaktion zu informieren.
- Zeit stehlen: Keine Vorträge am Telefon – Redakteure bewälti-

gen eine gewaltige Informationsflut in kürzester Zeit und haben (legitimerweise) deshalb keine Geduld für Vorträge.

- Diskussionen: Gespräche oder „Fragen“, warum ausgerechnet der Kollege so und so viel Text und so große Fotos bekommt und der eigene Beitrag so schlecht abschneidet, sind Gift für weitere Beziehungen.
- Drängeln, Ungeduld zeigen: Bitte keine ständigen Nachfragen, ob Texte angekommen sind und wann der Artikel erscheinen wird. Und möglichst keine Nötigung, an Seminaren teilzunehmen (dagegen jederzeit gerne Einladung aussprechen). Was im harten Verkaufen möglicherweise der richtige Weg ist, geht bei Redaktionen meist schief: Journalisten fühlen sich als Geisteswissenschaftler – sie wollen vom harten Geschäft zwischen Verkauf und Einkauf nichts wissen.

Beherzigen Sie ...

- ♥ Journalisten brauchen Experten, die sie zitieren können => zeigen Sie sich als Experte für ...
- ♥ Geben Sie der Redaktion rechtzeitig Hinweise auf wichtige Trends in der Szene.
- ♥ Bieten Sie gesicherte Untersuchungen oder Statistiken zu aktuellen Themen an.
- ♥ Achten Sie auf aktuelle Aufhänger bei Pressemitteilungen und gehen Sie davon aus, dass jede Pressemitteilung, auch wenn sie nicht abgedruckt wird, der Redaktion selbst Informationen liefert, auf die sie vielleicht später noch einmal zurückkommen wird.
- ♥ Schalten Sie Anzeigen, wenn Sie gezielt etwas verkaufen wollen.
- ♥ Senden Sie Fotos, die gute Qualität haben und zugleich originell sind.

Zusammenfassung

Das richtige Thema offensiv verkaufen!

- ♥ Wer ist der richtige Ansprechpartner in der Redaktion, wie kann ich ihm/ihr bei seinem/ihrem Job am besten helfen?
- ♥ Ideale Gliederungen:

  - ⇒ Nutzenorientierte Fachzeitschrift: welche verblüffende Problemlösung, für wen ist das wichtig, wie geht's, was kann der Leser daraus lernen und sofort nutzen?
  - ⇒ Tageszeitung: Sensation, Gag, Außergewöhnliches, wie kam's dazu und wer steckt dahinter?

  - ➢ Immer wichtig: die 6 Ws: wer, was, wie, warum, wann und wo.
  - ➢ Motto: Ihr ärgster Feind als Autor ist die Langeweile des Lesers.

Wege in den Papierkorb

- Lange Einleitung und definitorische Abgrenzungen (Wissenschaft)
- Auseinandersetzungen mit einem unbekannten Gegner (Glaubenskrieg)
- Zurückhalten von Infos aus Angst vor Nachahmern (tödlich für den Autor: Warum veröffentlicht er überhaupt?) und der Versuch, mit Beiträgen aktiv verkaufen zu wollen (dafür ist die Anzeige da)
- Amateurfotos und Passbilder, aber auch Grafiken aus dem Werkzeugkasten Ihres Computers (die jeder nutzt und jeder anders nutzt)

Jürgen Hofmann
Am Mühlfeld 35
01744 Malter-Paulsdorf
Tel. 03504/617177
Fax 03504/617177
E-Mail: juergen.hofmann@freenet.de

Jürgen Hofmann ist bei der Sparkassen-Versicherung Sachsen verantwortlich für die Aus-und Weiterbildung der eigenen Außendienstorganisation sowie der Mitarbeiter der sächsischen Sparkassenorganisation. Die Ausbildungsgruppe im Unternehmen umfasst ein Trainerteam von 8 Mitarbeitern.

Nach der Ausbildung zum Versicherungskaufmann und einem Traineeprogramm im Versicherungsaußendienst war er als Schulungsreferent bei der Sparkassen-Versicherung Stuttgart tätig. Mit der politischen Wende in Deutschland wechselte er das Arbeitsgebiet von Württemberg nach Sachsen. Zu den Hauptaufgaben gehörte die Betreuung der württembergischen Partnersparkassen in Sachsen und der Aufbau einer eigenen Außendienstorganisation. Mit Gründung der Sparkassen-Versicherung Sachsen im Jahr 1992 übernahm er die Verantwortung für die Bezirksdirektion Dresden. Seit 1996 gehören neben der Aus- und Weiterbildung der eigenen Außendienstorganisation, der Mitarbeiter bei den Sparkassen die Ausbildung der Betriebswirte mit Fachrichtung Außendienst an der Berufsakademie in Dresden sowie die aktive Verkaufsförderung von Versicherungsprodukten gemeinsam mit den sächsischen Sparkassen zu seinen Hauptaufgaben.

So werden selbstständige Trainer ausgewählt

Erlebnisse, Erkenntnisse, Tipps eines Einkäufers von Trainingsleistungen

Der Autor Jürgen Hofmann versteht es vorzüglich, das Zusammenspiel zwischen situativem Verständnis einerseits, aber berechtigten Anforderungen andererseits an junge TrainerInnen darzustellen. Die aus Kundensicht geschilderten Erwartungen geben einen guten Einblick, welche Leistungen und persönliche Einstellungen professionalisiert werden müssen, um eine gute Erfolgs-Chance zu haben.

Zum Einstieg möchte ich einige Verhaltensweisen, die ich selbst erlebt habe, mit meinem Empfinden näher erläutern. Mit Sicherheit, zumindest bei mir, führen diese nicht dazu, eine langfristige Perspektive bzw. überhaupt den Einstieg bei einem Unternehmen zu erreichen. Damit ist die Chance vertan, sein eigenes Können als Trainer und den Nutzen für das Unternehmen zu demonstrieren. Das liegt einfach daran, wie unprofessionell sich doch einige Ihrer Kollegen und Kolleginnen im ersten Gespräch mit einem potenziellen zukünftigen Auftraggeber präsentieren und verkaufen.

Immer wieder dieser erste Eindruck! Dabei versucht jeder Trainer und Coach den Teilnehmern bei seinen Seminaren das wichtigste Gebot zu vermitteln: „Für den ersten Eindruck gibt es keine zweite Chance." Diese Feststellung trifft für Ihren Beruf zu wie für kaum einen anderen. Sie sind Vorbild und werden daran gemessen!

Aber einfach von Anfang an:

1 Seien Sie exzellent und erfrischend anders

Durchdachte Erstkontakte sind rar

Täglich erreichen mich über die verschiedensten Kommunikationswege Anfragen und Angebote zu jeder Art von Aus- und Weiterbildungsmaßnahmen. Selten sind richtig gute und pfiffige, durchdachte Anschreiben, E-Mails oder Telefonkontakte dabei, auf die man spontan reagiert. Danach beginnt die Nachakquisition. Übrigens, diese wirkt nach einigen erfolglosen Versuchen störend. Es sei denn, der Einstieg in die Beziehungsebene und die damit für beide Seiten interessante Partnerschaft wird auf dieser Ebene zunächst gepflegt. Chancen ergeben sich manchmal wie von selbst. Geduld kann sich auszahlen.

Profi-Terminierung ist Türöffner

Da mein „unterstützendes Ich" schlecht Nein sagen kann und ich außerdem Interesse habe, welche neuen Trainingsmethoden es auf dem Markt gibt, neugierig bin, interessante Trainerkollegen kennen zu lernen, lasse ich mich am Telefon zu dem ein oder anderen persönlichen Gesprächstermin verführen. Nein, Spaß beiseite. Die Gesprächsführung bei der telefonischen Terminvereinbarung muss exzellent sein. Das trifft insbesondere dann zu, sollten Sie für die Telefonakquisition fremde Hilfe in Anspruch nehmen. Dafür ist jede einzelne Adresse viel zu wertvoll um schon am Anfang Potenzial zu verschenken.

2 Achten Sie auf eine professionelle Gesprächsführung

Eine gute, besser gesagt eine durchdachte Vorbereitung und ein damit verbundenes professionell geführtes Terminierungsgespräch bilden das Passwort oder den Türöffner zum Kunden.

Dabei gibt es Tatsachen, denen man ins Auge sehen muss. Viele der möglichen Wunschkunden oder Auftraggeber sprechen perfekt Ihre Sprache, die Trainersprache. Gehen Sie offen damit um. Überheblichkeit und Belehren ist der Anfang vom Ende. Das lässt sich kein Verantwortlicher im Unternehmen bieten.

Ein spannendes Gespräch unter gleichberechtigten Partnern, die ein gemeinsames Ziel haben, beginnt.

Spannend bleiben

Jeder hat seine Chance. Keiner ist von Beginn an auf der Verliererstraße. Es gibt nur Gewinner. Es sei denn, das Gespräch wird für den Gesprächspartner langweilig. Der Gesprächspartner beendet das Gespräch. Er sieht keinen Nutzen in der Weiterführung. Das geschieht im Unterbewusstsein, Sie müssen es nicht zwangsläufig feststellen, vielleicht spüren Sie es.

Dabei war wahrscheinlich kein Pech im Spiel und auch Ihr Gegenüber hatte keine Schuld. Es war das eigene Verhalten, das ungeschickte Auftreten. Haben Sie ihn nach den eigenen Wünschen, den Unternehmenszielen befragt, haben Sie aktiv zugehört, sich mit seinen Bedürfnissen auseinander gesetzt, Lösungen diskutiert oder gemeinsam erarbeitet?

Oder wollten Sie, ohne über den Tellerrand zu blicken, Ihr perfektes und in der Praxis erfolgreiches Seminarprogramm verkaufen, welches zufällig in seiner Situation absolut ungeeignet war? Sie werden denken, ist doch logisch, das kann mir nicht passieren. Stimmt! Allerdings gängige Praxis.

Dabei wäre es für das eigene Selbstvertrauen so wichtig und macht den Trainerberuf erst schön, es ist wie das Salz in der Suppe oder der gelungene Abschluss eines schönen Abends, sollte eine begeisterte Seminargruppe in der abschließenden Feedbackrunde auf die bunten Pinnwandkarten schreiben: „Klasse, weiter so, bis zum nächsten Mal."

Erlebte und zum Nachdenken anregende Beispiele sollen das belegen.

3 Halten Sie Zusagen zuverlässig ein.

Freundlicherweise sage ich am Telefon ab und zu (wahrscheinlich bin ich da nicht der erste und einzige Gesprächspartner): „Schicken Sie doch einige aussagekräftige Unterlagen zu meinen Händen."

Auf´s Gespräch beziehen

Gesagt, getan und versprochen. Leider kommt es nun in der Praxis immer wieder zu kleinen Enttäuschungen. Dabei gibt es es mehrere Möglichkeiten, eine davon ist, es kommen überhaupt keine Unterlagen, oder sie treffen erst nach einigen Wochen ein. Lieblos und unprofessionell gestaltete Unterlagen lassen auch auf die Qualität des Seminaranbieters schließen. Gängige Praxis ist auch das fehlende Eingehen auf die Gesprächsinhalte am Telefon. Besonders dann, wenn für die Terminierung man nicht selbst Hand angelegt hat. Dann gibt es regelmäßig einfach nur unpersönliche Ware von der Stange. Macht nichts! Das Erlebte führt eigentlich nur zu einer kleinen Enttäuschung und zu einem großen Vergessen. Schade!

Eine Frage gilt es an dieser Stelle zu beantworten: „Welche Quote erzielen Sie bei diesen Voraussetzungen in der Nachakquisition?"

Schlimm wird es, wenn der Zufall ins Spiel kommt. Plötzlich sind bei einem Unternehmen Trainingsmaßnahmen aktuell gefragt, die wie maßgeschneidert auf Ihre Person passen. Das Problem, Sie sind bekanntermaßen vergessen worden. Erste Phase nicht überstanden!

Eine Antwort in Bezug auf die Unterlagen bin ich Ihnen noch schuldig geblieben, die nicht nur bei mir Erfolg verspricht:

„Um auf Ihre Bedürfnisse individuell eingehen zu können, ist ein persönliches Gespräch für Sie von besonderem Wert, die Unterlagen bringe ich mit und wir haben die Chance ein optimal auf Ihre Bedürfnisse zugeschnittenes Seminarkonzept zu erhalten."

Soviel zum Thema telefonische Kundenansprache und nun hin zum Erstgespräch.

4 Zeigen Sie Interesse an Ihren potenziellen Kunden

Fragen Sie

Es war einmal ein Gesprächstermin, der nach mehrmaligem Nachhaken zustande kam. Da war er wieder, dieser verflixte erste Eindruck, der ein Gespräch belastet.

Und dann, es kamen keine Fragen zum Unternehmen, zum Umfeld, zu den Trainingsinhalten im laufenden Ausbildungsprogramm, keine Fragen zu meiner Person, zu den Zielstellungen des Unternehmens, überhaupt keine Fragen, nur eine Trainingsmaßnahme, verknüpft mit einem Schuss Unternehmensberatung. Die letzten Worte im Aufzug waren: „Sollten Sie da jemanden benötigen, stehe ich Ihnen gern zur Verfügung." Ich glaube, er ahnte, dass dieses Gespräch kein gelungenes war. Beim nächsten Mal wird alles besser. Hoffentlich!

Hätte ich den Kollegen nicht auf eine Tasse Kaffee und ein belegtes Brötchen eingeladen, das Gespräch wäre rasch zu Ende gewesen. So musste ich es noch etwas am Leben erhalten, unhöflich sein macht keinen Spaß. Zweite Phase nicht überstanden!

Kommen wir zur nächsten wahren Begebenheit.

Gute Kontakte aktiv halten

Durch ein Gespräch mit einer Führungskraft unseres Außendienstes kam es zum Kontakt mit einem jungen Trainerkollegen, der stark im Persönlichkeits- und Verhaltenstraining arbeitet. Insbesondere das Teamtraining gehört zu seinen Stärken. Ein richtig gutes Gespräch, mit allen Inhalten, die ich beim vorab beschriebenen Gespräch vermisst habe. Mein erster Eindruck war: sofort sympathisch, eine Wellenlänge, gemeinsame Ideen, erste Konzepte, wie eine zukünftige Zusammenarbeit aussehen kann, waren die logische Konsequenz. Dann die Versuchung, es einfach einmal miteinander auszuprobieren, ein Pilotseminar zu gestalten.

Viele Wochen vergingen, keine Post, kein Anruf.

Dann endlich Post, der junge Trainerkollege teilt mir mit, nun sei seine Mitarbeiterin für mich zuständig. Sie wird in den nächsten Tagen Kontakt mit mir aufnehmen. Leider hatte ich bis heute nicht das Vergnügen sie kennen zu lernen.

Sie werden sich nun sicher über das verschenkte Pilotprojekt wundern. Halb so schlimm – dafür wurde die Chance auf eine vielleicht über Jahre wachsende enge Zusammenarbeit mit sehr viel Arroganz verschenkt.

Hoffentlich kommen auf den jungen Kollegen keine anderen Zeiten zu. Dritte Phase nicht überstanden!

5 Optimieren Sie Ihre Konzepte

Bleiben Sie im Gespräch

Nun kann die Zusammenarbeit beginnen. Auftraggeber und externer Trainer sitzen in einem Boot.

Das Wort „externer Trainer“ möchte ich an dieser Stelle noch etwas näher erläutern: Solange Sie bei einem Unternehmen externer Trainer sind, ist die Zusammenarbeit noch in der Anfangsphase. Es ist vieles bekannt, aber dennoch besteht noch kein tiefer gehendes Vertrauen zwischen den Entscheidungsträgern. Das ist zu diesem Zeitpunkt durchaus normal.

Phase fünf ist nun in einem wichtigen Stadium. Geht es weiter oder nicht? War es einfach nur gut oder war es mehr? Übersteht die Beziehung eine kleine Auszeit? Diese kann es, das hat nichts mit der bisher geleisteten Arbeit zu tun, durchaus geben.

Identifizierung mit dem Problem

Entscheidend für diese Antworten sind die konstruktiven und mit Ideen angereicherten Gespräche zwischen Trainer und dem Verantwortlichen im Unternehmen. Gibt es diesen berühmten Draht zueinander? Spürt das Unternehmen ein Interesse des Trainers am gemeinsamen Erfolg? Wird gemeinsam an einer zukunftsorientierten Optimierung der Maßnahme gearbeitet? Gehen die Verantwortlichen offen mit auftretenden Konflikten um? Hat ein externer Trainer den Mut, auch bei nicht rund laufenden Seminaren die Probleme offen anzusprechen?

Dabei geht es nicht um interne Absprachen zwischen Teilnehmer und Trainer. Diese gehören in das Seminar und sollen auch dort bleiben. Diese Vertrauensbasis muss respektiert werden, sie ist die Basis für dauerhafte Glaubwürdigkeit bei den Teilnehmern. Wird ein gemeinsames weiteres Vorgehen abgesprochen, oder steht das einfache Durchziehen des vorbereiteten Programms im Vordergrund? Steht das Interesse am beruflichen und persönlichen Erfolg der Teilnehmer und deren Qualifizierung im Vordergrund? Lebt der Trainer auch für den Erfolg des Unternehmens? Kann der Trainer sich mit dem Unternehmen identifizieren? Die Seminarteilnehmer werden dies schnell feststellen! Gibt es auch einen Blick über den Tellerrand?

Viele Fragen, die gleichzeitig Antworten sind, auf die Frage: Wie gelingt der Aufbau einer dauerhaften, von Erfolg begleiteten Beziehung zwischen Trainer und den Verantwortlichen im Unternehmen?

6 So haben Sie eine Chance im Auswahlverfahren

Mein Wunschzettel an externe Trainer:

- Bereiten Sie sich optimal auf die erste Kontaktaufnahme vor
- Denken Sie an den ersten Eindruck
- Beachten Sie die Belange des Unternehmens
- Informieren Sie sich über die aktuelle Marktsituation
- Bieten Sie keine Ware von der Stange an
- Erarbeiten Sie gemeinsam klare Seminarkonzepte
- Stimmen Sie die Seminarunterlagen im Vorfeld ab
- Legen Sie Wert auf eine optimale Seminarorganisation
- Fordern Sie eine praxisbezogene Erfolgskontrolle
- Informieren Sie regelmäßig über das erhaltene Feedback
- Machen Sie Vorschläge zur Optimierung der Maßnahme
- Gehen Sie bei auftretenden Problemstellungen offen und flexibel auf die Verantwortlichen zu
- Loyalität zum Unternehmen ist ein Muss
- Bitte keine Überheblichkeit
- Denken Sie an Empfehlungsadressen
- Nutzen Sie die Chance, die ein neu gegründetes Unternehmen bietet
- Schaffen Sie das Klima für eine dauerhafte Beziehung

Resümee

Engagement zeigen

Schlüssel für den Erfolg ist das Umsetzen der Unternehmensziele und die damit verbundene professionelle Kommunikation des Trainers, dies in die Seminarpraxis zu übertragen. Dabei spielt die eigene Überzeugung für ein solides und zukunftsorientiertes Unternehmen und insbesondere für eine Sache, für die zu arbeiten sich lohnt, eine spürbar entscheidende Rolle. Dieses persönliche Engagement spüren Ihre Teilnehmer, wie auch der verantwortliche Auftraggeber.

Messbare Erfolge, die auch als Trainer gewollt sein müssen, sogar von Ihnen gefordert werden müssen, sind die Basis für eine dauerhafte und für beide Seiten Gewinn bringende Zusammenarbeit. Alibiveranstaltungen haben auf Dauer gesehen für das Unternehmen und damit auch für Sie keinen wirtschaftlichen Erfolg. Aussagen von Teilnehmern wie: „Das Seminar war Klasse, schauen wir mal, ob es sich auch in die Praxis umsetzen lässt, der Trainer war gut, es hat Spaß gemacht, mal etwas anderes zu sehen und zu hören", sind beim genaueren Hinhören schon negativ belastet.

Bei den Berichten und Erzählungen der Teilnehmer muss einfach das Feuer in den Augen zu sehen sein, das der Trainer entzündet hat. Das Freuen der Teilnehmer auf das nächste Mal mit Ihnen, nicht nur wegen der Rahmenbedingungen und der geselligen Runde im Kollegenkreis, wird Sie bei Ihrer eigenen beruflichen Entwicklung unterstützen.

Herbert H. May
Vorstandsvorsitzender und Partner
»DieTrainerAG«
Robert-Bosch-Str. 1
61267 Neu-Anspach/Ts.
Tel. 0608-963523
Fax 0608-963526
Herbert.May@DieTrainerAG.de
www.DieTrainerAG.de

Herbert H. May, Jahrgang 1948, ist der Bankprofi unter den Trainern. Er hat eine Bankausbildung sowie ein betriebswirtschaftliches Studium mit Schwerpunkt „Marketing und Personalmanagement" absolviert und verfügt über langjährige Marketing-, Vertriebs-, Personal- und Trainingserfahrung für führende deutsche Finanzdienstleistungs- und Consultingunternehmen.

Nach erfolgreicher Bankkarriere hat er sich 1997 als Trainer und Coach für ergebnisorientiertes Beraten und Verkaufen von Firmenkundenberatern in Banken, Sparkassen und Versicherungen selbstständig gemacht. In den Jahren 1996 und 1997 gelang es ihm – als bisher einzigem Berater und Trainer– sowohl den Deutschen Trainingspreis als auch den Deutschen Verkaufsförderungspreis in Silber zu gewinnen.

Im Mai 1999 gründete er zusammen mit Partnern »DieTrainerAG«, ein in seiner wirtschaftlichen Konzeption einzigartiges Partnernetzwerk, dem Anfang 2002 – mit steigender Tendenz – 21 Berater und Trainer als Partner angehören. Herbert H. May ist heute Vorstandsvorsitzender der Aktiengesellschaft, berät, trainiert und coacht aber nach wie vor Kunden aus dem Finanzdienstleistungsbereich.

Herbert H. May ist langjähriges Mitglied im BDVT und hat sechs Jahre lang als Vizepräsident die Finanzen des Verbandes gemehrt. Heute ist er Mitglied des Beirates.

Finanzen und Finanzierung der selbstständigen Trainertätigkeit [1]

Der Autor Herbert H. May stellt kompakt und verständlich die finanziellen Prüfkriterien für eine selbstständige Trainertätigkeit dar. Ergänzt durch überzeugend und nachvollziehbar dargestellte Kalkulationsrichtlinien ist dieser Beitrag für alle TrainerInnen eine der wichtigen Grundlagen finanzieller Planung. Die zahlreichen Tipps verhelfen Existenzgründern im Trainingsbereich zu einem praktischen Umgang mit vielen Fragen der Finanzen und Finanzierung.

Dieser Beitrag will Sie dabei unterstützen, Ihre Trainerqualitäten auch unter finanziellen Aspekten erfolgreich entfalten zu können. Er ist das Resultat aus praktischen Trainererfahrungen bei der Existenzgründung und umfassenden Kenntnissen der Finanzdienstleistungsbranche.

Die Ausführungen richten sich in erster Linie an Trainerinnen und Trainer, die den Schritt in die Selbstständigkeit als freiberuflicher Trainer wagen, sie sind auch geeignet für gestandene Trainerkollegen zur Überprüfung ihrer finanziellen Situation und Zukunft.

Folgende Bausteine werden behandelt:

Baustein 1 Privater Vermögensstatus	**Baustein 2** Privates Ausgabenbudget
Baustein 3 Gründungsinvestition	**Baustein 4** Laufende Geschäftskosten
Baustein 5 Umsatzplanung	**Baustein 6** Auftragsbestand

Baustein 7 Einnahmen-Überschuss-Rechnung	**Baustein 8** Liquiditätsplanung
Baustein 9 Kapitalbedarfsplanung	**Baustein 10** Finanzierung

Eine gute Nachricht zum Beginn

Relativ gute Start-Chancen

Verglichen mit anderen Existenzgründungs-Vorhaben (z.B.: Arztpraxis, Produktionsbetrieb) ist der Schritt in die freiberufliche Trainertätigkeit mit relativ niedrigem Einstiegskapital möglich. Auch können bereits vorhandene Aufträge den Start in die Selbstständigkeit erleichtern.

Doch die Vielzahl vorliegender Untersuchungen zeigt, dass auch Trainer den Gesetzen des Marktes unterliegen und vor allem Finanzierungsmängel beim Scheitern der Existenz oder bei einem unbefriedigenden Einkommensverlauf die Hauptursache dafür sind.

Daher braucht auch der selbstständige Trainer ein Finanzkonzept, vor allem, wenn er Geld leihen will.

Baustein 1 – Privater Vermögensstatus

Machen Sie einen privaten Kassensturz – oder: Wie „reich“ sind Sie!?

Vermögensstatus erstellen

Kaufleute ziehen am Ende eines Jahres Bilanz. Ziehen auch Sie Bilanz und stellen auch Sie einmal fest, wie Ihre augenblickliche Bilanz (Vermögen und Schulden) aussieht. Das macht zwar etwas Arbeit, verschafft Ihnen aber einen aktuellen Überblick, wie „reich“ Sie sind und welche Mittel Sie für Ihr „Unternehmen“ (als „Eigenkapital“) aufbringen können oder wollen.

Und noch etwas haben Sie in der Hand: Eine Unterlage über Ihren Vermögensstatus, der für Gespräche und Verhandlungen mit Geldgebern zwingend erforderlich ist.

Wählen Sie einen einheitlichen zeitnahen Stichtag für die Zusammenstellung Ihrer Vermögenswerte und Schulden und halten Sie Ihre Dokumente (Verträge, Policen etc.) übersichtlich und griffbereit.

Tipp

Wenn Sie Ihren „privaten Vermögensstatus“ bisher noch nicht erstellt haben oder nicht mehr aktuell zur Hand haben – dann vereinbaren Sie am besten „einen festen Termin mit sich selbst“ und gehen Sie ans Werk.

Der Saldo Ihres Bruttovermögens minus Schulden sollte sowohl vor Existenzgründung als auch während Ihrer Trainertätigkeit auf Sicht positiv sein oder Sie sollten über relativ sichere Aufträge oder verlässliche Geldquellen verfügen.

Tipp

Baustein 2: Privates Ausgabenbudget

Prüfen Sie Ihr persönliches Ausgabenbudget – oder: Was brauchen Sie zum Leben?

Sichere Ausgaben, unsichere Einnahmen?

Wenn der Kaufmann Bilanz zieht, gehört dazu eine Gewinn-und- Verlust-Rechnung. Der selbstständige freiberufliche Trainer kommt mit einer Einnahmen- und Ausgabenrechnung aus.

Zumindest zu Beginn der selbstständigen Tätigkeit – aber auch im Laufe der Trainertätigkeit – sind die Einnahmen in der Regel von einigen Unwägbarkeiten abhängig. Sie sind daher bei der Planung auch mit größeren Unsicherheiten behaftet, als die relativ sicher kalkulierbaren Ausgaben. Die Mindestkosten, die durch die selbstständige Trainertätigkeit erwirtschaftet werden müssen, sind die Kosten für den persönlichen Lebensunterhalt. Wenn der Lebenspartner über ein sicheres Einkommen verfügt, erleichtert das Ihre Selbstständigkeit natürlich erheblich.

Für die Dauerhaftigkeit einer Selbständigkeit sollten Sie zugrunde legen, dass Sie persönlich (und eventuell auch Ihre Familie) von Ihren Einkünften leben können.

Tipp

Machen Sie sich daher die Mühe und sorgen Sie für eine Transparenz Ihrer geordneten finanziellen Verhältnisse und ermitteln Sie den

Betrag für Ihre private Lebensführung. Der Vorteil für Sie besteht darin, dass Sie Klarheit darüber erhalten, wie viel Sie für Ihren laufenden Lebensunterhalt benötigen. Außerdem verschaffen Sie sich Sicherheit bei der Beantwortung der Frage: „Wie lange (Monate/Jahre) könnte ich von meinem Ersparten leben, wenn ich keine Einkünfte durch meine selbständige Trainertätigkeit erzielen würde?"

Tipp

Von den ersten Aktivitäten bei Interessenten bis zum ersten Auftrag vergehen oft mehrere Monate. Ihr Reinvermögen sollte für mindestens neun Monate ausreichen.

Baustein 3: Gründungsinvestitionen

Planen Sie Ihre Gründungsinvestitionen – oder:
Was benötigen Sie zum Start?

Klarheit schaffen

Überlegen Sie nun, welche Anschaffungen für den Start dringend erforderlich sind, und erstellen Sie eine Liste aller dringend erforderlichen Investitionen für den Start. Schauen Sie dabei ein Stück in die Zukunft – vielleicht drei Jahre (denn auch ein Auto gibt irgendwann einmal seinen Geist auf).

Tipp

Es ist sinnvoll, die Investitionen zu Beginn relativ klein zu halten und dann je nach finanziellen Möglichkeiten sukzessive aufzustocken.

Kalkulieren Sie, was Sie zum Start wirklich benötigen, was Sie einmalig neu anschaffen müssen. Und gehen Sie gedanklich durch, was in den nächsten drei Jahren anfällt.

Baustein 4: Laufende Geschäftskosten

Geschäftlicher Aufwand – oder:
Was kostet Sie die selbständige Trainertätigkeit!?

Die Bearbeitung dieses Kapitels wird Ihnen sicher leicht fallen, denn Sie haben ja schon etwas Übung aus Kapitel 2, wo es um Ihre persönlichen Ausgaben ging. Das Gleiche machen Sie bitte jetzt für Ihr Geschäft.

Richten Sie für Ihre selbstständige Tätigkeit am besten ein separates

Bankkonto ein und lassen Sie alle geschäftlichen Einnahmen und Ausgaben darüber laufen. So vermischen Sie nicht „privat“ und „Geschäft“ und Sie haben einen besseren Überblick.

Tipp

Sammeln Sie alle Belege, die mit Ihrer selbstständigen Trainertätigkeit in Zusammenhang stehen. Das sind in der Regel Betriebsausgaben.

Tipp

Wenn Sie die genaue Höhe der Kosten noch nicht kalkulieren können, setzen Sie nicht zu knappe Pauschalen an. Besser, Sie haben später weniger Kosten als umgekehrt.

Tipp

Baustein 5: Umsatzplanung

Wie viel Umsatz brauchen Sie – oder:
Wie Sie Ihren Umsatz planen!

Ihr Umsatz besteht in der Regel aus den Honoraren oder Seminargebühreinnahmen, die Sie abrechnen. Wie hoch Ihr Umsatz letztlich sein wird, können Sie zunächst nur prognostizieren. Letztlich hängt der abgerechnete Umsatz von Ihren Marketingaktivitäten, Ihren Akquisitionserfolgen und dem Zahlungsmodus Ihrer Auftraggeber ab.

Der Umsatz für den nicht bilanzierungspflichtigen freiberuflichen Trainer entsteht praktisch mit dem Geldeingang auf Ihrem Konto.

Beachten Sie, dass zwischen der Auftragsdurchführung, der Rechnungserstellung und dem Geldeingang auf Ihrem Konto ein gewisser Zeitraum liegt. Deshalb sollten Sie Ihre Rechnung möglichst unverzüglich nach der Trainingsleistung stellen – es sei denn, Sie arbeiten mit „Vorkasse“.

Tipp

Honorare im Vergleich

Um Ihnen weitere Orientierung für Ihre Auftrags- und Umsatzplanung zu geben, sei auf eine repräsentative Umfrage des BDVT Berufsverband Deutscher Verkaufsförderer und Trainer hingewiesen,[2] die vom BDVT-Mitglied Max Meier-Maletz im Frühjahr 1999 durchgeführt wurde Sie ergab, dass in den Jahren 1997/1998 die befragten selbstständigen Trainer es auf folgende durchschnittlichen Jahresumsätze brachten:

bis € 99.500	28,2 %
€ 100.000 bis 149.500	24,0 %
€ 150.000 bis 199.500	8,6 %
€ 200.000 bis 249.500	26,1 %
€ 250.000 und mehr	13,1 %.

Die überwiegende Mehrzahl der befragten Trainer rechnet ein Tageshonorar zwischen 1.000 und 2.000 Euro ab, wobei nach Beobachtungen des BDU die Honorarobergrenze bei vielen Trainern eher bei € 1.500 liegt. Mehr als ein Viertel der Trainer liegen unterhalb eines Jahresumsatzes von € 100.000 und das sind ja häufig die Existenzgründer, die darunter fallen.

Individuelle Kalkulation

Daher noch ergänzend ein Ergebnis der Kienbaum-Vergütungsberatung, die Ende 1999 erstellt wurde. Nach der Vergütungsstudie „Führungs- und Fachkräfte im Bereich Bildung, Training, Personalentwicklung" wird die Bandbreite der Gehälter von fest angestellten Trainern von 30.000 bis 45.000 Euro genannt.[3] Um vergleichbare Nettoeinkommen zu erzielen und für Ihre Zukunft vorzusorgen sollten Sie als selbstständiger Trainer schon ein Umsatzziel zwischen € 60.000 bis € 100.000 für erzielbar halten.

Machen Sie nun Ihre eigenen Berechnungen:

1. Ermitteln Sie zunächst Ihren erforderlichen **Mindestumsatz**.
   Der Mindestumsatz lässt sich als Faustformel wie folgt berechnen:

Summe der Ausgaben der privaten Lebensführung		
(s. Baustein 2: Privates Ausgabenbudget)		€
Summe der laufenden Geschäftskosten		
(s. Baustein 4: Laufende Geschäftskosten)	+	€
Zwischensumme		€
Steuerrücklage (ca. 30 %)	+	€
Mindestumsatzerlöse		€

2. Als zweite Größe lässt sich der **erzielbare Umsatz** ermitteln. Ein Existenzgründer wird den erzielbaren Umsatz aus dem Stand zwar nicht erreichen können, sollte ihn aber im Visier haben. Wesentliche Einflussfaktoren auf den erzielbaren Umsatz sind einerseits Ihre Marktchancen, Marketingbemühungen und Akquisitionserfolge und andererseits Ihr durchsetzbares Tageshonorar und Ihre persönlichen Kapazitäts-Belastungsmöglichkeiten bzw. Ihre Kapazitäts-Belastungsgrenze, die den erzielbaren Umsatz begrenzt.

Mögliche Trainingstage (z.B. 120)	X	Durchschn. Tagessatz (z.B. € 1.000)	=	Erzielbarer Umsatz (z.B. € 120.000)

3. Irgendwo zwischen dem erforderlichen Mindestumsatz und dem erzielbaren Umsatz sollte Ihr Umsatzpotenzial für die ersten Jahre liegen. Konkretisieren Sie nun bitte Ihren **erwarteten Umsatz** als Resultat Ihrer Marketing- und Akquisitionsaktivitäten oder bereits vorhandener Aufträge, indem Sie zunächst Ihre bereits vorhandenen oder möglichen Aufträge zusammenstellen.

Der Zeitpunkt der Trainingsdurchführung ist oft nicht mit dem Geldeingang auf Ihrem Konto identisch. Es können Tage und Wochen zwischen der Rechnungsstellung und der Rechnungsbegleichung vergehen. Kalkulieren Sie das – entsprechend den mit Ihren Kunden vereinbarten Zahlungsmodalitäten – ein.

Baustein 6: Auftragsbestand

Was haben Sie schon – was müssen Sie noch schaffen?

Lohnt sich Ihr Einsatz

Sie haben nun bereits ermittelt, wie viel Umsatz Sie brauchen, um über die Runden zu kommen. Jetzt können Sie abschätzen, ob Ihre Selbstständigkeit Sinn macht. Denn schließlich soll es ja was einbringen.

Schauen Sie sich jetzt Ihren Auftragsbestand oder Ihre potenziellen Aufträge an und stellen Sie diese ins Verhältnis zum erforderlichen Umsatz.

Aus praktischer Erfahrung bietet sich eine A-B-C-Kategorisierung an:

A = Sichere Aufträge (bestätigt)
B = Angebahnte Aufträge (noch nicht sicher)
C = Noch zu akquirierende Aufträge

Mit dieser Kategorisierung erreichen Sie eine gute Planungssicherheit darüber, wie Ihre relativ sicheren Einnahmen aussehen, wo Sie noch aktiv werden müssen und welchen möglichen Finanzbedarf Sie zur Überbrückung haben.

Liegen Ihre sicheren Aufträge über Ihren Mindestumsatzerlösen, können Sie erst einmal durchatmen. Sie kommen über die Runden. Vorübergehende Engpässe werden allerdings eintreten – durch den Zeitunterschied zwischen Auftragsdurchführung/Kostenentstehung und Rechnungseingängen –, hier müssen Sie finanziell abgesichert sein (durch eigenes oder fremdes Geld).

Etwas unangenehmer wird es, wenn Ihr Mindestumsatz durch feste Aufträge noch nicht sichergestellt ist. Sie müssen nun prüfen, ob die angebahnten Aufträge zu Umsätzen führen können oder ob Sie noch stärker neue Aufträge akquirieren müssen.

Hierfür Rücklagen (Geldanlagen) zu haben oder auf relativ sichere Fremdfinanzierungen (z.B. Kredite oder Hilfen durch Verwandte oder Bekannte) zurückgreifen zu können ist im Prinzip unumgänglich. Ansonsten droht Ihnen die „Pleite“.

Baustein 7: Einnahmen-Überschuss-Rechnung

Was bleibt nun übrig?

Als freiberuflicher selbstständiger Trainer werden Sie in der Regel von der vereinfachten Gewinnermittlung Gebrauch machen und Ihre Bücher in Form der Einnahmen-Überschuss-Rechnung führen. Das heißt, die Betriebseinnahmen und die Betriebsausgaben werden grundsätzlich im Zeitpunkt des Zahlungsflusses erfasst. Bestände des Betriebsvermögens bleiben dabei unberücksichtigt. Die für bilanzierungspflichtige Unternehmen erforderliche Bestandsaufnahme (Inventur) entfällt. Zu berücksichtigen sind jedoch die Abschreibungen.

Falls Sie zu Beginn noch keine Einkommensteuervorauszahlung leisten, legen Sie einen ausreichenden Betrag (als Faustregel: ca. 1/3 Ihres Honorarumsatzes) dafür zurück. Lieber haben Sie nach dem Einkommensbescheid einen Überschuss, als dass Sie von der Steuernachzahlung erdrückt werden.

Tipp

Erstellen Sie nun einen Plan, wie sich Ihre Einnahmen und Ausgaben voraussichtlich entwickeln werden.

Die Einnahme-Überschuss-Planung kann nun folgendes Ergebnis aufweisen:

- Einnahmen und Ausgaben decken sich. Das ist schön, wenn hier bereits die Kosten der Lebenshaltung berücksichtigt sind.
- Die Einnahmen sind höher als die Ausgaben. Dann haben Sie Spielraum für weitere betriebliche Investitionen oder zur Bildung privater Rücklagen.
- Die Ausgaben sind höher als die Einnahmen. Dann haben Sie eine Lücke, die Sie schließen müssen.

Wenn Sie eine Unterdeckung haben, müssen Sie prüfen, woher Sie die Mittel dafür bekommen können.

Haben Sie private Rücklagen? Oder können Sie sich private Mittel von Verwandten und Bekannten beschaffen? Wenn nicht, schalten Sie rechtzeitig eine Bank oder Sparkasse ein, denn dann brauchen Sie eine Finanzierung.

Sprechen Sie Ihr Kreditinstitut auf jeden Fall darauf an, ob es öffentliche Fördermittel oder Eigenkapitalhilfen für Ihr Vorhaben gibt.

Tipp

Für eine Existenzgründung brauchen Sie ein schlüssiges Unternehmenskonzept und einen Businessplan.

Tipp

Liebe zukünftige Trainerin, lieber zukünftiger Trainer! Wenn Sie diesen Beitrag bis hier gelesen und auf Ihre spezifische Situation durchgearbeitet haben, darf ich Ihnen zunächst ein Kompliment machen – denn Sie meinen es wirklich Ernst und wollen sich als TrainerIn selbständig machen. Denn das war harte Arbeit – zugegeben. Der Rest, der jetzt kommt, ist das Geschäft der „Banker“. Wenn Sie bis hierhin ein schlüssiges und realistisches Geschäftskonzept entwickelt haben, ist der Rest „easy“.

Tipp

Für ein Finanzierungsgespräch mit einem Kreditinstitut sollten Sie die vorangegangenen Kapitel durchgearbeitet und Arbeitsunterlagen erstellt haben.

Baustein 8: Liquiditätsplanung

Immer flüssig bleiben!

Monatlichen Liquiditätsplan aufstellen

Das Wichtigste in einer Selbstständigkeit ist, jederzeit zahlungsfähig zu bleiben. Das heißt, man muss jederzeit in der Lage sein, seinen Verpflichtungen termingerecht nachkommen zu können, entweder aus eigenem Guthaben oder im Rahmen von Kreditlinien.

Um dies sicherzustellen ist man gut beraten, einen Liquiditätsplan zu erstellen, aus dem Sie erkennen, wann Sie möglicherweise kurzfristige finanzielle Engpässe haben, die durch Eigen- oder Fremdmittel beseitigt werden müssen.

Hierzu erstellen Sie einen Plan, ausgehend von Ihrem Kontostand, was an Ausgaben jeden Monat auf Sie zukommt und wie viel Einnahmen dem (voraussichtlich) gegenüberstehen. Die Differenz ist Ihre Liquidität. Empfehlenswert ist es, einen Liquiditätsplan über drei Jahre zu erstellen, mindestens jedoch für ein Jahr.

Aus dem Liquiditätsplan erkennen Sie nun, wo Sie Liquiditätsüberschüsse haben (die Sie anlegen können) oder wo Sie Liquiditätsengpässe haben (hier benötigen Sie Kapital).

Tipp

Gehen Sie Verpflichtungen erst dann ein, wenn Sie sicher stellen können, dass diese durch Einnahmen auch gedeckt sind.

Baustein 9: Kapitalbedarfsplan

Wie viel Kapital brauche ich?

Sie haben gut geplant

Geld zu verkaufen ist das Geschäft von Banken und Sparkassen. Wie viel Geld Sie jedoch kaufen wollen, liegt bei Ihnen. Doch dank Ihrer Arbeit, die Sie sich bis hier gemacht haben, können Sie relativ sicher definieren, wie hoch Ihr Kapitalbedarf ausfällt.

Natürlich werden Sie auch hierbei einiges erleben. Wenn Ihr „Geschäftskonzept“ Aussichten auf Erfolg hat, werden Sie Geldgeber finden. Neben Banken und Sparkassen gibt es Institutionen, die Existenzgründer fördern.

Baustein 10: Finanzierung

Woher das Geld nehmen?

Geldgeber suchen

Um es vorwegzunehmen: das günstigste ist, wenn Sie über eigene Mittel verfügen, um Engpässe finanzieller Art zu überwinden. Nach einer Faustregel brauchen Sie Luft für ca. 9-12 Monate, bis Sie als neuer selbstständiger Trainer im Geschäft sind.

Wenn Sie diese eigenen Mittel nicht haben und auch nicht auf „Verwandten-Unterstützung“ zurückgreifen können, wird es nicht einfach. Denn dann brauchen Sie „Finanziers“. Vielleicht haben Sie einen „Business-Angel“ oder gehören einem Netzwerk an, dann gibt es Möglichkeiten.

Haben Sie solche Zugangsmöglichkeiten nicht, sind Sie auf Finanzierungen durch Geldgeber, wie Sparkassen und Banken angewiesen. Dazu einige Tipps.

Zusammenarbeit mit Geldgebern

Im Kreditgewerbe findet zurzeit ein enormer Umwälzungsprozess statt. Fusionen, Personalfreistellungen und Neuausrichtungen sind an der Tagesordnung. Die richtige Bank oder Sparkasse zu finden ist daher gar nicht so einfach.

Daher einige Hinweise zum Schluss:

Unterschiedliche Angebote einholen

1. Wenn Sie die Bausteine bearbeitet haben und Ihre Existenzgründung gute Aussicht auf Erfolg hat, gehören Sie zu einer attraktiven Kundengruppe des deutschen Finanzdienstleistungsgewerbes. Schließlich sind Sie Kreditkäufer (das bringt Zinsen), Sie müssen Rücklagen bilden (das bringt Einlagen), Sie müssen für Ihr Alter vorsorgen (das ergibt Cross-Selling-Chancen) und Sie wollen als Selbstständiger Erfolg haben (Sie sind gesellschaftlich wichtig).
2. Sie haben heute mit Sicherheit bereits eine Bankverbindung. Doch muss diese Bank oder Sparkasse nicht unbedingt das richtige Institut sein, um Ihre Selbstständigkeit zu begleiten. Eine weitere Bankverbindung kann durchaus sinnvoll sein.
3. Doch seien Sie fair. Geben Sie Ihrem bisherigen Institut zunächst eine Chance und legen Sie ihm Ihr Existenzgründungskonzept vor. Denn Sie haben die Arbeit getan, die notwendig ist um eine sinnvolle Existenz zu gründen.
4. Scheuen Sie sich aber nicht, Ihr Konzept auch anderen Geldgebern vorzustellen und eine Zusammenarbeit zu prüfen.
5. Nehmen Sie auch Kontakt auf zu anderen Institutionen, die Risikokapital zur Verfügung stellen und Sie bei der Existenzgründung begleiten.

Tipp

Sprechen Sie rechtzeitig mit Ihrem „Finanzier“ – auch wenn es mal nicht so läuft. Denn als TrainerIn schätzen Sie es doch auch, dass man offen und fair ist.

Anmerkungen

[1] Im Verlauf dieses Beitrages sind immer Trainerinnen und Beraterinnen ebenso wie die männlichen Geschlechtsgenossen in gleichem Maße angesprochen, selbst wenn die Bezeichnungen manchmal nur Trainer oder Berater lauten.

[2] „wirtschaft & weiterbildung“/September 1999

[3] „wirtschaft & weiterbildung“/März 2000

Der Autor verfügt zu einigen der hier erwähnten Rechenbeispielen und Tabellen über ausgearbeitete Excel-Tabellen, die er den Lesern auf Wunsch gerne zur Verfügung stellt.

Max Meier-Maletz
An der Reick 13
40670 Meerbusch
Tel. 02159-7011
Fax 02159-81918
E-Mail: meier-maletz@t-online.de

Max Meier-Maletz, BDVT, Meerbusch arbeitet seit über 20 Jahren als Verkaufstrainer und Führungstrainer für technische Unternehmen. Er entwickelte das erste mediengesteuerte Gruppentraining für den Handel, mit dem mehr als 10.000 Verkaufskräfte trainiert wurden (Mobil Oil, Volkswagen, OBI). Als Autor mehrerer Fachbücher und mehr als 100 redaktioneller Beiträge in der Fachpresse genießt er vorausschauende Kompetenz. Meier-Maletz bildet selbstständige TrainerInnen aus, die sämtlich sehr erfolgreich arbeiten. Er berät und coacht häufig TrainerkollegInnen. Der Autor ist Ehrenrat des BDVT, Ehrensenator der Junior Chamber International, USA und Vorstandsmitglied im Club Europäischer Verhaltenstrainer, C.E.V. e.V.

Kalkulation der Trainerleistung, Honorargestaltung

Der Autor Max Meier-Maletz untermauert die betriebswirtschaftlichen Anforderungen an selbstständige TrainerInnen mit detaillierten Planungshinweisen und Kostenbeispielen. Rund um den „Teufelskreis des niedrigen Tagessatzes" werden die Auswirkungen dargestellt. Wie viele Leistungen im Trainingsbereich oft honorarwürdig sind, stellt der Autor beispielhaft dar und schärft den Blick für zusätzliche Einnahmen.

Betriebswirtschaftlich denken und handeln

Selbständige Trainer arbeiten als Unternehmen und unterliegen betriebswirtschaftlichen Regeln. Aus vielen Gesprächen mit Trainerkollegen weiß ich, dass Trainerinnen und Trainer allzu häufig auf die Betrachtung ihres Berufes unter betriebswirtschaftlichen Gesichtspunkten verzichten. Insbesondere beschäftigen sich Trainer zu wenig mit ihren eigenen Kosten und vergessen dabei, dass auch private Aufwendungen von ihrem Einkommen bestritten werden müssen. Mit anderen Worten: Leider kalkulieren die meisten Trainer nicht, sondern überlassen ihr Jahresergebnis mehr oder weniger dem Zufall. Wenn es dann nicht klappt, wird schnell etwas in Werbung investiert. Dabei ergab die BDVT-Umfrage, dass aus Werbung nur sehr wenige Aufträge entstehen können. Es würde zu weit führen, in diesem Beitrag einen Grundkurs in Betriebswirtschaftsdenken zu versuchen. Es scheint mir aber wichtig, einige Grundlagen der Trainerkalkulation anzusprechen.

Die Kalkulation wird von fünf Komponenten bestimmt:

Zeitaufwand
Eigenkosten
Honorarhöhe
Beschäftigungsgrad
Arbeitsumfang

Ich gehe nachstehend auf diese fünf Punkte ein.

1 Zeitaufwand

Freie und administrative Zeit einplanen

Von den 365 Tagen im Jahr verbleiben, nach Abzug der Wochenenden und Feiertage sowie von 30 Tagen Urlaub und 5 Tagen kalkulatorischer Ausfallzeiten, noch 215 Arbeitstage. Dabei ist unerheblich, wenn an den Wochenenden gearbeitet wird. Der Trainer/die Trainerin wird dann andere Tage zur Erholung brauchen. Von den 215 Arbeitstagen dienen durchschnittlich 24–26 Tage dem allgemeinen Management. Dazu gehören Arbeiten der Verwaltung, Organisation, Buchhaltung, Steuerfragen etc. Weitere 12–14 Tage dienen der Entwicklung nicht auftragsbezogener Trainingsprogramme oder Trainingsblocks, einschließlich der Gestaltung der Teilnehmerunterlagen und des eigenen Auftritts. 15–20 Tage sind der eigenen Information und Weiterbildung gewidmet einschließlich der Teilnahme an BDVT-Veranstaltungen. Weitere 12–17 Tage sind fürs eigene Marketing vorzusehen. Dazu gehören Kontaktaufnahmen mit Kunden und Kundenpflege, Akquisition. Die folgende Tabelle zeigt die genannten Zahlen in der Übersicht.

Jahrestage	365	
Sam/Son/Feiertage	115	
Urlaub	30	
Ausfalltage, Krankheit etc.	5	
verbleibende Tage	215	215
allgem. Management, Verwaltung, Orga	24	26
Entwicklung nicht auftr.bez. Projekte	12	14
Eigeninfo, Weiterbildung	15	20
eig. Marketing, Kundenpflege	12	17
Rest-Tage	**max. 152**	**min. 138**
Durchschnitt: 145 Tage		

Tabelle 1: Jahres-Arbeitszeit

Die verbleibenden ca. 145 Tage für auftragsbezogene Projekte sind inklusive der An- und Abreisen, der Analysetage, der Vor- und Nachbearbeitung der Teilnehmer von Seminaren oder Workshops zu verstehen. In diesen 145 Tagen müssten 100 % der Einnahmen erreicht werden.

2 Eigenkosten

Umsatz: höchstens 50 % Kosten-Anteil

Bei meinen Trainer-Coachings stelle ich fest: Nur ganz wenige Trainer kennen ihre jährlichen Kosten. Diese Kenntnis ist aber von großer Bedeutung für die eigene Kalkulation. Zu diesen Kosten gehören auch Aufwendungen für Ausbildung der Kinder, für Urlaub, für private Versicherungen, auch wenn diese nicht steuerlich absetzbar sind. Weitere wichtige geschäftliche Kosten sind, gemäß jährlicher Erhebung des Club Europäischer Verhaltenstrainer, C.E.V. e.V.: Reisekosten, Personalkosten, Kfz-Kosten, Leasing/Mieten, Trainingsmaterial, Abschreibungen und Bewirtungskosten. Selbstverständlich gehören Einkommensteuer und die Kosten der Steuerberatung auch in diesen Block. Die Kosten betragen durchschnittlich ca. 50 % des Umsatzes oder umgekehrt: Eigene Jahreskosten x 2 entsprechen dem anzustrebenden Mindestumsatz pro Jahr!

Einen wichtigen Einfluss auf Ihre Kalkulation hat Ihr Status als Freiberufler: Die Gewerbesteuer ist sehr hoch! Sorgen Sie also dafür, dass Sie als unterrichtende Person, als Privatdozent oder freischaffender Lehrer vom Finanzamt anerkannt werden. Weisen Sie Versuche des Finanzamtes, Sie als Gewerbetreibenden einzustufen, zurück. Weitere Einzelheiten dazu können Sie vom BDVT bekommen. Rechnen Sie einmal aus, was Sie einer Ihrer Seminartage kostet. Berechnen Sie auch den Anteil der Kosten am Umsatz. Liegen diese Kosten höher als 50 %, haben Sie Besserungsbedarf.

3 Höhe des Tageshonorars

Gängige Tageshonorare

Der weitaus größte Teil der Trainer und Trainerinnen im BDVT berechnet den Kunden Tageshonorare. Gemäß BDVT-Erhebung lagen die Durchschnitts Honorare pro Tag 1999 für Verkaufstraining zwischen € 1.500,-- und € 2.000,--. (weitere Einzelheiten s. Tabelle 2).

Das bedeutet bei z.B. 80 Trainingstagen pro Jahr einen Jahresumsatz von € 120.000 bis € 180.000. Kommen noch 30 Tage für Analyse, Vor- und Nachbearbeitung à € 1.000 hinzu, liegt der Jahresumsatz bei wenigstens € 150.000 und damit in der unteren Hälfte des Durchschnittseinkommens von BDVT-Mitgliedern 1999. Dabei sind Extremhonorare (€ 8.000 bis € 12.500/Tag) nicht berücksichtigt. Obwohl nur sehr selten nach Stunden abgerechnet wird, hier noch eine kurze Angabe dazu: Die Stundenhonorare liegen bei € 150,-- bis € 250,-- also auch nicht höher als bei einem Rechtsanwalt.

Nennen Sie selbstbewusst Ihr Honorar

Bei der Betreuung meiner Lizenznehmer stelle ich immer wieder fest, dass bei Anfängern zur Nennung eines normalen Tageshonorars Bedenken bestehen. Zum großen Erstaunen von „Neulingen" akzeptieren die Kunden einen Betrag von € 1.500/Tag, wenn Leistung und Wirkungen überzeugend dargestellt werden. Es hängt zum Teil auch von den Branchen und den Themen ab. Grundsätzlich darf gesagt werden: Große Unternehmen zahlen unter dem Durchschnitt. Ist ein Trainer z.B. in einem Großunternehmen im Rahmen einer Aktion als einer von vielen durchführenden Trainern eingesetzt, wird er selten mehr als € 1.000 Tageshonorar bekommen. Trainiert ein Trainer aber in einem großen Unternehmen Key-Account-Verkäufer und kann er nachweisen, dass bei anderen Unternehmen eine Preiserhöhung von 10 % durch seine Trainings zu 90 % durchgesetzt werden konnte, wird es bezüglich der Honorarhöhe auch von € 2.000 und mehr keine Probleme geben. Schließlich hängt die Rendite, z.B. des nächsten Halbjahres, zum guten Teil von der Wirkung dieses Trainings ab. (Verkaufs-)Training ist, gemessen am Aufwand, die wirkungsvollste Investition in Menschen und Markt.

Mittlere und kleine Unternehmen zahlen über dem Durchschnitt, weil sie vom Trainer auch andere geschäftliche Anregungen erwarten (s. Punkt 5). Erwartet wird vom Trainer oft, bei Aufträgen von mehr als 10 Seminartagen mit dem gleichen Thema und der gleichen Zielgruppe die Tageshonorare zu reduzieren. Aber: Es erweist sich als recht schwierig, Honorare beim gleichen Kunden später zu erhöhen.

Tabelle 2 **Durchschnittliche Trainer-Honorare**

	bis DM 2.000,--	bis DM 3.000,--	bis DM 4.000,--	bis DM 5.000,--
Analyse, Vorbereitung	44,9	46,9	4,1	4,1
Verkäufer-Sem.	9,1	40,0	38,2	12,7
Führungs-Sem.	-,-	37,2	45,1	17,6
Nachbearbeitung, Transferhilfe	25,0	62,0	6,2	6,2
Wirkungskontrolle	42,8	4,0	9,5	5,7

Anmerkung: Die Zahlen der BDVT-Umfrage 1999 (in % der Trainer BDVT)

4 Beschäftigungsgrad

Der Teufelskreis des niedrigen Tagessatzes

Die 80 Seminartage im vorigen Abschnitt entsprechen etwa dem Durchschnitt. Bei einem durchschnittlichen Tageshonorar von z.B. nur € 1.000 sind schon 150 Tage notwendig, um € 150.000 Umsatz zu erreichen. Als Faustregel gilt: Je höher das durchschnittliche Tageshonorar, desto weniger Tage muss der Trainer oder die Trainerin in Seminaren arbeiten und desto mehr Zeit hat er/sie zur eigenen Weiterentwicklung und zur Akquisition. Es klingt wie ein Teufelskreis: Je niedriger das Honorar ist, desto weniger Zeit hat man für Kundengewinnung und Kundenpflege. Je höher das Honorar ist, desto mehr Zeit bleibt für diese wichtigen Arbeiten.

Nun ist es anfangs nicht so leicht, einen hohen Beschäftigungsgrad zu erreichen. Wenn Sie aber z.B. bei der Trainingsbedarfsanalyse feststellen, dass im Unternehmen Führungsschwächen erkennbar sind, sollten Sie ein Führungstraining vorschlagen. Wünscht der Kunde ein Argumentationstraining, können Sie z.B. einen vorgeschalteten Argumentenworkshop vorschlagen, in dem u.a. Argumente entwickelt, gegliedert und gewichtet werden. Bei Neukundengewinnung denken Sie daran: Die Visitenkarte ist das wichtigste Verkaufswerkzeug des Trainers, um z.B. bei der Bahnfahrt, im Tennisclub, in der Nachbarschaft, kurz: bei allen Menschen neue Kontakte zu knüpfen. Irgendwann wird es sich lohnen.

5 Arbeitsumfang

„Periphere Mäuse" einfangen

Es überrascht mich immer wieder, wie viele und welche Leistungen die TrainerInnen verschenken. Abgesehen von einem honorarfreien Kontaktgespräch oder einer Kurzpräsentation, gibt es einige Traineraufgaben, die dem Kunden einen geldwerten Vorteil bieten und darum honoriert werden. Diese von mir „periphere Mäuse" genannten Trainereinnahmen werden nachstehend erläutert:

Bedarfs-Analyse

Das beginnt mit der Trainingsbedarfsanalyse. Sie dient dem Trainer zur bestmöglichen Einstellung auf Unternehmen, Gruppe und Branche. Sie dient dem Auftraggeber, weil der Trainer bei der Analyse oft auch Dinge erfährt, die für die Geschäftsleitung oder Verkaufsleitung sehr interessant sind. Bedarfsanalysen erfolgen entweder durch Begleitung und Beobachtung der künftigen Teilnehmer bei der Arbeit oder durch einen Zielfindungsworkshop mit ihnen. Wenigstens ein halbes, oft auch ein ganzes Tageshonorar wird dafür gezahlt.

Ausarbeitung, Abstimmung, Vorbereitung

Ähnlich verhält es sich mit dem Honorar für die **Ausarbeitung** des Seminars oder der **Abstimmung der Inhalte** mit dem Auftraggeber (Regiegespräch). Unterscheiden Sie hier beim Honorar, ob der Kunde zu Ihnen kommt oder Sie zu ihm reisen müssen. Eine weitere zu honorierende Aufgabe ist die **Vorbereitung der Teilnehmer** auf das Seminar. Dies kann durch vorab zugesandte Unterlagen geschehen oder durch Übersendung eines Buches, von dem ein Kapitel oder Abschnitt von den Teilnehmern vorab durchzuarbeiten ist.

Reisespesen

Dass sowohl **Reise als auch Übernachtung(en) und Verpflegung** vom Auftraggeber gezahlt werden, ist meist unstrittig. Anders ist es mit **Miete für Geräte,** Kopie der Teilnehmerunterlagen etc. (Achtung: auf steuerliche Aspekte achten!).

Auch die Erarbeitung eines **Seminarberichtes** kann berechnet werden. Dabei sollte das Honorar sogar nachträglich erhöht werden, wenn beim Seminar wichtige Anregungen entstanden, die gründlich ausgearbeitet werden müssen, damit der Kunde viel Geld spart oder höhere Einnahmen bekommen kann. Hier arbeitet der Trainer als Berater.

Als nächste zu honorierende Aufgabe entsteht die Notwendigkeit zur **Nachbearbeitung der Teilnehmer** und zur Transferhilfe in die Praxis. Dazu gibt es von schriftlichen Erinnerungsaufgaben per Post, Fax oder E-Mail, über Auffrischungssitzungen bis zur telefonischen Einzelbetreuung ein breites Spektrum an Möglichkeiten.

Als weitere honorierte Trainerleistung empfiehlt sich die **Wirkungskontrolle** des Trainingserfolges. Da dieses Thema von grundsätzlicher Bedeutung ist und bei den meisten Trainern dazu keine Erfahrungen vorliegen, nachstehend einige Hinweise:

Wirkungskontrolle

Hard- und Softfacts definieren

Es beginnt damit, dass Sie den Auftraggeber dabei beraten, wie er die vielfältigen Trainingswirkungen feststellen kann. Dabei gibt es zwei Kategorien, die in der folgenden Übersicht dargestellt sind (s. Tabelle 3). Die harten Faktoren lassen sich aus den Unternehmenszahlen und der EDV gegen geringes Honorar ableiten. Die weichen Faktoren sind durch Umfragen vor dem Training festzustellen. Diese Feststellung sowie die weiteren Erhebungen und Auswertungen verursachen höhere Kosten und Honorare. Das Preiswürdigkeitsempfinden der Kunden wird u.a. von Argumentation und Verhalten der Verkaufskräfte beeinflusst. Grundsätzlich gilt: Ohne vorherige Ist-Feststellung lässt sich ein Trainingserfolg nicht darstellen.

Vorab zu klären ist auch, ob und welche anderen Einflüsse auf die Trainingswirkungen zu erwarten sind oder anders: in welchem Umfang die betreffenden Wirkungen der Arbeit des Trainers zuzuordnen sind.

Tabelle 3 **Trainingswirkungen**
(Kurzübersicht)

Harte Faktoren	Weiche Faktoren
1. Umsatz insgesamt nach Angebotsgruppen je Verkäufer je Kunde	**1. Motivation** zum Unternehmen zur Aufgabe zum Angebot zu Kunden
2. Kunden(zahlen) Neukundengewinnung Stammkundenzuwachs nach Kundenkategorien	**2. Image/Kundenzufriedenheit** Unternehmen insgesamt Verkaufsabteilung Service-Abteilung
3. Kosten Verkäufer (inkl. Fahrten etc.) Verkaufsabteilung	**3. Preiswürdigkeit** des Angebots der peripheren Leistungen

Anmerkung: Es gibt weitere harte und weiche Faktoren.

Zusammenfassung

Die Kenntnis der eigenen Kosten, verbunden mit der Übersicht über die zur Verfügung stehende Zeit, dürfte TrainerInnen zunehmend veranlassen, neben höheren Tageshonoraren auch an die Berechnung der peripheren Leistungen zu denken („periphere Mäuse"). Da andere freie Berufe für ähnliche Leistungen weit mehr Honorar bekommen und weil gute Trainings, insbesondere Verkaufstrainings, beträchtliche Mehrrenditen veranlassen können, sind entsprechende Zahlungen an TrainerInnen auch angemessen.

Kernsätze:

- Denken Sie bei Ihrer Kalkulation daran: In 145 Arbeitstagen müssen 100 % der Einnahmen erreicht werden!
- Gesamte Jahreskosten x 2 = Mindestumsatz-Ziel pro Jahr!
- (Verkaufs-)Training ist, gemessen am Aufwand, die wirkungsvollste Investition in Menschen und Markt.
- Benutzen Sie Ihre nachweisbaren Trainingswirkungen, um bei neuen Kunden höhere Honorare zu bekommen!
- Kämpfen Sie für den Status der Freiberuflichkeit. Sie sparen dadurch viel Steuern!

Max Meier-Maletz
An der Reick 13
40670 Meerbusch
Tel. 02159/7011
Fax 02159/81918
E-Mail: meier-maletz@t-online.de

Max Meier-Maletz, BDVT, Meerbusch arbeitet seit über 20 Jahren als Verkaufstrainer und Führungstrainer für technische Unternehmen. Er entwickelte das erste mediengesteuerte Gruppentraining für den Handel, mit dem mehr als 10.000 Verkaufskräfte trainiert wurden (Mobil Oil, Volkswagen, OBI). Als Autor mehrerer Fachbücher und mehr als 100 redaktioneller Beiträge in der Fachpresse genießt er vorausschauende Kompetenz. Meier-Maletz bildet selbstständige TrainerInnen aus, die sämtlich sehr erfolgreich arbeiten. Er berät und coacht häufig TrainerkollegInnen. Der Autor ist Ehrenrat des BDVT, Ehrensenator der Junior Chamber International, USA und Vorstandsmitglied im Club Europäischer Verhaltenstrainer, C.E.V. e.V.

Richtige Vertragsgestaltung zwischen Trainer und Auftraggeber

Der Autor Max Meier-Maletz gibt einen umfassenden Überblick über Gesetze und Vertragsmuster, die in allen Phasen der Trainingsarbeit und der eigenen Unternehmensführung der Absicherung dienen, aber auch als geheime Fallstricke den Erfolg beeinträchtigen können. Dem Thema Urheberschaft/Copyright ist dabei ein weiterer Schwerpunkt gewidmet, der auch für erfahrene TrainerInnen eine Fundgrube neuer Ideen ist.

Zu den wichtigsten Fachbüchern für freischaffende TrainerInnen gehören Gesetzesbücher. Da kann man zunächst Gesetzestexte lesen, dann aber auch die dicken Kommentare dazu, die sich mit der Auslegung dieser Gesetze befassen. Da rechtswirksame Urteile auch rechtsgestaltend wirken, beeinflusst die Exekutive den Transfer der Legislative in die Praxis. Da ich mich mit juristischen Frage seit über 40 Jahren beschäftige, bin ich dem Wunsch von Hans Hey, in diesem Bereich meine Erfahrungen zum Thema „Verträge“ mitzuteilen, gern nachgekommen. Da ich kein Jurist bin, darf ich keinen Rechtsrat erteilen. Es ist aber jedem Menschen unbenommen, anderen Leuten nützliche Hinweise zu geben.

Vertrag nach Absprache

Verträge müssen nicht immer umfangreich sein und auch nicht in allen Fällen schriftlich abgeschlossen werden. Wenn Sie einen Fahrschein lösen, entsteht ein Vertrag für Ihren Transport. Wenn Sie drei Bier bestellen, entsteht ein Vertrag über deren Lieferung und Zahlung. Die Striche auf dem Bierdeckel gelten als Vertrag. Auch mündliche Vereinbarungen können Vertragscharakter haben. Sie lassen sich aber nur schwer beweisen und sind darum im Streitfall meist wertlos. Sowohl das Bürgerliche Gesetzbuch (BGB) als auch das Handelsgesetzbuch (HGB) beschäftigen sich mit Verträgen. Es gibt faktisch keinen Lebensbereich, in dem man ohne Verträge auskommt.

Wenn man von Versicherungs-, Kredit-, Arbeits- und Miet- oder

Die wichtigsten Verträge

Leasingverträgen absieht, haben TrainerInnen in der Regel mit folgenden Vertragsfällen zu tun:

1. Dienstleistung an Kunden
2. Urheberschaft/Copyright
3. Kooperation mit Kollegen

Nachstehend gehe ich auf diese drei Bereiche ein.

1 Verträge zwischen TrainerInnen und Auftraggebern

Diese werden meist geschlossen, damit der/die TrainerIn die Mitarbeiter eines Unternehmens unterweist, anleitet und/oder mit ihnen Übungen durchfuhrt, sie also trainiert.

Schriftliches bringt Klarheit

1.1 Auch wenn nichts schriftlich vereinbart wurde, entsteht zwischen TrainerIn und Auftraggeber ein Vertragsverhältnis – leider ohne Klarheit über diese Zusammenarbeit. Kollegen, von denen ich hörte: „Jahrelang ging alles ohne Angebot und so – aber jetzt gibt's Ärger", müssen oft teures Lehrgeld bezahlen.

Angebot bringt Klarheit

1.2 Liegt von Trainerseite ein schriftliches Angebot vor, das der Kunde annimmt, kann die Klarheit schon größer sein. Es ist wichtig, wenigstens Zeit(en), Ort(e), Honorar(e), Themen und Gruppengröße(n) ins Angebot aufzunehmen. Was aber meist fehlt, sind Vereinbarung über Urheberrechte, Regelung bei Verschiebung oder Ausfall eines Termins, Zahlungsweise, Nebenkosten und Geheimhaltung. Das kann schon während der Zusammenarbeit zu Unstimmigkeiten führen, am häufigsten, wenn Termine kurzfristig abgesagt werden.

Geschäftsbedingungen beifügen

1.3 Die bestmögliche Klarheit bringt es, wenn der Trainer seinen Angeboten immer Geschäftsbedingungen beifügt, z.B. die „Geschäftsbedingungen für Trainer" (GfT), die der BDVT empfiehlt. Das Angebot lautet dann etwa: „Gemäß den beigefügten Geschäftsbedingungen für Trainer biete ich freibleibend an: ..." Die Geschäftsbedingungen regeln die häufigsten zu erwartenden Sachverhalte. Die „Geschäftsbedingungen für Trainer" unterliegen dem Copyright des BDVT. BDVT-Mitglieder dürfen die GfT nutzen und bekommen auch schriftliche „Hinweise zur Ausgestaltung der Verträge“ im Rahmen des § 675 BGB. Die GfT habe ich, zusammen mit einem Anwalt, 1998 geprüft und aktualisiert.

1.4 Schriftliche Angebote sollten enthalten:

Angebots-Inhalte

Ziele der Maßnahme(n)
Definition und Größe der Gruppe(n)
Aufgabe(n) des Trainers/Trainings
Inhalte und Methoden des Trainings
Nennung der Maßnahme(n) und Mittel
Termin(e)
Ort(e)
Honorar(e)
Zahlungsweise
Kostenerstattung (z.B. Reisen)
Nebenkosten (z.B. Gerätemiete)
Geschäftsbedingungen (immer!!)

1.5 Es empfiehlt sich, folgende Angaben – unter Nennung der Honorare und Termine – ins Angebot aufzunehmen:

Honorarwirksame Inhalte

Analyse des Trainingsbedarfs
Ausarbeiten des Seminars oder Workshops
Entwicklung der Teilnehmer-Unterlagen
Vorbearbeitung der Teilnehmer
Abstimmungsgespräch mit dem Auftraggeber
ggf. auch noch:
Einzelheiten der Durchführung
Seminarbericht
Nachbearbeitung der Teilnehmer
Transferhilfen
Erfolgsnachweise

Je deutlicher Sie sagen, was Sie gegen welches Honorar machen möchten, desto wahrscheinlicher gibt es keine Streitigkeiten.

1.6 Rechtsstreit vermeiden

Die Erfahrungen mit den Geschäftsbedingungen für Trainer seit 1977 haben gezeigt, dass deren Verwendung in den weitaus meisten Fällen einen Rechtsstreit vermeiden hilft. In den wenigen Gerichtsurteilen, die dennoch entstanden, wirkten die GfT zugunsten des Trainers. Häufige Streitpunkte:

Urheberrecht

1.6.1 Urheberrecht, geregelt in § 4.1 der GfT. Mit dieser Klarstellung wird vermieden, dass die Unternehmen mit den Unterlagen weitere Mitarbeiter ohne Mitwirkung des Trainers trainieren oder diese Unterlagen unerlaubt vervielfältigen.

Exklusivität

1.6.2 Die Ziffer 4.7 regelt, dass der Trainer auch für Wettbewerber des Auftraggebers (AG) arbeiten, also in einer Branche mehrere Unternehmen trainieren kann. Wünscht der AG eine Exklusivität, wäre dieses zu beschränken und ein Honorar dafür zu vereinbaren. So wünschte z.B. ein Automobilhersteller, für den ich ein Seminar entwickelte, dass ich nicht für andere Automobilfirmen arbeite. Als ich für zwei Jahre Exklusivität ein Honorar von € 125.000 haben wollte, einigten wir uns darauf, dass ich, gegen eine deutlich kleinere Abfindung, drei Jahre lang keine Seminare für Kfz-Hersteller entwickeln, wohl aber eigene Seminare durchfuhren durfte. Die bereits vorhandenen und bereits im breiten Umfang eingesetzten mediengesteuerten Gruppentrainings blieben davon unberührt. Außerdem handelte ich aus, dass ich über die Wirkungen des von mir entwickelten Seminars informiert wurde.

Termin-veränderungen

1.6.3 Besonders häufig sind Auseinandersetzungen wegen Absagen und Verschiebung eines Veranstaltungstermins. Darum sind solche Fälle in Ziffer 4.8 und 4.9 der GfT geregelt.

Ein Beispiel: Eine Firma der Modebranche sagte einen Termin ca. 10 Tage vorher ab. Mein Hinweis, dass ich mich darüber freue, weil ich jetzt Geld bekomme, ohne dafür arbeiten zu müssen, führte dazu, dass der Termin planmäßig stattfand.

Was war geschehen? Der belgische Repräsentant dieses Unternehmens konnte den Termin nicht wahrnehmen. Darum sollte alles verschoben werden. Bei allem Verständnis für Terminverschiebung im Notfall sollte der Trainer nicht unter mangelnder Termin-Disziplin eines Teilnehmers leiden müssen.

Für den Fall, dass für die Terminverschiebung wirklich ein wichtiger Grund vorliegt, sollte der Trainer stets Entgegenkommen zeigen. Das Ausfallhonorar kann z.B. zur Hälfte mit künftigen Seminaren verrechnet werden, für die noch kein Auftrag vorliegt.

1.7 Angebote an die Unternehmen adressieren

Unterschrifts-Vollmacht

Richten Sie Ihr Angebot nicht an Personen, sondern an die „Firma, z.Hd. der Person", sonst passiert, dass bei Personalwechsel sogar ein bereits erteilter umfangreicher Auftrag storniert werden kann. Es wird dann behauptet, dass Herr NN dazu keine Vollmacht gehabt habe usw. Sind Angebot und Auftragsbestätigung aber an die Firma, z.Hd. Herrn NN, gerichtet, hat der Trainer große Chancen, bei Absagen sein Ausfallhonorar zu bekommen.

1.8 Angebotszusagen schriftlich bestätigen

Exakt vorgehen

Wird das schriftliche Angebot des Trainers z.B. mündlich angenommen, empfiehlt sich eine kurze schriftliche Auftragsbestätigung, z.B. „Für den mir telefonisch am... erteilten Auftrag, gemäß meinem Angebot vom... bedanke ich mich und beginne nun mit den Vorarbeiten". Falls der Kunde wenige Änderungen gegenüber dem Angebot wünscht, auf die er sich mit dem Trainer verständigte, können diese in die Auftragsbestätigung aufgenommen werden. Bei umfangreichen Änderungen ist ein neues Angebot empfehlenswert, dessen Annahme wieder zu einer schriftlichen Auftragsbestätigung führen sollte.

Sollte einem Leser diese Vorgehensweise zu umständlich oder zu kompliziert sein, weise ich darauf hin, dass meine Lizenznehmer seit nunmehr 15 Jahren diese Vorgehensweise nutzen.

Nur in einem einzigen Fall gab es dennoch eine gerichtliche Auseinandersetzung, die selbstverständlich zugunsten meines Lizenznehmers entschieden wurde.

2. Urheberschaft/Copyright

2.1 Quellen angeben

Eigenes Urheberrecht schaffen

Das Gesetz über Urheberrechte regelt in § 2 Urh. Ges. u.a., dass nicht nur Texte, sondern auch wissenschaftliche und technische Darstellungen, wie Zeichnungen, Tabellen und plastische Darstellungen, mit dem Urheberrecht geschützt sind. Achten Sie also darauf, wenn Sie eine Grafik aus einem Buch oder aus der Presse einsetzen wollen. Erst die eigene Bearbeitung kann (aber muss nicht) ein eigenes Urheberrecht für Sie bedeuten.

2.2 Umgang mit Zitaten

Urheber benennen

Nach § 51 Urh.Ges. sind aber Zitate gestattet. Darum ist es empfehlenswert, z.B. im Seminar, stets den Urheber zu nennen, auch bei geringfügiger eigener Bearbeitung der Unterlagen – etwa so: „P. Müller nach A. Schulz". – Allerdings hat der Urheber dann nach § 14 Urh. Ges. das Recht, „eine Entstellung oder andere Beeinträchtigung" zu verbieten. Im Urh.Ges. sind die (übertragbaren) Verwertungsrechte in §§ 15–23 geregelt. Dazu gehört auch das Vortragsrecht, z.B. in Seminaren.

2.3 Urheberrecht begründen

Zustimmung erforderlich

TrainerInnen, die eigene Texte und Grafiken entwickeln, begründen damit ein Urheberrecht an den betreffenden Unterlagen. (Darum können TrainerInnen auch Mitglied der Künstlersozialkasse werden.) Das bedeutet, dass ohne die Zustimmung des Urhebers keinerlei Verwendung der Unterlagen vorgenommen werden darf – also keine Kopien, keine Übernahme in Videos, keine Übersetzung in andere Sprachen, keine Verbreitung auf gleich welchem Wege oder Medium. Wird der Inhalt verändert, kann ein neues Urheberrecht entstehen. Über den Umfang der Veränderung lässt sich streiten (im Musik-Urheberrecht liegt schon eine Verletzung vor, wenn die Melodie erkennbar ist). Die ganze Sache ist für TrainerInnen von Bedeutung, wenn sie z.B. eine Unterlage des Kunden verändern, um möglichst firmenspezifisch zu arbeiten. Klären Sie in solchen Fällen, dass Sie zur Verwendung, ggf. Veränderungen befugt sind. Die Ziffer 4.2 der GfT regelt dazu, dass der Kunde das Recht an den von ihm beigestellten Unterlagen auch wirklich haben muss. Trifft das nicht zu, so haftet er gegenüber dem Trainer, falls dieser von einem Dritten wegen unbefugter Verwendung belangt wird.

Literatur: *„Urheberrecht für die Praxis“*, ISBN 3.79101-535-4

2.4 Verwendung in der Erwachsenenbildung

Die in § 46 Urh.Ges. geregelte Verwendung von Unterlagen für Unterrichtszwecke verbietet ausdrücklich die Benutzung urheberrechtlich geschützter Unterlagen in der Erwachsenenbildung.

2.5 Unwesentliche Verwendung

Im § 57 Urh.Ges. ist ein für uns Trainer wichtiger Tatbestand geregelt: das „unwesentliche Beiwerk“. Wird also eine Unterlage, an der ein anderer ein Urheberrecht hat, verwendet, hat sie aber im Seminar keine entscheidende Bedeutung, kann der Trainer nicht ohne weiteres verklagt werden.

2.6 PC-Programme schutzfähig

Seit 1993 sind auch Computer-Programme schutzfähig (§ 69 a Urh.Ges.). Wenn Sie also ein Computer-Programm für Lern- oder Trainingszwecke entwickeln, darf das nicht einfach kopiert werden. Für solche Fälle gibt es Lizenzverträge – wie für Patente.

2.7 70 Jahre geschützt

Das Recht eines Urhebers erlischt erst 70 Jahre nach dessen Tod. Eine Verletzung des Urheberrechts ist strafbar, fällt also unter das Strafgesetzbuch.

2.8 Internet-Rechte

Noch unübersichtlich sind die mit dem Internet verbundenen Rechte – soweit das Internet nicht nur als Medium genutzt wird.

3 Verträge zwischen TrainerInnen

Es ist vielfach so, dass TrainerInnen sich im guten Wollen und positiver Stimmung zusammentun und dabei vergessen, dass Zeitabläufe die Voraussetzungen verändern können. Daraus ergeben sich dann Streitpunkte. Also empfiehlt es sich, die wichtigsten Punkte der Zusammenarbeit vorher zu besprechen, abzustimmen und einvernehmlich zu regeln. Sind alle wichtigen Fragen geregelt, kann eine Kooperation beginnen oder intensiviert werden – ohne späteren Katzenjammer. Über Trainer-Kooperationen und Trainer-Netzwerke schreibt Rolf Birmes in diesem Buch ausführlich. Ich kann mich also auf das Abfassen von Verträgen konzentrieren. Generell treffen bei der Zusammenarbeit zwischen TrainerInnen die meisten Bestimmungen der GfT ebenfalls zu oder sollten ebenfalls bedacht werden.

Schriftliche Regelungen einsetzen

3.1 Die Zusammenarbeit kann vielfache Formen haben. Von der Vermittlung von Aufträgen über gemeinsame Entwicklungen und gemeinsame Seminare bis zur Übergabe des Trainergeschäfts an einen Nachfolger gibt es eine breite Spanne von Möglichkeiten. Bei allen diesen Möglichkeiten können Verträge auch ohne lange schriftliche Fassungen entstehen. Wenn z.B. ein Trainer krank wird und einen Kollegen bittet, einige Seminare für ihn zu übernehmen, wird das der Eile wegen ohne ausführlichen Vertrag möglich sein müssen. Es genügt ein Brief, in dem geregelt wird, wessen Unterlagen verwendet werden, wie das Honorar aufgeteilt wird, wer den/die Kunden künftig bearbeiten soll – und unter welchen Bedingungen der einspringende Kollege dort weiterarbeiten könnte, falls der Kunde ihn vorziehen sollte.

Projekt-Verträge abschließen

3.2 Soll aber ein großes Projekt von zwei TrainerInnen gemeinsam bearbeitet, also konzipiert, gestaltet, durchgeführt, nachbearbeitet werden, lohnt sich ein schriftlicher Vertrag mit Sicherheit. Das gilt erst recht, wenn drei oder mehr TrainerInnen sich zusammentun, um gemeinsam eine große Sache in Angriff zu nehmen. Meist hat einer von ihnen den Auftrag bekommen oder in Aussicht und braucht Mitwirkende. Es ist aber auch die andere Form der Kooperation denkbar. Dabei verzichte ich hier auf alle Formen, die die Gründung einer gemeinsamen Firma, z.B. einer GmbH oder Partnergesellschaft, betreffen.

Dazu nur so viel: Bei einer intensiven Zusammenarbeit kann eine so genannte „Gesellschaft bürgerlichen Rechts“ (GbR) entstehen. Darum empfiehlt sich in jedem Fall bei längerer Zusammenarbeit, wenigstens die gemeinsame Haftung gegenüber Dritten auszuschließen oder zumindest zu begrenzen. Das neue Partnerschafts-Gesellschaftsgesetz regelt das im § 8.

3.3 In allen Fällen sind die folgenden Punkte des Vertrages zu regeln:

3.3.1 **Honorar-Höhe**

Erhöhungen vorsehen

Es können für unterschiedliche Aufgaben durchaus unterschiedliche Honorare vereinbart werden. Eine Honorar-Erhöhung nach einer gewissen Einarbeitungszeit ist üblich und empfehlenswert – zweckmäßig in mehreren Stufen.

3.3.2 **Wettbewerbs-Beschränkung**

Gegenleistungen vereinbaren

Das betrifft sowohl den Kundenschutz für die Kunden des einen oder anderen Vertragspartners als auch die Ausschließlichkeit, mit der ein Trainer für z.B. nur einen anderen Trainer oder ein Institut arbeiten soll. Eine Ausschließlichkeit sollte in diesem Fall stets einer garantierten Mindestzahl an Beschäftigungstagen oder einem Mindesteinkommen gegenüberstehen.

3.3.3 **Provisionen für Auftragsbeschaffung**

Motivation

Die Zahlung von Provisionen für Aufträge, die Trainer/Innen für einen anderen oder eine Trainergruppe beschaffen, sind empfehlenswert, weil sie einen Anreiz bietet. Zu beachten wäre dabei, dass Provisionen dann niedriger sind, wenn der Beschaffer für den betreffenden Kunden selbst tätig wird und daraus ein zusätzliches Einkommen erhält.

Pauschale Regelungen empfohlen

3.3.4 Urheberrechte

Wer hat an welchen Unterlagen Urheberrecht, und wie werden diese während der Vertragslaufzeit vergütet? (Wegen Regelung nach Vertragsende s.u.).

Entwickelt z.B. ein Trainer attraktive neue Grafiken für einen anderen Trainer oder ein Trainings-Institut, erwächst ihm daraus ein eigenes Urheberrecht. Da die Abgrenzung in diesem Fall meistens sehr schwierig ist, empfiehlt sich hier eine Pauschalregelung je Unterlage, sei es als Einmal-Pauschale oder als Jahres-Pauschale für die Verwendung.

Literatur: *„Lizenzverträge“*, Pfaff, ISBN 3-406-42748-2

Eindeutig formulieren

3.4 Grundsätzliches zur Vertragsgestaltung

Von völlig formlosen Vereinbarungen, z.B. per Brief (s.o.), bis zum völlig überfrachteten Vertragswerk gibt es viele Zwischenstufen. Einige Formen sollten aber jedenfalls gewahrt bleiben.

3.4.1 Die Vertragspartner müssen im Kopf des Vertrages eindeutig genannt sein, z.B. „P. Namenlos und seine PN-Firma“. Im ersten Paragraphen oder der so genannten Präambel wird der Gegenstand des Vertrages genannt, sein Ziel und Zweck, ggf. auch die Vorgeschichte.

3.4.2 In den folgenden Paragraphen wird dann geregelt, was beide Parteien vereinbaren. Dabei sollten alle Aussagen eindeutig formuliert sein, also nicht „in angemessener Zeit“, sondern z.B. „im Laufe von sechs Monaten“. Auch nicht „in zu vereinbarender Höhe“, sondern die Höhe beziffern. Wichtig ist immer die Darstellung der gegenseitigem Rechte und Pflichten. Auch hier nicht „in üblicher Form“, sondern die Form kurz, aber eindeutig beschreiben.

Vertragsstrafen

3.4.3 Von besonderer Bedeutung erweist sich die Vereinbarung für den Fall der Vertragsverletzung durch einen der Partner – sei es, dass eine Leistung oder Gegenstand nicht eingebracht wurde, sei es, dass der Partner hintergangen wurde. Für jeden Fall empfiehlt sich, eine Vertragsstrafe zu vereinbaren. Das hat seinen Zweck. Ohne Vertragsstrafe muss der jeweils entstandene Schaden beziffert werden – ein langwieriger und mit Gutachten und Gegengutachten gespickter Prozess, der überdies die Fronten verhärtet. Vertragsstrafen sollten abschreckende Wirkung haben. Setzen Sie diese also nicht zu niedrig an.

Es empfiehlt sich die Formulierung: *„Für jeden Fall der Zuwiderhandlung ist eine Vertragsstrafe von €..... vereinbart".* Arbeitet ein Partner z.B. während oder nach der Vertragslaufzeit unberechtigt für einen Kunden, so kann das nicht nur ein Fall, sondern jedes Seminar ein Fall sein. Vervielfältigt der Verletzende unberechtigt Unterlagen, so kann jedes Blatt ein „Fall" sein. Strittig ist, ob der Verrat von Geschäftsgeheimnissen vor einer Gruppe als ein Fall oder ob jeder, der es gehört hat, als separater Fall zu verstehen ist.

Nach der Trennung

3.4.4 Eine Regelung für die Zeit nach der Trennung der Partner muss so gestaltet sein, dass jeder weiterhin sein Leben fristen kann. Allzu eng gehaltene Wettbewerbsbeschränkungen führen also zu nichts. Dabei ist strittig, ob die §§ 89 b und 90 a HGB für TrainerInnen Anwendung finden können oder nicht.

Vermögensregelungen

3.4.5 In vielen Verträgen ist auch geregelt, was geschieht, wenn über das Vermögen eines Partners Vergleich oder Konkursverfahren eröffnet wird. Fallen dann gemeinsam erarbeitete Rechte an den anderen (sonst sind sie evtl. pfändbar)? Auch für die Zeit nach einem Todesfall, der in aller Regel zur Beendigung des Vertrages führt, sollte eine Regelung getroffen sein.

Salvatorische Klausel

3.4.6 Obligatorisch ist die so genannte „salvatorische Klausel" etwa: „Sollte eine der Bestimmungen dieses Vertrages, aus gleich welchen Gründen, ungültig sein oder werden, so bleiben die anderen Bestimmungen in Kraft. Die fortgefallene Bestimmung ist im Sinne des Vertrages neu zu formulieren." Übrigens: Eine solche, wie alle anderen Vertragsänderungen oder -ergänzungen, sollte von beiden Vertragspartnern paraphiert werden, d.h. sie werden mit Namens-Kurzzeichen am Rande „unterschrieben". Damit wird vermieden, dass der ganze Vertrag neu gefasst werden muss.

Doppelt absichern

3.4.7 Es folgt die Vereinbarung darüber, wie lange der Vertrag laufen soll und wie er gekündigt werden kann. Da der Vertrag „aus wichtigem Grund" gekündigt werden kann, suchen Kündigungswillige manchmal irgendeinen „wichtigen Grund". Meist finden die Gerichte diese Gründe nicht wichtig genug, und der Betreffende muss – vielleicht nach Jahren – erneut klagen. Hier gilt wie im Personalrecht: Eine außerordentliche Kündigung sollte immer mit einer ordentlichen Kündigung zugleich ausgesprochen werden. Zieht die eine nicht, schafft es die andere. – Nach Erwähnung des Erfüllungsortes und Gerichtsstandes, auf den man sich geeignet hat, sind die Vertragspartner, die unterschreiben, nochmals namentlich aufgeführt. Die Unterschrift nebst Datum wird von Hand eingesetzt.

Kernsätze zu diesem Kapitel

Denken Sie bei allen Verträgen daran:

- „Vertrag" kommt von „vertragen"!
- Klare Vereinbarungen und Verträge helfen, Streitigkeiten zu vermeiden.
- Einmal Schriftform bindet stärker als viele Telefongespräche.
- Wichtige Verträge von einem Anwalt prüfen lassen.

Dieter Teufel
Münchinger Straße 18
71282 Hemmingen

Dieter Teufel, Jahrgang 1940, Diplomfinanzwirt (FH), Betriebswirt VWA

Berufliche Tätigkeiten: Finanzamt Stuttgart (Einkommensteuer, Umsatzsteuer, Gewerbesteuer, Vermögensteuer); Oberfinanzdirektion Stuttgart (Steuerstrafsachen, Internationales Steuerrecht); Württembergischer Sparkassen- und Giroverband (Anlageberatung, Immobiliengeschäft, Steuerberatung)

Lehraufträge: Württembergische Sparkassenakademie (Bankbetriebswirte); Berufsakademie Stuttgart (Diplom-Betriebswirte (BA))

Steuerliche Überlegungen und Möglichkeiten für den selbstständigen Trainer

Der Autor Dieter Teufel stellt in verständlichen Zusammenhängen ein für TrainerInnen oft kompliziert anmutendes Thema dar. Damit verbunden sind viele für den Beginn der selbstständigen Trainerexistenz wichtige Steuertipps und Handlungsvorschläge. Sie helfen, die Auswirkungen von steuerwirksamen Entscheidungen besser einzuschätzen und damit von Beginn an den richtigen Weg einzuschlagen.

Mit welchen Steuern bekommt es der selbstständige Trainer zu tun? Der selbstständige Trainer wird auf jeden Fall mit der Einkommensteuer und der Umsatzsteuer, auch Mehrwertsteuer genannt, Bekanntschaft machen. Denkbar ist auch noch die Gewerbesteuer.

1 Einkommensteuer

Einnahme-Überschuss-Rechnung oft ausreichend

Für Zwecke der Einkommensteuer muss der Gewinn aus der Trainertätigkeit ermittelt werden. Nach welcher Methode dies zu geschehen hat, richtet sich nach der Einkunftsart, unter die der Gewinn fällt. Wird die Trainertätigkeit als sog. freier Beruf ausgeübt, liegen Einkünfte aus selbständiger Arbeit vor. Bei dieser Einkunftsart braucht unabhängig von der Höhe des Gewinns keine Bilanz erstellt zu werden. Es reicht eine schlichte Einnahme-Überschuss-Rechnung. Tritt der Trainer dagegen als Gewerbetreibender auf, reicht zunächst auch die Einnahme-Überschuss-Rechnung. Bei Überschreitung bestimmter Umsatz- und Gewinngrößen[1] wird er jedoch vom Finanzamt aufgefordert künftig Bücher zu führen und regelmäßig Abschlüsse (Bilanzen) zu erstellen. Die Einkunftsart entscheidet auch darüber, ob der Gewinn neben der Einkommensteuer noch einer zweiten Steuer, nämlich der Gewerbesteuer, unterliegt.

2 Einkunftsart

6 Tätigkeitsgruppen und ihre Besteuerung

Die Tätigkeit von Verkaufstrainern lässt sich nach Märkle[2] im Wesentlichen in sechs Gruppen gliedern. Zur ersten Gruppe gehören die Trainer, die eine betriebswirtschaftliche oder vergleichbare Ausbildung haben und deren Tätigkeit zumindest einen betrieblichen Hauptbereich umfasst. Diese Trainer üben eine Tätigkeit als beratende Betriebswirte oder eine ähnliche Tätigkeit aus und sind daher als Freiberufler im Sinne des § 18 Abs. 1 Nr. 1 EStG zu behandeln. Ist jedoch ein Trainer nur im Verkaufsbereich beratend tätig, dann stellt dies eine so weit gehende Spezialisierung dar, dass die Tätigkeit dem gewerblichen Bereich zuzuordnen ist. Es kann auch Fälle geben, in denen Trainer nur in der Aus- und Fortbildung tätig sind. Diese Trainer üben eine unterrichtende und damit freiberufliche Tätigkeit im Sinne des § 18 Abs. 1 Nr. 1 EStG aus. Treffen aber wie in den meisten Fällen beratende und unterrichtende Elemente zusammen, dann gelten die Grundsätze der so genannten gemischten Tätigkeit, wobei – wenn keine Trennung möglich ist – entscheidend ist, welches Merkmal überwiegt und die gesamte Tätigkeit prägt.

Es empfiehlt sich, in der Selbstdarstellung (Prospekt, Homepage usw.) die individuelle Coachingtätigkeit nicht unangemessen zu betonen. Wenn nämlich Coaching die gesamte Tätigkeit prägt, führt dies zu gewerblichen Einkünften (BFH-Urteil vom 11.6.1997, BStBl 1977 II, Seite 6871).

Sonderfall Personengesellschaft

Als Sonderfälle sind noch zu nennen der Zusammenschluss mehrerer Trainer zu einer Personengesellschaft. In diesem Fall liegt nur dann kein Gewerbebetrieb vor, wenn sämtliche Gesellschafter nach den dargestellten Grundsätzen freiberuflich tätig sind. Üben Trainer ihre Tätigkeit im Rahmen einer GmbH aus, dann erzielt diese GmbH ohne Rücksicht auf die Art der Tätigkeit auf jeden Fall Einkünfte aus Gewerbebetrieb.

Typischerweise wird der Trainer freiberuflich tätig sein, also unter die Einkunftsart Einkünfte aus selbstständiger Arbeit fallen. Hierzu ist es wie dargestellt erforderlich, dass der Schwerpunkt seiner Tätigkeit auf unterrichtendem Gebiet liegt. Die anderen Tätigkeiten, z.B. Konzeptions- oder Manuskripterstellung, dürfen nur vorbereitenden bzw. unterstützenden Charakter haben.

3 Kontakt zum Finanzamt beim Start in die Selbstständigkeit

Eigen-Information nötig

Es empfiehlt sich, dem Finanzamt schriftlich mitzuteilen, dass eine selbstständige Tätigkeit als freiberuflicher Trainer aufgenommen wurde. Das Finanzamt wird mit der Zusendung eines Fragebogens reagieren, in dem nach dem voraussichtlichen Umsatz und Gewinn gefragt wird. Nach diesen Angaben richtet sich die Festsetzung der vierteljährlichen Einkommensteuervorauszahlungen und die Verpflichtung zur Abgabe von Umsatzsteuervoranmeldungen. Häufig wird im ersten Jahr die Kleinunternehmergrenze von € 50.000 nicht überschritten werden, sodass keine Umsatzsteuerpflicht besteht. Auch die Gewinnschätzung dürfte im ersten Jahr eher niedrig anzusetzen sein.

Bei hohen Anfangsinvestitionen sollte überlegt werden, ob der Verzicht auf die Kleinunternehmerbefreiung wegen des dann möglichen Vorsteuerabzugs vorteilhaft ist.

Der gewerblich tätige Trainer muss sein Gewerbe bei der Gemeinde anmelden. Von dort wird das Finanzamt verständigt, das den erwähnten Fragebogen zusendet.

4 Steuerliche Betrachtung von Einnahmen und Ausgaben

Alle Einnahmen steuerpflichtig

Welche Einnahmen sind zu versteuern? Welche Aufwendungen können steuermindernd geltend gemacht werden?

Steuerpflichtig sind alle Einnahmen, die für die Trainertätigkeit anfallen, gleich ob bar oder unbar. Sie sind bei der Einnahme-Überschuss-Rechnung in dem Jahr zu versteuern, in dem sie vereinnahmt worden sind. Forderungen wirken sich nur bei Gewinnermittlung durch Bilanzierung auf den Gewinn aus.

Als Betriebsausgaben können alle Aufwendungen geltend gemacht werden, die durch den Betrieb veranlasst sind. Insbesondere Reisekosten, Büromiete, Büroausstattung, Büromaterial, Fachliteratur und sofern vorhanden gezahlte Arbeitslöhne. Im Einzelnen ist hierzu Folgendes zu sagen:

Überblick Betriebsausgaben Reisekosten

Reisekosten sind alle Aufwendungen, die durch die Reise unmittelbar veranlasst sind. Dazu gehören die Fahrtkosten, die Mehraufwendungen für Verpflegung, die Übernachtungskosten am Reiseziel und unterwegs sowie die Reisenebenkosten.

Fahrtkosten nachweisen

Die Wahl des Verkehrsmittels steht dem Unternehmer frei. Benutzt er ein öffentliches Verkehrsmittel, einen Mietwagen oder ein Taxi, sind die tatsächlichen Kosten in der nachgewiesenen Höhe abzugsfähig. Benutzt der Unternehmer für die Geschäftsreise ein betriebliches Fahrzeug, sind die anteiligen Aufwendungen über die Gesamtkosten des Fahrzeugs in den Betriebsausgaben enthalten.

Detaillierte Einzelbelege Übernachtungskosten

Übernachtungskosten sind in voller Höhe abzugsfähig. Sie sind durch Einzelbelege nachzuweisen. Der Beleg muss die Anschrift des Hotels, den Namen des Übernachtenden und die Übernachtungstage enthalten. Bei Auslandsreisen werden anstelle der tatsächlichen Kosten auch Pauschbeträge anerkannt. Zu den Übernachtungskosten gehören nur die Kosten für die Unterkunft, nicht dagegen die Kosten des Frühstücks. Werden die Übernachtung und das Frühstück in einem Betrag in Rechnung gestellt, muss der auf das Frühstück entfallende Anteil herausgerechnet werden. Hierzu ist der Gesamtbetrag bei einer Übernachtung im Inland um € 4,50 und bei einer Auslandsübernachtung um 20 % des für den betreffenden Unterkunftsort geltenden Pauschbetrags für Verpflegungsmehraufwand bei einer Dienstreise mit einer Abwesenheitsdauer von mindestens 24 Stunden zu kürzen.

Zeitanteilige Pauschbeträge Verpflegungsmehraufwand

Verpflegungsmehraufwendungen können nur noch mit Pauschbeträgen berücksichtigt werden. Ein Nachweis der tatsächlichen Kosten ist seit 1996 nicht mehr möglich. Die Höhe der Pauschbeträge richtet sich nach der Dauer der auswärtigen Tätigkeit am einzelnen Kalendertag. Der Verpflegungskostenpauschbetrag beträgt bei

Inlandsgeschäftsreisen

bei einer Abwesenheit von 24 Stunden	€ **24**
bei einer Abwesenheit von weniger als 24, aber mindestens 14 Stunden	€ **12**
bei einer Abwesenheit von weniger bei einer Abwesenheit von 24 Stunden	€ **6**

Bei Auslandsgeschäftsreisen gelten länderweise unterschiedliche Pauschbeträge. Es zählt grundsätzlich die Abwesenheitsdauer am einzelnen Kalendertag. Mehrere Kurzreisen am selben Tag dürfen zusammengerechnet werden. Maßgebend ist die Abwesenheit von der Wohnung **und** der Betriebsstätte.

Macht der Unternehmer höhere Beträge als die dargestellten Pauschbeträge geltend, wird die Differenz vom Finanzamt dem Gewinn als nicht abziehbare Betriebsausgaben hinzugerechnet.

Glaubhafte Belege Reisenebenkosten

Als Reisenebenkosten kommen z.B. folgende Aufwendungen in Betracht:

Taxikosten
Mietwagenkosten
Parkgebühren
Trinkgelder

Die Aufwendungen sind durch Belege nachzuweisen oder durch Einzelaufzeichnung glaubhaft zu machen (Trinkgelder).

5 Büromiete

Achtung: Büroräume als Betriebsvermögen

Ist der Unternehmer selbst Eigentümer des Büros, können die anteiligen Aufwendungen des Gebäudes abgezogen werden. Infrage kommen anteilige Abschreibungen, Kreditzinsen, Erhaltungsaufwendungen sowie Betriebskosten. Auch Reinigungskosten können abgezogen werden, wenn ein Beschäftigungsverhältnis besteht. Aufteilungsmaßstab ist das Verhältnis der Bürofläche zur gesamten Fläche des Gebäudes.

Bei gemieteten Räumen ist die Miete zuzüglich aller Nebenkosten abzugsfähig. Auch Mietzahlungen an den Ehegatten sind Betriebsausgaben. Es empfiehlt sich einen schriftlichen Vertrag wie unter Fremden abzuschließen. Zudem müssen die getroffenen Vereinbarungen auch tatsächlich durchgeführt werden. Anmieten vom Ehegatten hat den Vorteil, dass das Gebäude trotz der betrieblichen Nutzung Privatvermögen bleibt. Ein etwaiger Veräußerungsgewinn bleibt nach Ablauf der Spekulationsfrist von 10 Jahren steuerfrei. Anders sieht die Sache aus, wenn der Trainer selbst Eigentümer der von ihm betrieblich genutzten Räume ist. Dann wird das Gebäude/ die Eigentumswohnung insoweit zwingend Betriebsvermögen. Als Folge hiervon sind Veräußerungsgewinne unabhängig von Behaltefristen immer steuerpflichtig.

6 Büroausstattung

Geringwertige Wirtschaftsgüter oder Abschreibung

Zur Büroausstattung gehören die Einrichtungsgegenstände und die technische Ausstattung wie PC, Drucker, Scanner, Telefon und Faxgerät. Der Kaufpreis von Wirtschaftsgütern mit einem Anschaffungspreis bis zu € 410 ohne Vorsteuer (sog. geringwertige Wirtschaftsgüter) kann sofort in voller Höhe als Betriebsausgabe abgezogen werden. Höhere Anschaffungskosten müssen auf die Nutzungsdauer verteilt werden (Absetzung für Abnutzung). Beträgt die Nutzungsdauer z.B. 3 Jahre wie bei einem PC kann jährlich ein Drittel der Anschaffungskosten abgezogen werden. Aus Vereinfachungsgründen kann bei Anschaffung im ersten Halbjahr der gesamte Jahresbetrag und im zweiten Halbjahr die Hälfte angesetzt werden. Für die Prüfung der 410-Euro-Grenze müssen Wirtschaftsgüter, die eine Nutzungseinheit bilden, zusammengefasst werden. Beispiel: die Einzelteile einer Regalwand, nicht dagegen PC, Drucker, Scanner. Die Nutzungsdauer von Büromöbeln wird derzeit mit 13 Jahren angenommen.

Anstelle der oben dargestellten Absetzung für Abnutzung in gleichen Jahresbeträgen kann auch die Absetzung für Abnutzung in fallenden

Jahresbeträgen in Anspruch genommen werden. Sie wird mit einem unveränderlichen Hundertsatz vom jeweiligen Buchwert (Restwert) vorgenommen; der dabei zur Anwendung kommende Hundertsatz darf höchstens das Doppelte des bei der Absetzung für Abnutzung in gleichen Jahresbeträgen in Betracht kommenden Hundertsatzes betragen und 20 vom Hundert nicht übersteigen.

7 Arbeitslöhne

Vertrag für Angehörige

Der Trainer kann sich selbst, wenn er wie üblich als Einzelunternehmer tätig wird, keinen Arbeitslohn zahlen. Wohl aber beispielsweise dem Ehegatten oder einem Kind, wenn sie für das Unternehmen tätig werden. Erforderlich für die steuerliche Anerkennung ist ein schriftlicher Vertrag, der einem sog. Fremdvergleich standhält. Es muss sich also um einen Vertrag handeln, wie er unter sonst gleichen Bedingungen auch unter Fremden abgeschlossen würde.

Übereinstimmung von Vertrag und Realität

Dieser Vertrag darf nicht nur auf dem Papier stehen, sondern muss auch tatsächlich durchgeführt werden. D.h., die Arbeitsleistung muss wie vereinbart erbracht werden und der Arbeitslohn muss entsprechend bezahlt werden. Auf den ersten Blick bringt ein Ehegattenarbeitsverhältnis nicht sonderlich viel. Denn was der Unternehmer abzieht, muss z.B. der Ehegatte als Einkünfte aus nichtselbstständiger Arbeit versteuern. Allerdings nach Abzug eines Arbeitnehmerpauschbetrags von € 1.044. Ein weiterer Vorteil liegt jedoch im Betriebsausgabenabzug des sog. Arbeitgeberanteils zur gesetzlichen Rentenversicherung. Vereinfacht ausgedrückt kann der Unternehmerehegatte auf diese Weise aus unversteuertem Einkommen etwas für die Altersversorgung seines Ehepartners tun.

In deutlich abgeschwächter Form gilt das auch für ein sog. geringfügiges Beschäftigungsverhältnis (€ 325). Diese Form empfiehlt sich allenfalls dann, wenn der Arbeitnehmerehegatte Anspruch auf eine Freistellungsbescheinigung hat, weil keine positiven anderen Einkünfte vorliegen.

8 Gewerbesteuer, Option der Freiberuflichkeit prüfen

Die Gewerbesteuer ist eine zusätzliche Steuer auf den Gewinn, die überwiegend den Gemeinden zufließt. Die Gemeinden legen den sog. Hebesatz selbst fest und bestimmen damit die Höhe der Belastung. Die Gewerbesteuer ist als Betriebsausgabe abzugsfähig. Zudem kann ein Teil der Gewerbesteuer von der Einkommensteuer gekürzt werden. Im Idealfall bei durchschnittlichem Hebesatz und einer durchschnittlichen Einkommensteuerbelastung ohne Sondereinflüsse entfällt die Gewerbesteuerbelastung bei Einzelunternehmen praktisch ganz. Trotzdem gilt: Die beste Steuer ist die total vermiedene Steuer. Für den selbstständigen Trainer heißt das: Immer zuerst die Option der Freiberuflichkeit prüfen (siehe unter Einkunftsart). Der freiberuflich tätige Trainer hat Einkünfte aus selbstständiger Arbeit und ist daher nicht gewerbesteuerpflichtig. Nur wenn wegen der besonderen Ausgestaltung der Trainertätigkeit zwingend gewerbliche Einkünfte vorliegen, braucht sich der Trainer mit der Gewerbesteuer zu befassen. In diesem Fall sollte insbesondere die Kürzungsmöglichkeit von der Einkommensteuer optimiert werden.

9 Welche Unternehmensform ist die beste

Unkompliziert beim Start

Beim Start in die Selbstständigkeit ist das keine schwierige Frage. Der Start wird in aller Regel als Einzelunternehmen erfolgen. Alle anderen Unternehmensformen sind komplizierter und kostenträchtiger. Zudem bringt zumindest am Anfang auch keine andere Unternehmensform nennenswerte steuerliche Vorteile. Nachstehend einige Stichworte zu anderen Unternehmensformen.

Gesellschaft bürgerlichen Rechts (GbR)

Anteilige Gewinnzurechnung

Die GbR ist eine Personengesellschaft, die sich auch für Gemeinschaftsunternehmen von Trainern eignet. Der Gewinn der GbR wird den Gesellschaftern anteilig zugerechnet. Vergütungen jeder Art (Gehälter, Zinsen, Mieten) sind Vorabgewinn. Die Einkunftsart richtet sich nach der Tätigkeit der Gesellschafter. Einkünfte aus selbstständiger Arbeit liegen nur vor, wenn alle Gesellschafter freiberuflich tätig sind. Es genügt, dass ein Mitgesellschafter gewerblich tätig ist, um die Gewerbesteuerpflicht des gesamten Gewinns auszulösen. Die GbR selbst unterliegt nur der Umsatzsteuer und der Gewerbesteuer.

Partnerschaftsgesellschaft PartG

Nur für freie Berufe

Die Partnerschaftsgesellschaft ist eine nur Angehörigen freier Berufe zugängliche rechtsfähige Personengesellschaft. Anders als bei der Gesellschaft bürgerlichen Rechts erlaubt sie auch eine differenzierte Haftung der einzelnen Gesellschafter aus ihrer Tätigkeit. Sie soll die Lücke zwischen der Gesellschaft bürgerlichen Rechts und den Kapitalgesellschaften füllen. Spezielle steuerliche Vorteile bietet sie nicht.

Gesellschaft mit beschränkter Haftung (GmbH)

Gehalt plus Altersvorsorge

Die GmbH ist eine Kapitalgesellschaft. Sie unterliegt als juristische Person der Körperschaftsteuer mit 25 % und der Gewerbesteuer. Die Ausschüttungen unterliegen bei dem Gesellschafter/den Gesellschaftern zur Hälfte dem individuellen Steuersatz. Die GmbH bietet dem Unternehmer die Möglichkeit sich selbst mit steuerlicher Wirkung ein Geschäftsführergehalt zu zahlen und Rückstellungen für seine Altersversorgung zu bilden bzw. Beiträge für eine Direktversicherung als Betriebsausgaben abzuziehen. Als Vorteil kann auch die Haftungsbeschränkung bei der GmbH gesehen werden. Kreditgeber werden sich allerdings in den wenigsten Fällen mit der GmbH als einziger Haftungsschuldnerin begnügen. Sie fordern im Zweifel zusätzliche Sicherheiten aus dem Privatvermögen.

10 Resümee

- Die Trainertätigkeit sollte nach Möglichkeit als freiberufliche Tätigkeit ausgeübt werden, um die Gewerbesteuer zu vermeiden.
- Ein Beschäftigungsverhältnis mit dem Ehegatten ermöglicht steuerfreie Arbeitgeberbeiträge zu dessen Rentenversicherung.
- Steuerlich vorteilhafter als das Büro im eigenen Haus ist das Büro im Haus des Ehegatten, weil das Büro auf diese Weise Privatvermögen bleibt und Veräußerungsgewinne nach Ablauf der Spekulationsfrist steuerfrei vereinnahmt werden können.

- Zu Beginn der selbstständigen Trainertätigkeit ist das Einzelunternehmen die vorteilhafteste Unternehmensform.
- Der Aufbau einer betrieblichen Alterssicherung für den Unternehmer zulasten des Gewinns ist nur mit der Rechtsform der GmbH möglich.

Anmerkungen

1 Umsatz > € 260.000; Gewinn > € 25.000

2 Lt. Reg.-Dir. Dr. Rudi W. Märkle, Der Betrieb 1980, S. 706 ff.

Edit Frater
Trainerversorgung e.V.
Hohenstaufenring 55
50674 Köln
Tel. 0221/3317987
Fax 0221/3317992
E-Mail: ef@trainerversorgung.de

Edit Frater studierte Finno-Ugristik und Betriebswirtschaftslehre in Göttingen.

Sie ist seit 1990 selbständig als Finanz- und Versicherungsmaklerin (in Hamburg), seit 6/91 Gesellschafter-Geschäftsführerin der FVI Finanz-, Versicherungs- und Immobilienservice GmbH.

Seit 1993 Aufbau der „Trainerversorgung e.V.". Erfahrungen seit Untemehmensgründung vor allem in den Bereichen: Marketing, Produktentwicklung und Verkauf.

Absicherung und Vorsorge für Trainerinnen und Trainer in der Existenzgründungsphase

Die Autorin Edit Frater erläutert, wie die Versicherungs-Elemente persönliche Absicherung, Altersvorsorge, Vermögensmanagement und Absicherung des Betriebes in eine umfassende Finanzplanung übernommen werden, wie diese Elemente gestaltet sein sollten und welcher Leistungsumfang damit zusammenhängt. Der Hinweis, die eigene Versicherung und Vorsorge alle fünf Jahre mit den persönlichen Entwicklungen abzugleichen, macht den Beitrag auch für TrainerInnen interessant, die meinen, alle Entscheidungen in diesem Bereich bereits abgeschlossen zu haben.

Zahlreiche Trainer verlassen im Zuge der Existenzgründung die vermeintliche Sicherheit des sozialen Netzes. Als Freiberufler sind nun eigene Absicherungsstrategien gefordert, um die Existenz von Anfang an auf sichere Beine zu stellen.

Welche Verträge sind Notwendig

Aufgrund der verwirrenden Angebote im privaten Markt und der unterschiedlichsten Ratschläge von Fachleuten und Bekannten ist es schwer zu entscheiden, welche Investitionen ExistenzgründerInnen auf jeden Fall tätigen sollten und welche nicht notwendig sind.

Welche Risiken kommen auf Trainer und Berater zu?

Bei der Konzeption der Absicherung sollten zunächst die Risiken abgeklärt werden.
Welche Gefahren befürchten Trainer?

- Ich werde krank und kann vorübergehend keine Seminare halten
- Ich werde langfristig krank und berufsunfähig
- Ich kann während einer Krankheit meine Fixkosten nicht tragen

1 Persönliche Absicherung

Elemente der Absicherung und Vorsorge

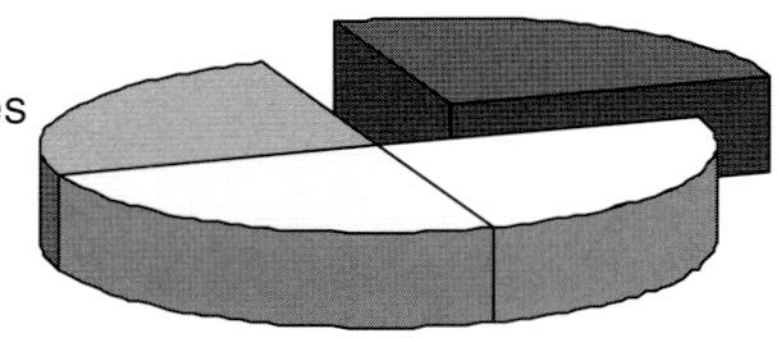

Eigene Absicherung hat Vorrang

Die Absicherung der persönlichen Arbeitskraft hat allererste Priorität. Ohne diese sind alle anderen Bestandteile der langfristigen Finanzplanung hinfällig, weil nicht mehr finanzierbar.

Beispiel: Trainer Harald stürzt im Januar beim Skifahren und zieht sich einen Bänderriss am rechten Knie zu.

Der zunächst nicht besonders schwer scheinende Unfall entwickelt sich zu einer langwierigen Angelegenheit. Harald ist aufgrund der großen Schmerzen nicht in der Lage normal zu gehen, somit auch nicht in der Lage Seminare zu halten. Dieser Zustand hält auch noch Ende September des Jahres an. Innerhalb dieses Zeitraumes wurde Harald schon zweimal operiert.

Wie sollte die Absicherung gestaltet sein?

Ein solcher Unfall, wenn er auch nicht sehr dramatisch klingt, verursacht auf verschiedenen Ebenen Kosten. Zum einen die Kosten für die medizinische Betreuung und Behandlung, zum anderen entsteht Umsatzausfall.

Absicherungsmodul Nr. 1: die Krankenversicherung

Krankenversicherung ist freiwillig

Selbstständige und Freiberufler haben in Deutschland die freie Wahl, ob sie sich krankenversichern möchten oder nicht. Wenn eine Kranken-Vollversicherung abgeschlossen wird, ob gesetzlich oder privat, so ist die Pflegepflichtversicherung Pflicht! Es gibt keine Möglichkeit, eine Kranken-Vollversicherung ohne Pflegepflichtversicherung abzuschließen. Ohne Krankentagegeld leider schon. Die Krankenversicherung deckt die Kosten für die medizinische Behandlung und den Aufenthalt im Krankenhaus ab. Wie luxuriös das Krankenzimmer sein darf, hängt von der gewählten Versicherung ab.

Bei einem Bruttoeinkommen von z.B. € 3.250 monatlich kann die gesetzliche Krankenversicherung bis zu rund € 475 kosten. Der hohe Kostenfaktor ist der häufigste Grund, in eine private Kasse zu wechseln.

Preiswertere Tarife fürs Alter

Seit der Gesundheitsreform 2000 sind private Versicherer verpflichtet, eine zusätzliche Altersrückstellung in Höhe von 10 Prozent des Beitrages für die Versicherten anzulegen. Die Befürchtung, im Alter könnten die Privaten zu teuer werden, kann nach Expertenmeinung nicht mehr eintreten. Weitere gesetzliche Bestimmungen erlauben Rentnern außerdem den Wechsel innerhalb der eigenen Kasse in günstigere Tarife oder in einen Standardtarif, getragen durch den Verband der privaten Krankenversicherer, der den Leistungen der gesetzlichen Kassen entspricht, aber nicht teurer sein darf als der Höchstsatz in der gesetzlichen Krankenversicherung.

Absicherungsmodul Nr. 2: Krankenhaustagegeld und Krankentagegeld

Was tun im unvorhergesehenen Krankheitsfall?

Trainer Harald ist etwas in Panik, denn durch den Unfall bedingt fällt er zunächst einmal völlig aus. Nun, der Urlaub ist noch nicht zu Ende, vielleicht ist er ja bis dahin wieder gesund und kann das Seminar eine Woche nach dem Urlaub schon geben.

Leider ist Harald am Urlaubsende noch nicht fit. Im Gegenteil, er muss operiert werden. Eine Woche muss er auf jeden Fall im Krankenhaus bleiben. Das Seminar kann er nicht geben, und nun gehen die Probleme richtig los.

Harald stellt sich folgende Fragen:

- Soll ich das Seminar ganz absagen? Der Auftraggeber wird doch enttäuscht sein. Und wer weiß, wie lange ich brauche, um wieder fit zu sein?
- Soll ich mich vertreten lassen? Aber dann muss ich doch mein Honorar quasi weitergeben und verdiene nichts.
- Wann bekomme ich eigentlich von wem wie viel Geld?

Trainer-Ersatz finden

Harald entschließt sich schließlich, sich durch einen qualifizierten Verbandskollegen vertreten zu lassen. (Wozu hat man die denn schließlich?) Das Honorar teilen sie sich fair auf, einen Teil bekommt Harald für seine Akquisitionstätigkeit, den Rest der Kollege für die Durchführung.

Tipp

Zum Glück hat Harald eine *Krankenhaustagegeldversicherung* innerhalb seiner privaten Krankenversicherung abgeschlossen. So bekommt er für jeden Tag im Krankenhaus € 100 ausgezahlt.

Gesetzliche Krankenversicherungen bieten kein Krankenhaustagegeld an. Dieses kann bei privaten Versicherern aber auch als Zusatzversicherung abgeschlossen werden.

Nach der Woche Krankenhaus liegt Harald erst einmal zu Hause. Bei den folgenden Seminaren lässt er sich wieder vertreten, ist über das geringe Honorar natürlich nicht gerade glücklich.

Karenzzeiten beachten

Das Krankenhaustagegeld bekommt er nicht mehr, da er zu Hause liegt, und sein Krankentagegeld beginnt erst nach einer Karenzzeit von 6 Wochen. Seit dem Unfall sind jetzt drei Wochen vergangen, also gibt es in den nächsten drei Wochen kein Geld.

Endlich sind die drei Wochen vergangen, Harald ist immer noch nicht fit und bekommt von der Krankenversicherung wieder € 100 pro Tag. Diese wird er erhalten, solange er nicht für berufsunfähig erklärt wird. Die Zeit verrinnt, und es tritt immer noch keine wesentliche Verbesserung des Gesundheitszustandes ein. Langsam macht sich Harald Gedanken darüber, was passiert, wenn er langfristig nicht mehr als Trainer berufstätig sein kann. Er hat eine Berufsunfähigkeitsrente und eine Unfallversicherung.

Absicherungsmodul Nr. 3: Rente bei Berufsunfähigkeit

Arbeitsfähig bis zum Rentenalter

Rund 20 Prozent der Berufstätigen erreichen das reguläre Rentenalter nicht gesund, sondern gehen aufgrund von Berufsunfähigkeit in den Vorruhestand. Davon sind doppelt so viele Männer wie Frauen betroffen. Häufigste Ursachen: Wirbelsäulenschäden und Herz-Kreislauf-Erkrankungen.

Die Berufsunfähigkeitsversicherung von Harald zahlt auch dann, wenn er nur vorübergehend berufsunfähig ist. Das heißt, wenn er voraussichtlich mindestens 6 Monate berufsunfähig sein wird, erhält er ab sofort die Rente, bis er wieder gesund ist.

Tipp

Es lohnt sich nicht, die freiwilligen Beiträge an die BfA zu zahlen, um erworbene Ansprüche auf Berufsunfähigkeitsrente zu erhalten. Die BfA zahlt seit 1.1.2001 nur noch bei Erwerbsunfähigkeit eine Rente aus.

Wie lange der Genesungsprozess dauern wird, konnte am Anfang natürlich niemand wissen. Harald könnte den Antrag auf Berufsunfähigkeitsrente einreichen. Aber da er noch mal ins Krankenhaus muss und in diesen Tagen Krankenhaustagegeld und Krankentagegeld erhält, entschließt er sich, die Rente nicht zu beantragen, weil diese geringer wäre als die Tagegelder zusammen. Eines Tages wird die Krankenversicherung ohnehin prüfen lassen, ob er berufsunfähig ist, denn in diesem Fall hört die Zahlungsverpflichtung der Krankenkasse auf.

Absicherungsmodul Nr. 4: Unfallversicherung

Zahlung bei unfallbedingter Invalidität

Die Unfallversicherung zahlt einen einmaligen Betrag aus, wenn infolge eines Unfalls eine dauerhafte Invalidität entsteht. Die Höhe der Auszahlung ist abhängig vom Grad der festgestellten Invalidität und der versicherten Summe. Den Unfall selbst hat Harald seiner Unfallversicherung gleich mitgeteilt. Wenn sich langfristig eine Invalidität von z.B. 25 % feststellen lässt, so wird er von seiner Versicherung rund 35.000 Euro bekommen.

Fazit: Die wichtigsten Absicherungsmodule zur persönlichen Absicherung sind:

- Krankenversicherung
- Krankenhaustagegeld
- Krankentagegeld
- Rente Berufsunfähigkeit
- Unfallversicherung

Die Beiträge für diese Versicherungen sind als Vorsorgeaufwendungen absetzbar.

2 Absicherung des Betriebes

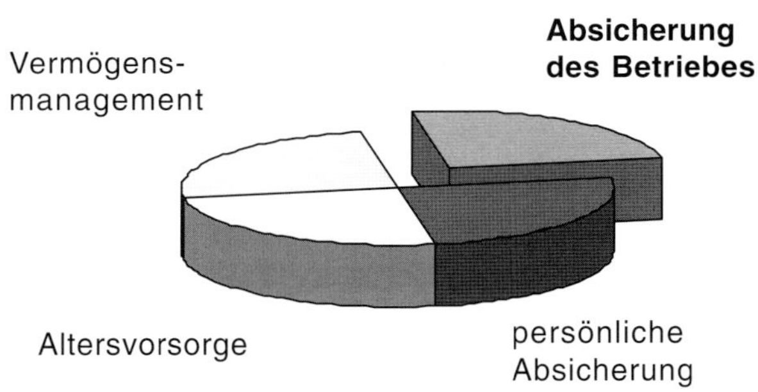

Mögliche Probleme:

- Mein Seminar fällt wegen Krankheit aus und der Auftraggeber will Schadenersatz
- Mein Equipment wird aus dem Auto gestohlen
- Ich verursache während meiner Tätigkeit einen Sachschaden im Hotel oder beim Kunden

Absicherungsmodul Nr. 1: Berufshaftpflichtversicherung

Kein Haftungsersatz durch Privat-Versicherung

Schäden, die ein Trainer während der Ausübung seiner beruflichen Tätigkeit verursacht, werden nicht von der privaten Familienhaftpflichtversicherung übernommen.

a) Haftpflichtfall

Beispiel: Trainerin Brigitte kommt geschafft aus dem Seminarhotel, mit Moderationskoffer beladen, und überquert unachtsam die Straße. Ein Autofahrer weicht aus, um sie nicht zu überfahren, und prallt gegen einen Laternenmast. Zum Glück bleibt der Fahrer unverletzt, das Auto aber hat einen erheblichen Sachschaden.

Rechtsstreit finanzieren

Da Brigitte beruflich unterwegs war, weigert sich die private Haftpflichtversicherung, den Schaden zu übernehmen. Die Trainerhaftpflichtversicherung übernimmt den Schaden voll.

b) Passiver Rechtsschutzfall

Eine berufliche Haftpflichtversicherung schützt den Versicherten auch vor ungerechtfertigten Angriffen.

Beispiel: Ein Seminarteilnehmer verunglückt auf der Heimfahrt nach dem Seminar tödlich. Die Familie erhebt Klage mit der Begründung, das Seminar hätte den Betreffenden depressiv gemacht und dieser hätte daraufhin Selbstmord begangen.

Aufgrund ihrer Haftpflichtversicherung wird Trainerin Brigitte in diesem Fall auf Kosten der Versicherung verteidigen.

Fazit: Eine Trainerhaftpflichtversicherung ist in jedem Fall sinnvoll, um jegliches Risiko auszuschließen.

Absicherungsmodul Nr. 2: Betriebsinhalts- und Elektronikversicherung

Die Betriebsinhaltsversicherung ist quasi die Hausratversicherung für die Firma. Sie schützt vor den finanziellen Folgen von Einbruchdiebstahl, Feuer, Leitungswasser und Sturm.

Eine Betriebsunterbrechungsversicherung, die für geringen Beitrag an die Betriebsinhaltsversicherung gekoppelt wird, erstattet Umsatzausfälle infolge eines dieser Schäden bis zur Höhe der versicherten Summe. Wenn z.B. der Seminarraum abbrennt, wird der Umsatzausfall während der Renovierung erstattet.

Hochwertige Arbeitsmittel versichern

Die Elektronikversicherung schützt alle Büromaschinen vor den beschriebenen Gefahren und weitreichenderen Risiken, z.B. Feuchtigkeitsschäden, Implosion, Sabotage oder unsachgemäße Handhabung.

Tipp

Das technische Equipment kann durch eine zusätzliche Mobildeckung innerhalb der Elektronikversicherung gegen Einbruchdiebstahl aus dem Auto versichert werden. Eine Selbstbeteiligung von 25 % je Schadenfall ist hier üblich.

Sonstiges Equipment, wie Moderationskoffer, Pinwände etc. kann durch eine Autoinhaltsversicherung versichert werden. Allerdings muß das Fahrzeug in der Nacht auf einem bewachten Parkplatz stehen. Die Kosten- Nutzenrelation dieser Versicherung sollte im Einzelfall geprüft werden.

Absicherungsmodul 3: Seminarausfallversicherung

Schadenersatz-Ansprüche bleiben Eigenrisiko

Der Ausfall eines Seminars lässt sich nur in sehr geringem Rahmen versichern, obgleich es bereits mehrere Anbieter gibt. Um es vorwegzunehmen: Schadenersatzansprüche des Auftraggebers oder von Teilnehmern sind nicht versicherbar. Hier ist eine gute anwaltliche Beratung gefragt um die Gestaltung eines fairen Vertrages zu gewährleisten.

Versicherbar sind die Mehrkosten, die entstehen, weil ein Seminar wegen Krankheit verlegt werden muss oder ganz ausfällt, durch eine Seminarausfallversicherung. Der entgangene Umsatz des Trainers wegen Krankheit kann durch das Krankentagegeld und die

Honorarausfallversicherung abgesichert werden. Beide Versicherungen leisten nicht sofort, sondern nach frühestens zwei- oder dreiwöchiger Erkrankung.

3 Altersvorsorge und Vermögensmanagement

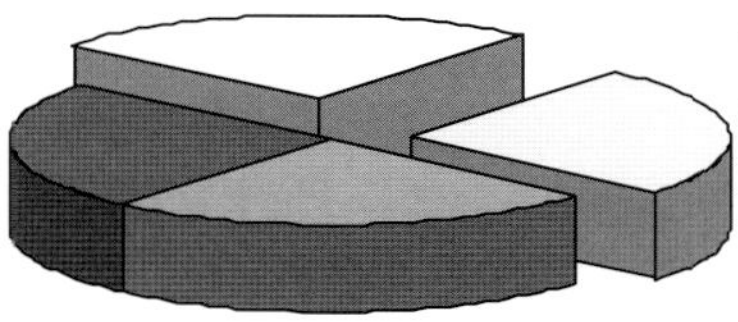

Wie hoch soll Ihre Rente sein?

Bei der Planung der Altersvorsorge kommt es vor allem darauf an, zu kalkulieren, wie viel Geld zu Beginn des Rentenalters zur Verfügung stehen sollte. Steht die Summe fest, kann entschieden werden, mit Hilfe welcher Kapitalanlagen das gesteckte Ziel erreicht werden kann.

Beispiel: Wer heute 36 Jahre alt ist, und sich später vorstellt einen Lebensstandard zu haben, der mit einem Betrag von € 2.500 monatlich realisierbar ist, dessen Rente müsste im Alter von 65 Jahren ca. € 5.900 betragen. Bei der Hochrechnung wurde eine durchschnittliche Inflationsrate von 3 % angenommen.

Die folgende Modellrechnung zeigt, wie hoch das eigene Vermögen im Rentenalter sein muss, um bei Kapitalverzehr eine monatliche Rente in Höhe von ca. € 5.900 zu beziehen, bzw. für welchen Zeitraum das Vermögen ausreicht.

Vermögen in Euro	Jahre
0,5 Mio.	9
0,75 Mio.	16
1,0 Mio.	29
1,07 Mio.	34
1,12 Mio.	40
1,23 Mio.	74
1,28 Mio.	Unendlich

In diese Berechnung konnte die Inflationsrate während des Rentenbezugs nicht einbezogen werden. Die Verzinsung des restlichen Kapitals während der Rentenphase beträgt 6 Prozent.

Lebenslange Rente für 1 Mio. Euro

Diese Hochrechnung zeigt, dass es notwendig ist, ein Vermögen von rund 1 Million Euro aufzubauen, um eine lebenslange Rente sichern zu können. Diese Summe wirkt im ersten Moment sehr hoch oder vielleicht auch unerreichbar. Wer jedoch rechtzeitig mit dem Aufbau der Altersvorsorge beginnt und sich einen strukturierten Plan erstellt, der hat gute Chancen, das Ziel zu erreichen. Bestandteile des Portfolios „Altersvorsorge" können die unterschiedlichsten Kapitalanlagen sein, wie z.B.:

- Lebens- und Rentenversicherungen
- Fondsgebundene Versicherungen
- Investmentfonds
- Immobilien
- Immobilienfonds
- Aktien und Aktienfonds
- Unternehmerische Beteiligungen u.v.m.

Welche Kapitalanlage für wen die richtige ist, hängt ganz von der persönlichen Situation und Risikofreudigkeit ab. Es kommt auf viele Faktoren an, z.B. auf die Steuerbelastung, auf die steuerlichen Auswirkungen der einzelnen Anlagen, auf die Familiensituation und die individuellen Zukunftspläne. Folgende Grundregeln gelten aber für jeden Vermögensaufbauplan:

Setzen Sie niemals alles auf eine Karte!

Risikofaktoren verteilen

Der Erfolg jeder Kapitalanlage ist von verschiedenen Randbedingungen abhängig, wie aktuelle Kapitalmarktzinsen, Inflation, Währungskurs und aktuelle Steuersätze. Wer alles auf eine Karte setzt, z.B. nur in Aktienfonds investiert, der kann eine herbe Enttäuschung erleben, wenn er ausgerechnet in dem Jahr, in dem die Rente beginnen soll, von einem Börsencrash heimgesucht wird.

Bauen Sie sich eine Liquiditätsreserve auf!

Unterschiedliche Festlegungsfristen

Wer alles, was er hat, langfristig anlegt, hat ein Problem, wenn plötzlich ein unerwarteter Geldbedarf auftritt. Wer hingegen alles kurzfristig anlegt, kommt zu schnell in Versuchung vorzeitig auf das Vermögen zuzugreifen. Die folgende Grafik zeigt, wie die Planung der Sicherheitsstufen aussehen könnte.

Risikopyramide

Luxusrente
„€ 500 mehr würden mich freuen, brauche ich aber nicht."
Spekulative Anlagen

Wohlfühlrente
„€ 500 mehr möchte ich fest einplanen."
Das Risiko der Anlagen darf etwas höher werden.
Keine Absicherung der Anlagebeträge.

Basisrente
„€ 2.000 Rente brauche ich auf jeden Fall."
Risikoarme Kapitalanlagen mit Garantien und/oder langfristig stabilen Erträgen.
Die Beiträge für die Kapitalanlagen sollten vollständig durch eine Rente bei Berufsunfähigkeit abgesichert werden.

Das Geld sollte lang-, mittel- und kurzfristig angelegt werden, um für jede Lebensphase vorzusorgen. Planen Sie unterschiedliche Sicherheitsstufen ein! Die Altersvorsorge ist so wichtig, weil sie den Lebensunterhalt im Alter, falls keine anderen Quellen vorhanden sind, auf jeden Fall sichern muss. Sie wissen nicht, ob Sie in hohem Alter gesundheitlich in der Lage sein werden, zu arbeiten.

Kontrollieren Sie regelmäßig Ihre Ziele und Fortschritte!

Vermögensaufbau überprüfen

Spätestens alle 5 Jahre sollte das Ziel der Altersvorsorgeplanung überprüft werden.

- Sind meine Ansprüche noch die gleichen oder bin ich anspruchsvoller geworden?
- Habe ich eine Erbschaft gemacht und kann deswegen die Beiträge für meine Altersvorsorge reduzieren?
- Stimmt mein geplantes Rentenbeginnalter noch oder möchte ich 5 Jahre kürzer oder länger arbeiten?
- Wie haben sich meine bisherigen Kapitalanlagen entwickelt?

Wie hoch ist mein Gesamtvermögen?

Bei der Auswahl der einzelnen Kapitalanlagen und der langfristigen Beobachtung der Anlagen ist die Unterstützung von Profis von Nutzen. Idealerweise sollte der eigene Finanzberater unabhängig von Produktpartnern und der Anleger unabhängig von seinem Berater sein. (Wer zum Beispiel sein Investmentdepot bei der Hausbank führt und einen Kredit beantragt, wird das Depot höchstwahrscheinlich als Sicherheit abtreten müssen.)

„Es lohnt sich mehr, einen Tag über Geld nachzudenken, als 30 Tage dafür zu arbeiten."

Dieses Zitat von Henry Ford hat heute noch seine Gültigkeit. Der Erfolg einer Existenzgründung wird auch von der persönlichen

Finanzplanung getragen. Die Absicherung des Betriebes und der Person sichert den Bestand des Unternehmens und den Aufbau des persönlichen Vermögens.

Resümee

Absicherung und Vorsorge für Trainerinnen und Trainer in der Existenzgründungsphase

Die Finanzplanung von TrainerInnen sollte folgende Kernsätze einbeziehen:

- Die finanzielle Absicherung der eigenen Person bei Krankheit und Berufsunfähigkeit hat erste Priorität für ExistenzgründerInnen, denn dieses Risiko ist leider immer da.
- Nicht jede Versicherung ist sinnvoll. Grundlage der Planung eines Absicherungskonzeptes ist die individuelle Risiko- und Kosten/Nutzenanalyse.
- Beginnen Sie so früh wie möglich mit der Planung des Vermögensaufbaus und der Altersvorsorge. Der Zinseszinseffekt bringt Ihnen Vorteile, wenn Sie früh beginnen, und umgekehrt.
- Betrachten Sie Absicherung und Vermögensaufbau niemals getrennt, sondern als ein sich gegenseitig tragendes Gesamtkonzept.
- Überprüfen Sie spätestens alle 5 Jahre mit Unterstützung von Experten, ob Ihre Strategie noch Ihren Bedürfnissen und Zielen entspricht, und korrigieren Sie rechtzeitig den Kurs.

Helmut E. Wirtz
Verkaufs- und Führungstraining
Steindamm 17
25479 Ellerau
Tel. 04106/7730-44
Fax 04106/7730-45
sowirtzwas@t-online.de
www.trainer.de/he.wirtz

Helmut E. Wirtz, seit 1991 selbstständiger Verkaufs- und Führungstrainer, gehört selbst zu jenen, die ihre Selbstständigkeit ohne Fördermittel erreicht haben. Erst die Aufgabe als Vorsitzender der Selbstständigen im BDVT brachte die Gelegenheit, sich im Rahmen der Verbands- und Nachwuchsarbeit dieser Thematik zu widmen. Heute sind geförderte Trainingsmaßnahmen in förderungswürdigen Unternehmen ein Bestandteil seiner Akquisitionsarbeit.

Fördermittel für Weiterbildung, Seminare und Veranstaltungen

Der Autor Helmut Wirtz weiß um die Bedeutung projektbezogener Fördermittel, aber auch um die administrativen Schwierigkeiten, an die Quellen von Fördermitteln zu gelangen. Kenntnisreich stellt er sowohl die Variante „Fördermittel für Projekte der beruflichen Weiterbildung" wie auch die Version „Fördermittel für Existenzgründer" vor. Ergänzt mit aktuellen Adressen und Hinweisen auf weiterführende Informationen sind TrainerInnen in einem wichtigen Spezialgebiet gut beraten.

1 Wege durch den Irrgarten der Fördermittel

Fördermittel sind politische Instrumente, die von den jeweiligen Regierungen dazu genutzt werden, ihre politischen Prioritäten umzusetzen. Da die Bundesrepublik ein föderalistischer Staat mit 16 eigenständigen Bundesländern ist, ist die Art der Fördermittel und die Vergabe in vielen Fällen an die unterschiedlichsten Kriterien in den jeweiligen Bundesländern gebunden. Darüber hinaus werden von der Europäischen Union weitere Projekte gefördert, die unter anderem grenzüberschreitende Integration, Kommunikation und Zusammenarbeit in Europa zum Ziel haben. Fördermittel stehen zumeist im Zusammenhang mit bildungs- und wirtschaftspolitischen Zielen und sind immer zeitlich begrenzt.

2 Förderprogramme im Trainingsbereich vorhanden

Bürokratischer Aufwand zu hoch

Ein Dickicht von bürokratischen Vorschriften, Richtlinien und Förderbestimmungen führt dazu, dass diese staatlichen Förderprogramme gerade im Trainingsbereich selten genutzt werden. Es wird der bürokratische Aufwand gescheut, herauszufinden, wo die richtigen Formblätter zum richtigen Zeitpunkt bei der richtigen Behörde eingereicht werden können („Antrag zur Erteilung eines Antragsformulars"). Eine detaillierte Recherche vor Ort ist zwingender Ausgangspunkt für die Inanspruchnahme von Fördermitteln. Deshalb können in diesem Kapitel nur einige grundsätzliche Dinge zu diesem

Thema genannt werden. Um Ihnen die Recherche vor Ort zu erleichtern, werden zum Schluss einige Adressen und Internet-Seiten genannt, die Ihnen weitere Informationen und Unterstützung auf Ihrer Suche nach Fördermitteln für Sie und Ihre Kunden bieten. Neben dem für Berufseinsteiger wichtigen Instrument der Existenzförderung soll hier auch deutlich werden, dass es eine Vielzahl von förderungswürdigen Projekten für bereits etablierte Trainer und ihre Kunden gibt, die viel zu selten genutzt werden.

3 Begrenzte Kompetenz öffentlicher Beratungsstellen

Keine umfassende Beratung

Grundsätzlich ist festzustellen, dass Sie bei den öffentlichen Anlaufstellen nur Auskunft erhalten auf Ihre speziellen Fragen zu einer Förderung, für die diese Beratungsstelle kompetent ist. Viele der Beratungsstellen, hier insbesondere Banken, haben ein hohes eigenes Interesse an Ihrem Finanzierungsauftrag. Sie sollten sich also schon vorher im Klaren darüber sein, welche Förderung für welches Projekt in welcher Region Sie nutzen wollen. Es gibt nach meiner Kenntnis keine öffentliche Beratungsstelle, die Ihnen zu einem konkreten Projekt alle Ihnen zugänglichen Fördermöglichkeiten aufzeigen kann. Unternehmen, die es sich zur Aufgabe machen, im Irrgarten der Fördergelder mit Ihnen gemeinsam einen Weg zu finden, der auf Sie und Ihre Kompetenzen zugeschnitten ist, gibt es nur wenige am Markt. Die meisten kennen sich in einem der Fördersegmente für eine bestimmte Region aus und beraten von daher einseitig. Ein typischer Beratungsschwerpunkt ist die Existenzberatung. Für den Schritt in die Selbstständigkeit für viele eine wichtige Entscheidungshilfe. Obwohl dieser Bereich, in Fördersumme gemessen, eine eher geringe Bedeutung hat.

4 Lotsen durch den Subventionsdschungel

€ 58 Mrd. verteilt

Der Subventionsbericht der Bundesregierung für 1999 nennt eine Summe von 58 Milliarden Euro an Fördergeldern, die insgesamt vergeben wurden. Wie wird nun dieses Geld verteilt?

1185 Richtlinien auf EU-, Bundes- und Landesebene in ca. 2800 Förderprogrammen auf der Basis von 650 Gesetzen, verteilt auf die verschiedensten Förderarten und Regionen, gab es Ende 1998 (Quelle: WABECO Subventionslotse® AG). Bei dieser Vielzahl die für Ihre Planungen und Ihre Kunden richtige(n) Förderung(en) herauszufinden, ist eine Herausforderung. Wenn Sie dann noch beachten, dass Kombinationsmöglichkeiten von unterschiedlichen Förderungen möglich sind, wird sichtbar, in welches Regel-Dickicht man geraten kann.

Zusatznutzen für Kunden

Wer dieses Regelwerk durchschaut, kann seinen Kunden einen deutlichen Zusatznutzen bieten. Stellen Sie sich vor, Sie planen mit Ihrem Kunden ein Projekt und bringen mehr Geld mit, als Ihr Honorar beträgt. Honorardiskussionen sind damit vom Tisch. Eine typische Gewinner-Gewinner-Situation. Die Frage, ob ich einen externen Fördermittelberater hinzuziehe, löst sich so von selbst. Denn auch dessen Honorar ist berücksichtigt.

Eigene Recherche ist aufwendig

Eine gründliche Recherche, welche Förderung Ihnen den größten Nutzen bietet, lohnt sich in jedem Fall. Eigene Recherche kostet viel Zeit, Gelassenheit und Ausdauer. Häufig treffen Sie bei öffentlichen Einrichtungen auf eine „Genehmigungs-Mentalität“ mit allen ihren unangenehmen Begleiterscheinungen. Dafür stehen diese Institutionen Ihnen aber auch meistens kostenfrei zur Verfügung. Subventionsberater, die mit „Beratungs-Kompetenz“ ausgestattet sind, bekommen Honorare oder anteilige Beratungsgebühren. Dafür geht es meist zielorientiert, flexibel und zügig.

Beratung empfohlen

Fazit: Es gibt eine Vielzahl von förderungsfähigen Aktivitäten für Trainer und ihre Kundenprojekte. Fördermittel-Kenntnis ist hilfreich, muss aber nicht Ihre Aufgabe sein. Arbeiten Sie mit Beratungsunternehmen zusammen, deren Kernkompetenz die Fördermittelrichtlinien sind. Je nachdem welche Art der Förderung Sie in Erwägung ziehen, achten Sie darauf, dass Ihr Berater alternative oder kombinierende Fördermöglichkeiten durchrechnet.

5 Die Geduldsprobe der Antragsteller

Egal für welche Art von Förderung Sie sich entscheiden, die Geldgeber wollen sehr detailliert von Ihnen wissen, wofür Sie die zu erwar-

Komplizierte, langwierige Antragsverfahren

tenden Mittel einsetzen. Die Antragsverfahren sind teilweise kompliziert und langwierig. Häufig ist es notwendig, immer wieder mal geduldig und ruhig zu hinterfragen. Wer das gewissenhafte Ausfüllen von Formularen zu seinen Stärken zählt, hat hier einen klaren Vorteil. Allen anderen Kollegen ist zu raten, sich gerade bei diesen Formalitäten von geübten Helfern unterstützen zu lassen.

Verschiedene Vergabe-Kriterien

Auch werden die Vergabekriterien unterschiedlich durchgeführt. Um Förderprogramme des Bundes und der Länder nutzen zu können, müssen Sie bestimmte vorgegebene Kriterien erfüllen, um gefördert zu werden. Erfüllen Sie diese Kriterien, ist die Wahrscheinlichkeit der Förderung sehr hoch. Dies ist ganz anders bei der Förderung durch EU-Programme. Dort kommt es ganz wesentlich auf die Ausarbeitung des Antrages an. Die ausschreibende Stelle sammelt die Anträge bis zu einem bestimmten Stichtag und vergibt dann die Mittel an die Antrags-Gewinner. Hier besteht also die Gefahr, dass Sie eine aufwendige Antragsgestaltung durchführen und trotzdem nicht die gewünschten Mittel erhalten.

Fazit: Wer fremde Gelder in Anspruch nehmen will, muss die Regeln der Geldgeber beachten. Da diese Geldgeber zumeist Behörden oder behördenähnliche Organe sind, haben Formalien eine hohe Bedeutung. Konsequentes Einhalten der Regeln und gewissenhafter Umgang mit Formularen sind notwendige Bestandteile in einem Antragsverfahren. Zeigen Sie Geduld im Umgang mit Behörden. Akzeptieren Sie gründliche und detaillierte Kontrolle Ihrer Unterlagen.

6 Die unterschiedlichen Arten der Förderung

Förderung für Personen, Unternehmen, Sachen, Regionen

Wenn Sie Fördermittel in Anspruch nehmen wollen, sind grundsätzlich zwei Fragen von entscheidender Bedeutung: „Was wird gefördert?“ und „Wie wird gefördert?“ Als zusätzliche Information kann für Sie auch interessant sein: „Wer fördert warum?“ Das Wissen darüber hilft Ihnen bei notwendig werdender Argumentation mit den Geldgebern. Aber auch die Entwicklung eines neuen Trainingsproduktes kann dieser Frage folgen. Betrachten wir jedoch zunächst einmal, was gefördert wird. Da sind Personen, Unternehmen, Sachen und Regionen, für die Förderprogramme aufgestellt werden.

Personenförderung

Die klassische Personenförderung ist die Existenzgründung. Aber auch Maßnahmen zur Sicherung des Arbeitsplatzes werden an einzelne Personen vergeben. Auf was bei der Existenzgründung zu achten ist, wird auf den folgenden Seiten noch genauer betrachtet.

Mittelstandsförderung

Die Mittelstandsförderung ist eine Art der Unternehmensförderung, die an bestimmte Größenordnungen und Kennzahlen hinsichtlich Umsatz und Anzahl der Mitarbeiter gebunden ist. Für Sie als Trainer kann das interessant sein, um eine als notwendig anerkannte Trainingsmaßnahme in einem kleineren Unternehmen fördern zu lassen.

Sachförderung

Die Sachförderung wird wirksam, wenn ein Unternehmen in bestimmten Bereichen investieren will. Hierunter sind Investitionen in den Umweltschutz, alternative Energien oder auch in Forschung und Entwicklung sowie in Weiterbildungsmaßnahmen zu verstehen. Projekte im Bereich von TQM-Maßnahmen sind bei vielen Kunden aktuell und zumeist auch förderfähig. Das Thema „Steigerung der Effektivität“ lässt sich mit den unterschiedlichsten Trainingsprodukten in Unternehmen oder Organisationen anbieten, die gerade als förderungswürdig anerkannt sind. Trainings- und Coachingthemen in allen Unternehmensbereichen lassen sich diesen Zielen zuordnen.

Gebietsförderung

Die Förderung der regionalen wirtschaftlichen Entwicklung ist in den meisten Fällen der Grund für eine Gebietsförderung. Hier erhalten Sie oder Ihr Kunde finanzielle Unterstützung, wenn die Investition in einer bestimmten Region getätigt wird. Wie weitgehend eine Förderung werden kann, erkennen Sie bei folgender Konstellation: Welche Fördermittel stehen einem Existenzgründer in einer geförderten Region mit einem Angebot an umweltschützenden Maßnahmen zu?

7 Budgetverteilung in der Förderung

Wenden wir uns jetzt der Frage zu: „Wie wird gefördert?“ Auch hier gibt es wieder einige grundsätzliche Unterscheidungen. Von einer öffentlichen Beteiligung über Bürgschaften und Zuschüsse bis zu zinsgünstigen Darlehen reicht die Palette der Förderungen. Auch eine Kombination der einzelnen Zuschussarten ist denkbar.

Öffentliche Förderung möglich

Die öffentliche Beteiligung ist sicherlich eine für Trainer seltenere Art der Förderung. Es wird Eigenkapital mittels einer stillen Beteiligung zur Verfügung gestellt. Aber auch hier sind Förderungen für Trainer möglich. Wenn Sie in ein bestehendes Unternehmen als geschäftsführender Mitgesellschafter einsteigen wollen, ist diese Fördermöglichkeit durchaus realistisch. Denkbar wäre aber auch, dass sich das Arbeitsamt an einer (Ihrer) Trainingsgesellschaft beteiligt, die als Schwerpunkt Qualifizierungsprogramme für den Arbeitsmarkt durchführt. Oder Trainings zur Existenzgründung, wo auch Persönlichkeitstraining notwendig ist.

Sicherheit per Bürgschaft

Die Inanspruchnahme einer Bürgschaft ist für Trainer sicherlich auch nicht die Regel. Sollten Ihrer Bank die Sicherheiten für Ihre Investitionssumme nicht ausreichen, so ist es möglich, durch eine Bürgschaftsbank oder vom Staat eine Bürgschaft zu erhalten.

Zuschuss ohne Rückzahlung

Dann ist da noch der Zuschuss. Der Zuschuss ist eine Förderung, die nicht zurückgezahlt wird. Sie erhalten einen Zuschuss in Form einer (förderungswürdigen) Kostenbeteiligung oder auch für eine bestimmte (förderungswürdige) Investition.

Zinsgünstige Darlehen

Die bekannteste Form der Förderung ist das zinsgünstige Darlehen. Sie erhalten eine Finanzierung zu Konditionen, die meistens deutlich unter den üblichen Bankwerten für langfristige Darlehen liegen. Dazu kommt noch, dass die Tilgung in vielen Fällen erst zwei bis drei Jahre nach Auszahlung des Darlehensbetrages beginnt. Auch Zinszuschüsse werden gefördert und können somit die Darlehenszinsen nochmals reduzieren.

Überbrückungsgeld für Existenzgründer

Wer bis zu seiner Entscheidung für die Selbstständigkeit in einem Unternehmen fest angestellt war, kann übrigens eine erste Hilfe schon vom Arbeitsamt erwarten. Existenzgründer können für ein halbes Jahr vom Arbeitsamt eine Förderung durch Überbrückungsgeld erhalten. Wenn auch dieses Überbrückungsgeld gering ausfällt, die soziale Absicherung ist ein beachtlicher Aspekt bei der Inanspruchnahme dieser staatlichen Leistung.

Fazit: Förderprogramme sind reichlich vorhanden. Man muss die

Mittel nur abrufen. In Deutschland stehen jedem Unternehmen mit mehr als 160.000 DM Jahresumsatz alle zwei Jahre Fördermittel in Höhe von 303.000 DM zur Verfügung! (Quelle: WABECO Subventionslotse® AG). Haben Sie Ihre 151.500 DM dieses Jahr schon abgeholt?

8 Existenzgründung mithilfe von öffentlichen Geldern

Gut geplant ist halb gewonnen

Mehr als 50 % eines erreichbaren Erfolges ist die gute Vorbereitung. Oder anders gesagt: „Wer bei der Vorbereitung versagt, bereitet sein Versagen vor." Das gilt in besonderem Maße für den Schritt in die Selbstständigkeit. Eine detaillierte Planung, umfassende Informationen und kompetente Beratung sind notwendige Bausteine auf dem Weg in eine erfolgreiche selbstständige Trainer-Existenz.

Studie Gründungs-Projekte

Bei allen Gründungs-Projekten bedarf es einer soliden Finanzierung. Die Statistik zeigt, dass viele Gründungen wegen Finanzierungsproblemen scheitern. Eine Studie der Uni München mit der IHK München und Oberbayern hat ermittelt, dass in den ersten fünf Jahren eine Gründung ohne Finanzierung zu 38,2 %, eine mit Bankdarlehen zu 29,4 % und eine öffentlich geförderte zu 3,4 % scheitert. Diese Studie beweist, dass eine öffentlich geförderte Existenzgründung wesentlich bessere Überlebenschancen hat.

Es ist auch möglich, bis zu acht Jahre nach der Existenzgründung noch Fördermittel zu beantragen. Zukünftige Investitionen werden dann so betrachtet, als seien sie Teil der Gründung. Auch die Beteiligung an einem bestehenden Trainingsunternehmen kann gefördert werden, wenn der Existenzgründer als Geschäftsführer ins Unternehmen eintritt.

9 So erstellen Sie Ihr Gründungs-Konzept

Detailliert darstellen

Wenn Sie öffentliche Mittel in Anspruch nehmen wollen, benötigen Sie ein nachvollziehbares Gründungskonzept (Business-Plan, Unternehmensplan) mit Investitions- und Finanzierungsplan, Umsatz-, Kosten- und Ertragsplanung, Marketing- und Vertriebsplan. In diesem Konzept sollten folgende Punkte enthalten sein:

1. Beschreibung des Existenzgründungsvorhabens mit dem Zeitpunkt der Gründung.
2. Persönliche Angaben zum Existenzgründer: Lebenslauf, Qualifizierungsnachweise fachlicher und kaufmännischer Art.
3. Leistungen und Produkte: Kernkompetenzen, Lizenzkosten, Honorarerwartungen, mögliche unternehmerische Risiken.
4. Geschäftsverbindungen: Netzwerk(e), Zusammenarbeit mit Instituten und anderen Partnern, Mitarbeiter, eventuell schon vorhandene Referenzen.
5. Markteinschätzung: Zielgruppen, Bedarf der Zielgruppen, erwartete Trainingsleistung, Marktentwicklungen, Marketingmaßnahmen, Werbeaktionen (Achtung: Hier müssen Sie sehr deutliche Akzente setzen, um nicht in die Nähe der Scheinselbstständigkeit zu kommen).
6. Standort (wichtig bei der Nutzung von regionalen Fördermitteln): Leistungsangebot in Abhängigkeit vom gewählten Standort (bei Trainern weniger interessant, wird trotzdem nachgefragt, wenn es nicht erwähnt wird).
7. Konkurrenzanalyse: Angebote und Preise der Konkurrenz (seien Sie realistisch und standhaft. Ihre Gesprächspartner agieren häufig mit Honoraren der „VHS-Sätze“, betrachten Sie Ihre Kernkompetenz und bleiben Sie klar in der Aussage).
8. Finanzplanung: Kapitalbedarfsplan, Liquiditätsplan, Investitionsplan, Umsatz- und Ergebnisplan der nächsten drei Jahre.
9. Zukünftige Entwicklungen: Branche, Markt, Nachfrage, Konkurrenz.

Schlüssiges Konzept anbieten

Diese Pläne werden von Banken und zustimmungsberechtigten öffentlichen Einrichtungen genauestens geprüft. Deshalb muss das Konzept schlüssig sein und der Überprüfung von Außenstehenden Stand halten. Nur ein nachvollziehbares Konzept überzeugt Ihre potentiellen Geldgeber. Es gilt der Grundsatz, dass die Prüfung Ihrer Unterlagen stattfindet, bevor Sie Verpflichtungen eingehen. Bei bestimmten Förderungsprogrammen müssen Sie sogar auf die Bewilligung warten. Fazit: Es sind eine Reihe von Formalitäten zu berücksichtigen. Je klarer Ihre Planung, je größer Ihre Chance auf unkomplizierte Zuteilung. Detaillierte Checklisten sind bei Banken, Sparkassen, Kammern und Behörden meistens kostenfrei zu erhalten.

10 Persönlichkeit ist gefragt

Ein wesentlicher Aspekt bei der Bewilligung von Geldern zum Aufbau eines eigenen Unternehmens ist die Persönlichkeit des Gründers. Es gibt nicht wenige Fälle, in denen das Zahlenwerk im Business-Plan sowie die Marketing- und Vertriebsstrategie nahezu perfekt waren, die Mittel aber dennoch nicht bewilligt wurden. Der Grund lag im Auftreten und in der Wirkung des Gründers. Die Geldgeber trauten dieser Person einfach nicht zu, den Schritt in die Selbstständigkeit erfolgreich auszuführen. Mit deutlichen Worten: Die Ablehnung lag im persönlichen Auftreten des Existenzgründers. Nicht in der Branche, dem Markt oder den eingereichten Unterlagen. Am Konzept und an den Zahlen kann man während der Beratungsdauer mit den Genehmigungsstellen die gewünschten (realistischen) Veränderungen vornehmen. Aber bei Ihrem persönlichen Auftritt gilt auch hier: Sie haben niemals eine zweite Chance, einen guten ersten Eindruck zu hinterlassen. Ein zu forsches Auftreten ist mindestens so schädlich wie ein zu unsicheres Agieren.

Nach einer Untersuchung der Deutschen Ausgleichsbank (DtA) stehen „Pleite-Ursachen" fast alle direkt oder indirekt mit der Gründer-Person in Verbindung: Finanzierungsmängel, Informationsdefizite, Qualifikationsmängel, Planungsmängel.

Misserfolge persönlichkeitsbedingt

Fazit: Bewilligung von Geld nur gegen transparente, nachvollziehbare Planung und überzeugendes Auftreten. Eine einfache Formel. Bei der Nutzung von Mitteln für die Existenzgründung achten die zuständigen Stellen auf folgende Punkte: **wer** will mit **welcher** Leistung in **welchem** Markt mit **welchem** Mitteleinsatz und **welchen** Maßnahmen **wie viel** Gewinn erwirtschaften? Beantworten Sie diese Fragen sicher und kompetent, hat Ihre geförderte Existenzgründung große Chancen.

11 Kraftvoller Start in die Selbstständigkeit – die richtige Beratung macht's möglich

Bankberatung gut prüfen

Hilfreich bei der Existenzgründung ist es, wenn man sich von qualifizierten Beratern unterstützen lässt. Wie findet man qualifizierte Beratung? Obwohl man gerade Banken bei Finanzierungsfragen eine hohe Kompetenz unterstellt, finden Sie hier in den wenigsten Fällen eine kompetente Gründungsberatung. „Jedes Jahr werden etwa 30.000 Gründungsförderungen bewilligt. Bedenkt man, dass in rd. 60.000 Bankstellen gut 200.000 Bankberater tätig sind, macht jeder Bankberater statistisch alle 7 Jahre eine Gründungsförderung" (Zitat: WABECO Subventionslotse® AG). Die Bankprodukte stehen im Mittelpunkt, nicht das Gründungsvorhaben oder der Existenzgründer.

In Datenbanken recherchieren

Es gibt eine Reihe von Fachverlagen, die Ihnen den Zugang zu Datenbanken eröffnen. Diese Programme sind im allgemeinen recht preiswert. Der Nachteil für viele wird sein, dass man sich selbst durcharbeiten muss, welcher Antrag an welcher Stelle gestellt werden muss. Dieser Weg ist zeitaufwendig und ob Sie dabei alle Möglichkeiten der Förderung entdecken, ist fraglich. Einfacher ist der Weg über einen persönlichen Berater. Hierbei ist die Herausforderung, einen qualifizierten Berater zu finden, der nicht nur eine Routineberatung durchführt. Wie in vielen Fällen ist das zunächst eine Frage der persönlichen Wahrnehmung und Erwartungshaltung. Deutlich sein muss auch, dass qualifizierte, individuelle Beratung ihren Preis hat. Beratungsleistung wiederum wird durch Landes- und/ oder Bundesmittel gefördert.

Persönlichen Berater finden

Sie sollten darauf achten, dass Ihr Berater eine Bedarfsanalyse durchführt und individuelle Lösungen für Sie untersucht. Vor allem die Frage der Eigenmittel lässt einige kreative Gestaltungsmöglichkeiten zu. Diese Situation ist vergleichbar mit einer Trainingsbedarfs-Analyse – je gründlicher die Vorstellungen und Möglichkeiten des Kunden hinterfragt werden, umso nutzenstiftender ist das Leistungsangebot. Achten Sie darauf, dass der Berater alle Fördertöpfe für Sie und Ihr Gründungsvorhaben überprüft. Region, Land, Bund und EU machen Angebote.

Fazit: Eigenrecherche erfordert Zeit, Geduld und Spürsinn. Klare Zielsetzung erleichtert die Suche in Datenbanken. Individuelle Beratung muss nicht mehr kosten, da die Beratungsleistung gefördert wird. Qualifizierte Berater beraten individuell und sollten kombinierende Fördermittel für Ihr Vorhaben erkennen.

Zusammenfassung: Viele Mittel stehen zur Verfügung – Sie müssen Sie nur beantragen

Wettbewerbsvorteil

Für Trainer und Berater gibt es neben der Existenzgründung viele weitere Förderprogramme, die mit Kunden gemeinsam verwirklicht werden können und die bisher kaum genutzt werden. Gerade das Thema Weiterbildung wird in Politik und Wirtschaft mit herausragender Bedeutung gesehen. Innovative Projekte werden in fast allen Branchen permanent gefördert. Die Kenntnis über förderungswürdige Maßnahmen bei Ihren Kunden bringt Ihnen deutliche Wettbewerbsvorteile in der Entscheidungsphase.

Drei Antragsregeln

Trainer und Weiterbildungsberater können ständig daran partizipieren, wenn Sie die von Michael Wandt, Wabeco Subventionslotse AG, genannten drei wichtigen Regeln beachten:

Regel 1: „Stellen Sie einen Antrag!“
Regel 2: „Stellen Sie den richtigen Antrag!“
Regel 3: „Stellen Sie den Antrag richtig!“

Hinter diesen simplen Regeln steckt aber auch, dass Sie fündig geworden sind im reichhaltigen Angebot der Förderprogramme. Wie so oft, wenn die Auswahl vielfältig ist, wird es auch unübersichtlich. Und damit steigen dann auch die Veröffentlichungen zu diesem Thema. Da Fördermittel in immer wieder neuer Form für immer wieder neue Projekte aufgelegt werden, ist ständiger Informationsbedarf vorhanden. Hier hat das Internet deutliche Vorteile gegenüber dem Buchangebot, da Änderungen tagesaktuell eingepflegt werden können. Fördermittel-Datenbanken versuchen, das vielfältige Angebot Nutzer-orientiert zu strukturieren. Sie finden im Anhang einige Adressen, die Ihnen Zugang zu diesen Datenbanken bieten. Teilweise sind diese Datenbanken im Internet kostenlos nutzbar, teilweise sind die Programme im Buchhandel zu erwerben.

Zurzeit ist mir nur ein Anbieter bekannt, der strukturierte Förderprogrammübersichten und entsprechende Antragsformulare im Netz zur Verfügung stellt und Honorar nur im Erfolgsfall berechnet. Ihr standardisierter Antrag wird mit den unterschiedlichen Förderprogrammen abgeglichen. Dabei werden Förderarten und Förderkombinationen ermittelt, um so die für Ihr Projekt günstigste Förderung zu erkennen.

Internet und Orientierungs-Hilfen

Zur Existenzgründung werden Orientierungshilfen reichlich angeboten. In den Regionalclubs des BDVT erfahren Sie, wer in Ihrer Region die entsprechende Beratungskompetenz hat. Grundsätzliche Informationen bekommen Sie bereits in Ihrer Gemeinde an den Stellen, die sich mit Wirtschaftsförderung befassen. Arbeitsämter, Kammern, Wirtschaftsförderungsgesellschaften, Wirtschaftsministerien und Verbände stellen Anfangsinformationen bereit, die Ihnen bei Ihrem Schritt in die Selbstständigkeit eine erste Orientierung geben. Einige Adressen mit kurzen Erläuterungen finden Sie nachfolgend.

Aktuelle Adressen und weiterführende Informationen

- Besonders interessant für Existenzgründer sind die Fördermaßnahmen der EU. Das Euro Info Centre Hannover (EIC) ist eine offizielle Beratungsstelle der Europäischen Kommission mit Sitz Hannover, die Information und Beratung zu europäischen Förderprogrammen und allen Themen des europäischen Binnenmarktes bietet. Information: (http://www.eic-hannover.de.

- Unter dem Titel „Checkliste für Unternehmensgründer – Eine Planungshilfe zur Unternehmensgründung“ wurde vom Deutschen Sparkassen Verlag GmbH in Stuttgart eine 44-seitige Broschüre mit Fragen zu allen wichtigen Punkten der Existenzgründung herausgebracht.

- Es gibt eine „Bundesarbeitsgemeinschaft ALT HILFT JUNG

e. V.“, Bonn, unter www.gruenderberatung.h20.de.

- Reichhaltige Erläuterungen finden Sie auch unter www.gruenderhaus.de.

- In www.gruenderwettbewerb.de können Sie an einem Wettbewerb teilnehmen und zusätzliche Gelder gewinnen.
- Unter www.n-u-k.de finden Sie Hilfen zur Erstellung eines Business-Plans.

- Einen über 1000 Seiten umfassenden Informationsbestand bietet Ihnen www.gruenderforum.de, wo Sie auch regionale IHK-Beratungsadressen finden.

- Die DtA (Deutsche Ausgleichsbank) ist spezialisiert auf Vorgründungs-Beratung und bietet zurzeit ein Programm für Klein(st)-Unternehmer. Die DtA unterhält ca. 40 Beratungszentren in der gesamten Bundesrepublik, mehr als 25 davon in den neuen Bundesländern. www.dta.de.

- Das Bundesministerium für Wirtschaft und Technologie bietet umfangreiche Literatur für die Starthilfe in die Selbstständigkeit. www.bmwi.de.

- Forschung und Entwicklung, Dienstleistung und Beratung auf dem Gebiet der beruflichen Bildung ist Aufgabe des Bundesinstitut für Berufsbildung. Dort findet man Informationen über Fördermittel im Weiterbildungsbereich. www.bibb.de.

- Eine übersichtliche Darstellung über Fördermittel finden Sie unter www.wabeco.de. Hier wird Ihr Antrag auf Bewilligungschancen überprüft.

- Eine Datenbank, die laut Verlag auch von Banken, Sparkassen und Unternehmen verwendet wird, wird vom Haufe Verlag angeboten. www.haufe.de.

Dipl.-Betriebsw. Joachim von Prittwitz
training - coaching - consulting
Am Birkacker 2
35102 Lohra
Tel. 0642 /92 11 16
Fax 06426/92 11 18
jvprittwitz@foni.net
www.jvprittwitz.de

Joachim-Bernhard von Prittwitz und Gaffron sammelte nach dem BWL-Studium seine Außendiensterfahrungen in der Automobilindustrie. Nach seiner Tätigkeit als Hauptgeschäftsführer im Autoeinzelhandel machte er sich 1981 als Verkaufs- und Kommunikationstrainer selbstständig. Seit dieser Zeit hat er über 20.000 Teilnehmer trainiert.

Seine Trainings sind mit Bausteinen der Suggestopädie und NLP versehen. Größten Wert legt er auf den Praxistransfer der von ihm angestoßenen Verhaltensveränderungen. Dafür erhielt er 1995 vom BDVT den Trainingspreis in Gold, weil ihm das beispielhaft bei der Volkswagen AG gelang. Seine Kernkompetenz ist, Veränderungsprozesse als Trainer und Coach zu initiieren und zu begleiten. Er ist DVNLP-Lehrtrainer, Jury-Mitglied für den Meisterstück-Preis der dta, Hamburg, sowie des Deutschen Trainings-Preises des BDVT und ehemaliger Vizepräsident der Selbständigen dieses Verbandes. Als Fachjournalist VdM hat er viele Buchbeiträge und Fachartikel verfasst.

Die Erwartungen eines selbstständigen Trainers beim Eintritt in den BDVT

Der Autor Joachim von Prittwitz und Gaffron stellt die wichtigsten Fragen bei Eintritt in einen Trainer-Berufsverband und beantwortet sie gleichzeitig aus Sicht der Organisation in Form einer Nutzenargumentation, die sowohl sachliche wie psychologische Begründungen umfasst. Mit den wichtigsten Fragen verbunden sind die Anforderungen an verbandsaktive Ziele, die hier aus dem Standpunkt der wissenschaftlichen Ergebnisse rund ums Lernen und dem des Lerntransfers formuliert sind.

Ein potenzieller Anwärter, der die Aufnahmekriterien des Berufsverbandes erfüllt, wird bestimmte Erwartungen an seine Mitgliedschaft im BDVT Berufsverband Deutscher Verkaufsförderer und Trainer hegen.

Speziell der Selbstständige möchte einen **Sicherheitsgewinn** haben. Der Umkehrschluss lautet: Verdeckte oder offene Ängste sollen ihm durch praxiserfahrene Mitglieder genommen werden.

1 Fragen des Trainers als Unternehmer

Informationen, die Kosten sparen

Ein selbstständiger Trainer möchte Antworten auf die Fragen zu seinen unternehmerischen Tätigkeiten haben:

- Wie wird Scheinselbstständigkeit geprüft ?
- Was ist zu beachten, um nicht der Gewerbesteuer zu unterliegen?
- Wie muss ein Fahrtenbuch geführt werden
- Welche Erfahrungen haben Kolleginnen und Kollegen bei Betriebsprüfungen gemacht?
- Wie kann der versicherungstechnische Unterschied zwischen

Lehrer und Trainer gegenüber der Bundesversicherungsanstalt klar dargelegt werden?

- Welche Anforderungen müssen erfüllt sein, um die Vorteile der Künstlersozialversicherung in Anspruch zu nehmen u.v.a.m.

Er möchte aber auch die Chance haben,

- Hospitant bei einem/einer erfahrenen Kollegen/Kollegin zu sein,
- sein bisheriges Verhalten und seine Methoden auf den Prüfstand der Aktualität zu stellen,
- Verbindungen zu anderen Trainerverbänden zu haben, z.B. mit dem VMMT in Österreich oder dem ASTD in Amerika,
- seine Aktivitäten wissenschaftlich abgesichert zu sehen.

2 Wissenschaftliche Anbindung suchen

Neue Erkenntnisse beschleunigen Lerntransfer

Die Einbindung der Hochschulen sieht deshalb der BDVT als einen wesentlichen Beitrag an, um im Zeitalter des „lebenslangen Lernens" den enorm beschleunigten Anstieg an Wissens- und Verhaltensvermittlung auf ein solides Fundament der Weiterbildung zu stellen. Jeder Selbstständige im BDVT, der forschen und wissenschaftlich tätig werden möchte, kann sich hier ausleben.

Wir brauchen dringend eine Gegenüberstellung der bisher im Training angewandten Methoden im Vergleich zu den heutigen Erkenntnissen der Gehirnforschung und Verhaltenslehre, um nicht Gefahr zu laufen, überholtes Wissen und damit einhergehend falsch programmierte Verhaltensweisen zu vermitteln. Der amerikanische Trainerverband ASTD hat in seiner Maillist ein derartiges Projekt bereits diskutiert.

Erkenntnisse der Hirnforschung

Auf Deutschland bezogen benötigt der BDVT das Resümee von Diplom- und Doktorarbeiten sowie von veröffentlichten Forschungsergebnissen, um jeweils auf dem neuesten Stand der Erkenntnisse zu sein. Gängiges Vorurteil ist es bis heute, dass von früher Kindheit an Gehirnzellen ersatzlos absterben. Tatsache ist, dass immer wieder neue Gehirnzellen entstehen, vorausgesetzt, wir praktizieren täglich Neurobic (angelehnt an Aerobic!) trainieren also unser Gehirn. Vorurteil ist auch, dass Erwachsene schwerer lernen als Kinder. Fakt ist, dass auch Erwachsene mit der Leichtigkeit eines Kindes lernen können. Allerdings verharren Erwachsene sehr stark in vorgefassten Meinungen und greifen permanent auf Erfahrungen zurück. Das aber verhindert Lernen. Wenn Erwachsene das Entlernen lernen würden und mit allen Sinnen Neues aufnehmen (was in der Suggestopädie gelehrt wird) – dann könnten auch Erwachsene mit der Unbeschwertheit eines Kindes lernen!

Zur Ehrenrettung des Erwachsenengehirns sei gesagt, dass Kinder durch eine neurologische Besonderheit eine „Spur" leichter lernen können als Erwachsene: das für das Lernen zuständige Gehirnmolekül, der NMDA-Rezeptor, bleibt bei Heranwachsenden etwas länger offen für neue Informationen als bei Erwachsenen.

Dieses Beispiel zeigt, dass mit diesem Wissen und mit der darauf abgestimmten Lernmethode den Erwachsenen viel Angst genommen und wieder Freude am Lernen vermittelt werden kann.

Lernzeit halbieren

Es zeigt aber auch, dass die Mitglieder im BDVT der Schlüssel zu einer blühenden Wirtschaft sein können. Wenn wir Trainer mithilfe des Verbandes der Öffentlichkeit präsentieren könnten, dass wir zwar nicht in der Lage sind, **die Halbwertszeit des Wissens** zu **halbieren, sehr wohl aber die Lernzeit,** dann wird die Effizienz unserer Informationsgesellschaft gegenüber Billiglohnländern enorm steigen. Schul-, Lehr- und Studienzeiten könnten drastisch verkürzt und der Eintritt und Verbleib im Berufsleben verlängert werden. Gleichzeitig wären die Renten auch wieder gesichert. Wenn neben der Methodenkompetenz in gleichwertiger Weise die Sozialkompetenz durch Trainer vermittelt wird, dürfte die daraus resultierende Handlungskompetenz der Trainierten eine gesunde Balance zwischen einem menschlichen Miteinander und wirtschaftlichen Interessen schaffen.

3 Nutzen als Mitglied im BDVT

Nach diesem Exkurs wieder zurück zu den Möglichkeiten eines selbstständigen Trainers im BDVT.

Für ein frisch gebackenes Mitglied sind besonders die aktiven Tätigkeiten des Verbandes von Nutzen. Dazu gehört das

Regionalclubs

- fortlaufende Weiterbildungsangebot durch die **einzelnen Regionalclubs**, das gleichzeitig als Forum für eigene Präsentationen dienen kann und soll!
- Dies gilt ebenso für das **Herbstcamp**, das, speziell wenn es als Open-Space-Veranstaltung durchgeführt wird, die Chance bietet, nicht nur die jeweils neuesten Trainingsformen und -ergebnisse kennen zu lernen und nutzbringend in eigenen Seminaren anzuwenden, sondern selbst neu aufbereitete oder gänzlich neue Trainings- und Absatzmethoden zu präsentieren.

Weiterbildung auf Veranstaltungen

- Als Höhepunkt dient die **„ProSales“,** der eigene Weiterbildungskongress des BDVT. Die ProSales bietet einen professionellen Blick auf die gegenwärtige und künftige Trainerwelt. Speziell „Einzelkämpfer“ ersparen sich aufwendige Recherchen und können Trends rechtzeitig erkennen und nutzen.

Profilierung durch den Deutschen Trainings-Preis

- Eine Qualitäts-Initiative des Verbandes ist die jährliche Ausschreibung und Vergabe des Deutschen Trainings-Preises. Die Gewinner gehören zur Spitzengruppe im Training. Der Preisträger hat nicht nur bewiesen, dass er etwas Außergewöhnliches geleistet hat, sondern erhält durch den BDVT automatisch einen durch Medien unterstützten Bekanntheitsgrad, der sich nur positiv auf seine Aktivitäten auswirken kann. Als Gewinner des Trainingspreises in Gold können ich und meine anderen „Gold“-Kollegen dies nur bestätigen.

4 Aktuelle Branchen-Informationen

Nicht nur aus formalen Gründen ergibt sich ein goldener Nutzen für eine Mitgliedschaft im BDVT. Das BDVT-Mitglied hält permanent die

Hand am Puls der Zeit. Denn der BDVT ist im klassischen Sinne ein Kommunikationsverband. Dazu gehört die Kommunikation im beruflichen wie im privaten Bereich. Freundschaften entwickeln sich schneller als in anderen Verbänden, da der „Verhaltensbereich" häufig mit „Tiefgang" einhergeht. Dem beruflichen Informationsaustausch werden mit jährlich über hundert Regionalclub-Veranstaltungen ausgezeichnete Gelegenheiten geboten. Über die von der Berufsgruppe der Selbstständigen im BDVT eingerichtete „**Maillist**" wird ein aktueller und zeitnaher Wissens- und Erfahrungsaustausch ermöglicht.

Zudem beinhalten die persönlichen Begegnungen immer die Chance eines Feedbacks, um das Selbstbild mit dem Fremdbild abzugleichen.

Resümee

Wer wie ich erlebt hat, dass Kollegen im Berufsverband ihr Wissen und Können trotz aller Konkurrenzsituation als kollegialen Service weitergeben, der weiß, dass es sich in jeder Hinsicht lohnt, ein Teil dieses Verbandes zu sein. Der BDVT gibt den Mitgliedern eine berufliche Heimat, in der Freundschaften geschlossen und Weichen für den persönlichen Erfolg gestellt werden. Wer sich beruflich absichern und sich persönlich aktiv einbringen will, ist jederzeit herzlich willkommen im BDVT!

Rolf Birmes
Training & Trainer Gesellschaft
für Mitarbeiterkonzepte
Am Oelvebach 121
47809 Krefeld
Tel. 02151/9579-0
Fax 02151/9579-15
RolfBirmes@t-online.de
www.trainingundtrainer@t-online.de

Rolf Birmes ist gelernter Industriekaufmann und war viele Jahre als Verkäufer, Verkaufsleiter und Betriebsstättenleiter tätig.

Er ist seit 1985 selbstständiger Trainer und seit 1992 geschäftsführender Gesellschafter der Training & Trainer Gesellschaft für Mitarbeiterkonzepte Krefeld.

Schwerpunkte seiner Arbeit sind die Entwicklung von Mitarbeiterförderungskonzepten sowie das Verkaufstraining im Innen- und Außendienst. Besonderes Engagement in den Bereichen Coaching und Feldtraining, Organisationsentwicklung, Zielfindungsmaßnahmen, Bedarfs- und Situationsanalysen, Aktionstraining, Moderationstraining u.a.m.
Rolf Birmes gewann den Deutschen Trainingspreis 1995, Kategorie Industrie, für das Projekt ‚Entwicklung und Umsetzung eines Mitarbeiterförderungskonzeptes'.

Erfolgreiche Trainernetzwerke und -kooperationen

Der Autor Rolf Birmes weist auf die Bedeutung der Kompetenzbündelung als Akquisitionsfaktor hin und beantwortet alle Fragen der Gründung von oder Teilnahme an beruflichen Trainernetzwerken. Die dargestellten Vorteile aller Netzwerk-Bereiche sind motivierend beschrieben, ohne die Stolpersteine auszulassen. Der zentrale Fokus für gelungenes Netzwerken ist die funktionierende Vertrauensbasis im kompetenten Austausch von Geben und Nehmen.

1 Was sollen eigentlich Trainernetzwerke und -kooperationen sein?

Expertenwissen gemeinsam anbieten

Optimalerweise repräsentieren Trainernetzwerke und -kooperationen die geballte Kompetenz von Spezialisten im Bereich Training und Weiterbildung. Hier gibt es aufgabenspezifische, branchenspezifische und marktspezifische Spezialisten, die ihr individuelles Know-how bündeln und dem Markt zur Verfügung stellen. Das funktioniert im gemeinsamen Gedanken- und Meinungsaustausch. Den Nutzen daraus soll der Markt ziehen, indem er auf ein breit gefächertes Angebot zurückgreifen kann.

2 Chancen und Risiken

Größere Wirkung

Befassen wir uns zunächst mit den Chancen von Trainernetzwerken und -kooperationen. Der Einzelne partizipiert von den Erfahrungen der Kollegen. Dies ist besonders in der Startphase des Trainerlebens wichtig. Außerdem hat ein Netzwerk wesentlich bessere Chancen, Gesprächspartner für größere Firmen zu werden – und somit an größere Aufträge zu kommen. Das bringt eine wesentlich größere Kompetenz und Wirkung. Wesentlich ist aber, dass der einzelne Trainer sich spezialisieren kann und somit nicht der Gefahr der Verzettelung unterliegt. Denn hier genau liegt oftmals das Risiko

Spezialist sein und bleiben

des Einzeltrainers. Er ist versucht, möglichst alles seinem Kunden anzubieten und begibt sich hierbei auf ein gefährliches Feld. Die Kompetenzfrage ist im Netzwerk wesentlich besser gelöst. Hierbei hat der einzelne Trainer die besten Chancen, aktuell vom Know-how der Partner zu partizipieren. Der wichtigste Erfolgsfaktor ist aber ein gefestigtes Vertrauen in die Partner. Hier liegt ein großes Risiko. Entsteht der Eindruck, dass es nur ein Nehmen ohne Geben gibt, kommt Misstrauen auf und es entstehen erhebliche Reibungsverluste. Überhaupt ist die Auswahl der Partner der entscheidende Punkt. Geht man offensiv an den Markt heran, so wird jeder Einzelne an den Gesamtleistungen des Teams gemessen. Der Auftraggeber selektiert dann nicht mehr, ob der Einzelne keine ausreichende Leistung brachte, sondern urteilt hier pauschal.

3 Erfolgsfaktoren von Trainerkooperationen

Diese sind zunächst aus den Ausführungen zu Punkt 2. abzuleiten. Aus meiner persönlichen Erfahrung gibt es Kernfaktoren des Erfolgs:

3.1 Treten Sie professionell auf

Im Angebot zeigt sich Ihre Kompetenz

Das beginnt mit einem professionellen Angebot. Wir hatten oft Gelegenheit, uns Angebote von Trainern anzusehen. Hier herrscht teilweise das wahre Chaos. Richtig ist, eine Struktur eines Angebotes zu entwickeln. Das bedeutet, dass Ziele, Inhalte, Vorgehensweisen und Medieneinsätze genau definiert sein müssen.

Voraussetzung ist, dass Sie im Gespräch mit dem Interessenten ein klares Profil entwickeln müssen. Wir haben noch nie ein spezifiziertes Angebot abgegeben ohne eine detaillierte Voranalyse. Hier liegt aber die Verlockung gerade beim Trainer, der neu in den Beruf einsteigt. Da wird in der Euphorie der Stunde aufgrund eines Telefonats das gesamte Pulver verschossen und ein „Standardangebot" auf die Reise geschickt. Die Wahrscheinlichkeit, dass dieses Angebot genau den Anforderungen des Auftraggebers entspricht, ist aber gering. Vielmehr fehlt hier die Individualität. Nur wenn der mögliche

Kunde seine unternehmensspezifischen Gegebenheiten wiederfindet, erkennt er auch die Individualität des Angebots.

3.2 Entwickeln Sie gemeinsame Marketingaktivitäten

Kurzprofil entwerfen

Lassen Sie sich nicht von den scheinbar logischen Aussagen blenden, dass ein Prospekt nicht sinnvoll ist, weil Ihre Leistung zu individuell ist. Wir haben einen Unternehmensfolder entwickelt, der sowohl eine Kurzinformation zum Team als auch die Philosophie, die Vorgehensweise und das Leistungsprofil enthält. Standardangebote von Trainingsmaßnahmen sind sicherlich fehl am Platze in einem solchen Folder. Allerdings muss eine Spezifikation der Leistungsübersicht des Teams enthalten sein.

Eigenes Kundenmedium entwickeln

Bewährt hat sich eine regelmäßige Kundeninformation in Form einer 4-seitigen Kundenzeitschrift, die 4 x jährlich erscheint. Hierbei konzentrieren wir uns klar auf Themen unserer Arbeit, ohne Selbstdarstellung. Jedes Teammitglied ist aufgefordert, einen Beitrag je Ausgabe zu leisten. Was zunächst einfach erscheint, ist aber in der Praxis ein teilweise mühevoller Prozess. Hier hilft nur wirkliche Konsequenz. Bei fast jeder Ausgabe haben wir am Anfang überlegt, ob dieser Aufwand überhaupt sinnvoll ist. Vor allem dann, wenn „es doch ganz gut läuft“.

Entscheider erreichen

Im Nachhinein betrachtet, war die Entscheidung zu diesem Medium eine der wichtigen Erfolgsfaktoren. Gehen Sie nicht davon aus, dass die Leser Ihnen vor Begeisterung die Tür einrennen. Vielmehr ist hier der langfristige Aspekt von Bedeutung. Im Rahmen der Zusammenarbeit mit unseren Kunden haben wir immer wieder festgestellt, dass interessante Artikel intern kopiert und verteilt wurden. Nachfragen mit konkret folgenden Aufträgen ergeben sich sehr oft zeitlich stark versetzt. Vergessen Sie nicht, dass die Empfänger – meistens ja Entscheidungsträger – sich auch weiterentwickeln. In diesem Zusammenhang wechselt oft mit dem Interessenten auch ein potenzieller Auftraggeber in ein neues Unternehmen!

3.3 Verhalten als Unternehmer

Managen Sie konsequent

Praktizieren Sie das, was Sie Ihren Kunden vermitteln wollen. Hier sei der bekannte Regelkreis des erfolgreichen Managements erwähnt: planen – entscheiden – realisieren – kontrollieren.
Diese Chance bietet im Besonderen die Kooperation. Das bedeutet, dass Sie Projekte – also z.B. neue Seminarthemen – gemeinsam planen und dann nach der Entscheidung konsequent realisieren und deren Fortschritt dann auch kontrollieren. Tun Sie das nicht, unterliegen Sie der Gefahr – wie nicht wenige Kollegen – traumtänzerisch von der heilen Welt zu träumen. Konkret haben Sie im Team immer Schwerpunktneigungen. Der eine hat themenbezogen detailliertere Kenntnisse, der andere ist mehr der „Vermarktungsfachmann".

Weiterbildung im Team

Hierzu gehört auch, dass Sie sich fachspezifisch weiterbilden und diese Erkenntnisse ins Team einbringen können. So entsteht ein enormes Know-how, das dann alle Kooperationspartner nutzen können. Dies hat auch klare Kostenaspekte. So reicht es völlig aus, wenn einen Kongress zwei Kooperationspartner besuchen anstatt mehrere. Der einzelne Trainer hat meistens weder die Zeit noch das Geld, diese Vielzahl von Weiterbildungsmöglichkeiten in Anspruch zu nehmen.

Der betriebswirtschaftliche Aspekt ist überhaupt ein wichtiger Gesichtspunkt. Haben Sie in einem Team einen „Controller", so kann der sich speziell um betriebswirtschaftliche Gesichtspunkte kümmern. Hierzu gehört im Besonderen auch der steuerliche Aspekt, der elementar als persönlicher Erfolgsfaktor zu sehen ist.

3.4 Fehler, die Sie gar nicht erst machen sollten

Detailplanung hemmt entwicklung

Zugegeben, die Definition eines Fehlers ist sehr subjektiv. Da es sich hier um einen Erfahrungsbericht aus der Praxis handelt, beachten Sie also, dass alles natürlich auch anders sein kann. So halte ich es für einen Fehler, an das Thema einer Kooperation direkt in der Form ranzugehen, dass alles bis ins Detail geplant und reguliert sein muss. Gönnen Sie einer Kooperation die Entwicklungsmöglichkeit. Einer der wichtigsten Punkte ist und bleibt das Vertrauen. Vertrauen aber können Sie nicht per Erklärung vereinbaren, sondern müssen Sie entwickeln und erfahren.

So sind wir auch einmal dem naiven Glauben verfallen, eine zunächst dynamisch wirkende Nachwuchskraft als Trainerin auszubilden. Basis war eine Festanstellung. Erfolg war die Ausbildung und das anschließende Fliehen aus dem Nest. Eine teure Erfahrung. Eine für alle Beteiligten bessere Vorgehensweise ist nach wie vor die Selbstverantwortung. Hierzu mehr unter der Rubrik „Wirtschaftliche Seite der Trainerkooperation".

Gleichberechtigt arbeiten

Erfahrungsgemäß ebenfalls wenig sinnvoll erscheint die Idee, eine Kooperation aufzubauen und selbst nur als Ideengeber und Akquisitionszentrale zu fungieren. Das funktioniert nur, wenn Sie selbst wirtschaftlich abgesichert sind und sich voll auf die Geschäftsführung konzentrieren. Selbst trainieren und andere einsetzen ist aber zumindest in der Anfangsphase der Gründung wenig erfolgversprechend. Einen wirklich guten Trainer können Sie unseren Erachtens nicht dauerhaft als Angestellten führen, höchstens rechtzeitig als vollwertigen Partner integrieren.

3.5 Die konkreten Schritte zur Trainerkooperation

Definieren Sie als Erstes für sich einmal, was eine Kooperation bzw. ein Netzwerk Ihnen bringen soll. Definieren Sie, was Sie selbst einbringen können und wollen. Und natürlich auch, was Sie konkret erwarten.

Knüpfen Sie Kontakte

Der nächste Schritt sollte sein, dass Sie möglichst viele Kontakte zu Gleichgesinnten suchen . Hier bietet sich der BDVT an. Wichtige Voraussetzung ist, dass ein Verband nicht als Selbstbedienungsladen angesehen werden sollte. Ich sage das ganz bewusst aus der eigenen Erfahrung heraus. Wie immer im Leben können Sie nicht verlangen, dass jemand auf Sie aufmerksam wird oder dass andere sich um Ihr Wohl kümmern sollten. Ich hatte das Glück, in eine gute Gesellschaft zu gelangen und Kollegen zu finden, die sich als Förderer bereit erklärten. So habe ich trotz enormer Anfangsbelastung ausreichend Zeit darin investiert, mich zu engagieren. Als erstes engagieren Sie sich in einem Regionalclub. Halten Sie ein Referat oder forcieren Sie eine Veröffentlichung. Besuchen Sie die BDVT-Veranstaltungen, ich empfehle vor allem das BDVT-Camp. Hier lernen Sie am schnellsten Kollegen kennen, die auf Ihrer Wellenlänge liegen. Am meisten lernen Sie am Rande der Veranstaltungen. Scheuen Sie trotz anfänglich knapper finanzieller Mittel diese Investitionen nicht. Natürlich hat Verbandsleben seine Eigenheiten, die nicht unbedingt immer mit dem logischen Verstand eines unternehmerisch denkenden Menschen korrespondieren.

Schaffen Sie Vertrauen

Bemühen Sie sich um Gastbesuche bei bestehenden Netzwerken bzw. Kooperationen. Engagieren Sie sich dort und sprechen Sie offen an, welche Ziele Sie verfolgen. Wenn Sie dann absehen können, ob eine eigene Gründung sinnvoll erscheint oder die Integration in ein bestehendes Team – handeln Sie! Bemühen Sie sich um eine Hospitation. Ein heikles Thema, wie es scheint. Wahr ist, dass Kollegen dazu bereit sind. Wer sie nicht bietet, ist wahrscheinlich auch nicht Ihr Kooperationspartner. Bieten Sie aber auch umgekehrt diese Möglichkeit.

Wenn dann alle Voraussetzungen aus Ihrer Sicht gegeben sind, werden Sie konkret. Zögern Sie nicht. Das Optimale gibt es vielleicht nicht. Keine Entscheidung zu treffen, ist aber wesentlich aufwendiger und zermürbender. Vertrauen ist, wie bereits gesagt, die wichtigste Erfolgsvoraussetzung.

3.6 Eigene Professionalität als Grundvoraussetzung

Synergieeffekte nutzen

Wie bereits dargestellt, ist eine Trainerkooperation keine Mitläuferorganisation. Das bedeutet konkret, dass die Qualität eines Netzwerkes von den agierenden Mitgliedern bestimmt wird. Jeder hat eigene Schwerpunktfähigkeiten. Das ist eine hervorragende Basis, Synergieeffekte zu nutzen. In der Form, wie Sie Ihre Fähigkeitsschwerpunkte eingeben, können Sie das Expertenwissen der anderen Mitglieder nutzen und anzapfen. An anderer Stelle wurde bereits auf die Notwendigkeit der eigenen Weiterbildung hingewiesen. Persönliche Professionalität wird aber immer wieder von den Kunden verlangt – teilweise auch versteckt angezweifelt, denn schließlich ist „man ja nicht im Geschehen“. Hier ist eine hervorragende Möglichkeit, das eigene Business zu präsentieren. Als Verkaufs- und Managementtrainer mit dem Schwerpunkt Vertrieb bietet sich hier für mich immer wieder der Schwerpunkt des Feldtrainings und Coachings an. Diese Bereiche sind feste Sockel meines Business. Das bedeutet, dass ich einerseits ganzheitlich in den Projekten tätig und andererseits permanent am Puls des Geschehens bin. Konkret heißt es, dass ich durch die Begleitungsmaßnahmen immer die aktuellsten Markt- und Unternehmenskenntnisse habe. Und gerade hieran werden Sie in der Praxis gemessen. Achten Sie auch darauf, dass Sie bei ganzheitlichen Projekten möglichst auch in Prozesse involviert werden, die nicht immer unmittelbar mit den aktuellen Maßnahmen zu tun haben. Dies sind beispielsweise Teilnahmen an Strategietagungen (hohes Vertrauensfeld seitens des Auftraggebers) und Vertriebstagungen.

Keine Funktionsteilung

Darüber hinaus haben wir in unserer Kooperation Verantwortungsbereiche definiert. So gibt es z.B. einen Kollegen für den Bereich neue Medien, einen Kollegen für alles, was mit Führung zu tun hat, usw. Bei den jeweiligen Meetings berichtet dann der Verantwortliche aus seinem Verantwortungsbereich. Das ist eine gute Gelegenheit, „sich selbst ins Obligo“ zu nehmen.

3.7 Die wirtschaftliche Seite der Trainerkooperation

Wie bereits kurz erwähnt, liegt in der Organisation der Wirtschaftlichkeit ein wesentlicher Erfolgsfaktor – oder auch der programmierte Misserfolg. Es ist sicherlich nicht nützlich, hier das gesamte Erfahrungspotenzial darzustellen. Glauben Sie aber: Es ist umfangreich und lehrreich. Also: Wenn Sie sich etwas Gutes tun wollen, vermeiden Sie wirtschaftliche Abhängigkeiten! Schön ist, wenn sich wirtschaftliche Aspekte ergeben, aber bauen Sie darauf keine Kooperation auf. Am wenigsten hilfreich ist der Gedanke, dass einer oder mehrere hauptsächlich für die Akquisition (der Knackpunkt vieler Trainer!) zuständig ist oder sind. Das bremst einerseits Ihre eigenen Energien (schließlich sollten Sie können, was Sie trainieren) und bringt Sie andererseits mehr oder weniger in Abhängigkeiten.

Die erfolgreichen Kooperationen, die ich kenne, leben von dem Mix der Dinge. Akquisition und Programmerstellung der Projekte und Entwicklung eigener Bausteine und Programme. Wenn dann feststeht, dass sinnvollerweise das eine oder andere Thema von einem anderen Kooperationsmitglied übernommen werden sollte, ergibt sich der beste Synergieeffekt. Dann arbeiten mehrere Spezialisten auf ihren Gebieten (und verdienen auch) und der Kunde ist zufrieden. Wenn ein Auftrag weitergegeben wird, ist eine zu vereinbarende Gebühr obligatorisch und sinnvoll. Genau hier trifft die wichtigste Grundlage der Kooperation – das Vertrauen – zu. Wenn Sie den Eindruck – noch schlimmer: die Erfahrung – haben, dass der Kollege versucht den Kunden zu übernehmen, haben Sie die falschen Partner. Leider sind hier schon „Scheinkooperationen" gescheitert.

Sensibel mit Finanzfragen umgehen

Also: Wirtschaftlich kooperieren heißt, gemeinsam Projekte durchführen – auch akquirieren – und gemeinsam Geld verdienen. Was wirtschaftlich wirklich interessant ist: gemeinsames Marketing zu treiben und wie beschrieben Spezialwissen in der Gruppe zu duplizieren und wechselseitige Weiterbildung zu betreiben. Das bringt wirklich etwas, weil Sie viel professioneller bei Ihren Kunden auftreten. Die Kosten für solche Maßnahmen kann man hervorragend teilen. Noch ein Hinweis zum Punkt der „Provisionen": Natürlich hängt dies vom Umfang der Leistung ab. Meine Erfahrung ist, dass das Konzept-Know-how schwierig abzurechnen ist. Entweder Sie geben alles komplett ins Team – und umgekehrt – oder Sie verzetteln sich. Wichtiger ist, abzustimmen, wie die Inhalte umgesetzt werden. „Geklaut" wird allgemein immer – sowohl unter „Kollegen" wie auch durch Kunden. Sie können sinnvoll kein Copyright durchsetzen.

Vereinbaren Sie im Team einen Provisionssatz bei vermittelten konkreten Aufträgen – egal ob Sie oder der Kollege das Know-how mitliefern. Seien Sie moderat hierbei, sonst kommt auch wieder Frust auf. Wer also 50 % „abgeben" muss, hat beim nächsten Auftrag keinen Spaß mehr an der Sache. Angenehm sind 10 – 20 %, bezogen auf den Zeitraum von 2 Jahren bei dem vermittelten Kunden, oder in jedem Einzelfall, wenn Sie oder die Kollegen den Kunden als Projektverantwortlicher betreuen.

Wenn Sie hierzu oder zu allen anderen Ausführungen Fragen haben, melden Sie sich! Ein guter Trainer hat keine Vorbehalte des „Ausbeutens“. Die Tätigkeit als Trainer bietet so viele Chancen, dass es viel interessanter ist, sich über Inhalte zu unterhalten als über Formalismen. Ich jedenfalls stehe Ihnen gerne zur Verfügung. Lieben Sie Ihren Job, er wird Ihnen viel Freude bereiten. Viel Erfolg!

Resümee

Zum Schluss für den schnellen Leser einige Kernbotschaften dieses Artikels:

1. Der Erfolgsfaktor Kompetenz ist in der Trainerkooperation besser gelöst als beim Einzeltrainer.
2. Als Profi pofilieren – leben Sie das vor, was Sie Ihren Kunden vermitteln.
3. Investieren Sie in eine Kooperation – geben Sie sich und Ihr Know-how ein und definieren Sie, was Sie konkret erwarten.
4. Vermeiden Sie wirtschaftliche Abhängigkeiten als Basis einer Kooperation.
5. Leben Sie nicht nur von der permanenten Weiterbildung – tun Sie es auch selbst!
6. Behandeln und pflegen Sie Ihre Kooperationspartner wie Ihre Kunden.

Sigrid und Dieter A. Sonnenholzer
Sonnenholzer Unternehmensberatung
Bürgermeister-Wild-Str. 2
85621 Ottobrunn
Tel. 089/99020444
Fax 089/99020445
sonnenholzer@sonnenholzer.de
www.sonnenholzer.de

Sigrid Sonnenholzer und Dieter A. Sonnenholzer führen gemeinsam die Sonnenholzer Beratung und Sonnenholzer PLUS Seminare. Die Sonnenholzer Unternehmensberatung ist seit über 12 Jahren für namhafte Unternehmen, Forschungseinrichtungen und Ministerien tätig. Besonderer Wert wird auf ganzheitliche Strategien in Vertrieb und Management gelegt. In ihrem Institut in München werden seit 1990 erfolgreich Unternehmensberater und Trainer ausgebildet, mit den Schwerpunkten Kommunikation, Verkauf und Management. Seit 1999 wird die Berater- und Trainerausbildung mit der Qualifikation „BDVT geprüfter Trainer und Berater" abgeschlossen. Schlüsselpunkt bei allen Leistungen der Sonnenholzer Beratung ist die hohe Praxisorientierung.

Die Partner der Trainer(innen)

Die Autoren Sigrid Sonnenholzer und Dieter A. Sonnenholzer beschreiben mit viel psychologischem Gespür und einer ausgeprägten Kenntnis des Trainer-Alltags die zwischenmenschlichen Problemsituationen in der Partner-Konstellation. Der Appell, miteinander zu reden, sich zusätzlich aller Methoden der Persönlichkeits-Topographie und des Teamtrainings zu bedienen, ist ein Aufruf, die eigene Lebensbalance zwischen beruflichem Engagement und Partnerschaft zu finden.

Ein schwieriges Thema

Verdeckte Probleme

Die Partnerschaften von Trainern und Trainerinnen sind ein heikles Thema, wie wir alle wissen und täglich erfahren. Wir müssen uns nur umschauen, wie viele Trainer und Trainerinnen geschieden sind oder erkennbare Beziehungsprobleme haben. Das liegt nicht daran, dass Trainer tendenziell weniger beziehungsfähig sind als der Bevölkerungsdurchschnitt. Das bringt der Beruf mit sich. Ein Trainer reist viel, ist selten daheim, muss hohe Anforderungen an die eigene Weiterbildung wahrnehmen, ist nicht von Anfang an und nicht immer mit finanziellem Erfolg gesegnet und erlebt die oft existenziellen Spannungen des typischen Freiberuflers. Als ob dies nicht genug wäre, um jede Beziehung einer überdurchschnittlich hohen Belastung auszusetzen, kommt noch hinzu, dass Beziehungsfragen unter Trainern und in ihrem Umfeld tabu sind. Oder wie es ein vom Beziehungsstress gebeutelter Kollege unlängst ausdrückte: „Man spricht nicht über Beziehungsprobleme, man hat sie." Kein erquicklicher Zustand. Was können Sie tun, damit es gar nicht erst so weit kommt? Etwas ganz Simples: reden.

Einfach und gut: darüber reden

Selbstkritisch Ursachen erkennen

Es gibt eine ganz einfache Vorbeugung für Beziehungsprobleme: Reden Sie darüber. Nicht über die Probleme, sondern über den potenziellen Auslöser für Probleme: Ihre Tätigkeit. Sprechen Sie mit dem Partner, treten Sie mit ihm/ihr in einen Austausch, wie Sie ihn in der Ausbildung trainiert haben und wie Sie ihn mit Ihren Teilnehmern trainieren. Bringen Sie dabei nicht nur die Vorzüge und Aussichten Ihres Berufes zur Sprache, sondern auch offen und ehrlich die Belastungen. Ein Verschweigen rächt sich nicht sofort, aber später ganz sicher. Viele Trainer kommunizieren gerade zu Beginn ihrer Tätigkeit eklatant einseitig. Sie reden daheim ganz begeistert von der freien Zeiteinteilung (der Partner denkt sich: Aha, dann hat er/sie mehr Zeit für mich), von den vielen schönen Reisen und dem guten Honorar. Die Kehrseiten kommen nicht zur Sprache: das Auf-Abruf-Bereitstehen, der manchmal übervolle Terminkalender, das monatelange Leben aus dem Koffer fern der Heimat und die Zeiten, in denen man sich überlegt, ob das Fahrrad für den Nachwuchs gerade finanzierbar ist. Das Verschweigen dieser Nachteile ist zunächst Selbstbetrug und dann Betrug am Partner. Der Partner hört immer nur die frohe Botschaft, bildet ganz unrealistische Erwartungen und ist dann umso schockierter, je stärker die tatsächlich eintretende Realität diesen Erwartungen widerspricht. Einseitige Kommunikation rächt sich. Immer. Sowohl in Bezug auf die eigene Person, als auch in der Beziehung. Also: Seien Sie ehrlich. Zu sich und Ihrem Partner. Auch wenn das Überwindung, eine gehörige Portion Eigenreflektion und Courage erfordert.

Belastungen konkret benennen

Keine Angst vor Unverständnis

Viele befürchten, dass der Partner Einwände erhebt oder blockiert, wenn er/sie mit den Nachteilen des Berufs, also mit der vollen Wahrheit konfrontiert wird. Das ist zwar eine verbreitete Befürchtung, aber keine Tatsache. Tatsächlich reagieren die meisten Partner verständnisvoll, wenn Sie darüber *reden.* Wenn Sie das Thema *verschweigen*, reagieren sie dagegen immer irgendwann ohne Verständnis. Und zu Recht. Reden Sie *vor* Beginn Ihrer Trainertätigkeit über das Thema und reden Sie immer wieder *während* der Tätigkeit darüber.

Dabei ist eine vorbeugende, an der eigenen und der Befindlichkeit des Partners orientierte Thematisierung besser als selbst die beste Krisenbewältigung aus aktuellem Anlass. Manche Trainer sagen: „Was soll ich drüber reden? Sie/er sieht doch, dass ich bis obenhin zugebucht bin! Ich kann eben gerade nichts daran ändern! Also ist reden müßig." Das ist ein Irrtum. Das Gegenteil ist der Fall. Gerade, wenn man nichts machen kann, ist reden nicht nur sinnvoll, sondern am bittersten nötig. Denn wenn man nichts machen kann, und das auch vernünftig (nicht als Befürworter des leidigen Zustandes!) kommuniziert, hat der Partner Verständnis. Verständnislos reagiert er/sie meist nur dann, wenn Sie schweigen und er/sie denkt, dass sehr wohl etwas zu machen sei, Sie aber ganz glücklich damit seien, so wenig Zeit für die Beziehung zu haben.

Wenn der Partner kein Trainer ist

Interesse durch Mit-Engagement

Trainerbeziehungen gestalten sich am harmonischsten, wenn der nicht-trainierende Partner und die Familie sich gleichwohl für die Aufgaben des trainierenden Familienmitgliedes engagieren. Wenn sie Aufgaben des Home-Office wahrnehmen, also beispielsweise Anrufe entgegen nehmen oder den Kunden auch etwas zur Terminplanung sagen können. Wenn Partner oder Familienmitglieder genervt auf die Belastung aus dem Trainerberuf ihres Partners reagieren, dann meist, weil sie zu wenig involviert sind, um etwas davon zu haben. Möglichkeiten zum eigenen Engagement fördern das Interesse, sofern sie keine Zwangsverpflichtungen, sondern Gelegenheiten zur Ausübung der eigenen Wahl sind. Sprechen Sie mit dem Partner, der Familie über solche Möglichkeiten. Versuchen Sie dabei keine Arbeitsdienst-Einteilung, sondern leisten Sie Überzeugungsarbeit. Versuchen Sie, Partner und Familie für das Engagement zu *gewinnen*. Wer Engagement als selbstverständlich erachtet oder gar einfordert, vergisst einen Kernsatz des Verkaufstrainings: Beziehungen sind niemals selbstverständlich, sondern immer so gut wie die Beziehungspflege, die wir in sie investieren.

Arbeitsteilung als Teil der Beziehungspflege

Das Engagement des Partners für die Tätigkeit des Trainers verhin-

Gleichberechtigung anerkennen

dert auch einen weiteren Risiko-Faktor jeder Trainerbeziehung: das Auseinanderdriften. Wenn der Partner überhaupt nicht involviert ist, entwickelt sich der Trainer immer weiter, während der Partner stehen bleibt oder sich in eine gänzlich andere Richtung entwickelt. Irgendwann wird die Distanz unüberbrückbar und es kommt zum zwangsläufigen Krach. Dann ist es zu spät für eine Vermeidung der Konfliktursachen.

Bei vielen Selbstständigen ist die Arbeitsteilung nicht nur ein hervorragender Faktor der Beziehungspflege, sondern Existenzgrundlage: Der eine Partner arbeitet mit dem Kunden, während der andere das Backoffice betreut. Die meisten Handwerksbetriebe könnten ohne „die Chefin" als kaufmännische Leiterin nicht überleben. In guten Beziehungen betrachten beide Partner beide Tätigkeiten als gleich wertvoll. Während der Trainer die Bildungsleistung erbringt, *vermarktet* und *koordiniert* der Partner diese Leistung am Markt. Eine Gefahr für die Beziehung ergibt sich dabei nur, wenn einer (egal, wer von beiden) oder beide Partner das Stehen im Rampenlicht als „wichtiger" erachten. Je weniger dieser Eindruck von einem der beiden geweckt und gefördert wird und je besser beide mit den dahinter stehenden Fragen des Ego umgehen können, desto weniger bereitet dieses Risiko Probleme. Auch hier gilt: Machen Sie Augen und Ohren auf, leben und arbeiten Sie achtsam, achten Sie insbesondere auf die frühen, schwachen Signale des Unmuts ob der ungleichgewichtigen Bewertung der einzelnen Rollen und werden Sie auf diese schwachen Signale hin aktiv. Probleme sind am leichtesten zu lösen, solange sie nur Problemchen sind. Und jedes Problem war einmal ein Problemchen.

Wenn beide Trainer sind

Gemeinsamkeit braucht Professionalität

Wenn beide Partner Trainer sind, haben sie der Beziehungskonstellation, in der nur einer Trainer ist, eines voraus: Es ist naturgemäß mehr Verständnis für den Partner und seine Berufsbelastung vorhanden. Andererseits kann es zu so genannten OPW-Beziehungen kommen. Wenn die Termine ungünstig liegen, ist der eine gerade dann am Heimatort, wenn der andere auf Seminar ist. Man sieht sich nur noch Ostern, Pfingsten, Weihnachten.

Genau das Gegenteil ist der Fall, wenn beide Partner als Trainergespann auftreten. Für die Arbeit und den Erfolg am Bildungsmarkt ist das eine große Chance. Da jeder Trainer immer nur ganz bestimmte charakteristische Zielgruppen im Seminar besonders gut erreicht, erreichen zwei (mit unterschiedlichen Persönlichkeiten und Vorgehensweisen) viel mehr und unterschiedliche Teilnehmer-Zielgruppen. Die Seminare werden erfolgreicher. Doch das Ernten dieses Vorteils erfordert eine hohe Professionalität. Ohne diese kommt es fast zwangsläufig zu Profilierungs-Konflikten: Der eine Partner spielt den anderen (unbewusst meist, doch sehr nachhaltig) an die Wand.

Persönlichkeitsprofile erkennen

Stärken nutzen

In dieser Situation möchte man Trainern empfehlen, das zu beherzigen, was sie selbst oder ihre Kollegen trainieren: HDI, Insights Discovery, DISG oder MBTI. Das heißt aufgrund der Kenntnis der Persönlichkeits-Topographie des anderen die Persönlichkeitsunterschiede konstruktiv zu nutzen, anstatt sich an ihnen aufzureiben. Grundlage jeder guten Teamarbeit ist die Persönlichkeitsanalyse. Es ist dabei nebensächlich, welche der oben erwähnten (oder andere) Typologien Sie benutzen. Hauptsache, Sie beherzigen und praktizieren die gemeinsame Botschaft aller Typologien: Werde stark, indem du Persönlichkeitsunterschiede richtig nutzt. Dazu ist es nötig, dass Sie erst einmal diese Persönlichkeitsunterschiede (möglichst gemeinsam) herausfinden, wertfrei kommunizieren, die Folgen daraus diskutieren und gemeinsam die besten Strategien der Abstimmung der unterschiedlichen Auffassungen und Vorgehensweisen entwickeln. Kurz: Sie machen Teamentwicklung im eigenen kleinen Team. Auch für Trainer gilt: Je besser ein Team entwickelt wird, desto besser wird es.

Lebens- oder Berufspartnerschaft?

Erfolgsgarant Lebenspartnerschaft

Über die Jahre hat sich uns immer wieder eine etwas paradoxe Beobachtung bestätigt: Lebenspartnerschaften unter Trainern überleben länger als Berufspartnerschaften. Betrachten Sie einmal die Ihnen bekannten Trainerpartnerschaften, bei denen sich zwei oder mehr Trainer unter demselben Firmennamen gleichberechtigt zusammentaten: Kaum eine hat noch dieselbe Zusammensetzung wie vor zwanzig, zehn, ja oft fünf Jahren. Die Arbeitsauffassungen sind gar zu unterschiedlich, es gibt zu viele Reibungspunkte. Irgendwann ist man so weit auseinander gedriftet, dass der Abgrund zwischen den Partnern nicht mehr überbrückt werden kann. Einmal davon abgesehen, was dies über die Teamfähigkeit und Kompetenz der Beziehungspflege dieser Trainer sagt, die alle auch Teams entwickeln und Beziehungspflege trainieren, ist die nackte Statistik eindeutig: Es gibt mehr erfolgreiche Lebenspartnerschaften unter Trainern als Berufspartnerschaften. Man könnte sogar sagen: Die Lebenspartnerschaft ist der beste Garant für den Erfolg in der Trainerpartnerschaft. Was einen Kollegen, der eben eine Partnerschaft eingegangen war, zur Frage verleitete: „Muss ich jetzt also den Kollegen heiraten, damit unsere gemeinsame GmbH möglichst lange überlebt?"

Bewältigen von Spannungen

Aus der Berufskrise keine Beziehungskrise machen

Man möchte glauben, dass Trainer Profis im Behandeln zwischenmenschlicher Beziehungen sind, da ihre Ausbildung gerade dies zum zentralen Thema hat. Also müssten doch auch ihre Beziehungen überdurchschnittlich erfolgreich sein. Sie sind es nicht, weil die zugrunde liegende Annahme offensichtlich falsch ist. Wir müssen dazu nur einmal beobachten, wie (manche, nicht alle) Trainer untereinander und miteinander umgehen. Da ist ein Hauen und Hetzen, das jeder politischen Partei alle Ehre machen würde. Wenn einige Trainer es nicht einmal schaffen, beruflich eine gewisse Ethik zu entwickeln, wie sollen sie dann ausgerechnet in der Beziehung erfolgreich sein?

Die Problematik geht tiefer als die Polemik. Selbst bei renommierten Trainern und Trainingsinstituten treten periodisch so bedrohliche Auftragsengpässe auf, dass schwach besaitete Trainer sich nur noch mithilfe der streitlustigen Projektion auf Kollegen mental über Wasser halten können. Wenn Sie es dagegen schaffen, mit beruflichen, ja existenziellen Krisen fertig zu werden, ohne zusätzlich eine Beziehungskrise heraufzubeschwören, indem Sie Ihre beruflichen

Probleme auf den Partner projizieren, wird Ihre Beziehung lange, glücklich und harmonisch sein. Arbeiten Sie deshalb daran,

- in beruflichen Krisen die Beziehung als Tankstelle, nicht als Sandsack zu nutzen.
- Projektionen zu vermeiden (Gegenstand jeder guten Trainerausbildung).
- gerade in Krisenzeiten besonders gut zu kommunizieren.
- die Problemursachen, nicht den Partner zu bekämpfen.
- auch eine Zeit der „Lösungslosigkeit" auszuhalten. Das kann ein guter Trainer.

Checkliste: Bevor Sie Trainer werden

Orientierung und Strategie

- ❑ Bevor Sie Trainer werden und während Sie es sind: Reden Sie mit dem Partner auch und gerade über die Nachteile des Berufes. Das ist die beste Problemprophylaxe.
- ❑ Reden Sie mit vielen unterschiedlichen Trainern, zu denen Sie Zugang haben. Fragen Sie sie: Wo liegen die Minenfelder im Beruf? Wie werdet ihr damit fertig? Was klappt dabei gut, was ist zu meiden? Welche Fehler würdet ihr nie wieder machen?
- ❑ Zeichen einer guten Trainerausbildung ist, dass Sie auch Einblick in die persönlichen Lebensumstände Ihrer Ausbilder erhalten. Achten Sie bei Ihrer Ausbilder-Auswahl darauf und gewinnen Sie Einblick: Welche persönliche Lebens- und Beziehungsqualität erreicht mein Ausbilder? Welche Qualität erreicht sein/ihr Partner? Welche Empfehlungen hat mein Ausbilder diesbezüglich für mich?
- ❑ Ein Trainer muss ein gutes Self-Management haben. Entwickeln Sie für sich selbst eine Strategie. Erstellen Sie dafür eine Zeitplanung, eine Aufgabenplanung mit Aufgabenverteilung, eine Lebens- und eine Zielplanung. Es gibt Berufe, bei denen man so in den Tag hinein leben kann. Der Trainerberuf gehört nicht

dazu. Ohne eine gewisse Planung provozieren Sie persönliche und Beziehungsprobleme.

- ❑ Überprüfen und revidieren Sie diese Planungen periodisch und nach Anlass.

- ❑ Orientieren Sie sich an erfolgreichen Modellen im Trainer-Umfeld. Unterhalten Sie sich nicht nur mit Leuten, deren Beziehungsmodell gescheitert ist, auch wenn diese manchmal kommunikativer sind als die erfolgreichen.

Beziehungsstress ist krisenabhängig

Bewältigungsstrategien entwickeln

Wo ein Trainer erfolgreich seine Leistung vermarktet, wo er sich wirtschaftlich etabliert und eine gewisse Unabhängigkeit von Kunden, Marktströmungen und der Konjunktur erreicht hat, da erlebt er weniger Beziehungsstress, als wenn er täglich im Kampf ums wirtschaftliche Überleben steht. Die erste Schlussfolgerung aus diesem Zusammenhang ist oberflächlich: Werden Sie möglichst schnell finanziell erfolgreich, dann klappt's auch mit der Beziehung! Das etwas vernünftigere Normativ könnte lauten: Werden Sie finanziell erfolgreich und solange es noch nicht so weit ist, achten Sie besonders gut auf Ihre Bewältigungsstrategien für externen Stress und nehmen Sie sich bewusst Zeit und Aufmerksamkeit für Persönlichkeit und Beziehung. In Zeiten der Bedrängnis tendiert man zwar dazu, beides zu vernachlässigen, doch umgekehrt wird eine Schuh draus: Wer Persönlichkeit und Beziehung in Zeiten der Bedrängnis pflegt, kann sie deshalb als Kraftquell nutzen und meistert daher auch alle externen Herausforderungen schneller, leichter und erfolgreicher.

Auf einen Blick: Trainer und Beziehung

- Machen Sie sich und Ihrem Partner klar: Die Beziehung eines Trainers ist wegen der berufsspezifischen Besonderheiten keine Beziehung wie jede andere.
- Je früher Sie sich und Ihrem Partner auch die Nachteile des Berufes klar machen, desto besser: Reden Sie darüber, bevor die Beziehung belastet wird.
- Wie im Seminar, so auch in der Beziehung: Störungen müssen auf den Tisch. Reden Sie über akute Belastungen, bevor diese sich auf die Beziehung niederschlagen.
- Regeln Sie die Aufgabenteilung in Partnerschaft und Familie: Lassen Sie beide an Ihrem Beruf teilhaben, was Nutzen als auch was Pflichten betrifft.
- Sorgen Sie für wirtschaftlichen Erfolg. Er ist nicht der Schlüssel, aber eine wichtige Voraussetzung für eine harmonische Beziehung.

Manfred Hartan
Gesellschafter
DVS Deutsche Verkaufsleiter-Schule
Stefan-George-Ring 24
81929 München
Tel. 089/993550-0
Fax 089/936368

Manfred Hartan. Ausbildung zum Diplom-Betriebswirt. Nach praktischer Vertriebstätigkeit mehrjährige Erfahrung beim Rationalisierungs-Kuratorium der Deutschen Wirtschaft. Chefredakteur beim Verlag Norbert Müller. Gründer der Deutschen Verkaufsleiter-Schule und der Deutschen Verkäufer-Schule. Initiator des Deutschen Vertriebsleiter- und Verkaufsleiter-Kongresses sowie der renommierten Ausbildungslehrgänge der Deutschen Verkaufsleiter-Schule für Vertriebsführungskräfte und Verkaufsmitarbeiter.

Dr. Matthias Lung: Studium der Wirtschaftspädagogik. Danach wissenschaftlicher Mitarbeiter und geschäftsführender Assistent an den Universitäten Freiburg und Kiel. Gründer der Forschungszeitschrift „Kieler Berichte". Mitglied der Landtagskommission „Weiterbildung" in Schleswig-Holstein. Nach Promotion Leiter Personalentwicklung Verlagsgruppe Süddeutscher Verlag, München. Initiator des Münchner Mentoren-Modells, mehrjähriges Mitglied im bildungspolitischen Ausschuss des Bundesverbands Druck. Lehraufträge an verschiedenen Hochschulen. Von November 1999 bis August 2001 Tätigkeit bei der Deutschen Verkaufsleiter-Schule.

Die richtige Zusammenarbeit mit öffentlichen Seminarveranstaltern

Die Autoren Manfred Hartan und Dr. Matthias Lung informieren über eine Reihe von Qualitätsmerkmalen, Prüfkriterien, aber auch Erwartungshaltungen, damit TrainerInnen das Marktsegment „Veranstalter offener Seminare" als mögliches zusätzliches Betätigungsfeld rundum prüfen können. Die Dos und Don'ts sind klar beschrieben, dies gibt die Sicherheit eines realistischen Blickfeldes für dieses Gebiet.

Profis als Anbieter offener Seminare

Offene Seminare werden heute auch von vielen Einzelpersonen veranstaltet, deren Büro hauptsächlich aus einem Anrufbeantworter besteht. Von solcherart Veranstalter offener Seminare ist im fFolgenden jedoch nicht die Rede, sondern von solchen, die über eine gewisse Büro- und Personalausstattung und damit über eine gewisse Professionalität und Erreichbarkeit verfügen. Gewöhnlich beschäftigen die hier im Fokus stehenden Veranstalter auch keine eigenen Trainer. Auch nicht gemeint sind solche Veranstalter, die hauptberuflich Trainer sind und sich zusätzlich zu Aufträgen von Unternehmen über selbst vermarktete offene Seminare eine weitere Einnahmequelle erschließen wollen.

Qualitätsmerkmale seriöser Anbieter

Um die Qualität eines Anbieters einschätzen zu können, lohnt es sich, Antworten auf die folgenden Fragen zu suchen:

Wie lange ist der Veranstalter schon auf dem Markt?

Strohfeuer oder Substanz

Ein unseriöser Anbieter wird sich nicht lange im Markt halten können, daher hat das Gründungsjahr schon einen gewissen Informationswert und Erkundigungen über die Historie des Anbieters sind oftmals recht interessant. Hierüber wird unter anderem deutlich, wann welches Thema aufgegriffen wurde, warum welche Zielgruppe ins Auge gefasst wurde und wie das Unternehmen sich im Laufe der Zeit gewandelt hat.

Folgen der Unternehmensgröße

Wie ist der Anbieter organisiert?

Zunächst ist die Rechtsform interessant, weil sie Aufschluss über einen gewissen Organisationsgrad des Anbieters gibt. Handelt es sich um eine GmbH, so setzt dies einen gewissen Gründungsaufwand auch finanzieller Art voraus, den nicht jeder Unternehmer auf sich nimmt. Handelt es sich um ein Einzelunternehmen, so reicht hierfür eine schlichte Gewerbeanmeldung. Interessant ist auch die Frage, wie viele Mitarbeiter der Anbieter beschäftigt. Bei großen Unternehmen überschneiden sich dann häufig einzelne Veranstaltungstermine und die Gefahr hausinterner Konkurrenzveranstaltungen ist groß, wenn die linke Hand nicht mehr weiß, was die rechte macht. Andererseits kann der Veranstalter aber auch groß und dennoch top organisiert sein oder aber er ist so klein, dass schon die Gefahr einer gewissen Unprofessionalität besteht. Hierüber muss man sich eben einen Eindruck verschaffen.

Wie hoch ist die Personal-Fluktuation?

Ein seriöser Anbieter ist gewöhnlich auch ein seriöser Arbeitgeber und wird als solcher versuchen, auch im Innenverhältnis gute Arbeit zu leisten. Vorsicht also bei zu häufigem Wechsel Ihrer Ansprechpartner.

Wer ist der oder sind die Partner?

Struktur des Unternehmens

Mit wem arbeitet der Veranstalter zusammen? Wer ist der Eigentümer und was für eine Reputation hat dieser? Hat das Unternehmen selbst bereits Tochterfirmen gegründet bzw. sich an anderen Firmen beteiligt? Die Beantwortung dieser Fragen führt oft zu interessanten Zusammenhängen, die wiederum Rückschlüsse auf die Seriosität des Veranstalters zulassen.

Wie neutral und interessenunabhängig ist das Unternehmen?

Ideologische Prägung prüfen

Wichtig ist auch die Frage, ob der Veranstalter offener Seminare ein *Tendenzbetrieb* ist bzw. zu einem solchen gehört. Tendenzbetriebe sind Organisationen, die ein ganz bestimmtes Interesse verfolgen. Hierzu gehören parteigebundene, kirchliche, gewerkschaftliche oder auf eine bestimmte Weltanschauung ausgerichtete Organisationen. Damit versteht der Anbieter seinen Bildungsauftrag in einer ganz bestimmten Richtung und wird auch von seinen Trainern erwarten, dass sie die Interessen der Organisation teilen und unterstützen.

Wie tritt das Personal auf?

Partnerschaft oder Abhängigkeit

Unter dieser Frage ist der zwischenmenschliche Umgang angesprochen. Hier geht es darum, ob der Trainer so behandelt wird, wie er behandelt werden möchte. Dazu gehören auch die leisen Zwischentöne im Miteinander. So kann man z.B. einen Eindruck darüber bekommen, ob das Personal des Anbieters hauptsächlich aus Bürokraten besteht oder ob pragmatische und schnelle Lösungen im Vordergrund der Zusammenarbeit stehen.

Welche Struktur hat das Gesamt-Angebot?

Zielgruppen-Orientierung

Man kann Anbieter unterscheiden in Unternehmen, die so ziemlich alle Themen im Weiterbildungsmarkt belegen, und Firmen, die ein mehr oder weniger scharfes Profil haben. Damit ist gemeint, wie eng der Themenbereich oder die Zielgruppe gefasst ist, mit dem sich der Anbieter beschäftigt. Je schärfer das Profil, desto professioneller und anspruchsvoller wird der Veranstalter in seinem Segment arbeiten wollen. Je allgemeiner das Veranstaltungsprogramm ist, desto größer ist die Gefahr, dass oberflächlich gearbeitet wird nach dem Motto „Alles, was nachgefragt wird (und womit wir Geld verdienen können), bieten wir auch an!" Zu verlockend sind für viele öffentliche Seminaranbieter – übrigens auch für Trainer – die sogenannten kurzfristigen „Mitnahme-Effekte", die letztlich nur langfristig das eigene Profil verwässern.

Welche Struktur haben die einzelnen Seminar-Veranstaltungen?

Training oder Entertainment

Viele Veranstalter offener Seminare legen Wert auf eine gewisse Struktur in ihren Trainings. Sie arbeiten für eine klar definierte Zielgruppe, definieren Voraussetzungen für die Teilnahme, stellen Lernziele und Methoden dar und überlassen dies nicht dem Belieben ihrer Trainer. Je professioneller ein Anbieter arbeitet, desto mehr interessieren ihn auch Kategorien der Methodik, Didaktik und Einzelheiten der Transfersicherung.

Manche Seminarveranstalter vermitteln in ihren Trainings eine ganze Portion Unterhaltungseffekte und darüber hinaus nicht sehr dauerhafte Kompetenzen. Das Trainingsziel besteht dann hauptsächlich darin, den Teilnehmer zufrieden zu machen und idealerweise zur Teilnahme an einem weiteren Angebot oder zum Kauf von weiteren Medien zu bewegen. Der Teilnehmer fühlt sich hinterher aufgerüttelt, motiviert und gesättigt, allerdings oft genug ohne Langzeitwirkung.

Welchen Wert legt der Veranstalter auf Qualität und Qualitätssicherung?

Qualität dokumentieren

Hier stellt sich die Frage, auf welche Qualitätsmerkmale der Anbieter im Hinblick auf seine Arbeit und die Zusammenarbeit mit externen Trainern Wert legt. Idealerweise besteht sogar eine Dokumentation davon.

Man kann hier auch viel „zwischen den Zeilen" des Gesamtangebotes lesen, wenn es ein solches gibt. Aber es stellt sich auch die Frage, ob der formulierte Qualitätsanspruch nur ein Lippenbekenntnis ist oder ob er in irgendeiner Weise auch konsequent überprüft wird. Werden die eigenen Qualitätsansprüche in der Zusammenarbeit mit Trainern überprüft, so ist ein Feedback an den Trainer wichtig, was auch für die Professionalität des Anbieters spricht.

Unseriös ist es hingegen, wenn den Anbieter ganz offensichtlich nur der Umsatz interessiert und Qualitätsdiskussionen und Feedbacks dadurch kaum oder überhaupt nicht stattfinden.

Zufriedenheit nachweisen lassen

Welche Referenzen hat der Veranstalter?

Natürlich ist es ein Qualitätsmerkmal, wenn viele Stammkunden namhafter Firmen die Dienste des Veranstalters in Anspruch nehmen, doch kann man sich auf die oft ausgegebenen Referenzlisten nicht unbedingt verlassen. Wer weiß denn, wie oft die angegebene Firma ein Angebot wahrgenommen hat und wie zufrieden sie damit war? Besser als das Durchlesen von Referenzlisten ist daher ein Gespräch darüber mit dem jeweiligen Anbieter.

Was Anbieter offener Seminare von Trainern erwarten ...

Solide Kompetenz

Erfahrung und Sachverstand

Ohne eine solide Grundlage an Fachwissen, methodisch-didaktischer und Sozialkompetenz ist kein Training erfolgreich zu absolvieren. Daher hat derjenige Trainer bessere Chancen zum Zuge zu kommen, der ein solides Fachwissen im Trainingsthema hat und schon über eine gewisse Trainingserfahrung verfügt. Eine entsprechend lange Trainingserfahrung bringt mit sich, dass der Trainer den methodisch-didaktischen Werkzeugkasten kennt und im besten Fall beherrscht.

Hierzu gehören

- Fähigkeit zur *Bedarfsanalyse* in der Gruppe, die Identifikation und Formulierung von Lernzielen auf unterschiedlichen Ebenen und deren *Visualisierung* als Lernziele im Training
- *Differenzierung*, also Kompetenz zur Arbeit mit in Fähigkeit und Wissensstand heterogenen Gruppen
- Beherrschung des richtigen und situationsadäquaten Einsatzes von *Sozialformen,* von der Arbeit im Plenum über Kleingruppen bis hin zur Einzelarbeit
- Solides Grundlagenwissen über Vor- und Nachteile einzelner *Weiterbildungsmethoden* und die Fähigkeit zu deren situativ passendem Einsatz. Die Palette reicht dabei vom Lehrvortrag über Methoden selbst gesteuerten Lernens bis zu Fallmethode und Rollenspiel
- Grundlegende Kenntnisse der *Gruppendynamik* und die entsprechende Fähigkeit zum professionellen Umgang im Training
- Beherrschung des *Einsatzes unterschiedlicher Medien*
- Kompetenz zum Einsatz von Methoden zur *Lernerfolgskontrolle*
- Pragmatische Ausrichtung: Beherrschung von *Transfersicherungsmaßnahmen*
- *Sozialkompetenz*: Hierzu gehört Kritikfähigkeit, d.h. die

Fähigkeit zum richtigen Umgang mit Rückmeldungen des Veranstalters und der Teilnehmer im Sinne einer konstruktiven Aufnahme und dem eventuellen aktiven Aufgreifen von Optimierungsbedarf. Wer abblockt und sich auf Argumente wie „das stimmt doch gar nicht“ bzw. „das war doch alles ganz anders“ zurückzieht, wird den Veranstalter verärgern und vermutlich keinen Auftrag mehr bekommen.

Misserfolge ausgleichen

Kein Trainer ist übrigens auf Dauer perfekt und es gibt auch den berühmten „schwarzen Tag“. Doch gilt es, die Konsequenzen eines Trainingsflops auszuhalten und aktiv gegenzusteuern.

Der Trainingsneuling wird sich erfahrungsgemäß mit dem Nachweis seiner Kompetenz und damit mit der Akquisition neuer Aufträge schwer tun und ihm kann nur geraten werden, zunächst als Kotrainer Praxiserfahrung zu sammeln und seinen Bekanntheitsgrad zu steigern.

Exklusive Zusammenarbeit und Loyalität

Mitbewerber meiden

Kein Anbieter ist erfreut, wenn er einen seiner Trainer im Rahmen der Trainingsaktivitäten seiner Mitbewerber wiederfindet. Besonders groß ist der Unmut dann, wenn der Anbieter den Eindruck hat, durch jahrelange Aufbauarbeit die Reputation des Trainers gesteigert zu haben und nun mit ansehen muss, dass der Trainer in die Hand beißt, die ihn gefüttert hat.

Tabu: Kundenstamm des Veranstalters

Hiergegen hilft zum einen die sorgfältige Überlegung, ob die Zielgruppe bei einem Mitbewerber so unterschiedlich ist, dass zwischen den Veranstaltern sozusagen kein Konkurrenzverhältnis vorliegt. Zum anderen ist ein offenes Gespräch hierüber unbedingt anzuraten, denn die Hoffnung, man könne dies „im Geheimen“ vollziehen, trügt. Die Veranstalter offener Seminare beobachten nämlich sehr genau ihren Markt.

Weniger problematisch, doch unvermeidbar und immer noch ärgerlich genug für die Anbieter ist es, wenn der Trainer sich selbst im Rahmen firmeninterner Trainings vermarktet. Doch auch hier besteht die Möglichkeit, Synergieeffekte mit der Trainingsinstitution zu erzielen, z.B. indem man sich in den Referentenpool für interne Trainings beim Anbieter aufnehmen lässt. Besonders vergrätzt sind Anbieter, wenn sie den Eindruck haben, dass der Referent die Namen der Kunden gesammelt hat und nun als Konkurrent in der Zielgruppe des Anbieters auftritt. Dies ist gewöhnlich ein Grund für die sofortige Beendigung der Zusammenarbeit.

Spezialisierung

Experten-Profil pflegen

Kein Mensch kann auf allen Hochzeiten tanzen. Dennoch treten Trainer immer wieder als ausgesprochene „Hans Dampf in allen Gassen" auf, die – übertrieben ausgedrückt – jedes Thema trainieren, für das es ein Honorar gibt. Dabei wirkt es jedoch schnell unglaubwürdig, wenn ein Trainer sehr viele oder sehr unterschiedliche Themen anbietet. Der Veranstalter will Profis in einem eingegrenzten thematischen Segment engagieren, weil dies der Seminarkunde zu Recht verlangt.

Eigene Ideen

Mitdenken

Wer „den Fuß in der Tür" bei einem Veranstalter und sich also eine gewisse Achtung verschafft hat, kann auch eigene Veranstaltungsideen einbringen. Wer dies auch noch exklusiv für den Veranstalter offener Seminare formuliert, wird gewöhnlich auf offene Ohren stoßen. Damit ist ein idealer Synergieeffekt geschaffen: Der Trainer bringt eigene Ideen ein, der Veranstalter kümmert sich um die Vermarktung und die Organisation.

Zuverlässigkeit und Flexibilität

Aktive Mitarbeit

Ein Veranstalter offener Seminare wird sich zwar gewöhnlich hüten, sich in einem Thema von einem einzigen Trainer abhängig zu machen, doch wird er natürlich auf den zurückgreifen, auf den er sich 100 % verlassen kann, auch wenn kurzfristiger Handlungsbedarf besteht.

Sei es, dass ein Trainer krank geworden ist und auf die Schnelle ein Ersatzkandidat einspringen muss oder aber dass sich der Trainer in ein angrenzendes Thema einarbeiten muss, wenn es die Sachlage gerade gebietet. Mit solchen Anforderungen geht der eine Trainer kompliziert und schwerfällig um, ein anderer ergreift aktiv die gebotene Chance.

Was Anbietern offener Seminare ausgesprochen missfällt ...

Namedropping im Training

Kunden benennen

Mancher Trainer möchte während des Trainings gerne seine Kompetenz durch das Schildern von Trainingserfolg in bekannten Firmen aufbessern, etwa in dem Sinne: „Bei der Firma ABC GmbH habe ich die Verkaufsmannschaft fit gemacht ...“, oder „da hatte ich mal den Vertriebsleiter aus der XYZ AG im Seminar ...“

Damit soll offensichtlich der Nimbus einer Marke aktiviert werden. Kunden aber überlegen sich zu diesem Zeitpunkt, ob der Trainer mit Informationen aus dem laufenden Training ebenso großzügig umgeht, und verlieren ein Stück Vertrauen. Plaudern Sie also keine Interna aus, sondern anonymisieren Sie Ihre Erfahrungen entsprechend und gekonnt.

Zusatzgeschäftchen

Trainings-Materialien verkaufen

Eine immer wieder beobachtbare Untugend ist es, im Seminar selbst bzw. im Eigenverlag erstellte Lerntraktätchen oder Poster und Faltblätter auszuteilen und zu versuchen, dies auch noch zu überzogenen Preisen auf die Honorar-Rechnung zu setzen. Sprechen Sie vorher ab, wenn Sie solche Lernhilfen einsetzen wollen, und vermeiden Sie unweigerlich folgenden Ärger.

Überzogene km-Pauschalen, überhöhte Kosten

Es kommt immer wieder vor, dass Trainer ganz offensichtlich das Stichwort „Spesen“ falsch verstehen und dies zu einer weiteren Einnahmequelle umgestalten wollen. Nach dem Training findet dann der Veranstalter auf der Rechnung überrascht eine km-Pauschale, die ihm die Stirnadern schwellen lässt, weil er sich über den Tisch gezogen fühlt. Sichern Sie sich also das Wohlwollen Ihres Auftraggebers am besten durch eine klar abgesprochene und akzeptierte Spesenregelung.

Unpünktlichkeit und Unzuverlässigkeit

Verspätungen

Ein Anstoß ständigen Ärgernisses ist Unpünktlichkeit und Unzuverlässigkeit, insbesondere beim Einhalten von Vereinbarungen, z.B.

wann welche Unterlage geliefert wird, sofern vereinbart ist, dass diese der Veranstalter vervielfältigt. Da arbeitet der Veranstalter offener Seminare lieber mit Partnern zusammen, auf die er sich verlassen kann.

Überempfindlichkeit

Allüren annehmen

Man kann beobachten, dass die Tendenz empfindlicher zu werden mit zunehmendem Trainingserfolg steigt. Manche Trainer meinen dann, sich alles herausnehmen zu können, weil der Anbieter nun von ihnen abhängig ist. Dann werden detaillierteste Forderungskataloge an organisatorischen Erfordernissen und an Hotels aufgestellt, die häufig genug fernab jeglicher Nachvollziehbarkeit liegen. Die Folge ist, dass der Seminaranbieter so schnell wie möglich nach einem Ersatzkandidaten suchen wird, mit dem besser zu arbeiten ist. Bleiben Sie also auf dem Boden, auch wenn bzw. gerade wenn Sie Erfolg haben.

Denkmäler setzen

Egotrip unerwünscht

Es ist ja ganz interessant, wenn der eine oder andere Trainer eine eigene Methode erfindet, die sich dann zum Beispiel „die S.P.R.I.T-Analyse des Trainers XYZ“ nennt (der Name ist übrigens völlig frei erfunden). Das ist auch legitim. Sonderbar mutet es dann nur an, wenn der Trainer ein sprudelnder Quell solcher von ihm „entdeckten“ Methoden wird und man mutmaßt, dass er gerade dabei ist sich ein eigenes Denkmal zu setzen. Manch einer möchte sogar seinen Trainingsansatz mit seinem Namen versehen und erweckt damit bei einem Teil seiner Kundschaft den Eindruck von – unerwünschtem – Sendungsbewusstsein.

Bleiben Sie am besten kreativ, aber werden Sie nicht überkreativ. Bleiben Sie sachlich und überlassen Sie die Benennung eines Trainings oder einer Methode nach Ihrem Namen Ihrer Nachwelt.

Vermischung von Anspruchs- und Preiskategorien

Alle Preissegmente bedienen

Trainer binden sich gewöhnlicherweise nicht an einen einzigen Anbieter. Nun haben verschiedene Anbieter auch verschiedene Qualitäts- und Preisniveaus, was auch von der Seminarkundschaft und deren Ansprüchen abhängt. Der Trainer sollte sich also grundsätzlich überlegen, in welchem Segment er tätig werden möchte. Ein Trainer, der mit einer besonders anspruchsvollen Zielgruppe zurechtkommt, kommt natürlich auch mit etwas „dankbareren“ Teilnehmern zurecht. Oftmals korrelieren die Ansprüche der Teilnehmer aber auch mit der Höhe der Teilnehmergebühren. Daher wird sich ein Anbieter offener Seminare für ein sehr anspruchsvolles Publikum mit entsprechenden Teilnehmergebühren mittelfristig von den Trainern trennen, die sich bei Konkurrenten im unteren Preissegment tummeln. Es kann nur geraten werden, sich jeden Schritt in ein anderes Preissegment und dessen Konsequenzen genau zu überlegen, wenn man es mal geschafft hat, im oberen Preislevel Aufträge zu bekommen.

Selbstdarstellung in entsprechenden Fachzeitschriften

Sensations-Presse

Es gibt anspruchsvolle und weniger anspruchsvolle Fachzeitschriften, d.h. Veröffentlichungen, die seriös recherchieren und sachlich schreiben, und solche, die eher der Boulevardpresse gleichen, weil sie emotional gefärbte Artikel veröffentlichen, Stimmung machen wollen oder gar Eigenwerbung der Trainer durch selbst verfasste Artikel zulassen.

Jeder Trainer sollte sich die Frage stellen, wie er sich selbst versteht, und darauf achten, in welchem Umfeld – letztlich in welcher Zeitung oder Zeitschrift – über ihn berichtet wird. Allzu sensationelle Veröffentlichungen schrecken manchen Veranstalter offener Seminare ab, andere wiederum lassen sich davon beeindrucken.

Daher ist es schon wichtig, genau darüber nachzudenken, wie die mittel- und langfristige Außenwirkung der Präsenz in bestimmten Medien ist.

Resümee

Folgende Fragen sind für den Trainer wichtig:

- Wie lange ist der Anbieter auf dem Markt?
- Wie ist er organisiert?
- Wie hoch ist die Fluktuation des Personals beim Veranstalter offener Seminare?
- Wer ist der oder sind die Partner des Anbieters?
- Wie neutral bzw. interessenunabhängig ist der Veranstalter?
- Wie tritt sein Personal auf?
- Welche Struktur hat das Gesamtangebot des Anbieters?
- Welche Struktur haben einzelne Seminar-Veranstaltungen?
- Welcher Wert wird auf Qualität und Qualitätssicherung gelegt?
- Welche Referenzen hat der Anbieter?

Worauf Anbieter offener Seminarveranstaltungen achten:

- Solide Kompetenz
- Exklusivität der Zusammenarbeit und Loyalität
- Spezialisierung des Trainers
- Eigene Ideen des Trainers
- Zuverlässigkeit und Flexibilität

Was vermieden werden muss:

- Namedropping
- Zusatzgeschäftchen, auch durch überzogene Pauschalen

- Unpünktlichkeit und Unzuverlässigkeit
- Überempfindlichkeit
- Denkmäler setzen
- Vermischung von Preiskategorien
- Überzogene Selbstdarstellung in Fachzeitschriften

Wer zum Trainerstamm eines Veranstalters gehört, wer also „gut im Markt“ ist, kann sich glücklich schätzen: Er kann sich einer gewissen Grundauslastung sicher sein, sofern das Trainingsthema nicht allzu sehr dem Zeitgeist unterworfen ist und solange die Trainingsleistung stimmt.

Der Veranstalter übernimmt das Marketing für den Trainer und steigert – ein guter Ruf vorausgesetzt – dessen Reputation. Dies steigert wiederum die Chancen des Trainers, bei entsprechendem Beratungsbedarf auch Anfragen aus dem Kreis der teilnehmenden Firmen zu bekommen.

Jutta Häuser
YPSYLON GmbH
Altwickeder Hellweg 191
44319 Dortmund
Tel. 0231-276507
Fax 0231-279517
Haeuser@ypsylon.de
www.ypsylon.de

Jutta Häuser gründete mit der YPSYLON GmbH 1988 die erste Trainervermittlungsagentur in Deutschland. Seitdem sichtet sie kontinuierlich den undurchschaubaren Trainermarkt und spricht Unternehmen für deren konkrete Aufgabenstellungen Trainerempfehlungen aus. Für eine Empfehlung entscheidend ist neben der reinen Information, wen gibt es überhaupt, vor allem die Fähigkeit und Erfahrung, Trainer- und Trainingsqualität richtig einschätzen zu können. Das setzt zwingend das persönliche Kennenlernen der Trainer und eine kontinuierliche Kommunikation voraus. An etwa 300 Seminaren nahm Jutta Häuser selber teil. Zusätzlich absolvierte sie eine zweijährige Weiterbildung zum Coach, eine Ausbildung zum internen European Quality Award-Assessor, eine zweijährige Weiterbildung zum systemischen Berater und studierte nebenberuflich Organisationspsychologie in Dortmund. Derzeit schreibt sie ein Buch zum Thema „Marketing für Trainer“.

„Der Vier-Sprung in den Pool einer Agentur“ – Zusammenarbeit mit Trainingsvermittlern und worauf wir bei der Auswahl achten

Die Autorin Jutta Häuser sagt frei heraus, was sie als Trainerbrokerin erwartet und welche Spielregeln der Zusammenarbeit sich als erfolgreich in der Praxis erwiesen haben. Gleichzeitig münden ihre Erfahrungen aus der Zusammenarbeit mit Bildungseinkäufern in ein konkretes Anforderungsprofil für TrainerInnen, die die Vermittlung als chancenreiches zusätzliches Akquisitionssegment sehen.

Was sollte ein Trainer (zugleich immer Trainerin) tun, um für eine Trainervermittlungsagentur als Kooperationspartner nicht infrage zu kommen:

1. Der Trainer tritt mit den „falschen“ (überhöhten) Erwartungen an eine Agentur heran.
2. Der Trainer präsentiert sich mit einem Bauchladen-Angebot, das heißt, er verfügt über keine wahren Stärken.
3. Die Agentur wird nicht qualitativ und nicht kontinuierlich informiert.

„Agentur“ als potenzieller „Partner“?

Warum sollte ein Trainer überhaupt in Richtung Agentur loslaufen? Was ist oder was macht eine Trainervermittlungsagentur – neudeutsch ein Trainerbroker? Und vor allen Dingen, wieso ist die Agentur für Trainer hochinteressant?

Intransparenter Trainermarkt

Eine Agentur übernimmt in dem nicht überschaubaren Trainingsmarkt eine wichtige Maklerfunktion, sie ist Mittler zwischen Unternehmen und Trainern, ein spezialisierter Informationsbroker, ein

Wissensmanager. Nach groben Schätzungen (von Wissen kann nicht die Rede sein) gibt es 20.000 Trainer in diesem Markt, die allerdings weder quantitativ noch qualitativ irgendwo erfasst sind.

Etwa 50 % aller Trainer sind Einzelkämpfer, die im „kleinen Kreis“ weiterempfohlen werden, aber der breiten Öffentlichkeit nicht bekannt, schon gar nicht vertraut sind. Unternehmen haben deshalb Schwierigkeiten, für konkret anstehende Aufgabenstellungen die entsprechend qualifizierten Trainer überhaupt, bei Bedarf noch möglichst schnell, mit wenig Aufwand und hoher Qualitätsgarantie zu finden. Das wird zukünftig keineswegs leichter, da die Anforderungen von Unternehmensseite an einen Trainer steigen – mehr Durchblick im gesamten Markt ist allerdings nicht in Sicht. Da kommt den Unternehmen eine Agentur, die den Markt permanent sichtet und qualitativ lichtet, sehr gelegen.

Fokussierung Kernkompetenz

Dem Trainer kommt es ebenso gelegen, wenn er von einer Agentur empfohlen wird. In diesen Fällen gibt es bereits eine konkrete Anfrage/Nachfrage, und zwar eine, die genau zur Kernkompetenz dieses Trainers passt. Und es gibt den Qualitäts-Bonus einer persönlichen Empfehlung von jemandem, der nicht nur den Kunden, sondern vor allem einen guten Ruf zu verlieren hat. Allein diese Hintergründe bedeuten für das anfragende Unternehmen eine gewisse Sicherheit und somit eine hohe Auftragschance für den Trainer. Die Tür zum Kunden steht sehr weit offen. „Heißer“ kann die Akquisition kaum sein.

Wettbewerb der Besten

Ich möchte an dieser Stelle aber einer Illusion bewusst vorbeugen, alles andere weckt nur falsche Erwartungen: Eine Empfehlung ist noch kein Auftrag. Die Trainer, die über eine Agentur empfohlen werden, stehen immer im Wettbewerb mit den Trainern, die das Unternehmen bereits kennt, mit denen das Unternehmen schon gearbeitet hat oder die sich dort mehr oder weniger zufällig beworben haben. Und es kommt noch schlimmer: Häufig hat ein Trainer noch mindestens zwei Wettbewerber aus der eigenen Agentur, da diese für eine Aufgabenstellung gleich mehrere Empfehlungen ausspricht – im Sinne des Kunden und dessen Wahlmöglichkeit.

Eine Agentur ist ein Partner für Trainingsprofis, für professionelle Trainer, denn eine Agentur lebt von der Erfolgsprovision, vom Auftrag, nicht von der Empfehlung an sich. Die Ansprüche sind sehr hoch, die wir zu erfüllen haben. Die können wir erfüllen, weil wir mit einer Bandbreite unterschiedlicher Spezialisten kooperieren, somit gezielt auswählen können, wer punktgenau zur Aufgabe, zum Unternehmen, zur Kultur, zur Zielgruppe und zum internen Ansprechpartner passt. Und das können wir, weil wir in hohem Maße auf Qualität achten.

Chance für Neueinsteiger

Ich bin ein Freund der offenen Worte, alles andere wäre Schönfärberei – und die Farben verblassen in der Realität sehr schnell. Im freien Markt hat jeder Trainer im Extremfall 19.999 Wettbewerber, wenn die geschätzte Gesamtzahl stimmt. Bei einer Agentur wie der YPSYLON GmbH tritt jeder Trainer im Extremfall „gegen“ ca. 449 Wettbewerber (die hohen Qualitätsmaßstäben bereits Rechnung tragen) an, um überhaupt empfohlen zu werden.

Also vergiss es als Neueinsteiger? Das Zahlenbeispiel hinkt, aber viele Neueinsteiger denken genau so, wenn ich die Zahl der Kooperationspartner nenne. Das sind bei einer Agentur mit über 450 Kooperationspartnern auf den ersten Blick keine rosigen Aussichten für einen Neueinsteiger. Nein, rosig sind sie wirklich nicht – aber wo sind sie das heute noch?

Zusätzliches Akquisitionssegment

Zumindest muss ein Neueinsteiger nicht gleich schwarz sehen. Und genau da trennt sich bereits die Spreu vom Weizen: Die, die es wirklich vergessen – und die, die auch dort ihre Chance nutzen und für eine Agentur durchaus von Interesse sind. Der Wille, der Ehrgeiz, das Ziel, der Mut eines Jungtrainers, die Überzeugung, gut zu sein und besser zu werden, sind durchaus Stärken, die Eindruck hinterlassen – übrigens nicht nur bei einer Agentur. Allein der Wille reicht aber nicht, auch ein Neueinsteiger muss etwas zu bieten haben. Einen Nutzen bieten – für die Agentur und deren Kunden! Eine Agentur ist kein Sprungbrett zum Erfolg! Springen muss jeder Trainer aus eigener Kraft.

Der 1. Sprung: Eine Frage der Einstellung und des Einstiegs - eine Agentur ist Kunde des Trainers!

„Ich kann mich so schlecht verkaufen, können Sie das nicht für mich tun?“ Mit dieser Erwartung, Hoffnung treten häufig Trainer an mich heran. Meine Antwort lautet dann ehrlich: „Tut mir Leid - nein!“

Selbst-Präsentation gefordert

Das ist weder Sinn noch Zweck noch Ziel zumindest der meisten Trainervermittlungsagenturen. Die Trainer, die für eine erfolgreiche Vermittlung Provision zahlen, sind unsere Kooperationspartner. Aber das Allerwichtigste für die Zusammenarbeit mit einer Trainervermittlungsagentur ist, dass die Agentur Kunde des Trainers ist – genau wie alle anderen Kunden. Jeder Trainer muss sich einer Agentur verkaufen und jeder Trainer, der von einer Agentur empfohlen wird, muss sich noch dem Kunden verkaufen. Diese Stärke muss jemand mitbringen, der langfristig in diesem Markt überleben will. Unser Fokus liegt beim anfragenden Unternehmen, das ist unser Kunde, um dessen konkreten Bedarf geht es. Es ist unsere Aufgabe, für die jeweilige Anfrage eines Unternehmens nicht irgendeinen, sondern den besten Trainer zu finden.

Kommen wir auf die entscheidende Frage zurück: Macht bei den hohen Anforderungen für einen Einsteiger das Zugehen auf eine Agentur überhaupt noch Sinn, hat da ein Einsteiger überhaupt eine Chance, Aufträge vermittelt zu bekommen? Klar kann ich schlecht einen „Anfänger“ für ein Projekt empfehlen, bei dem die Wettbewerber bereits 10 Jahre Trainingserfahrung zu genau dem Thema mitbringen. Aber es macht Sinn, langfristig zu denken, denn Sie wollen ja keineswegs Anfänger bleiben.

Großprojekte: ein guter Start

Einen guten Einstieg bieten darüber hinaus Großprojekte, für die meist sehr kurzfristig eine größere Anzahl von Trainern gesucht wird. Auch da gibt es klar definierte Einstiegsvoraussetzungen, die ein Trainer erfüllen muss. Darüber hinaus muss er aber vor allen Dingen eines haben: kurzfristig Zeit und größere freie Kapazitäten. In einem solchen Projekten wird ein bereits bestehendes Konzept den eingebundenen Trainern in einem Train-the-Trainer-Seminar vermittelt, wird, mit dem Ziel, es „genau“ so in großem Umfang anschließend erfolgreich trainieren zu können. Übrigens: Häufig wollen diese Auftraggeber gar keine alteingesessenen Trainer, die das eigentliche Konzept möglicherweise infrage stellen und dann in den Trainings prompt davon abweichen und ihr eigenes trainieren. Solche Großaufträge werden von Unternehmensseite, aber auch von Trainern oder Trainingsinstituten, die kurzfristig ein Trainerteam zusammenstellen oder eigene Kapazitäten projektbezogen ausbauen müssen, an eine Agentur herangetragen.

Erfahrung sammeln

Das ist vom Tagessatz nicht so lukrativ, vom Gesamtprojekt schon. Anfänger sammeln mit einem guten Trainingskonzept, häufig noch unter Supervision von Master-Trainern, viel Erfahrung „am Stück", werden bei Erfolg in weitere Großprojekte eingebunden und haben einen (meist gut klingenden) Kunden auf ihrer Referenzliste.

Um da einbezogen zu werden, muss man aber bereits in dem Pool einer Agentur sein, das heißt der Agentur bekannt sein, mit seinen Stärken, mit schriftlichen aussagekräftigen Unterlagen und bei geweckten Interesse unsererseits auch mit einer persönlichen Erfahrung zumindest im Vier-Augen-Gespräch.

Eine Agentur ist – wie bereits betont – Kunde eines Trainers und hat mit allen anderen Kunden sehr viel gemeinsam. Kundenorientierung heißt, sich in die Situation des Kunden zu versetzen. Was wir nicht haben, ist Zeit, Zeit zum Beispiel die Unterlagen all unserer Bewerber ausführlich zu studieren, die Trainer anzurufen, um ihnen Feedback zu geben.

Ungeduld rentiert sich nicht

„Ich habe Ihnen vor sechs Wochen Unterlagen von mir geschickt und bis jetzt noch nichts gehört. Das bin ich nicht gewohnt." Das ist vielleicht gewöhnungsbedürftig, aber es ist die Realität im Geschäftsleben. Wer so reagiert, outet sich als vollkommener Neuling und vermittelt gleichzeitig eine Anspruchshaltung, die wir nicht erfüllen können und wollen. Wenn jemand aus einem anderen Umfeld kommt, ist er das möglicherweise wirklich nicht gewohnt. Die berechtigte Befürchtung, die mir da aber sofort in den Kopf schießt, ist die, dass dieser Trainer sich bei einer Empfehlung auch bei meinen Kunden in der Form beschwert. Offen gesagt, das Risiko gehe ich nicht ein. Solch ein Einstieg ist zugleich ein Ausstieg. Ich gebe Trainern durchaus konstruktive Rückmeldungen, aber nicht auf der Ebene der Einstellung. Das nennt man Beratung, wenn nicht Coaching – und ist somit nicht Aufgabe einer Vermittlungsagentur.

Der 2. Sprung: Was muss ein Trainer für eine erfolgreiche Kooperation mit einer Agentur mitbringen? Eine Agentur lebt von Spezialisten – ohne diese stirbt sie.

Der Kontakt zu einer Trainervermittlungsagentur ist für Trainer wohlgemerkt nur ein Baustein einer gezielten Marketingstrategie. Eine Agentur kann dem Trainer lukratives Zusatzgeschäft bringen, sie sichert ihm nicht die Existenz. Lukrativ durchaus in finanzieller Hinsicht, denn empfohlene Trainer müssen sich nicht mehr grundsätzlich verkaufen, das senkt die normalerweise hohen Akquisekosten.

Kernkompetenz definieren

Ein strategisch viel entscheidenderer Vorteil aber ist, dass Sie Gelegenheit bekommen, genau in dem Feld zu arbeiten, in dem Ihre eigentlichen Stärken liegen, an die Kunden zu kommen, die Sie eigentlich wollen, zu den Themen, die Sie am besten beherrschen. Es setzt allerdings eine Bedingung voraus: dass Sie über Stärken verfügen, auf die Sie sich auch konzentrieren, die Sie deutlich dokumentiert haben und verkaufen können.

Stärken, Stärken und nochmals Stärken! Aber was ist das eigentlich? Denn eine Stärke, die alle haben, ist keine, das ist eine Selbstverständlichkeit. „Das trifft sich ja gut, dass Sie Spezialisten suchen, ich bin nämlich einer: Spezialist für Kommunikation.“ Das ist keine Stärke! Kommunikation ist alles. Ein Trainer, der nicht auf Kommunikation spezialisiert ist, sollte grundsätzlich den Job wechseln.

Frage an genau diesen Kommunikationstrainer: „Was trainieren Sie denn konkret?“ Antwort (alle Zitate sind übrigens erlebt, nicht erdacht): „Präsentation, Moderation, Zeitmanagement, Rhetorik, Verkauf, Führung und Train-the-Trainer.“ Da sind wir dann beim K.o.-

Kriterium für jeden Trainer. Der (überfüllte) Bauchladen bricht einem Trainer das Genick – mit Agentur und ohne.

Überzeugt: Erfahrung und Persönlichkeit

Es gibt hingegen zwei Eintrittskarten in ein Unternehmen: Die erste ist die Erfahrung (z.B. Branchenerfahrung, Erfahrung mit der Zielgruppe, umfangreiche Trainingserfahrung zum angefragten Thema plus eine fundierte Weiterbildung genau in dem Bereich) und die zweite die Persönlichkeit des Trainers. Die erste öffnet die Tür zum Vorzimmer, die zweite zum Seminarraum und somit zum Auftrag. Sie müssen allerdings zwingend über das Vorzimmer zum Seminarraum, denn ohne Erfahrung nützt Ihnen auch Ihre Persönlichkeit nichts. Wie bereits erwähnt, gibt es auch bei den für Einsteiger interessanten Großaufträgen solche Bedingungen, zum Beispiel der zwingend notwendigen Branchenerfahrung, ob als Trainer oder (sogar häufiger verlangt) als Praktiker.

Erfahrungen nachweisen

Jeder hat Erfahrungen, er muss sie offen legen und den Nutzen für den Kunden transparent machen. Was sind die Kompetenzen, die aus den Erfahrungen resultieren? Wie gut waren Sie denn, wie können Sie das belegen? Als Verkaufstrainer suche ich niemanden, der irgendwann mal verkauft hat, sondern jemanden, der erfolgreich verkauft hat, das belegen und überzeugend vertreten kann. In einer Agentur sind immer „Plätze" frei. Es kommt beispielsweise eine Anfrage aus der Möbelbranche, die Agentur hat Toptrainer, aber unter diesen keinen mit dieser Branchenerfahrung. Jeder neue Trainer, der sich jetzt mit genau diesem Hintergrund meldet, ist erst einmal hochinteressant. „Das ist doch Zufall!" Klar ist das Zufall, aber wer sich nicht bewegt, dem fällt auch nichts zu.

Schauen Sie sehr genau hin, wo Ihre Stärken liegen, zu welchem Spezialisten Sie sich entwickeln wollen – und bleiben Sie dabei! Sprunghaftigkeit hat nichts mit Sprungkraft zu tun und zahlt sich nicht aus. Es graut mir persönlich vor diesen zwei Aussagen: „Ich mache jetzt übrigens etwas ganz anderes" und „Ich habe mein Angebot erheblich erweitert". Danach kommt selten etwas Gutes. Entwicklung ja, aber Verzettelung und damit Bauchladen nein.

Der 3. Sprung: „Was ich nicht weiß, macht mich nicht heiß“ – im qualitativen Dialog bleiben ...

Bonus für Jungtrainer

Es gibt bei mir persönlich ein sehr waches Auge, was den Trainer-Nachwuchs anbelangt, und jeder Neueinsteiger hat erst einmal einen Bonus. Nur hat er den aus Zeitmangel nicht lange. Ein Anrufer hat durchaus mein Ohr, wenn er es schafft, mein Interesse relativ schnell zu wecken, wenn ich spüre, da steckt Kompetenz und Wille dahinter, da ist jemand mit Überzeugung und Begeisterung Trainer. Das Gleiche gilt für zugesandte Informationen, die ich dann lese, wenn sie meine Aufmerksamkeit binden. 99 % der Unterlagen, die ich erhalte, sind zum x-ten Mal irgendwo abgeschrieben. Wer will mir verübeln, dass ich sie ebenfalls abschreibe (nur anders). Bringen Sie das zu Papier, was genau Ihre Person betrifft, was Sie konkret gemacht haben, was ungewöhnlich ist, wo Sie Erfahrung mitbringen, wo Sie Ihre Stärken sehen, was Sie persönlich ausmacht. Schreiben Sie es so auf, dass der Empfänger es leicht überfliegen kann und mit Sicherheit ein zweites Mal in die Hand nimmt. So viel Mühe und vor allen Dingen Auseinandersetzung mit der eigenen Person muss sein.

Gekonnt kommunizieren

Beispiel: Da schickt mir eine Trainerin genau eine Seite eines pfiffig gestalteten Profils auf meliertem Papier mit einem knatschroten Zettel mit einer kurzen Notiz versehen. Die Überschrift lautete: „Wichtiger als das, was Sie gleich lesen, ist, wer davor sitzt: Sie + Ihre Wünsche.“ Darüber hinaus waren auf dieser einen (!) Seite noch eine Reihe von Dingen anders als sonst, eine Auflistung der Aus- und Weiterbildungen betitelt als „Bildungs-Fahrplan“. Kleinigkeiten, die erfrischend auffielen. Sie rief dann nach zwei Wochen an und eröffnete das Gespräch: „Ich war das mit dem knatschroten Zettel auf der einen Seite.“ Ich hatte sofort das entsprechende Bild vor Augen und sie sofort die notwendige Aufmerksamkeit am anderen Ende der Leitung.

Bei Anfängern bin ich durchaus bereit, nach Stärken zu fahnden. Das darf allerdings nicht in eine kostenlos erwartete Dauerbetreuung und -beratung ausarten. Ich gebe gerne Impulse, aber dann erwarte ich Reaktionen und vor allen Dingen Eigeninitiative.

„Produkt"-Vorteile des Trainers

Noch einige praktische Anregungen: Da werden zum Beispiel Sprachenkenntnisse nicht erwähnt. Das ist im Zeitalter der Internationalisierung ein entscheidender Wettbewerbsvorteil, wenn vorhanden. Wenn Sie selber Ingenieur sind, haben Sie schon mal einen Pluspunkt, einen Trainingsauftrag für die Zielgruppe Ingenieure zu bekommen. Wer über Erfahrung mit dem Mittelstand verfügt, wird eher von einem mittelständischen Unternehmen als Trainer akzeptiert. Wer aus einer Unternehmerfamilie kommt, kann sich eher in die Problematik von inhabergeführten Unternehmen hineinversetzen. Das alles sind Argumente, die in die Waagschale geworfen werden können. Aber werfen Sie nur Argumente hinein, die wirklich Gewicht haben, die die Waage bewegen. „Bei uns stehen die Kunden im Mittelpunkt" und „Unsere Konzepte sind maßgeschneidert" sind typische Äußerungen, die kein Gewicht bringen (höchstens auf der Gegenseite der Waage) – letztendlich absolut nichts aussagen.

Das Trainerprofil hingegen ist das A und O jeder Bewerbung. „Ich bin doch nicht das Produkt!" „Doch, das sind Sie!" Ein Unternehmen kauft die Person des Trainers, nichts anderes. Das ist der alles entscheidende Faktor.

PR in eigener Sache

Bleiben Sie auch bei einer Agentur dran. Natürlich ist das eine Gratwanderung zwischen Informieren und Nerven. Halten Sie eine Agentur mit qualitativen Informationen bezogen auf Ihre Weiterentwicklung auf dem Laufenden. Vielleicht braucht es Zeit, bis eine Reaktion erfolgt. Garantien gibt es nicht, nur Chancen, die es zu nutzen gilt. Wie im normalen Leben!

Ehrlich bleiben

Ich möchte an dieser Stelle noch auf eine weitere Gratwanderung zu sprechen kommen. Neben Informationen ist noch eines sehr wichtig, die „relative" Offenheit, denn das Fundament einer jeden Agentur ist Vertrauen. Dazu gehört auch „Nein" zu sagen. Wenn ich einen Neueinsteiger nach einem Thema frage, ob er das auch trainiert, und er bestätigt das ohne den Hauch einer entsprechenden Erfahrung und Kompetenz, dann war es das – mit der Kooperation. Denn die eigenen Grenzen muss er nennen und auch erkennen, das kann nicht meine Aufgabe sein, die herauszufinden.

Selbstbewusst sein

Aber trotz der Forderung nach Offenheit bin ich Kunde. Sehen Sie eine Agentur als Ihren Anwalt, der allerdings von Ihrer „Unschuld“ überzeugt sein muss, das heißt von Ihren Stärken, Ihrem Auftreten, Ihrem Vertrauen. Die Einstiegsaussage „Ich kann mich nicht verkaufen...“ ist zwar sehr offen, aber nicht gerade klug. Denn das müssen Sie, sich verkaufen können. Dann probieren Sie es. Und wenn Sie es wirklich nicht können, dann sollten Sie vielleicht doch lieber Angestellter eines Trainingsinstitutes werden oder sich in letzter Konsequenz einen anderen Beruf suchen. Hart ausgedrückt, aber 15 Jahre Erfahrung untermauern diese Aussage.

Rufen Sie nicht bei einer Agentur an, wenn es Ihnen gerade nicht gut geht. Die Phasen haben wir alle mal, aber eine Agentur ist kein Seelsorger, keine Hilfsorganisation, es ist ein Unternehmen, das Profit zum Ziel hat. Für eine Agentur gilt wie für jeden anderen Kunden: Demonstrieren Sie Stärke, Selbstbewusstsein, denn wir brauchen starke, selbstbewusste Partner. Dass ich gerade dieses Thema anspreche, kommt nicht von ungefähr, auch das beruht auf Erfahrung aus der täglichen Praxis.

Stehen Sie zu sich als Einsteiger, nennen Sie offen die Erfahrung, die Sie noch nicht haben. Alles andere fliegt auf. „Mein Trainingsinstitut ist jung, die Menschen sind lebens- und berufserfahren.“ So hat 1997 ein Trainer begonnen, der heute zu den sehr erfolgreichen zählt. So viel Schein wie Sein! Aber auch nicht weniger.

Wenn Sie die drei Hürden nicht überspringen, ist eine gute Platzierung in einer Agentur zumindest fraglich. Was können Sie darüber hinaus tun?

Der 4. Sprung, den es eigentlich gar nicht gibt ...

Ein vierter Sprung ist bei uns erlaubt, sogar gewünscht, denn genau der sichert den einen gravierenden Vor-Sprung, genau der sichert Ihnen den Mehr-Erfolg, die Weite. Wie positioniere ich mich in einer Agentur mit möglicherweise 449 Wettbewerbern? Über die eigenen Stärken, über ein hohes Maß an Kundenorientierung, über qualitative und kontinuierliche Infos. Und darüber hinaus?

Die ersten drei Sprünge (in einem Anlauf!) sind notwendig, um sich in einer Agentur überhaupt zu platzieren. Dann gibt es einen vierten, um sich gut zu platzieren. Drei-Sprung als sportliche Disziplin gibt es, das ist nichts Neues, aber wer kennt den Vier-Sprung?

Kreativ arbeiten

Seien Sie kreativ, machen Sie irgendetwas anders als andere, erwecken Sie Aufmerksamkeit (auf qualitativer Basis), Interesse. Es gibt ein Institut, mit dem ich in diesem Jahr sehr erfolgreich war. Die sind gut, keine Frage, sind alle anderen Kooperationspartner aber auch. Nein, das allein ist es nicht. Deren Unterlagen fallen positiv aus dem Rahmen. Nicht Hochglanz! Nein, Aussagekraft, sprachlich treffend formuliert, mit Fotos, Bildern, Zitaten (gerade nicht die, die alle nehmen und einem inzwischen aus den Ohren kommen), die Emotionen erzeugen. Es macht Spaß, diese Unterlagen zu lesen, zu sehen, in den Händen zu halten, sowohl mir als auch meinen Kunden. Seien Sie seriös anders als andere. Versuchen Sie es! Schreiben Sie bloß nicht von denen ab, die bereits Profis sind, denn das sind Trainingsprofis, aber die wenigsten sind Profis in Sachen Marketing. Daran krankt dieser Markt – und darin liegt Ihre Chance. Je besser Ihre Darstellung, Ihr persönliches Profil bei meinen Kunden ankommt, desto größer ist unsere gemeinsame Chance erfolgreich zu sein. Das ist im Sinne jeder Agentur.

Anders als andere

Mit geschildertem Vier-Sprung sind Ihre Aktivitäten bei einer Agentur nicht in den Sand gesetzt – und baden gehen Sie damit auch nicht! Sie müssen allerdings wie beim klassischen Dreisprung zumindest alle drei Sprünge auf einmal machen, dreimal klassischer Weitsprung zählt nicht. Bringen Sie alle drei bis vier Voraussetzungen gleich beim ersten Kontakt mit. And now: „Jump!“

Nochmals auf den Punkt gebracht: Der Kontakt zu einer Agentur ist Teil einer gezielten Marketingstrategie. Eine Agentur kann Zusatzgeschäft bringen, sichert aber nicht die Existenz. Vor allem ist eine Agentur Kunde eines Trainers. Sie sucht Profis und Spezialisten. Definieren Sie Ihre Stärken, Ihre Kernkompetenz, vertreten Sie die. Schaffen Sie eine positive Differenz zu anderen. Nicht die Kopie irgendeines Trainers ist gefragt, sondern Sie als Original. Etwas „Pfiff“ in der Darstellung, im Auftritt bringt nachweisbare Vorteile. Die

Eintrittskarte in ein Unternehmen müssen Sie schon mitbringen, die Empfehlung einer Agentur macht diese zu einer VIP-Karte. Die Türen eines Unternehmens bleiben schon mal geschlossen (zurzeit kein Bedarf), die einer Agentur nie, denn Bedarf gibt es dort immer. Am Türsteher namens „Qualität“ müssen Sie allerdings vorbei. Und Qualität ist erst einmal unabhängig davon, ob Sie sich gerade selbstständig gemacht haben oder schon ewig im Geschäft sind.

Dr. Alexandra H. Hey
AXA Service AG
Abt. POE-OE
Gereonstr. 43-65
50670 Köln
Tel. 0221/148-35784
Fax 0221/148-21991
alexandra.hey@axa.de

Dr. Alexandra H. Hey, geboren 1969 in Heilbronn, ist als Organisationsentwicklerin bei der AXA Service AG in Köln tätig. Nach ihrem Studium zur Diplom-Psychologin mit dem Schwerpunkt Arbeits- und Organisationspsychologie an den Universitäten München und Mannheim war sie sowohl in der Wissenschaft als auch als selbstständige Trainerin und Beraterin für verschiedene Unternehmen tätig. Ihre Arbeitsschwerpunkte sind die Prozessbegleitung von Implementations- und Umstrukturierungsprozessen, die Gestaltung von Instrumenten des Personalmanagements und der Mitarbeiterführung sowie die Teamentwicklung und die Durchführung von erlebnispädagogischen Kommunikations- und Teamtrainings.

Training im Gesamtzusammenhang der Personal- und Organisationsentwicklung

Die Autorin Dr. Alexandra Hey betrachtet das Instrument Training im Kontext der Personal- und Organisationsentwicklung. Sie zeigt auf, was für den selbstständigen Trainer beim Angebot und der Erbringung seiner Leistungen im organisationalen Kontext besonders zu beachten ist, in welchen Bereichen eventuelle Problemfelder liegen und wo sich Anknüpfungspunkte für das Angebot von über das Training hinausgehende Leistungen ergeben.

1 Personalentwicklung

Begriffs-definition

Der *Begriff* „Personalentwicklung" (PE) wird seit Mitte der Siebziger-Jahre verwendet. Die Personalentwicklung umfasst die systematische Förderung der beruflichen Qualifikation. Diese besteht vorwiegend aus Fähigkeiten, Fertigkeiten und Kenntnissen, aber auch die Motivation, Einstellungen, Interessen und andere Verhaltensdispositionen sind wichtige Bestandteile der beruflichen Qualifikation. Die beständige Entwicklung der beruflichen Qualifikation betrifft also keineswegs nur die fachlichen Kenntnisse und Fertigkeiten im engeren Sinne, sondern auch die Lernfähigkeit, soziale Kompetenz, Motivation und Bewältigung kognitiver und emotionaler Belastungen.

Zwei Seiten der PE

Betrachtet man die zwei Bestandteile des Begriffs Personalentwicklung, so wird schnell deutlich, dass es einerseits um die *Entwicklung* von Mitarbeiterpotenzialen geht. In diesem Zusammenhang kommen Assoziationen auf wie Assimilierung, Transformation, Modellierung, Modifizierung, Veränderung, Wandel, Qualifizierung, Bildung, Lernen etc. Es geht also darum, von einem Zustand A in den erwünschten Zielzustand B zu gelangen. Weil es aber auch um *Personal*entwicklung geht, stehen nicht nur individuelle Qualifizierungsmaßnahmen zur Debatte, sondern auch Formungen der interpersonalen Beziehungen und der objektivierten Strukturen und Bedingungen der Arbeitstätigkeit.

Verknüpfungen

Die Personalentwicklung setzt also vorwiegend bei einzelnen Mitgliedern der Organisation an, ist jedoch eng mit Interventionen auf der Gruppenebene und der Organisationsebene verknüpft, die auf organisationale Gruppen (z.B. Teams, Abteilungen) bzw. auf die gesamte Organisation Bezug nehmen. Allerdings betreffen auf Individuen bezogene Maßnahmen sehr häufig auch die beiden anderen Ebenen und umgekehrt ziehen Interventionen auf der Gruppen- und Organisationsebene fast immer auch individuelle Personalentwicklungsmaßnahmen mit sich, wenn z.B. im Zuge organisatorischer Veränderungen Qualifizierungsmaßnahmen zur fachlichen und sozialen Kompetenz notwendig werden.

Ganzheitlicher Überblick

Diese *Zusammenhänge* sollten gerade von selbstständigen Trainern berücksichtigt werden. So ist es beispielsweise wichtig, zu überprüfen, ob der Teilnehmer das im Seminar Gelernte in der Praxis auch wirklich einsetzen kann oder ob dem eventuell organisatorische Schwierigkeiten entgegenstehen, die zuerst beseitigt werden müssen. Auch eine Führungskraft, die frisch trainiert und motiviert aus dem Seminar zurück in die eigene Abteilung kommt, wird bei ihren Mitarbeitern bestimmte Wirkungen auslösen. Damit beeinflussen die Veränderungen des Trainings nicht nur den Vorgesetzten, sondern die ganze Gruppe oder Abteilung.

4 Kompetenz-Bereiche

Je nach Umfang der übertragenen Aufgaben benötigen die Mitarbeiter eine Reihe von *Kompetenzen*, die sich in verschiedene Kompetenzbereiche einordnen lassen:

- Fachliche Kompetenzen
- Methodische Kompetenzen (z.B. Problemlöse- und Planungstechniken)
- Soziale Kompetenzen bzw. Teamfähigkeit (z.B. Kommunikationsfähigkeit, Umgang mit Konflikten)
- Persönlichkeitsbezogene Kompetenzen (z.B. Rollen- und Selbstverständnis, Werte, Einstellungen)

1.1 Maßnahmen der Personalentwicklung

Diese Kompetenzen können durch verschiedene *Maßnahmen* der Personalentwicklung erreicht werden, von denen das klassische Training im Seminarraum nur eine ist. Sie lassen sich nach ihrer zeitlichen, inhaltlichen und räumlichen Nähe bzw. Entfernung zum Arbeitsplatz systematisieren. Es ergibt sich die in Tabelle 1 dargestellte Einteilung.

off the job	near the job	on the job
▪ Seminare ▪ Workshops	▪ Problemlösegruppen/ Qualitätszirkel ▪ Erfahrungsaustausch mit Kollegen ▪ Projektarbeit/ Sonderaufgaben	▪ Selbstständiges Lernen ▪ Lernen am Arbeitsplatz ▪ Multiplikatorenprogramme ▪ Coaching ▪ Mentoring ▪ Job-Rotation im eigenen Arbeitsbereich ▪ Job-Rotation über Arbeitsbereiche hinweg

Tab. 1: Klassifikation von Maßnahmen der Personalentwicklung

Über den Seminarraum hinaus

Auch arbeitsplatznahe Qualifizierungsformen (on und near the job) ermöglichen ein kontinuierliches, aktives und kooperatives Lernen. Eine dauerhafte Begleitung der Mitarbeiter, z.B. durch einen Coach oder Mentor, kann im Sinne einer Hilfe zur Selbsthilfe zur eigenständigen Arbeit und Lösung von Problemen befähigen. Die Entwicklung dieser Fähigkeiten im Umgang mit anderen sollte möglichst realitätsnah erfolgen und als Prozess über eine einmalige Veranstaltung hinausgehen. Für Maßnahmen on-the-job sprechen neben den pädagogischen Effekten durch das integrierte, realitätsnahe und aktive Erlernen aller Kompetenzbereiche auch ökonomische Aspekte. Da beim Lernen gleichzeitig eine Arbeitsleistung erbracht wird, ist diese Form der Qualifizierung für die Unternehmen kostengünstiger. Die Qualifizierung am Arbeitsplatz erfolgt aber nicht von allein, sondern muss durch die Bereitstellung von medialen, methodischen, organisatorischen und kommunikativen Hilfsmitteln unterstützt werden. In diesem Bereich ergibt sich also ein interessantes und lohnendes Betätigungsfeld für Trainer, die nicht nur den Seminarraum als ihr Wirkungsfeld betrachten wollen, sondern z.B. auch Einzelcoaching oder Feldtraining anbieten.

Nach wie vor jedoch ist der Anteil der Off-the-Job-Qualifizierung, also z.B. in klassischen Seminaren, wesentlich größer. Demnach bildet die berufliche Aus- und Weiterbildung, unter die auch das *Training* von Mitarbeitern und Führungskräften fällt, den größten Bestandteil der Personalentwicklung. Nach einer Studie von Weiß (1990) bieten insgesamt 92 % der befragten Unternehmen ihren Mitarbeitern die Möglichkeit, an solchen Weiterbildungsveranstaltungen teilzunehmen. Während dies für fast alle befragten Großunternehmen gilt, liegt der Anteil an kleineren Betrieben nur wenig darunter.

Veranlassungen

Als *Motive* für die Weiterbildungsaktivitäten wurden hauptsächlich folgende genannt:

- Einführung neuer Techniken
- Deckung des Fachkräftebedarfs
- Erhöhung der Arbeitsmotivation
- Einführung neuer Produkte
- Steigerung der Produktivität
- Vorbereitung der Mitarbeiter auf Führungsaufgaben

Als *thematische Schwerpunkte* wurden die folgenden angeführt (Prozent der Unternehmen, die entsprechende Maßnahmen durchführen, Mehrfachantworten):

- EDV (63 %)
- Verkaufstraining (52 %)
- Betriebswirtschaftliche, kaufmännische Themen (48 %)
- Technik (48%)

- Führung von Mitarbeitern (45 %)
- Arbeitssicherheit/Unfallschutz (45 %)
- Managementtraining/-techniken (42 %)
- Produkte/Produktanwendungen (39 %)
- Rhetorik (29 %)
- Fremdsprachen (26 %)

1.2 Weiter gehende Handlungsfelder für Trainer

Außer bei der Vorbereitung und Durchführung der Qualifizierungsmaßnahmen bieten sich für den selbstständigen Trainer weitere Handlungsfelder in der Analyse des Personalentwicklungsbedarfs sowie der Evaluation von Maßnahmen der Personalentwicklung, also in der *Vor- und Nachphase* des eigentlichen Trainings.

PE-Bedarf ermitteln

In einem ersten Schritt der Personalentwicklung ist festzustellen, welche Qualifikationen die Mitglieder einer Organisation zu bestimmten zukünftigen Zeitpunkten besitzen sollen und in welchem Ausmaß diese Qualifikationen bereits vorhanden sind. Während sich der Ist-Zustand aus der bestehenden Qualifikation der Organisationsmitglieder ergibt, der zunächst zutreffend diagnostiziert werden muss, ist der Soll-Zustand aus den organisationalen Zielen und Bedingungen, den individuellen Zielen der Mitarbeiter und den durchzuführenden Aufgaben abzuleiten. Aus der Differenz dieser beiden Zustände kann der *Personalentwicklungsbedarf* ermittelt und hieraus erst Art und Umfang der durchzuführenden Personalentwicklungsmaßnahmen sinnvoll abgeleitet werden. Häufig werden Mitarbeiterbefragungen durchgeführt, um den von den Mitarbeitern geäußerten Bedarf zu erfassen. Auch Gespräche mit Vorgesetzten sowie Diskussionen mit den Betroffenen selbst tragen zur Klärung des Personalentwicklungsbedarfs bei. Zur Feststellung des Ist-Zustands kommen auch Assessment-Center, Leistungsbeurteilungen und Beobachtungen am Arbeitsplatz infrage. Hierbei kann auch ein selbstständiger Trainer bei entsprechender Qualifikation mitwirken oder er sollte zumindest auf bereits im Unternehmen vorliegende Ergebnisse zurückgreifen, um bedarfsgerecht seine Trainingsmaßnahmen zu entwickeln.

In der Nachphase des Trainings wird vermehrt auf eine systemati-

Bewertungen einbeziehen

sche *Evaluation* und Transfersicherung Wert gelegt. Die Evaluation hat das Ziel, die Maßnahmen zu überprüfen, zu verbessern und ggf. über ihren weiteren Einsatz zu entscheiden. Ziel ist also die Einschätzung des Nutzens einer Intervention, was immer dann relevant wird, wenn mehrere konkurrierende Verfahren zur Wahl stehen. Ohne auf die ganze Komplexität der Evaluationsthematik eingehen zu wollen (Kriterien, Messproblematik usw.), soll hier der Hinweis genügen, dass es sinnvoll ist, wenn man als selbstständiger Trainer selbst diese Thematik gegenüber dem Auftraggeber anspricht, eine Evaluation anregt und nach Möglichkeit darin eine aktive Rolle spielt. Für das eigene Marketing wird es sehr positive Effekte haben, wenn man als Trainer nicht nur Interesse am Trainingsauftrag zeigt, sondern auch an den Effekten, die die durchgeführten Maßnahmen später in der Praxis haben. Und auch für den kontinuierlichen Weiterentwicklungs- und Verbesserungsprozess des eigenen Trainingsangebots und der Trainerleistung bringen Evaluationen großen Nutzen.

2. Organisationsentwicklung

Humanzentrierter Ansatz

Eng vernetzt mit der Personalentwicklung ist die Organisationsentwicklung. Wie auch im Beitrag von Hans A. Hey betont wird, muss Training die vernetzten Strukturen des Unternehmens berücksichtigen und alle Beteiligten von Anfang an integrieren. Im Rahmen der Organisationsentwicklung gilt es, Veränderungen in einer ganzen *Organisation* (Betrieb, Institution, Schule etc.) und nicht nur in einer einzelnen Abteilung oder Gruppe zu begleiten und zu erreichen. Bezüglich der Zielsetzung geht es bei den Interventionen der Organisationsentwicklung aber z.B. nicht um klassische Rationalisierungsprojekte, die ausschließlich auf eine Erhöhung der Produktivität abzielen. Vielmehr steht bei diesem humanzentrierten Ansatz die Förderung der Selbstverwirklichung und Autonomie der Mitarbeiter im Vordergrund. Dabei soll durch die Konzipierung und Implementation geeigneter Arbeits-, Führungs- und Kooperationsformen ein hohes Maß an Motivation sowie eine leistungsbezogene Effizienz aller Organisationsmitglieder sichergestellt werden. Darüber hinaus geht es darum, die Lernfähigkeit einer Organisation, ihre Flexibilität und Innovationsbereitschaft zu stärken. Die Organisationsmitglieder sollen befähigt werden, sich in konstruktiver Weise mit den Veränderungen in ihrer Arbeitsumwelt auseinander zu setzen. Die Interventionen sind meist als längerfristiger, oft langjähriger Prozess angelegt, mit dem Ziel, neben den Personen die sie umgebende Situation in den Veränderungsprozess zu integrieren.

Die Arbeit des Change-Agent

Prozess-Begleitung

Im Rahmen eines Organisationsentwicklungsprozesses lässt sich eine Organisation in der Regel von einem internen oder externen Berater (Change Agent) helfen. Hierbei herrscht ziemlich einhellig die Meinung, dass der *Berater* die Organisation nicht in erster Linie als Experte für inhaltliche Lösungen beraten soll. Er soll also keine inhaltlichen Empfehlungen anbieten, sondern vielmehr mit seinem Global- und Methodenwissen das Detailwissen und die internen Kenntnisse der Beteiligten aktivieren, um diese zu funktionsfähigen, von allen mitgetragenen Lösungen zu führen. Mit der zunehmenden Beteiligung (Partizipation) der Organisationsmitglieder an der Planung und Umsetzung der Veränderung können deren Widerstände aufgefangen werden und somit die Erfolgsaussichten des Veränderungsprojekts stark zunehmen. Statt einer Inhaltsberatung wird dem Change-Agent also die Aufgabe einer Prozessbegleitung zuteil und er gibt Hilfe zur Selbsthilfe. Analysiert und rückgekoppelt werden hierbei die Art und Weise, wie die Organisationsmitglieder über die Gestaltung und den Inhalt der geplanten Veränderungen kommunizieren, wie sie Konflikte handhaben, wie sie mit Konflikten und Machtungleichgewichten umgehen usw.

Moderatoren-Funktion

Der Prozessberater übernimmt dabei als teilnehmender Beobachter die Funktion des Moderators und strukturiert den Prozess. Im Rahmen dieser Prozessbegleitung werden also Fragen und Probleme, die im Zusammenhang mit der Arbeit stehen, reflektiert und beseitigt. Die der Prozessbegleitung zugrunde liegenden Prinzipien veranschaulicht Abbildung 1. Ziel der Maßnahmen ist ein gemeinsamer, kontinuierlicher Lernprozess aller Beteiligten.

Abb. 1: Prozessbegleitung

Experte für Veränderungswissen

Ein sehr wichtiges Instrument bei der Organisationsentwicklung und Prozessbegleitung sind Workshops. Ein *Workshop* ist hierbei eine von einer Organisationseinheit oder Projektgruppe gewünschte Veranstaltung zur Lösung von aktuellen Problemen mithilfe eines Beraters. Die Mitglieder sind Inhaltsexperten und Problemverantwortliche, der Berater ist Experte für Veränderungswissen. Die Dauer des Workshops ist abhängig von der Lösung des Problems und sein Erfolg wird durch die Umsetzung von Problemlösungen in die Praxis bestimmt.

Entsprechend müssen Prozessberater diverse Anforderungen erfüllen. Zum einen müssen sie über die notwendigen sozialen Kompetenzen im Umgang mit Gruppen und über Erfahrungen bezüglich gruppendynamischer Effekte verfügen. Hinzu kommen die methodischen Kenntnisse, wie sie für die Moderation von Workshops und das Führen von Beratungsgesprächen mit Mitarbeitern und Führungskräften unabdingbar sind. Da das Anforderungsprofil eines Prozessbegleiters bzw. -beraters jedoch in vielen Bereichen mit dem eines Trainers übereinstimmt, kann die Organisationsentwicklung für viele Trainer ein durchaus attraktives Feld für die eigene Weiterbildung und die Erweiterung des eigenen Tätigkeitsspektrums bieten.

3. Resümee

Umfassend beraten

Für den selbstständigen Trainer ist es also einerseits Pflicht, sich mit dem erweiterten Spektrum personal- und organisationsentwicklerischer Arbeit auseinander zu setzen. Wird beispielsweise ein Trainingsauftrag von einem Unternehmen seitens des Vertriebs erteilt, so ist es im Interesse des Trainers, den persönlichen Kontakt zur Personalentwicklungs- oder Weiterbildungsabteilung zu suchen, um z.B. herauszufinden, welche Qualifizierungsmaßnahmen für die von ihm zu trainierende Zielgruppe bereits stattgefunden haben bzw. noch kommen werden. Dies hilft, Überschneidungen zu vermeiden, die unter Umständen den eigenen Trainingserfolg beeinträchtigen können. Teilweise können aber auch Synergieeffekte genutzt werden oder Leistungen für eine größere Zielgruppe als die ursprünglich geplante angeboten werden.

Aktuelle Entwicklungen integrieren

Auch Maßnahmen auf der Organisationsebene darf der selbstständige Trainer nicht unbeachtet lassen, handelt es sich doch oft um Neuerungen, z.B. bei der Einführung eines neuen Führungskonzepts oder der Implementation von Teamarbeit, die die Mitarbeiter sehr stark betreffen und ihren Arbeitsplatz oft stark verändern. Auch hier ist es wichtig, dass nicht an aktuellen Entwicklungen vorbeitrainiert wird, sondern diese aktiv aufgegriffen und in das eigene Training integriert werden. Wer sich als selbstständiger Trainer nicht mit wenig profitablen Einmalveranstaltungen und Einzelmaßnahmen zufrieden geben will, dem kann in einer vernetzten Unternehmensstruktur nur der ständige Blick über den eigenen Tellerrand und die Einbettung seiner Trainings in umfassende Konzepte der Personal- und Organisationsentwicklung zu wiederholten Aufträgen und langfristigem Erfolg verhelfen.

Literatur:

Heinz Schuler (Hrsg.) (1998): Lehrbuch Organisationspsychologie. Bern: Huber.

Ursula Widmann-Rapp
Verkaufstraining
Dachauer Straße 43
82140 Olching
Tel. 08142/447110
Fax 08142/447111
ursulawidmannrapp@compuserve.com
http://www.widmann-rapp.de

Ursula Widmann-Rapp, von Hause aus Dipl.-Politologin mit den Tätigkeitsfeldern Marketing und Marktforschung, ist seit 1986 als Verkaufstrainerin tätig. Themenschwerpunkte sind: Verkaufstraining von A-Z, Training in Kundenkontakt und Verkaufspsychologie, das 1x1 der Verkaufsgesprächsführung, Verkaufen am Telefon, Kaufsignale treffsicher ummünzen, Preissicherheit und erfolgreicher Abschluss, effektiver Kundenkontakt in Beschwerdesituationen. Branchenschwerpunkte sind Handwerk, Gewerke am Bau und Finanzdienstleister.

Sie ist Gründungsgesellschafterin der Internet-Vertriebstraining.de GmbH, Olching, ein Unternehmen, das neben der Beratung auch die Entwicklung und den Aufbau von internetbasierten firmeninternen Schulungs- und Kommunikationsmaßnahmen anbietet.

Ursula Widmann-Rapp war von 2000 bis 2001 Präsidentin des BDVT – Berufsverband Deutscher Verkaufsförderer und Trainer e.V. Veröffentlichungen sind u.a. „Mehr Effizienz durch Arbeitslust/ Workshoptechniken“ in: BDVT Jahrbuch, Wiesbaden 1998 und „Net-Kids“ in BDVT-Jahrbuch, Wiesbaden 2000.

Die erfolgreiche selbständige Trainerin – der kleine, feine Unterschied

Die Autorin Ursula Widmann-Rapp geht der Frage auf den Grund, welche Eigenschaften die erfolgreiche selbständige Trainerin braucht und wie die Umwelt darauf reagiert. Diese Fragen werden im Kontext des Verhaltens und der Erfolgseigenschaften von Trainern beantwortet. Die Autorin bedauert, auf wenig weibliche Vorbilder im Training zu treffen und im Wettbewerbsvergleich mit Männern einen höheren eigenen Erfolgsdruck zu haben – ausgeglichen wird dies durch die Überzeugung, als Verkaufstrainerin im absoluten Traumberuf zu arbeiten.

Diffiziles Thema

Ein Buch soll geschrieben werden, das alle Facetten der Selbstständigkeit im Trainerberuf umfasst. Da gehört natürlich auch die Perspektive der selbstständigen erfolgreichen Trainerin dazu. Es ist aber garnicht so einfach, sich diesem Thema anzunähern. Einerseits gibt es nur wenige weibliche Kollegen als Vergleichsmöglichkeit und andererseits habe ich weder in diesem Artikel noch in meiner täglichen Arbeit Interesse an einem „Geschlechterkampf“. Ich werde mich daher auf mein ganz persönliches, subjektives Erleben der diffizilen, kleinen und feinen Unterschiedlichkeiten zwischen männlichen und weiblichen Trainern beziehen.

1 Bewusste Entscheidung zum Beruf

10-jährige Erfahrung

Seit über einem Jahrzehnt beobachte ich zwischen meinen männlichen Kollegen und den wenigen weiblichen Trainerkolleginnen, die ebenfalls selbstständig und mit vergleichbarer Konzeption firmenspezifisches Verkaufstraining in meiner Bandbreite durchführen, dass es durchaus Unterschiede gibt. Meist nicht auf den ersten Blick sichtbar – oder doch? Und schon beginnt der innere Zwiespalt im Kopf. Dieser Zwiespalt, das sind vermutlich Befürchtungen. Ich sehe schon jetzt die skeptisch blickenden Kritiker vor mir, die meine Worte als „Emanzengehabe“ abwerten oder das Ganze ins Lächerliche ziehen wollen. Gießen wir noch etwas Öl ins Feuer: Ja, ich war vor Jahren, Anfang der Achtzigerjahre, aktiv in der Frauenbewegung und in der Politik. Doch eines Tages kam der Punkt, an dem ich bewusst die Entscheidung für meinen Beruf, für meine Selbstständigkeit, für die selbstständige Verkaufstrainerin getroffen habe. Und dabei habe ich mir keine großartigen Gedanken über geschlechtsspezifische Unterschiede gemacht und hatte schon gar nicht die Vorstellung, dass ich meine politische Frauenarbeit in diesem Berufsfeld mit einbringen wollte. Ich habe mich „nur" bewusst für meinen Traumberuf entschieden – Verkaufstrainerin. Und hier besteht wohl kaum ein Unterschied zu den männlichen Kollegen, bei denen sicher auch genau diese bewusste Entscheidung am Anfang ihrer Karriere stand.

2 Rabenväter gibt es nicht, Rabenmütter schon

Nachhilfe per Telefon

Aber schon kurz nach dieser Entscheidung wurde er zum ersten Mal sichtbar, der kleine feine Unterschied. Was hat die selbstständige Trainerin zu bewältigen, wenn zu Hause ein schulpflichtiger Sohn ist, der oft auf seine Mutter verzichten muss, weil sie irgendwo in der Republik ihren Auftrag erfüllt? Hausaufgaben wurden per Fax korrigiert (heute würden wir dies sicher per E-Mail erledigen). Und es gab auch keine Mama, die den Schmerz beim Hinfallen „weggepustet" hätte. Vielmehr war höchstes Managen und Organisieren angesagt, und zwar permanent, damit der Laden zu Hause läuft. Rabenmutter war die meistgehörte oder zumindest gespürte Meinung, die mir entgegengehalten wurde. Geht nur ihren Interessen nach. Hat wohl nur Karriere im Sinn, statt sich um ihr Kind zu kümmern. Und was ist das überhaupt für eine Familiensituation? Ach so, sie lebt mit jemanden zusammen usw. Frage an meine männlichen Kollegen: Haben Sie dies auch so hautnah erlebt?

Unterschiede bewusst machen

Was ich an dieser Stelle gleich betonen möchte, liebe Kolleginnen und Kollegen, es geht mir nicht um ein so oft zu hörendes „ach, wir armen Frauen, wir haben es ja so schwer". Nein, mir geht es um eine Gegenüberstellung und den Versuch, herauszufinden, worin die kleinen Unterschiede nun tatsächlich bestehen. Aber auch, wo sie nicht zu finden sind, welche Vorteile und welche Schwierigkeiten sich für mich daraus ergeben und welche Bedeutung dies sowohl für Trainerinnen als auch für Trainer und unsere Kunden hat.

3 Was hilft auf dem Weg zum Erfolg?

Die nachfolgenden Stichworte stammen aus meiner subjektiven Erlebniswelt. Ich weiß nicht, ob diese Stichworte auf Sie und Ihren Weg zutreffen, vielleicht fehlen auch einige. Doch nehmen Sie diese Aufzählung als Impuls, wenn dieses Thema für Sie von Interesse ist.

- **Hartnäckigkeit**

Zielstrebig oder verbissen?

Falls Sie denken, „na klar, Hartnäckigkeit braucht man in der Selbstständigkeit", so zeigt es sich gerade in der Aufbauphase, dass die notwendige Portion Hartnäckigkeit oftmals unterschätzt wird. Egal, ob Sie Bankgespräche für den Aufbau Ihres Unternehmens zu führen haben oder den Nutzen einem Auftraggeber verdeutlichen oder Standpunkte in einer laufenden Projektarbeit zu vertreten haben – ohne Hartnäckigkeit kann ich mir keine erfolgreiche Selbstständigkeit vorstellen. Manchmal braucht es einfach einen langen Atem, bis die Früchte eingefahren werden können.

Hartnäckigkeit ist also ein wesentlicher Erfolgsfaktor. Der kleine, feine Unterschied dabei mag wohl darin liegen, dass diese Hartnäckigkeit durch Außenstehende unterschiedlich wahrgenommen wird. Einer Frau „steht" Hartnäckigkeit nicht so gut, da sie bei ihr leicht mit den Worten „hart", „verbissen", „unerbittlich" assoziiert wird. Bei Männern wird der gleiche Charakterzug eher mit „zielstrebig" und „geradlinig" bewertet. Ich kann mich durchaus an einige verblüffte Gesichter meiner Verhandlungspartner erinnern, wenn sie meine „Hartnäckigkeit" erlebt haben. Letztendlich habe ich aber auch immer wieder dabei erfahren, dass ich, nach einer gewissen Zeit des gegenseitigen Kennenlernens, für meine Hartnäckigkeit auch Anerkennung im Sinne von „ernst zu nehmende Vertragspartnerin" erhalten habe. Also, ich werde meine Hartnäckigkeit beibehalten, auch wenn sie nicht jeder Außenstehende auf Anhieb „attraktiv" findet.

- **Bloß nicht jammern**

Jammern gilt nicht nach dem Motto „ach Gott, wir Frauen haben es ja so schwer" – denn auch den Kollegen geht es nicht so sehr viel bes-

Herausforderungen optimistisch begegnen

ser. Mag sein, dass wir Frauen einiges mehr zu bewältigen haben in puncto Kind(er), Organisieren und Managen und uns bestimmten rollenspezifischen Vorurteilen gegenübersehen. Doch wenn Sie sich hier im Netz des Jammerns oder gar Bemitleidens verfangen, wird es immer schwerer, den erfolgreichen selbstständigen Weg dauerhaft zu beschreiten. Wer erfolgreich sein will, denkt an seinen Erfolg – und nicht an seine geschlechtsspezifische Rolle. Und er denkt auch nicht an den harten Weg, den er gehen wird, denn er hat sich ja bewusst dafür entschieden. Hinzu kommt, zumindest nach meinem subjektiven Empfinden, dass sich doch etwas bewegt. Und dazu tragen Sie ebenso bei wie jede andere selbstständige erfolgreiche Kollegin.

- **Ehrgeiz**

Erfolgs-Turbo

Das ist einer der wenigen Punkte, wo ich ihn sehr deutlich ausmachen kann, den kleinen, feinen Unterschied. Zu einem erfolgreichen Mann gehört Dynamik und auf jeden Fall auch Ehrgeiz. Da sind sicher alle der Überzeugung „ohne den geht es doch gar nicht". Wenn allerdings eine Frau ehrgeizig ist – das ist schon eine andere Sache. Ehrgeiz sollte, wenn schon vorhanden, so doch nicht pur und offen von einer Frau gezeigt werden soll. Warum eigentlich nicht? Was ist es, was häufig zu massiven Reizreaktionen führt?

Besonders suspekt wird es vielen, wenn frau sich auch noch erlaubt, nicht nur ehrgeizig zu sein, sondern auch noch deutlich erkennbar strategisch denkt und handelt. Andererseits, ohne Ehrgeiz werden Sie schwerlich Ihren erfolgreichen selbstständigen Weg auf Dauer gehen. Sicherlich gibt es neben dem Ehrgeiz noch andere Motivationstriebfedern. Doch persönlich kenne ich keine erfolgreiche Frau, die nicht auch ehrgeizig ist. Der Punkt ist eher, die einen zeigen es offen, und über diese Situation spreche ich hier. Die anderen handeln ebenso ehrgeizig, aber mit verdeckteren Strategien. Ich habe diesen Punkt Ehrgeiz für diesen Beitrag speziell bei einigen erfolgreichen Frauen hinterfragt, die sich in gehobenen Führungspositionen befinden bzw. Chefin in einem mittelständischen Unternehmen sind – weil ich hier bewusst keine Einzelmeinung wiedergeben wollte. Fakt ist: Wenn Sie sich für den Erfolg entscheiden und den Weg der

Selbstständigkeit gehen, dann ist – neben einem dicken Fell – der Ehrgeiz entscheidend. Sonst frisst Sie weniger Ihr Ehrgeiz auf als vielmehr die Verletzungen, die aus diesem kleinen, feinen Unterschied entstehen können. Der einzige kleine Unterschied ist dabei wieder mal die Beurteilung von außen. Ehrgeiz bei Männern wird eher positiv bewertet, bei Frauen eher als ein negativer Charakterzug ausgelegt. Aber darf ich Ihnen meine persönliche Meinung sagen: Das ist mir egal!

- **Bereitschaft, einen harten Weg zu gehen**

Disziplinierter Marathon

Selbstständigkeit und Erfolg lassen sich nun mal nicht im Wattebausch erreichen. Dies gilt für alle Berufe, nicht nur für den Trainerberuf. Angefangen beim Aufbau eines soliden und dauerhaft tragenden Kundenstamms über die immer wiederkehrende Frage „Werde ich genug Aufträge haben?“ bis hin zu Stornos oder anderen Ärgernissen, beispielsweise im rechtlich-juristischen Bereich. Ohne die dauerhafte Bereitschaft, sich nicht nur auf diesen Weg einzulassen, sondern ihn auch konsequent und kontinuierlich zu gehen, fällt Ihr Vorhaben, logischerweise, wie ein Kartenhaus in sich zusammen. Der kleine, feine Unterschied dabei? Hier sehe ich kaum einen. Ob Kollege oder Kollegin, der Weg innerhalb der erfolgreichen Trainerselbstständigkeit ist hier sehr ähnlich.

Vielleicht besteht doch ein kleiner Unterschied darin, dass viele Frauen, auch diejenigen mit einem hohen Ausbildungsniveau, in ihre Lebensplanung die Mutterrolle und somit einen mehr oder weniger langen Ausstieg aus dem Arbeitsleben mit einplanen. Ich denke, das verändert die Bereitschaft, diese mühsame Aufbauarbeit zu leisten. Die Konzentration auf diesen harten langen Weg ist vermutlich geringer. Frauen,die die Kleinkind-Phase Ihres Kindes bereits hinter sich haben oder überhaupt keine Kinder einplanen, können viel gezielter und kontinuierlicher an ihrer beruflichen Entwicklung arbeiten.

- **Humor**

Es darf gelacht werden, auch über sich selbst. Oder zumindest geschmunzelt. Verordnen kann es keiner, doch scheint es mir ein sehr

Ruhig mal mitlachen

wesentlicher Bestandteil. Wer sagt denn, dass tief gehende Prozesse nicht auch mal mit einem Heiterkeitsausbruch durchsetzt sein dürfen? Ohne philosophisch werden zu wollen und ohne die verschiedenen Arten von Humor näher zu differenzieren – das wäre wohl ein Thema für sich – so scheinen mir doch Humor und auch Freude das Zwillingspaar zu sein, das den Erfolg trägt und so manches Mal auch krönt. Obwohl ich damit nicht die platten Witze meine, die ich von Zeit zu Zeit beobachte. Humor, erlauben Sie mir diese Worte, kommt aus dem Herzen. Aber auch Witze werden erzählt, besonders abends in geselliger Teilnehmerrunde. Da es in diesen auch häufig um den kleinen, feinen Unterschied geht, darf hier bei einer Trainerin die Schwelle der Empfindlichkeit nicht besonders niedrig liegen. Über manche dieser Witze konnte ich schallend lachen, womit ich wiederum meine Teilnehmer durchaus verblüffte. Humor ist eben, wenn frau über Männerwitze lachen kann.

- **Einfühlungsvermögen**

Blickpunkt wechseln

Ob ich nun im Seminarraum mit allen Spielarten von Gruppenprozessen, im Verhandlungsgespräch mit den Taktiken des Kunden oder im Coaching mit den individuellen Bedürfnissen und Merkmalen des Teilnehmers konfrontiert bin, eines hat sich als besonders wesentlich und erfolgbringend herausgestellt – Einfühlungsvermögen. Dabei geht es um die Fähigkeit, sich direkt in die Lage des Gegenübers zu versetzen und mit seinen Augen sehen zu können. Natürlich gehört dazu auch die Fähigkeit, zum richtigen Zeitpunkt wieder „aus dem Gegenüber herauszugehen“, um dann mein Wahrgenommenes gekonnt einzusetzen. Nun werde ich an dieser Stelle nicht behaupten, dass Männer kein Einfühlungsvermögen haben – ich werde mich davor hüten. Doch manchmal beobachte ich, dass Männer beim Vertreten von Standpunkten diese nur aus ihrer eigenen Sichtwiese betrachten, und ich vermisse die Wahrnehmung für das, was dem Gegenüber gerade wesentlich ist. Ist da ein Unterschied? Ich stelle es einfach mal in den Raum. Es ist die Sache wert, sie einmal bewusst zu beobachten und in Ruhe darüber nachzudenken.

• Netzwerke

Männer netzwerken früher

Im Thema Netzwerk scheint mir auch wieder ein deutlicher kleiner, feiner Unterschied zu liegen, den ich ziehen möchte. Lag es an meinem persönlichen Weg oder ist es doch eher die Regel? Vielleicht lernen Männer das oft schon in der Studienzeit? Oder wie erklärt man sich ansonsten z.B. die lange Tradition der Studentenverbindungen? Aber auch in Unternehmen ist nichts so tragfähig wie die Seilschaften vieler Männer. Ich bin auch heute noch immer wieder zutiefst beeindruckt, was ich hier bei meinen Kollegen beobachten und letztlich auch davon lernen kann. Nein, Neid kommt da nicht auf – im Gegenteil. Das ist reinstes Lernfeld. Selbst nachdem ich schon einige Jahre dem Berufsverband BDVT angehörte, war ich noch nicht in der Lage, all die Möglichkeiten, die gerade das Netzwerk eines Berufsverbandes bietet, geschickt zu nutzen. Warum? Ich denke, da galt es erst mal Blockaden aus früheren Jahren zu überwinden. Ich war beispielsweise anfangs stark darauf gepolt, meinen Weg allein zu gehen. Bestätigung hierin empfand ich beispielsweise durch Aussagen wie „Der Trainer ist ein Einzelkämpfer“. So dauerte es geraume Zeit, bis ich mir bewusst machte, dass allein die Verbandsmitgliedschaft und das aktive Engagement im Verbandsleben nicht gleich ein lebendiges Netzwerk bedeuteten. Heute kenne ich es anders.

Geben und Nehmen

Zur Klarstellung: Ich verstehe unter einem Netzwerk eine kollegiale partnerschaftliche Zusammenarbeit. Ein Geben und ein Nehmen, eine Ausgewogenheit sowohl im fachlichen Austausch als auch beispielsweise in der persönlichen Wirkungsweise, und dazu gehören auch Tipps und konstruktive Hinweise. Ich denke beispielsweise nur daran, wie oft wir in den letzten Jahren in unseren BDVT-Camps u.a. Farb- und Stilberatung, also letztlich Imageberatung durchgeführt haben. Und wie sich viele von uns, mich eingeschlossen, durch diese gemeinsame Arbeit veränderten. Klar, Outfit und Auftreten sind auch ein wesentlicher Teil der erfolgreichen selbstständigen Trainerin, ebenso wie des erfolgreichen selbstständigen Trainers – da gibt es jetzt mal keinen kleinen, feinen Unterschied. Doch zurück zur Netzwerk-Nutzung: Nutzen Sie diese Möglichkeit, die gerade ein Berufsverband vielfältig in seiner ganzen Bandbreite bieten kann – aber bitte nicht nach dem Motto: Hier bin ich, und nun helft mir mal ...

Selbst ist die Frau und zeigt, was sie kann. Konstruktive Kritik und klare Worte helfen auf dem Weg in die erfolgreiche Selbstständigkeit weiter.

4 Und was macht es vielleicht etwas schwerer?

- **Fehlen von Vorbildern**

Suche nach weiblichen Erfolgs-Normen?

Frauen haben es besonders schwer: Sie müssen doppelt so tüchtig sein, um vergleichbare Positionen wie Männer zu erringen ... sagt man. Stimmt nicht. Sie müssen nur genauso gut wie Männer, genauso diszipliniert und beharrlich sein, dann machen sie genauso schnell Karriere wie Männer. Allein in dieser Formulierung macht er sich mal wieder bemerkbar, der kleine, feine Unterschied: In der Regel fehlen der erfolgreichen selbstständigen Trainerin nachahmenswerte Lebensentwürfe. Die Anzahl der weiblichen Vorbilder ist immer noch relativ gering. Woran liegt es? Vielleicht ist es die Familie oder der eigene Kinderwunsch, der Frauen davon ablenkt, sich an die Spitze eines Berufs oder einer Karriere vorzuarbeiten. Vielleicht ist es auch der harte Wettbewerb, der auf dem Weg zur Spitze auch nicht gerade weniger wird, den manche Frauen allerdings durchaus auch ablehnen.

Familiäre Teams fehlen

Oder ist es nicht viel eher so, dass es nur wenige Frauen gibt, die zu Hause ein Unterstützungssystem haben bzw. sich aufgebaut haben, durch welches Mann, Kind und Erfolg sich vereinbaren lassen? Hinzu kommt, dass ja nicht automatisch jede Frau, nur weil sie Frau ist, von Frau als Vorbild akzeptiert wird. Wenn einem beispielsweise die Selbstständigkeit nicht gerade bereits an der Wiege gesungen wurde, dann braucht es einfach Orientierung. Wo sind die Kolleginnen, die das Gleiche machen wie ich? Nicht das ganze breite Spektrum von Training, sondern genau das Segment, die Zuspitzung, den Bereich, in dem ich arbeite oder mir meine Existenz aufbauen möchte. Vor-Bilder geben die Möglichkeit, sich entweder daran zu messen oder sich explizit abzugrenzen, um beispielsweise so klar und transparent bei mir selbst, meinen Fähigkeiten, meinem Können, meiner Begabung anzukommen und so meine Entwicklung als Trainerin und

Unternehmerin voranzutreiben. Vorbilder erleichtern die eigene Zielsuche, erlauben Abkupfern, geben Impulse und Anregungen, sind Ansporn oder rufen auch kritische Gedanken hervor.

- **Kaum Vergleichsmöglichkeiten zu Kolleginnen**

Zu wenig Gelassenheit

Dieses weit gehende Fehlen an Vergleichsmöglichkeiten führt logischerweise zum Vergleichen mit den Kollegen. Ist ja auch absolut in Ordnung, nur unter der Perspektive des feinen, kleinen Unterschieds stellt sich die Frage, was wäre wenn ... es mehr Vergleichsmöglichkeiten mit Kolleginnen gäbe? Beispiel Erfolgsdruck: Es scheint so, als ständen Frauen mehr unter Erfolgsdruck als Männer. Wir wollen es immer richtig machen, wir wollen es möglichst allen recht machen, wir setzen uns selbst unter einen (manchmal überflüssigen) hohen Erwartungsdruck. Vielleicht, weil bereits das kleine Mädchen mit besseren Schulnoten versucht auszugleichen, was Jungens häufig einfach mit ihrem Verhalten und Auftreten erreichen. Vielleicht, weil Mädchen oder Frau dabei schnell lernt, dass der Einsatz von erotischen Reizen und/oder extreme Leistungen in Sachen Intelligenz, Diplomatie und Geschick gegenüber der Männerwelt Erfolgs versprechende Möglichkeiten sind. Das heißt ja nicht, dass die Männerwelt schlecht sei, sie ist nur anders. Und weil das so ist, haben wir uns eben angewöhnt, unsere eigenen Erwartungen an uns selbst immer noch ein Stückchen höher zu hängen, als es so manchem Mann je einfallen würde. Rein theoretisch: Gäbe es nun mehr Vergleichsmöglichkeiten, vielleicht käme man dann viel schneller ins Relativieren?

5 „Verkaufstrainer – ein Männerberuf“ oder „Traumberuf Trainerin“?

Vielleicht ist der Weg ins selbstständige Verkaufstraining auch so schwer, da Verkaufstraining anscheinend eher ein „Männerberuf“ ist. Vergleichbar vielleicht mit dem Berufswunsch ‚Automechanikerin‘? Nun, wir kennen die zahllosen Heerscharen von Verkäuferinnen im Einzelhandel. Im Vertriebsbereich allerdings nimmt der Frauenanteil und besonders im Außendienst extrem ab. Daher liegt es nahe, dass

Überraschungs-Effekt

viele männliche Kollegen in diesem Bereich trainieren und sich nur selten eine Frau dorthin „verirrt". Die Vorstellung, mit einer Teilnehmergruppe, die nur aus Männern besteht, zu arbeiten, erschreckt wohl manche Kolleginnen etwas. Aber vielleicht sind den Kolleginnen Trainingsthemen wie „Kommunikation" usw. einfach auf den ersten Blick sympathischer. Meine persönliche Leidenschaft ist eben das „Verkaufstraining".

Zuerst registriert der Kunde erstaunt, dass eine Frau diesen Auftrag übernehmen möchte (neben vielen anderen männlichen Kollegen) – genau so, wie die Teilnehmer mich dann erstaunt ansehen, wenn plötzlich eine Frau vor ihnen steht. Habe ich da nicht einen Überraschungs-Vorteil auf meiner Seite? Ich denke, auf jeden Fall. Und dann kommt es eben wieder darauf an, wie man diesen nutzt.

Im Mittelpunkt und doch allein

Wer mit Leib und Seele, sozusagen Vollbluttrainerin ist, weil das Arbeiten mit Erwachsenen in der beruflichen Bildungsarbeit für einen das Spannendste und Herausforderndste ist, was man sich vorstellen kann, weiß wohl auch um die Schattenseiten. Beispielsweise die hohe Bereitschaft zur Mobilität und Flexibilität sowie die Präsenz von dem Augenblick, in dem sich morgens die Hotelzimmertür hinter einem schließt, bis spätabends, wenn man sie wieder aufsperrt. Der Motor, der noch eine gewisse Zeit läuft und einen nicht gleich einschlafen lässt; das Spannungsfeld, ganztags konzentriert mit Trainingsteilnehmern zu arbeiten und abends allein im Hotelzimmer den Tag nicht mit einem privaten Gesprächspartner reflektieren zu können. Das Überlegen morgens, beim Aufwachen, in welcher Stadt sind wir denn heute, wie steigen wir den heute aus dem Bett, links oder rechts? Doch all dies wird mehr als aufgewogen, wenn Beruf und Berufung zusammengehen, wenn am Ende des Seminars so manches Mal ein Blumenstrauß als Dankeschön der Teilnehmer überreicht wird und wenn man selbst davon überzeugt ist, dass es eine gute, saubere Trainingsarbeit war, die man bzw. frau hier geleistet hat. Keine Frage, das ist die dauerhafteste und tragfähigste Motivation für einen der letzten wirklich freien Berufe in Deutschland. Daher besteht wohl hier der einzige kleine Unterschied zwischen meinen männlichen Kollegen und mir darin, dass ich den besagten Strauß Blumen bekomme und meine Kollegen eher eine Flasche Wein.

Ich weiß, liebe Kolleginnen, alles, was Sie eben gelesen haben, konnte ich auf geduldiges Papier niederschreiben: Sie müssen, wollen und werden Ihre Erfahrungen selbst machen, recht so. Sollte Sie mein Beitrag dazu verführt haben, ein wenig über sich und Ihre Arbeit als Trainerin nachzudenken – dann haben sich mein Schreiben und das Papier schon gelohnt. Vielleicht haben auch einige männliche Kollegen, die bis zum Ende gelesen haben, einige Gedankenanregungen erhalten. Und wenn diese jetzt möglicherweise geneigt sind, die eine oder andere Eigenschaft des „weiblichen" Trainerinnenverhaltens für ihre Arbeit und ihren Umgang mit Seminarteilnehmern, -teilnehmerinnen zu übernehmen, dann hat sich das Schreiben und Lesen dieses Beitrags für alle gelohnt. Ich wünsche Ihnen, liebe Kolleginnen und Kollegen, viel Erfolg, Freude und dauerhafte Motivation für Ihren Weg als selbstständige, erfolgreiche Trainerin oder Trainer und immer ein offenes Auge für die vorhandenen und nicht vorhandenen kleinen Unterschiede.

Dr. Werner Spröte
Harbker Str.1
39110 Magdeburg
Tel./Fax 0391/7316006
kontakt@team-tam.de
www.team-tam.de

Doz. Dr. sc. Werner Spröte war bis zum 30. Juni 1990 als berufener Dozent an einer Hochschule in Magdeburg tätig. Seit Februar 1991 als freiberuflicher Trainer arbeitend, spezialisierte sich Dr. Spröte auf Führungs-, Verhaltens- und Verkaufstraining. Seit 1991 gehört Dr. Spröte dem Berufsverband Deutscher Verkaufsförderer und Trainer an und leitet mit kurzer Unterbrechung seit 1992 den Regionalclub des BDVT in Magdeburg/Sachsen-Anhalt.

1993 gründete Dr. Spröte in Magdeburg eine Agentur und er begann 1993 mit der Ausbildung von Trainern. Seit 1999 ist die Trainer-Akademie Magdeburg Lizenzträger des BDVT e.V.

Erfolgreich selbstständig als Trainer in den neuen Bundesländern

Der Autor Dr. Werner Spröte beschreibt in autobiografischer Form seinen beruflichen Werdegang nach der Wende. Wie durch einen Zufall der Kontakt mit dem BDVT geknüpft und dieser Verband zur neuen beruflichen Heimat wurde und wie der Aufbau der heute erfolgreichen Trainerexistenz in den ehemals neuen Bundesländern gelang. Wesentlich dazu beigetragen hat der BDVT mit seinen Services und den zur Verfügung gestellten beruflichen Erfahrungen von BDVT-Mitgliedern.

Im ersten Beitrag dieses Buches stellt Hans A. Hey die Frage: „Was treibt Sie eigentlich dazu, gerade diesen schwierigen, stressigen, zeitaufwendigen Beruf ergreifen zu wollen?" Ja, was hatte mich persönlich vor fast 10 Jahren dazu getrieben?

Berufs-Wende nach der Wende

Vor der Wendezeit, 1989/1990, arbeitete ich 20 Jahre an einer Magdeburger Hochschuleinrichtung mit viel Freude im Prozess der Ausbildung. Nach der Wende wurde meine Arbeitskraft freigesetzt. Mit 55 Lebensjahren, m. E. viel zu „jung" um den Müßiggang zu beschreiten, suchte ich nach einer Alternative.

Ich hatte in der Vergangenheit viel Wissen erworben, Erfahrungen und Erkenntnisse gesammelt und gewonnen. Das Prinzip Hoffnung, dass ja doch Menschen da sind, die Wissen, Erfahrungen und Erkenntnisse zu ihrem Vorteil nutzen können, trieb mich zum Beruf des Trainers und Beraters.

1 Der Versuch eines Neuanfangs

Ich wusste vor 10 Jahren noch keine Silbe vom Wirken eines N. B. Enkelmann, nur eine seiner Grundaussagen, „Ich kann, was ich will!", war auch die meinige. Die Gedanken kreisten in dieser Zeit immer beständiger um den Begriff Weiterbildung, jedoch sie kreisten eben, ohne einen Landeplatz zu finden.

Zufälle gibt es nicht

Wenn der Suchende aber einmal nicht so recht vorankommt, hilft schon einmal der berühmte Zufall. So auch in meinem Falle. Eine Fahrt nach Lüneburg brachte mir die Bekanntschaft mit dem Seminaris-Hotel. Dort, beim Genuss des Kaffees in der wunderbaren Atmosphäre, fiel mir im Tischaufsteller ein blau-weißes Informationsblatt auf, welches ich anfänglich für die Eiskarte hielt. Der Inhalt ließ aber überhaupt nicht auf eine Eiszeit schließen. Von BDVT und Profis in der Weiterbildung war dort zu lesen.

Weiterbildung? Ja, das war doch seit Wochen mein Hauptgedanke! Der Forscherdrang in mir war geweckt. Wer und was ist der BDVT? Eine Kölner Adresse entdeckte ich und wenig später war eine Anfrage an die Bundesgeschäftsstelle für ein Kontaktgespräch im Postverkehr. Meine Anfrage hatte wohl leider wenig Eindruck hinterlassen, es geschah nichts. Damit war jedoch meine Hartnäckigkeit herausgefordert.

Mein Brief, etwas empört, fordernd geschrieben, wurde von einem Mann gelesen, der mit mir, nur etwas früher, den gleichen Geburtsort teilte. Günter M. Brockmann, Mitglied des Präsidiums des BDVT, antwortete umgehend auf meinen ‚Protestbrief'. Einer kurzen Entschuldigung zur ersten missglückten Kontaktaufnahme folgte die Einladung zu einem Gespräch. Nicht nur der glückliche Umstand des gleichen Geburtsortes war für mich allein bedeutsam.

2 Neue berufliche Heimat

Persönlichkeit entscheidend

Der Stil dieses Mannes, die umgehende Gesprächsbereitschaft, die werbende Art und Weise wie er mir den BDVT nahe brachte, faszinierten mich. Ich hoffte mehr, als ich zu diesem Zeitpunkt wusste. Der BDVT als ein Verband von Verkaufsförderern und Weiterbildnern/Trainern, das konnte meine neue berufliche Heimat werden.

Ich hatte nicht aufgegeben zu suchen und letztlich gefunden, was ich suchte. Einen beruflichen Neuanfang, in dem ich meine kontinuierlich gewachsene Handlungskompetenz als Weiterbildner einbringen konnte. Wer seine Fähigkeit kennt, offen mit Menschen im Konsens mit ihren Wünschen nach mehr Wissen arbeiten zu können, der war und ist in diesem Berufsverband ein geachtetes Mitglied.

Selbstverständlich ist jeder Anfang schwer. Ich traf in diesem Kreis Weiterbildner/Trainer, die aus einer anderen Richtung zu diesem Beruf kamen und selbigen als Unternehmer betrieben. Eine völlig neue Erfahrung für mich!

3 Trainer als Unternehmer

Chance durch Selbstständigkeit

Viele Trainer-Kollegen kamen aus der freien Wirtschaft, hatten eine gediegene Fachkompetenz und setzten diese jetzt sehr wirksam als Weiterbildner in den Firmenseminaren ein. Die wirtschaftliche Entwicklung im Lande war die Basis für Aufträge.

Und im Osten? Konnte ich, der ich aus den neuen Bundesländern zu diesem Verband stieß, die Selbstständigkeit anstreben? Hatte ich analoge Chancen wie unsere erfolgreichen Kolleginnen und Kollegen aus dem Westen? Durfte ich auf Hilfe, auf ihre Ratschläge und ihre Unterstützung hoffen, wo ich doch offensichtlich als Konkurrenz anzusehen war?

Diese und viel mehr Fragen beschäftigten mich pausenlos. Allein die Mitgliedschaft im BDVT vermittelte noch keine Existenzsicherheit für freiberufliche Weiterbildner. Ich musste mich anfangs ja selbst erst an den Begriff Trainer gewöhnen.

4 Erste wirtschaftliche Vergleiche

Unterschiedliche Bedingungen

Die Wirtschaft in den neuen Bundesländern stürzte nach der Wende regelrecht ab. Von dort kamen kaum Aufträge, die eine Selbstständigkeit rechtfertigten. Wenn Qualifizierungsbedarf bestand, wurde der von Kolleginnen und Kollegen aus den Altbundesländern wahrgenommen. Sie hatten erstens die Kontakte zu den Entscheidern und zweitens die Fachkompetenz, die wir uns erst Schritt für Schritt erarbeiten mussten. Das bedeutete für mich, wenn ich Aufträge akquirierte, geschah dies bei Bildungseinrichtungen aller Art. Dort wiederum konnten nicht die Tageshonorare erreicht werden, wie sie von Kolleginnen und Kollegen aus dem Westen Deutschlands im Erfahrungsaustausch genannt wurden.

Der Beruf der Trainerin, des Trainers hat ständig Konjunktur. Nur verläuft diese sehr differenziert. Jetzt wachsen auch in den neuen Bundesländern die Bedingungen, die es dieser Berufsgruppe leichter werden lässt, den Start in die Selbstständigkeit zu vollziehen.

5 Kollegiale Hilfe

Erfahrungen weitergeben

Fast hätte ich eine selbst gestellte Frage unbeantwortet gelassen. Konnte ich auf kollegiale Hilfe aus dem Westen hoffen?

Mit der Sicherheit eigener vielfältiger Erfahrung kann ich klar und deutlich diese Frage mit *ja* beantworten. Der BDVT in seiner Gesamtstruktur, die in ihm organisierten Kolleginnen und Kollegen waren und sind stets bereit an junge bzw. neue Mitglieder die vorhandene Fachkompetenz des Verbandes weiterzugeben.

Im Frühjahr 1992 übernahm ich die Aufgabe und Verantwortung, in Magdeburg/Sachsen-Anhalt einen Regional-Club des BDVT aufzubauen. Fragen über Fragen lagen äußerst unsortiert auf diesem Wege dorthin. Neben den Fragen gab es auch eine in mir gereifte Gewissheit, die es mir etwas leichter werden ließ, diesen Weg zu gehen.

Ich hatte die Chance eines Neuaufbaus, selbstständig als Trainer zu arbeiten, erkannt und genutzt. Gut, ich musste „Unternehmer" werden. Anfangs gab es darüber nur eine sehr vage Vorstellung. In der folgenden Zeit gelang es mir, auch hierzu konkretere Bilder zu entwerfen. Erst lernte, später lehrte ich ein Unternehmen aufzubauen und sicher am Markt zu halten. Heute, nach neun Jahren stetem Lern- und Lehrprozesses, weiß ich um die Richtigkeit dieses Weges. Selbstverständlich habe ich „Lehrgeld" bezahlt auf diesem Wege. Ich konnte keine vorhandene Erfahrung dabei nutzen. Anfangs ging neben mir niemand diesen Weg und Kolleginnen und Kollegen aus den Altbundesländern, heute sind es viele Freunde, konnten sich nicht in meine Situation versetzen.

6 Geistkapital einsetzen

Schwieriger Erfolgs-Weg

Es war für mich ein mühseliger, letztendlich jedoch ein erfolgreicher Weg vom Hochschullehrer zum freiberuflichen Trainer zu gelangen. Mein Grundsatz „Ich kann, was ich will" hatte seine Bestätigung gefunden. Wer im Berufsbild TrainerIn und BeraterIn BDVT die Seite 22 aufschlägt, wird wohl einen leichten Schock erleiden, vor allem, wenn er aus den Neubundesländern kommt.

Bis jetzt kann er/sie aus allen Ausführungen den Schluss ziehen, TrainerIn ja, das ist doch mein Traumberuf. Dann der Hammer! Ca. 65.000 € Investitionssumme sind erforderlich!

Wer kann das bezahlen, wer ...? Gibt es darauf eine schlüssige Antwort? Ja, ich bin zwar als Persönlichkeit einmalig, weil nur einmal vorhanden, aber ich bin sicher nicht der Einzige, der mit 0,0 eigenen Finanzmitteln eine Existenz aufbaute.

Ich vertraute zuerst meinem Kopf, genauer gesagt seinem geistigen Inhalt. Danach meiner Fähigkeit, anderen Menschen, wenn sie denn wollen, mein Wissen, meine Erfahrungen, meine Erkenntnisse zu vermitteln. Ich brachte in meine Selbstständigkeit eine gediegene Handlungskompetenz ein. In ihr waren die Schlüsselkompetenzen gut gemixt vorhanden, die für eine erfolgreiche Arbeit am Bildungsmarkt erforderlich sind.

Verantwortlichkeit, Konsequenz, Einfühlungsvermögen, Zielorientierung und Menschenorientierung,[1] um nur einige zu nennen, betrachte ich als Grundvoraussetzung dafür. Das Beruhigende an diesem Kompetenz-Katalog ist, ich kann mir all diese Kompetenzen erarbeiten, sollten sie beim Schritt in die Selbstständigkeit noch nicht so recht ausgeprägt sein. Die Investition in die Freiberuflichkeit muss folglich nicht nur in Euro dargestellt werden.

7 Vom Einzelkämpfer zum Trainer-Netzwerk

Mein Start in die Freiberuflichkeit war der eines Einzelkämpfers. Heute ist der BDVT in allen Neubundesländern präsent. Es haben sich in

Berlin, Halle, Leipzig, Magdeburg und Schwerin Zentren gebildet, in denen sich auch in einem zunehmenden Maße Trainer-Netzwerke bilden. Wer heute diesen Beruf ergreift, braucht nicht als Einzelkämpfer alle die vor ihm liegenden Probleme zu lösen, es sei, er will es so. Er/sie kann sich Partner auf seinem Wege suchen.

8 Verbündete suchen

Familie und Kollegen gewinnen

Zwei Erkenntnisse prägten jeden meiner Schritte in die selbstständige Trainerlaufbahn. *Erstens* hielt ich stets Ausschau nach Verbündeten. Meine Frau war die erste, einige Trainerkollegen konnte ich danach gewinnen. Gegen den Strom schwimmen, sprich gegen den Willen der Familie und ohne Kraftzuwachs aus den Anstrengungen von Gleichgesinnten wird das Unterfangen Selbstständigkeit sehr schwer, wenn nicht gar unmöglich. *Zweitens* spürte ich schnell, dass der Bildungsmarkt die Stärken von Trainerinnen und Trainern, ihre Professionalität und ihre Spezialisierung hoch bewertet und honoriert. Im Bereich der Firmenseminare, wo die KollgenInnen direkt in den Wertschöpfungsprozess eingreifen, wächst seitens der Auftraggeber die Erwartung bis Forderung an eine hohe Wirksamkeit.

Berufsbild richtungweisend

Der Berufsverband der Verkaufsförderer und Trainer ist meiner Überzeugung nach mit seinem Berufsbild richtungweisend für die Weiterbildner-Szene. Die darauf aufbauende Ausbildung zum ‚BDVT-geprüften Trainer und Berater' sollte von Auftraggebern als ein sich entwickelndes Markenzeichen verstanden werden. Wer zu seinem Nutzen auf Qualität in der Bildungsbranche bedacht ist, hat im BDVT einen verlässlichen Partner.

9 Vier Aspekte einer erfolgreichen Trainerkarriere

Zusammenfassend halte ich persönlich vier Aspekte von großer Bedeutung, um eine Trainerkarriere erfolgreich anzustreben:

Kompetenzen entwickeln

- *Erstens:* Die angehenden Kolleginnen und Kollegen sollten weiter an ihrer Handlungskompetenz arbeiten und die für unseren Beruf erforderlichen Schlüsselkompetenzen entwickeln und stärken.

- *Zweitens:* Als einen beachtlichen Motivator betrachte ich unser engeres soziales Umfeld. Wenn sich eine Hürde auf dem Wege in die Selbstständigkeit als sehr hoch erweist, ist es von größtem Nutzen, eine „mannschaftliche“ Hilfe zu erfahren.

Soziales Umfeld pflegen

- *Drittens:* Die Trainerinnen und Trainer sind Einzelkämpfer. Dieser Umstand sollte sie jedoch nicht davon abhalten, berufliche Partnerschaften zu suchen. Ein Netzwerk mit sich ergänzenden Spezialisten kann besser den komplexen Anforderungen von Auftraggebern gerecht werden. Jedes Netzwerk-Mitglied wiederum sollte an der eigenen weiten generellen Sicht als Weiterbildner arbeiten und die Ergebnisse in das Netzwerk einspeisen.

Netzwerk knüpfen

- *Viertens:* Dem Einstieg in unseren Beruf sollten eine solide Trainerausbildung vorausgehen. Schon vorhandene pädagogische Kenntnisse müssen meiner Überzeugung nach mit einer fundierter Trainer-Kompetenz verbunden werden. Die technischen und organisatorischen Ansprüche und Erfordernisse werden mit dem Markteintritt als Trainerin und Trainer befriedigt.

Trainer-Ausbildung absolvieren

Anmerkungen

[1] Vgl. Alan Weiss: Sie sind besser, als Sie denken.
Campus Verlag Frankfurt/New York, 1991, S. 208 ff

Erwin Hübner
Training Media GmbH
Mainstr. 9 a
61440 Oberursel
Tel. 06171/2866-0
Fax 06171/2866-55
e.huebner@trainingmedia.de
www.trainingmedia.de

Erwin Hübner ist Gesellschafter/Geschäftsführer der Training Media GmbH, die sich auf die Bereitstellung professioneller Medien für die Trainingspraxis spezialisiert hat. Er ist Diplom-Handelslehrer und hat an der Universität Mannheim Wirtschaftswissenschaften, Pädagogik, Psychologie und Englisch studiert. Während seiner Tätigkeit als Trainer und Trainingsmanager in verschiedenen Unternehmen des IT-Bereichs und des Medienvertriebs konnte er umfangreiche Erfahrung auf dem Gebiet der Produktion und des Einsatzes moderner Medien im Training sammeln.

Hübner war von 1998 bis 2000 Vizepräsident des BDVT Berufsverband Deutscher Verkaufsförderer und Trainer e.V. und ist heute Mitglied des Beirats.

Medieneinsatz im Training am Beispiel des erfolgreichen Einsatzes von Videofilmen

Der Autor Erwin Hübner verleiht einem der klassischen Trainingsinstrumente durch zahlreiche didaktische und methodische Arbeitshinweise eine neue und dynamische Betrachtung. Die Kriterien für Qualität, Auswahl und Einsatz von trainingsrelevanten Videofilmen, verbunden mit Praxistipps zur Erfolgsoptimierung des Lerntransfers, geben TrainerInnen von Anfang an Sicherheit für den individuellen Einsatz.

Die Kosten neuer Medien

In jüngster Zeit wird immer häufiger die Notwendigkeit des Einsatzes von (meistens ‚neuen') Medien propagiert. Dies geschieht in der Regel im Zusammenhang mit der Erkenntnis, dass wir ‚lebenslang' lernen müssen und dass die ‚Halbwertszeit' des Wissens dramatisch schrumpft. Das Thema wird also schwerpunktmäßig als die Lösung eines Mengenproblems behandelt.

Bei gleichzeitig sinkenden Trainingsbudgets ist der zweite immer wieder behandelte Aspekt, die Kosten, eine zwangsläufige Folge. Natürlich wird auch auf die zahlreichen Vorteile der Medien hingewiesen, aber bei genauerer Betrachtung drängt sich der Verdacht auf, dass die erste Motivation lediglich die notwendige Bewältigung des Mengenproblems unter günstigsten Kostenbedingungen ist. Didaktische und methodische Gesichtspunkte spielen bedauerlicherweise eher selten eine Rolle.

Besser lernen

Hier soll der eigentliche Zweck der Medien, die positive Wirkung auf die Lernergebnisse (will heißen: der Nutzen), stärker in den Vordergrund gestellt werden. Natürlich ist es nicht so, dass die Kosten unwichtig sind, aber wie jeder gute Verkäufer weiß, ist der angestrebte Nutzen das eigentlich zielführende Element, dem sich im Zweifel alles andere unterordnet. Diese Betrachtungen beziehen sich auf das in der betrieblichen Weiterbildung, zumal in den Präsenzveranstaltungen, wohl geläufigste Medium, den Videofilm. Andere Formen wie die (nicht ganz so neuen) Multimedia-Programme, die z.Zt. hauptsächlich in Form der CD-ROM auf dem Markt sind, oder die spannende Entwicklung im Bereich des Online-Learnings bedürfen sicher einer eigenen Behandlung, die den hier vorgegebenen Rahmen sprengen würde. Gleichwohl dürften die wesentlichen Aspekte der nachfolgenden Überlegungen auch dafür Anwendung finden.

1 Konzeptionelle Einbindung notwendig

Beginnen wir zunächst mit der Frage, wann und wie Videos eingesetzt werden sollten.

Anschauen allein reicht nicht

Dazu kann man die folgenden grundlegenden Bedingungen formulieren:

- Videos, wie alle anderen Medien, sind nur im Rahmen eines sinnvollen Konzepts, einer umfassenderen Trainingsstrategie wirksam, sie sind nicht Selbstzweck.
- Das gewünschte Lernergebnis muss im Vorhinein definiert sein, die motivierenden Aspekte des Mediums allein genügen nicht.
- Lernen mit und durch Video (oder andere Medien) muss sachkundig vorbereitet, begleitet und nachbereitet werden. So klein die Lerneinheit auch sein mag, sie muss professionell eingebettet sein.
- Das Lernergebnis muss durch Anwendung eingeübt und gesichert sein. Dies gilt insbesondere im Bereich verhaltensorientierter Lernziele, aber auch bei reinem Fachwissen.
- Lernen ist ein Prozess, dem Zeit und Raum gegeben werden muss. Die Laufzeit eines Films stellt nicht die Gesamtlernzeit dar.
- Lernen erfolgt nicht nebenbei, zumindest nicht mit der gewünschten Effizienz. Es ist gegenüber der Hauptaufgabe eine in jeder Beziehung gleichwertige Tätigkeit.

Voraussetzungen beachten

In sich sind diese Grundsätze sicherlich nichts wesentlich Neues gegenüber den Überlegungen eines guten Trainers bei der Vorbereitung normaler Seminare. Gerade im Zusammenhang mit Medien ist es jedoch besonders wichtig, sie aufzuzeigen. Die oben erwähnte Bevorzugung der Kostenargumente verleitet häufig dazu, diese Gesichtspunkte komplett zu unterschlagen. Im schlimmsten Fall werden aus dem Medieneinsatz (gleich welcher Art) Alibiveranstaltungen. Fatal ist dabei, dass alle Bemühungen letztlich fruchtlos bleiben werden. Der erwünschte Nutzen wird nicht erzielt, die ohnehin knappen Mittel sind vergeudet.

Für die Trainingsinhalte haben Videos viele Vorteile, wie z.B.:

Turbos fürs Training

- sie bringen die Außenwelt ins Seminar
- sie fördern die Auseinandersetzung mit einem Thema
- wesentliche Punkte lassen sich besonders hervorheben
- externe Autoritäten kommen zu Wort
- die Vorbereitungszeit kann deutlich reduziert werden
- die Lerninhalte können in kürzerer Zeit und dennoch wirksam vermittelt werden
- Trainings können gleichermaßen nützlich und erfreulich gestaltet werden

Nun zu den methodischen Überlegungen: Warum sollte man Videoprogramme überhaupt einsetzen? (Gemeint sind natürlich inhaltlich und technisch gut gestaltete Produkte.)

- Filme verstärken die Botschaft durch Visualisierung, durch Dramatisierung oder durch die Fokussierung auf wesentliche Punkte.
- Videofilme geben Beispiele oder Rollenmuster vor.
- Sie sprechen unterschiedliche „Eingangskanäle“ an.
- Sie variieren den Stil und das Lerntempo in einem Seminar.
- Medien stimulieren die Fantasie und beleben Diskussionen.
- Das Lernergebnis wird mit höherer Sicherheit erzielt.
- Sie sind ausgezeichnete Starter oder Endpunkte eines Themenbereiches.
- Sie motivieren durch Form und Inhalt.

All dies ist durch Erfahrung und zahlreiche Untersuchungen belegt.

Es muss aber nochmals ausdrücklich wiederholt werden: Die positiven Wirkungen entfalten sich nur, wenn der Medieneinsatz gut vorbereitet ist und danach eine qualifizierte Bearbeitung des Erlebten erfolgt. Vor- und nachbereitende Aktivitäten gehören zum Standardrepertoire professioneller Trainer.

2 Qualitätsorientierte Programme verknüpfen Lernziel und Dramaturgie

Professionell strukturiert und gespielt

Wir haben oben bereits die notwendige Qualität angesprochen. Wie erkennen wir nun, da wir in der Regel keine Fachleute sind, gute und geeignete Programme?

- Generell kann man sagen, dass gute Programme von vornherein nur für Trainingszwecke konzipiert wurden. Nachschlagewerke, Dokumentationen, Imagefilme, Fernsehfilme etc. erfüllen nur in Ausnahmefällen oder bei besonderer Aufbereitung ihren Zweck.
- Geeignete Programme haben eine klare und eindeutige Zielfestlegung. (Eine sehr weit gefasste Zielgruppe lässt vermuten, dass die Lernziele wenig konkret und operational sind.)
- Insbesondere beim Trainingsfilm ist eine gut ausgeführte dramatische oder komische Spielhandlung außerordentlich nützlich. Dies bezieht sich nicht auf den Unterhaltungswert für die Zuschauer. Die Verknüpfung von Lernzielen mit den dramatischen/komischen Ereignissen erhöht die Erinnerungsrate erheblich. Die Lernziele werden in einen Kontext gesetzt. Es wird eine Problem- oder Aufgabenstellung sehr plastisch vorgestellt und die Notwendigkeit ihrer Lösung herausgearbeitet.
- Ein gutes Programm nutzt die Möglichkeiten des Mediums. Bild, Grafik, Handlung und Dramaturgie dienen der Sicherung des Ergebnisses und bieten laufend die Motivation, die Grundlage des Lernens ist.
- Gute Trainingsfilme sind ähnlich durchstrukturiert wie ein interaktives Programm. Sie haben eine klare, lernzielorientierte Glie-

derung und fassen zum Schluss die Lernziele insgesamt zusammen. Die Spielszenen sind von professionellen Schauspielern gestaltet. (Vom „Laienspiel" ist dringend abzuraten, auch wenn die betreffenden Personen fachlich untadelig sind.)

- Gute Trainingsprogramme, gleich welcher Art, sind nie langweilig. Sie können dies am einfachsten testen, indem Sie sich selbst dem Programm unterziehen. Gehen Sie unvoreingenommen daran, achten Sie darauf, wie Sie sich dabei fühlen, wie klar die Inhalte transportiert werden, wie stark Sie vom Ablauf gefesselt werden.

3 Achten Sie auf teilnehmerrelevante Auswahlkriterien

Die Qualität unterstellt, brauchen Sie auch Kriterien nach denen Sie die Programme auswählen. Dabei sind zunächst die gewünschten Ergebnisse entscheidend. Anders ausgedrückt, die Lernziele des Mediums müssen sich weitgehend mit Ihren Absichten decken.

Vorkenntnisse der Teilnehmer berücksichtigen

Sie sollten sich folgende Fragen stellen:

- Ist das Programm relevant für die Bedürfnisse meiner Zielgruppe?
- Sind Inhalt und Botschaft für die Gruppe deutlich erkennbar?
- Wird das Programm Diskussionen auslösen?
- Ist die benutzte Terminologie angemessen und verständlich?
- Werden positive Rollenmuster für meine Gruppe geboten?
- Wird das Programm im Gedächtnis bleiben?
- Wird es die Zuschauer positiv beeinflussen?
- Ist das Programm in der Lage, seine Botschaft effizient zu vermitteln?

Bei all diesen Fragestellungen sollten Sie immer den Vorkenntnisstand, die Motivationslage und die Lernstufe Ihrer Zielgruppe im Auge haben. Die Erfahrung hat gezeigt, dass wenn die Mehrzahl dieser Kriterien erfüllt ist, das Programm auch seine (positive) Wirkung entfalten wird.

4 Arten von Videos

Übersicht und Einsatz

Die nachfolgende Übersicht zeigt Ihnen, wie vielseitig das Trainingsangebot ist, wodurch sich die einzelnen Genres auszeichnen und in welchem Umfeld sie am besten einsetzbar sind.

- **Dramatisierte Handlungen**
  Spielfilmartige Szenen, die auch in Form von Clips einsetzbar sind. Wirksame Darstellung der Problemsituation.
- **Komödien**
  Humor, Überzeichnung und die Abwesenheit des erhobenen Zeigefingers sind die Kennzeichen. Humor setzt besondere, meist auch unerwartete Akzente. Das Lachen ist befreiend und baut Barrieren ab. Die entspannte Atmosphäre fördert das Lernen.
- **Expertenfilme**
  Dies sind im engeren Sinne keine Trainingsfilme. Sie haben sich jedoch für bestimmte Phasen des Trainings bewährt. Auch „Gurufilm" genannt. Einsetzbar am besten in „reiferen" Zielgruppen zur Anregung von Diskussionen.
- **Dokumentationen**
  Vergleichbar mit Expertenfilmen. Sind in der Regel für andere Zielgruppen konzipiert. Stärken in der Aufbereitung eines Themas. Gezielt eingesetzt können Sie Ausgangspunkt für lebhafte Strategiedebatten sein.
- **Eisbrecher**
  Meist kurze Filme die durch Humor oder durch die interessante Darstellung Aufmerksamkeit wecken. In der Regel keine oder wenig inhaltliche Komponenten. Können aber neue Themen einleiten, auflockern oder neue Energien freisetzen.

5 Einsatz in verschiedensten Trainingsthemen

Vorteil im Verhaltenstraining

Eine oft gestellte Frage ist die nach der Verwendbarkeit in unterschiedlichen Lernsituationen. Hier gibt es verschiedene Schwerpunkte, aber nicht unbedingt systembedingte Einschränkungen.

Wenn es um die Vermittlung kognitiver Lerninhalte geht, hat zweifellos das interaktive Programm seine Vorzüge. Hier wird der Stoff in angemessenen Lernschritten dargeboten, die Lernenden behandeln die Themen in der ihnen eigenen Geschwindigkeit, und durch die Struktur des Programms wird immer wieder sichergestellt, dass das vermittelte Wissen behalten wird. Die Lernenden haben ihre eigenen, von einer Gruppe oder dem Trainer unabhängigen Erfolgserlebnisse und ziehen daraus ihre Motivation.

Bei affektiven oder sozialen Lerninhalten, also im Bereich des Verhaltens, zeigt der Film seine Stärken. Wie oben erwähnt sollten Trainingsfilme, wenn möglich, eine Spielhandlung mit klarer Struktur haben. Dadurch werden Problemen in all ihren Facetten deutlich. Die emotionale Qualität, ob als Drama (manchmal auch Krimi) oder als Komödie, zeigt die Lösungsmöglichkeiten auf. Die Erfahrung zeigt, dass eine gute Geschichte als ausgezeichneter Erinnerungsanker für die Lerninhalte dient.

Besser lernen mit Humor

Thematische Beschränkungen gibt es beim Trainingsfilm nicht. Zweifellos sind einige Themenbereiche etwas sperriger als andere. Es ist aber meist nur eine Frage der Aufbereitung, ob ein Programm erfolgreich eingesetzt werden kann oder nicht. Besonders in den angelsächsischen Ländern wird eindrucksvoll gezeigt, wie man im Trainingsbereich Programme in Spielfilmqualität herstellen kann. Dabei wird kaum ein klassisches Trainingsthema ausgelassen. Herausragend und wohl weltweit am erfolgreichsten sind die Produktionen mit dem britischen Schauspieler und Komiker John Cleese, dessen Firma ausdrücklich mit dem Anspruch angetreten ist, dass wirksame Trainingsprogramme auch Spaß machen können (oder vielleicht besser: sollten).

Im deutschsprachigen Raum haben wir das Problem, dass Medienproduzenten, die Programme auf dem freien Markt anbieten, eher selten sind. Dies betrifft den gesamten Bereich der Medien, einschließlich der ‚modernen'. Über die Ursachen lässt sich spekulieren, aber eine vollkommen schlüssige Begründung dafür gibt es nicht. Als Folge davon kann man kaum erwarten, dass es zu jedem Thema die entsprechenden Programme gibt. Es gibt jedoch die Möglichkeit, vorhandene Titel unterschiedlich zu benutzen. Gerade die Komödien können sehr gut als Eisbrecher dienen, die ein Training auflockern und den Teilnehmern neue Energien zuführen. Innerhalb der Struktur von Programmen gibt es immer wieder Einzelabschnitte, die für andere Zwecke genutzt werden können. Man muss oft nur die Sichtweise neu bestimmen. Auch hier ist Kreativität und Fantasie gefragt. Aber der Versuch lohnt sich.

6 Die visuell vermittelten Erfahrungen aufarbeiten

Filme begrenzt einsetzen

Es wurde bereits festgestellt, dass der Medieneinsatz nicht Selbstzweck sein kann. Gleichermaßen gilt, dass man nicht zuviel des Guten tun sollte. Ein Trainingsprogramm ausschließlich mit Filmen zu gestalten, wird sicher nicht erfolgreich sein. Die Wirkung nutzt ab und die Lernenden werden sich allein gelassen fühlen. Zudem wird die passivierende Wirkung, die Filme durchaus haben können, zum Vorschein gebracht. Die aktiven Phasen eines Trainings sollten auf jeden Fall die deutliche Überhand haben. Sinn des Filmeinsatzes ist die Bearbeitung der gemachten Erfahrungen. Dies ist der unabdingbare aktive Beitrag des Trainingsfilms. Der Einsatz von mehr als zwei Filmen pro Trainingstag dürfte nur in seltenen Fällen zu rechtfertigen sein. Mit einem guten Trainingsfilm kann man in der Regel einen halben bis zu einem ganzen Tag bestreiten.

Sequenzweise Vorbereitung

Bleibt noch die Frage, wie man konkret die verwendeten Medien in ein Trainingsprogramm einbaut. Die folgende Vorgehensweise hat sich bewährt:

- **Bereiten Sie sich vor.** Machen Sie sich so gut wie möglich mit dem Thema und mit dem zur Verfügung stehenden Material vertraut. Schauen Sie sich das Video mehrmals an, machen Sie sich Notizen dazu. Bereiten Sie Ihre zusätzlichen Unterlagen (Arbeitsunterlagen, Folien etc.) vor. Gehen Sie das geplante Training gedanklich durch. Machen Sie sich besondere Gedanken zur Einführung.
- **Planen Sie bereits zu Anfang Teilnehmeraktivitäten ein.** (Eisbrecherspiele, Vorstellungsrunden, Quiz etc.). Sie lockern erfahrungsgemäß auf und schaffen Vertrauen.

- **Bereiten Sie Ihre Teilnehmer vor.** Laden Sie sie mindestens zwei Wochen vorher zu dem Training ein. Übermitteln Sie, wenn vorgesehen, den Teilnehmern Materialien zur Vorbereitung (z.B. Lesematerial oder Aufgaben).
- **Bereiten Sie Ihre Geräte vor.** Stellen Sie sicher, dass alle benötigten technischen Geräte funktionsfähig zur Verfügung stehen. Testen Sie alle geplanten Vorgänge und Funktionen persönlich durch. Notieren Sie die jeweiligen Zählerstände am Rekorder.
- **Bereiten Sie den Trainingsraum vor.** Sorgen Sie für eine aufgelockerte Atmosphäre. Stellen Sie sicher, dass alle Teilnehmer den Bildschirm gut sehen können. Vermeiden Sie „parlamentarische" Bestuhlung. Sie wollen keine Rede oder Vorlesung halten. Schaffen Sie Bewegungsraum. Stellen Sie Flipchart, Stifte, Namensschilder etc. sowie Erfrischungsgetränke bereit.
- **Führen Sie den Film in vorbestimmten Abschnitten vor.** Geben Sie zu jedem Abschnitt eine Einleitung und diskutieren Sie danach das Gesehene. Auch hier sind Teilnehmer- oder Gruppenaktivitäten wirkungsvolle Ergänzungen. In manchen Fällen kann eine Gesamtvorführung zum Abschluss sinnvoll sein.
- **Lassen Sie geeignete Situationen in Rollenspielen vor- oder nacharbeiten.**
- Ein guter Trainingsfilm bietet Ihnen eine **vorgegebene inhaltliche Struktur.** Folgen Sie ihr, und es kann fast nichts mehr schief gehen.

7 Wie erfolgreich war der Einsatz?

Den Erfolg optimieren

Prüfen Sie den Einsatz durch die folgenden Fragen ab. Das erleichtert und optimiert die Verwendung im nächsten Training:

- Hat die Einführung eine gute Atmosphäre geschaffen?
- Führte das Video richtig ein?
- War das Video Ausgangspunkt von Diskussionen?
- Welches war die erste Frage?
- Hat das Video die Diskussion angeregt?
- Was ging schief und warum?

- Welche Probleme tauchten auf?
- Wie wurden sie gelöst?
- Was muss ich für das nächste Mal berücksichtigen?

8 Blick in die Zukunft

Entwicklung von Lern- und Medienzentren

Zum Abschluss sei noch ein Blick in die Zukunft erlaubt. Wir können mit hoher Wahrscheinlichkeit davon ausgehen, dass vor allem die bildorientierten Medien aufgrund ihrer steigenden Qualität und ihrer Wirksamkeit einen wesentlich breiteren Raum im Training einnehmen werden. (Die Auswirkungen der Vernetzung – Stichwort Intra- oder Internet – sind bis jetzt höchstens andeutungsweise zu erkennen.)

Diese Tatsache verlangt nach einer neuen Orientierung. Medien werden zunehmend eigenständige Funktionen einnehmen und nicht nur „Beigabe“ oder gestalterische Besonderheit sein. Da nach wie vor die professionelle Begleitung (auch in Form des Coaching) erforderlich sein wird, müssen neue Abläufe und Verfahren dafür entwickelt werden. Die Entwicklung auf diesem Gebiet geht deutlich in Richtung auf Lern- und Medienzentren. Diese Zentren verfügen über die notwendigen technischen Ausstattungen und alle erforderlichen Lernmittel. Sie können beraten oder unterstützen, sie stellen die Lernmittel in professionellem Umfeld bereit, sie erstellen individuelle Lern- und Stoffpläne, sie steuern die Lernprozesse. Letztlich werden auch diese Zentren das Tele-Teaching, Online-Learning etc. gestalten und betreuen.

Für Trainer und Ausbilder sei gesagt, es gibt keinerlei Grund, die Medien, gleich welcher Art, als Bedrohung oder Konkurrenz zu sehen. Kompetente Trainer werden durch sie im Zweifel aufgewertet. Wer sonst, wenn nicht die Trainer, wären in der Lage, sie sachkundig, kompetent und im gemeinsamen Interesse des Lernenden und des Auftraggebers erfolgreich einzusetzen. Erst dadurch können sie kosteneffektiv genutzt werden.

angelika & bernd höcker
gerolsteiner str. 71
50937 köln
Tel. 0221/923 08 14
Fax 0221/923 08 15
info@hoeckerundhess.de
www.hoeckerundhess.de

Angelika Höcker, geboren 1955, Diplom Geologin.
Berufliche Stationen: selbständige Seidenmalerin. Weight-Watchers-Gruppenleiterin, 1991 Ausbildung zur Trainerin bei der VA-Akademie in Sulzbach und bei der TAM (Trainer Akademie München). Als Trainerin verantwortlich für das gesamte Bundesgebiet, Gebietsleiterin Nordrhein-Westfalen.
Seit 1992 selbsständig als Trainerin und Coach. Weiterbildung: NLP Master Practitioner, Gruppendynamik, systemische Organisationsentwicklung, NLP Coach, Ausbildung in Psychosynthese.
Fachautorin u.a. beim Haufe Verlag, für Acquisa, Management und Seminare, Handelsblatt, Manager Seminare, Wirtschaft und Weiterbildung

Bernd Höcker, geboren 1946, Diplombetriebswirt
Berufliche Stationen: Rank Xerox – Tätigkeiten im Verkauf und in der Führung , 1976 Ausbildung zum Trainer. Ferrero – Leitung der Abteilung Verkaufstraining. Deutsche Leasing – Leitung der Abteilung Aus- und Weiterbildung. Weight Watchers – Mitglied der Geschäftsleitung, verantwortlich für Human Resources und Training.
Seit 1992 selbstständig als Trainer und Berater. Weiterbildung: NLP Master Practitioner, Transaktionsanalyse, Total Quality Management, LIFO-Lizenz, Systemische Organisationsaufstellung, Performance Coach.
Fachautor u.a. beim Haufe Verlag, für Acquisa, Management und Seminare, Handelsblatt, Manager Seminare, Wirtschaft und Weiterbildung.

Das ist unser Erfolgsrezept

Die Autoren Angelika Höcker und Bernd Höcker definieren die wertorientierten Einstellungen zum Trainerberuf, nach denen sie leben und arbeiten. Mit ihren unterschiedlichen Lebensgeschichten, die letztendlich beide zum Einstieg in den Trainerberuf führten, stehen sie stellvertretend für die besondere Individualität dieses Berufes. Die berufliche Klammer ist der absolute Wille zur Qualität und zur ständigen Weiterentwicklung in einem Beruf, der zur Berufung geworden ist.

1 Was sind unsere Grundvoraussetzungen?

Menschen sind für uns immer neu und interessant und wir sind gerne mit Menschen zusammen und im ständigen Austausch mit ihnen. Die Landkarte des anderen zu entdecken, seine Gedanken, Haltungen kennen zu lernen und ein Stück mit ihm gemeinsam des Weges zu gehen, ist für uns ein ganz besonderes Erlebnis. Als Trainer sehen wir darin einen großen Auftrag. Wir arbeiten mit Spaß und Freude daran, Spaß und Freude zu vermitteln.

1.1 Wir wollen gemeinsam Neues entdecken und finden Lernen spannend.

Ideale Bedingungen

Eine Zeit der kontinuierlichen Veränderungen mit einer noch nie da gewesenen Schnell-Lebigkeit sucht nach Prozessbegleitern, nach Menschen, die gerne mit Menschen zusammenarbeiten, sie unterstützen, mit ihnen Lösungen erarbeiten und entwickeln.

Die äußeren Umstände sind für Trainer aus unserer Sicht geradezu ideal. Der Markt ist vielschichtig, die Herausforderungen groß. Menschen wollen und sollen ihre Ressourcen entdecken und ausbauen, um die Veränderungen in ihrem Arbeitsumfeld zu meistern, um den Marktbedingungen souverän zu begegnen. Wenn man den amerikanischen Trendforschern glauben darf, wird jeder Mensch immer mehr zu seinem eigenen Unternehmer und somit auch für seine eigene Weiterentwicklung verantwortlich. Wir führen unsere Teilnehmer dahin, die Verantwortung für sich selbst zu übernehmen, ihr Potenzial zu erkennen und einzusetzen.

1.2 Eine professionelle Trainerausbildung ist für uns selbstverständlich

Diese erlernten Kompetenzen versetzten uns in die Lage, Weiterbildungs-Bedarfe zu ermitteln und zielgruppenspezifisch die Inhalte maßzuschneidern, auch wenn Auftraggeber dieses immer noch eher ungewohnt finden. Konzepte von der Stange sind für uns schon lange Schnee von gestern. Prozessbegleitend arbeiten ist das, was wir wollen, das, was wir tun, und das, wofür wir eintreten.

1.3 Wege zum Trainerberuf

Viele Wege zum Ziel

Wir sind von unterschiedlichen Seiten an den Trainerberuf herangegangen bzw. herangekommen.

Einer über den „klassischen Weg“:

- Studium der BWL
- Anstellung als Verkäufer in einem amerikanischen Vertriebsunternehmen
- Ausbildung zum Verkaufs- und anschließend zum Führungstrainer
- Dann die Erkenntnis: Das ist die Aufgabe fürs Leben – diese Überzeugung ist eine Voraussetzung für die Tätigkeit als selbstständiger Trainer.

Der Weg vom Verkäufer über den Verkaufstrainer und dann in eine weitere Linienfunktion im Vertrieb oder Marketing ist eine weitere Möglichkeit, wenn ich die Trainertätigkeit nicht als meine „Berufung“ ansehe, sondern als wichtigen Schritt in meiner Entwicklung als angestellter Mitarbeiter in einer Vertriebsorganisation oder im Personalwesen.

Der zweite Weg ist der „Quereinstieg“. Über eine Linienfunktion im Feld werde ich mit den Möglichkeiten der „internen Ausbildung“ von MitarbeiterInnen vertraut gemacht. Durch ein intensives Persönlichkeitsseminar (gut ausgesucht, kein Sektenumfeld, seriöse Trainer mit hervorragendem psychologischem Background) wird mir bewusst:

Quereinstieg erfolgreich

- Das ist es! Ich will als TrainerIn arbeiten! Das ist meine Berufung!

Danach eine professionelle Trainerausbildung und erste Schritte mit einem erfahrenen Kollegen oder in einem Verbund (Netzwerk), mit stetiger Weiterentwicklung. Wer nach zwei besuchten Seminaren denkt, das kann ich auch, der wird die Professionalität nie erreichen und scheitern!

Das didaktische und methodische Werkzeug im Seminar ist ein Muss, um Lernen, Verlernen, Neuentdecken und Weiterentwickeln für unsere Kunden zu einem spannenden Erlebnis zu machen und mit unterschiedlichen Gruppensituationen geschickt umzugehen. Deshalb reflektieren wir permanent kritisch, ob wir wirklich leben was wir lehren und entwickeln uns stetig weiter.

1.4 Neue Entwicklungen in allen Bereichen werden von uns laufend verfolgt, geprüft, bei Eignung übernommen und umgesetzt.

Wir verfolgen sehr interessiert Markttendenzen, Zukunftsszenarien und Modetrends um zu beobachten, wie das Trainer-, Entertrainer- und Beratergeschäft sich weiterentwickelt. Konkret bedeutet das, wir besuchen nicht nur regelmäßig die Veranstaltungen des BDVT, sondern auch die der ASTD (American Society of Training and Development), um Neues aufzuspüren und Benchmarking zu betreiben.

Trends erkennen

Gilt es doch auch für uns, sich neugierig auf Veränderungen einzustellen und flexibel darauf zu reagieren. Wir setzen uns intensiv mit der Fachliteratur auseinander, prüfen, was an Themen zu uns passt, und integrieren diese, um die Aktualität unseres Angebots zu gewährleisten und unsere Kunden auch da abzuholen, wo sie stehen. Gleichzeitig geben wir unsere Ideen und Erfahrungen weiter und sind als Fachautoren bei verschiedenen Verlagen und Magazinen tätig.

2 Welche Faktoren sind uns im täglichen „Trainerleben" wichtig?

2.1 Nur eine kontinuierliche Weiterbildung und -entwicklung kann den Erfolg im Markt auf Dauer sicherstellen.

Lebenslanges Lernen

Wir haben die eigene Weiterbildung schon im Angestelltenverhältnis begonnen und kontinuierlich als Selbstständige weitergeführt. Hier geht es uns einmal darum das Repertoire an Techniken zu vergrößern, aber auch die eigene Persönlichkeit stärker unter die Lupe zu nehmen und weiterzuentwickeln. Für uns ist der eigene Lern- und Veränderungsprozess mindestens genauso spannend wie der unserer Kunden. So haben wir Zusatzausbildungen, z.B. in der Transaktionsanalyse, als NLP Master Practitioner, in systemischer Organisationsentwicklung, im Coaching, zum Performance Coach und in der Psychosynthese absolviert.

2.2 Wir haben uns verpflichtet, jährlich mindestens 14 Tage in die eigene Weiterbildung zu investieren.

Selbst-Verpflichtung

Nicht zuletzt geht es uns auch immer wieder um die Perspektive des Lernenden. Was wird wie vermittelt, wie erlebe ich den Trainer, gerade diese Sichtweise ist für uns sehr bereichernd. So füllen wir kontinuierlich unseren Trainer- und Beraterkoffer auf, um möglichst umfassend, flexibel und effektiv in den unterschiedlichsten Seminar- und Beratungssituationen reagieren zu können. Außerdem stehen wir mit Kollegen im intensiven Austausch und lassen uns regelmäßig supervidieren, um aktuell die möglichen Übertragungen und Projektionen zu überprüfen.

Eine intensive Literaturrecherche (unsere Bibliothek umfasst zurzeit ca. 500 Fachbücher und Loseblattsammlungen) verhilft uns situativ die richtige Vorbereitung für die unterschiedlichsten Kundenanforderungen zu schaffen.

Wir haben uns entschieden nur ganz gezielt und sehr ausgesucht Kundenakquisition zu betreiben und nach Möglichkeiten zu suchen, diese bezahlt zu bekommen. Zusätzlich nutzen wir unsere Top-Kunden als Referenzkunden oder wir schreiben Artikel für die einschlägigen Fachzeitschriften.

2.3 Ethische Grundsätze gibt es bei uns nicht nur auf dem Papier, wir leben sie auch.

Positives Menschenbild

Es ist entscheidend für unseren Erfolg, dass wir uns sowohl bei uns als auch bei unseren Kunden, Teilnehmern und Kollegen auf die guten Seiten konzentrieren und auch in schwierigen, kritischen Situationen nicht abwerten und uns über sie stellen. Wir nehmen die Menschen und die Dinge so an, wie sie sind und unterstützen sie respektvoll in ihrer Weiterentwicklung. Es klingt sehr einfach. Doch gerade die einfachen Dinge sind es, die uns immer wieder fordern.

Die Kooperationspartner, mit denen wir je nach Auftragsanforderung netzwerkartig zusammenarbeiten, sind gerne bereit, wieder mit uns Projekte zum Erfolg zu führen. Damit dies gut funktioniert, ist eine gemeinsame Konzeptentwicklung für uns einer der Erfolgsfaktoren. Dadurch identifizieren sich alle mit den Inhalten und der Durchführung. Das gemeinsame „Baby“ ist gut betreut, alle fühlen sich verantwortlich und wenn dann noch faire Konditionen dazukommen, sind sowohl die Kunden als auch unsere Netzwerkpartner zufrieden.

Als Folge der konsequenten Umsetzung dieser Philosophie haben wir ein weiteres Trainerpaar als Teilhaber in unser Unternehmen aufgenommen. Ebenfalls ein ungewöhnlicher Schritt in der deutschen Trainerszene. So wurde aus hp trainings am 1.1.2002 Höcker & Heß.

3 Was bestimmt unser Handeln?

3.1 Mit Erwachsenen zu arbeiten ist für uns immer wieder eine Herausforderung und wir sind uns der Verantwortung bewusst.

Ganzheitlicher Ansatz

Die sorgfältige Vorbereitung auf die Zielgruppe in einem intensiven Analysegespräch, sowohl mit den Führungskräften als auch mit den Beteiligten, ist für uns Voraussetzung für die Auftragsübernahme. Uns ist es wichtig, schon bei der Konzeption alle für das System relevanten Sichtweisen zu berücksichtigen. Dazu gehört aus unserer Sicht auch eine liebevolle Ausstattung des Seminarraums, um am nächsten Morgen mit der nötigen Gelassenheit, mit Ruhe und Kraft die Veranstaltung beginnen zu können. Jede Hektik, Hetze und fehlende Vorbereitung nimmt Präsenz.

In der Seminarsituation betonen wir sehr stark die Eigenverantwortlichkeit des Einzelnen in seinem Prozess. Jeder ist für sein Tun, aber auch für das Nichttun verantwortlich.

3.2 Wir sind „Hebamme“, nicht „Besserwisser“

Unser ganzheitlicher, erlebnisorientierter Trainingsansatz spricht beide Gehirnhälften an. Durch Fragen, Gleichnisse (Metaphern), Praxissimulationen, Team- und Einzelübungen, mit Humor und Spaß ermöglichen wir unseren Teilnehmern Erfahrungen und führen sie zu Selbsterkenntnissen. Aus unserer Sicht eine der Methoden, die Veränderungen überhaupt möglich machen.

Team-Arbeit

Besonders sinnvoll erscheint uns das Arbeiten im Team, es vereint die männlichen und weiblichen Energien, das Ying und Yang. Es bietet den Teilnehmern, gerade in gemischten Gruppen, jeweils ein Pendant. Besonders in Organisationsentwicklungs- und Teambildungsprozessen erscheint uns dies unerlässlich, um ganzheitlich zu arbeiten und wirkliche Schritte zur Veränderung zu tun. Die Feedbacksituationen erhalten dadurch eine völlig andere Qualität.

4 Wir sind der Meinung, dass ...

... es eine wertvolle Tätigkeit ist, mit Menschen zu arbeiten. Es sind immer mehr die Menschen, die im Informationszeitalter den Wert eines Unternehmens ausmachen. Nicht die Maschinen oder Produkte. Es lohnt sich, mit ihnen zu arbeiten, sie dabei zu unterstützen, ihre Fähigkeiten zu entwickeln, sie auf die besonderen Herausforderungen vorzubereiten.

Alles ist in uns

... jeder Mensch alles zur Verfügung hat, was er zur Lösung der Herausforderungen braucht, die ihm täglich begegnen.

... unser Leben, unsere Arbeitsbedingungen und somit auch unsere Erfolgsmöglichkeiten ein perfektes Spiegelbild unserer Überzeugungen sind. Werden die Überzeugungen verändert, verändert sich das Leben und die Möglichkeiten.

... alle Erkenntnis nur vorläufig ist, da wir nicht ahnen können, was wir noch alles entdecken, welche Menschen wir noch kennen lernen werden und welche Herausforderungen noch auf uns warten.

5 Wir glauben an unseren Erfolg

Wir sind heute hervorragende Trainer und tun alles, es auch noch morgen zu sein. Dennoch sind wir der Überzeugung nur wenige kleine Schritte weiter als unsere Teilnehmer zu sein, und das auch nur auf unserem Gebiet. Wertschätzung und Achtung des Einzelnen, egal wo er herkommt, welche Erfahrungen er mitbringt und wie er auf uns zugeht, ist für uns der Maßstab. „Es ist, wie es ist“, sagt die Liebe, so beginnt ein Gedicht von Erich Fried, was wir uns in vielen Situationen ins Gedächtnis rufen, um uns immer wieder in dieser Haltung zu bestärken.

Selbstbewusste Lebens-Balance

Und das Feedback, das wir von den Teilnehmern, Gesprächspartnern und den Unternehmensleitungen erhalten, bestärkt uns auf unserem Weg. Volle Präsenz, volles Engagement und Aufmerksamkeit in jeder Situation: Wir haben uns verpflichtet unser Bestes zu geben.

Wir sind mit „Haut und Haaren" Trainer, Berater und Coaches. Wir genießen unsere Erfolge und verdienen unsere Honorare, selbstbewusst treten wir dafür ein und lehnen auch mal Anfragen ab, die, in welcher Hinsicht auch immer, nicht zu unseren Vorstellungen passen.

Wir lieben unsere Arbeit. Doch, wir sorgen für ausreichend Zeit zum Auftanken und relaxen. Für uns ist das ausgewogene Verhältnis, die Balance zwischen Beruf, Familie und Partnerschaft, der Gesundheit und dem körperlichen Wohlbefinden und der Sinnhaftigkeit eines unserer Lebensthemen und etwas, worüber wir in regelmäßigen Abständen reflektieren.

6 Darum sind wir Trainer

Unsere Berufung

Wir leisten unseren Beitrag auf dieser Welt, wir sind hier um zu lernen, die Welt und die Menschen sind unsere Lehrer. Unsere Aufgabe besteht darin, uns selbst zu verändern und immer zu überprüfen, was wie erreichbar ist, um unseren Teilnehmern als Modell zu dienen. Der Trainerberuf ist für uns Berufung. Für uns beide gibt es nichts, was wir lieber täten.

Kurz nach der Gründung unseres Unternehmens haben wir uns zurückgezogen und eine mutige Vision entwickelt. Diese leitet uns, daraus leiten wir unsere Ziele ab, die unser Handeln und Tun bestimmen.

Resümee

Jeder der Trainer werden möchte, vielleicht eine Berufung spürt, sollte sich mit folgenden Fragen auseinander setzen.

- In welchem Umfeld möchte ich arbeiten?
- Wie kann ich mir einen möglichst professionellen Marktauftritt verschaffen?
- Welche möglichen Kunden kenne ich schon?
- Welche Einschränkungen sind mir bewusst?
- Was kann ich bereits, was fehlt mir noch an Handwerkszeug, wen kann ich befragen, wer ermöglicht mir Kontakte zu Trainern, die ich bewundere?
- Welche Weiterbildungsmöglichkeiten gibt es? Welche muss ich noch wahrnehmen?
- Welche Fähigkeiten, glaube ich, braucht ein erfolgreicher Trainer, wie kann ich das noch Fehlende entwickeln?
- Was macht mir Spaß? Was glaube ich, mache ich nicht so gerne?
- Was ist meine Motivation, warum will ich genau das tun?
- Würden mich als Teilnehmer die Gründe überzeugen oder eher abschrecken?
- Wer bin ich – was ist mein Auftrag in dieser Welt?
- Welchen Beitrag möchte ich leisten? Welchen Sinn hat es, dies zu tun?

Andreas Bornhäußer
Consulting & Training
Bahnstr. 16
50126 Bergheim
Tel. 02271/47 82-0
Fax 02271/47 82-20
ab@praesentainment.de
www.praesentainment.de

Von Kunden, Freunden und den Medien häufig als Mr. Präsentainment bezeichnet. Überwiegend widmet er sich der Organisations-, Personal- und Persönlichkeitsentwicklung. Seine thematischen Schwerpunkte sind das Präsentieren, Motivieren und Verkaufen. Über 100.000 Menschen haben ihn als Referenten auf Kongressen und Symposien und als Trainer in Seminaren mittlerweile im In- und Ausland erlebt und von seinen Impulsen beruflich und persönlich profitiert. Er ist außerdem Dozent an der Bayerischen Akademie der Werbung. Neben seiner Berater- und Trainertätigkeit wird er von zahlreichen namhaften Persönlichkeiten aus Politik, Wirtschaft und der Medienbranche als Coach konsultiert. Darüber hinaus hat er sich durch zahlreiche Buchbeiträge, Fachaufsätze und Bücher einen Namen gemacht.

So werden Sie Spitzentrainer

Der Autor Andreas Bornhäußer verknüpft die Erfahrungen seiner eigenen erfolgreichen Entwicklung zum Spitzentrainer mit Empfehlungen für diejenigen, die sich heute eine selbstständige Existenz als SpitzentrainerIn aufbauen wollen. Die Konzentration auf ein bestimmtes Thema, die absolute Expertenstellung in einer klar umrissenen Zielgruppe, die Information der Zielgruppe mit einem exzellenten Marketingkonzept sind für den Autoren die Voraussetzungen zur Elite der Spitzentrainer aufzusteigen.

Als mich Hans A. Hey einlud, (m)einen Beitrag für dieses Buch zu schreiben, habe ich spontan und gerne zugesagt. Und ebenso gerne habe ich die folgenden Zeilen für Sie verfasst. Aus drei Gründen.

Erstens habe ich dem Berufsverband Deutscher Verkaufsförderer und Trainer BDVT und insbesondere so glänzenden Persönlichkeiten wie Max Meier-Maletz, Siegfried Huth, Peter Böhme-Köst, Hans A. Hey und vielen anderen eine Menge zu verdanken. Als ich am Anfang meiner Trainerkarriere stand, haben sie mich unter ihre Fittiche genommen. Sie haben mich angeleitet, mir geholfen und mich kritisiert und mir so bei der ständigen Verbesserung geholfen. Mit den folgenden Zeilen will ich diesen Menschen und damit dem Verband einen weiteren Teil dessen zurückgeben, was ich bekommen habe.

Zweitens: Das Angebot hat mir geschmeichelt. Wenn Hans A. Hey zu diesem Thema einen Beitrag von mir haben wollte, dann durfte und darf ich mich aus seiner Sicht wohl der Kategorie der Spitzentrainer zugehörig fühlen.

Und drittens: Da wir in unserem Unternehmen seit mehr als zehn Jahren Trainer ausbilden, gibt mir das Umfeld des hiermit insgesamt vorgelegten Werks eine weitere Gelegenheit, mit nachwachsenden jungen Kollegen den Dialog aufzunehmen. Und zu genau diesem lade ich Sie hiermit recht herzlich ein.

1 Eine Liebeserklärung an die LeserInnen

Dass Sie dieses Buch in den Händen halten und obendrein im Augenblick noch diese Zeilen lesen, macht Sie mir auf Anhieb sympathisch. Denn ganz offensichtlich gehören Sie zu der Spezies nachwachsender TrainerInnen, die sich ernsthaft mit der Beantwortung der Frage auseinander setzen, wie man ein/e gute/r TrainerIn wird. Um eventuell vorhandene Erwartungshaltungen jedoch bei Ihnen gleich ins richtige Lot zu bringen: Ich kann Ihnen nicht sagen, wie Sie Spitzentrainer werden. Weil ich der Überzeugung bin, dass es dafür kein Patentrezept gibt. Aber ich plaudere gerne ein bisschen aus dem Nähkästchen. Und ich kann Ihnen versichern, dass dies eine Reihe patenter Zutaten für Sie enthält.

Nachdem dies nun zwischen uns klar ist, entscheiden Sie bitte jetzt, ob Sie weiterlesen wollen oder nicht. Haben Sie sich entschieden? Sie lesen weiter? Das freut mich. Und noch ein Hinweis: Diesen Beitrag habe ich in erster Linie für solche Menschen geschrieben, die sich berufen fühlen, den Beruf des Trainers als Selbstständige auszuüben.

2 Spitzentrainer, was ist das?

Geniale Vermarktung

Worüber reden wir, wenn wir den Begriff Spitzentrainer verwenden? Die Bewertung von Trainerleistung ist wohl so schwierig, wie das Feld der Anbieter groß ist. Und die Definition dessen, was unter Spitzentrainer zu verstehen ist, fällt vermutlich so unterschiedlich aus, wie die Menschen, die ihre Seminare besuchen, verschieden sind. Welche Namen fallen Ihnen denn spontan ein, wenn Sie nach den drei Spitzentrainern im deutschsprachigen Raum gefragt würden? Reinhard Sprenger, Edgar Geffroy oder Jörg Löhr vielleicht? Man mag diese Motivations- und Großveranstaltungs-Profis mögen oder nicht. Eins ist und bleibt ihnen unbenommen: Sie verstehen sich exzellent auf die Vermarktung der eigenen Person.

Beeindruckend präsent

Sie schaffen es, ganze Konzertsäle zu füllen und einen nicht unerheblichen Teil der dort anwesenden Menschen zumindest temporär zu beglücken. Und ihre eigene Kasse klingelt unentwegt. Wenn diese Aspekte Ihre Auswahlkriterien für Spitzentrainer sind, dann tun Sie gut daran, diese Namen zu nennen. Vielleicht fallen Ihnen aber zuerst auch Namen wie Heinz Goldmann, Vera Birkenbihl und Max Meier-Maletz ein. Während der Erste es geschafft hat, ein europaweit tätiges Trainingsunternehmen mit über 500 Angestellten aufzubauen (die Mercury Goldmann), ist es der Zweiten gelungen, sich als eine der gefragtesten Kommunikations-Expertinnen und Bestseller-Autorinnen im Markt zu etablieren. Und Max-Meier Maletz macht sich seit Urzeiten für Evaluierung und Erfolgskontrolle stark und um unseren Verband verdient. Auch diese Personen gehören, gemessen an den entsprechenden Kriterien, zu den Spitzenleuten der Branche. Und dann gibt es da noch ein riesengroßes Heer der hochgradig spezialisierten Experten. Sie haben sich auf eine ganz bestimmte Branche oder ein sehr spezielles Trainings- und Beratungsthema kapriziert. In dieser Branche oder auf dem jeweiligen Themenfeld genießen Sie eine erstklassige Reputation und verdienen viel Geld. Doch in der Öffentlichkeit finden sie einfach nicht statt. Im Übrigen sind die zuvor skizzierten Kriterien und Kategorien nur ein kleiner Ausschnitt der denkbaren Parameter.

2.1 Kriterien für Spitzentrainer

Die Frage also ist und bleibt: Wie definieren Sie Spitzentrainer für sich? Für mich selbst habe ich diese Entscheidung getroffen. Einen Spitzentrainer messe ich daran, ob er

- für sich eine klare Position bezogen hat
- diese Position allen für ihn relevanten Marktteilnehmern mitgeteilt hat
- sie den avisierten Marktteilnehmern und hier insbesondere den potenziellen Kunden so vermittelt hat, dass diese die Positionierung verstehen und akzeptieren
- außer der ersten spontanen Begeisterung seiner Teilnehmer auch eine nachhaltig wirksame hohe Zustimmung zu Person, Inhalt und Methodik erzielt
- eine überdurchschnittliche Transferleistung (Übertragung der Lerninhalte vom Seminar in den beruflichen und/oder persönlichen Alltag) schafft
- durch die erbrachte Beratungs- und Trainingsleistung akti-

ve Referenzen generiert und sein Geschäft vor allem von Weiterempfehlungen und langfristigen Kundenbindungen getragen wird
- deutlich über dem Durchschnitt liegende Honorare bekommt (ab € 3.000,00 aufwärts können wir getrost von einem überdurchschnittlichen Honorar sprechen – Stand: Januar 2002)

Eigene Vorstellungen entwickeln

Doch noch einmal: Das sind meine Parameter. Sie müssen Ihre eigenen definieren. Und Sie tun gut daran, dies auch zu tun. Denn nur ein Schiff, das seinen Hafen kennt, segelt immer im richtigen Wind. Es ist ausgesprochen wichtig und nützlich, eine möglichst konkrete und klare Vorstellung davon zu haben, wo Sie eines Tages stehen wollen und was Sie kennzeichnen soll. Wenn Sie nicht wissen, wohin Sie wollen, kann jeder Schritt falsch sein. Oder richtig. Das Problem ist eben nur, dass Sie nicht wissen, ob er richtig oder falsch ist. Je klarer Ihre Vorstellungen und Visionen jedoch sind, desto genauer können Sie auch einschätzen, welche Schritte mehr und welche weniger zielführend sind. Der Widerspruch zu dieser Aussage folgt auf dem Fuß.

3 (M)eine ganze persönliche Geschichte

Zu Beginn habe ich Ihnen versprochen, aus dem Nähkästchen zu plaudern. Und dieses Versprechen will ich spätestens hier einlösen. Auch auf die Gefahr hin, dass Sie mich sofort bei einer Widersprüchlichkeit zur eben formulierten Empfehlung in puncto Zielklarheit ertappen. Weder habe ich zu Beginn meiner Trainerkarriere definiert, wo ich eines Tages stehen will, noch habe ich gezielt darauf hingearbeitet. 1981 war ich freischaffender Werbetexter. Ich selbst hielt meine eigenen Texte für genial. Doch viele meiner Kunden waren anderer Meinung. An den Texten, so dachte ich, kann es nicht liegen. Vielleicht lag es an den Kunden? Nein, dachte ich. Vermutlich war ich nur nicht in der Lage, meine genialen Texte auch ebenso genial zu verkaufen. Also besuchte ich ein Seminar mit dem Titel „Präsentationstechniken“ Veranstaltet vom BDW Deutscher Kommunikations-Verband e.V. Trainer: Max Meier-Maletz. Die Person des Trainers, seine Inhalte und sein Methodik haben mich spontan begeistert. Noch während des Seminars stellte ich ihm die Frage, wie man diesen Beruf erlernen kann. Und seine Antwort war das Angebot zur Ausbildung durch ihn selbst. Ich nahm an. Ohne eine klare Vorstellung davon zu haben, wie es gehen sollte, was mich erwarten würde, geschweige denn, wohin es mich führen könnte. Rückblickend kann ich heute sagen, dass damit der Grundstein für meine Trainerkarriere gelegt war. Davon hatte ich aber seinerzeit noch nicht die leiseste Ahnung.

Beginn als Lizenznehmer

Max Meier-Maletz schloss einen Lizenzvertrag mit mir. Er gab mir all sein Know-how. Und ich nutzte es in erster Linie, um meine Werbetexte und später die Dienstleistungen meiner Werbe- und Verkaufsförderungsagentur den Kunden besser zu verkaufen. Mit großem Erfolg übrigens; unter anderem auch deshalb, weil wir im Rahmen unserer Agentur-Dienstleistung zunehmend auch Trainingsleistungen mit angeboten hatten. In der Folge besuchte ich zahlreiche weitere Seminare unterschiedlichster Anbieter. Dank der Unterstützung von Max Meier-Maletz wurde ich in den BDVT aufgenommen. Und 1986 war dann endlich die Entscheidung gereift, die Agentur hinter mir zu lassen und mich ganz auf das Trainingsgeschäft zu konzentrieren. Und wenn ich hier von Konzentration spreche, dann meine ich damit in erster Linie Zielgruppen-Konzentration. Da wir uns als Agentur in knapp fünf Jahren eine gute Reputation im Markt aufgebaut hatten, war unser Unternehmen in der Marketing- und Werbebranche bekannt geworden und wurde als ernst zu nehmender Anbieter und Wettbewerber respektiert. Und auf exakt diese Branche konzentrierte ich mich mit meinem Seminarangebot. Kreativitätsseminare, Textseminare und Präsentationsseminare waren zunächst meine thematischen Schwerpunkte. Die in erster Linie aus Agenturen kommenden Teilnehmer waren mit meiner Person, den Inhalten und der Methodik zufrieden. Und sie empfahlen mich ihren Kunden weiter. Der Stein war ins Rollen gekommen.

Weiter als Lizenzgeber

Von einer klaren Vision konnte allerdings nicht die Rede sein. In gewisser Weise hat sich alles irgendwie so ergeben und "zufällig" glücklich ineinander gefügt. Mein Dienstleistungsspektrum wuchs und wuchs und wuchs. Es kamen Motivationsseminare, Führungskräftetrainings und Teamtrainings hinzu. Ab 1989 begann ich damit, es meinem Lehrmeister gleichzutun und nun meinerseits Lizenzpartner unter meine Fittiche zu nehmen. Zahlreiche Fachaufsätze, Buchbeiträge und die ersten zwei eigenen Bücher gesellten sich hinzu. Im BDVT übernahm ich für vier Jahre den Vorsitz der Berufsgruppe der Selbstständigen und für zwei Jahre war ich in dieser Funktion auch Mitglied unseres Präsidiums. Allmählich entwickelte sich ein stattlicher Weiterbildungs-Bauchladen der Marke Andreas Bornhäußer. Sie sehen: von klarer Definition einer Vision oder Zielsetzung keine Spur.

Bestandsaufnahme

Ein schwerer Autounfall im Jahr 1999 verschafften mir eine Zwangspause. Und diese Zeit habe ich genutzt, meinen Werdegang zu reflektieren, eine Bestandsaufnahme zu machen und mich mit der Beantwortung der Frage zu beschäftigen, wie es in meinem (Berufs-)Leben eigentlich weitergehen soll. Eine der wesentlichen Entscheidungen war, in meinem eigenen Leben verstärkt das anzuwenden, was ich meinen Kunden seit vielen Jahren immer wieder in Vorträgen, Workshops und Seminaren empfehle: Konzentration auf das Wesentliche, Fokussierung auf eine Kernkompetenz. Kritische erfahrene Kollegen, oder auch Sie, könnten jetzt fragen: Warum führe ich dies alles so ausführlich aus, wo es doch ein Widerspruch zu meiner im vorangegangenen Kapitel ausgesprochenen Empfehlung ist, seine Ziele zu Beginn einer Karriere klar zu formulieren? Meine Antwort lautet schlicht und ergreifend: Wenn ich vor fast zwanzig Jahren gewusst hätte, was ich heute weiß, wäre mir eine Menge Lehrgeld, wären mir zahlreiche Irrwege und eventuell sogar ein Autounfall erspart geblieben. Vielleicht oder hoffentlich bewegen Sie diese Ausführungen dazu, es in diesem Punkt besser zu machen als ich.

4 Kompetenz ist wichtig. Aber welche ist richtig?

Spezialist oder Generalist

Bei der Beantwortung dieser Frage empfehle ich Ihnen, sich von drei Überlegungen leiten zu lassen.

- Auf welchem Gebiet glauben Sie, deutlich mehr zu wissen und zu können als andere?

- Welche Zielgruppe ist am besten geeignet, als kommunikative Multiplikatoren, also Weiterempfehler, für Sie wirksam zu werden?
- Was macht Ihnen den meisten Spaß?

Die Reihenfolge ist beliebig. Weder mit Ihnen noch mit sonst irgendjemanden führe ich die Diskussion, ob die Zukunft eher den Spezialisten oder den Generalisten gehört. Sie haben die Möglichkeit, Ihr tiefes Branchenwissen um die Facetten einer profunden Trainerausbildung zu erweitern und es damit Ihrer Branche gezielt anzubieten. Sie können sich auf eine bestimmte Trainingsmethode oder einen spezifischen Inhalt spezialisieren und sich damit als Experte für Computer-based-Training, Online-Learning, Themenzentrierte Interaktion, Psychodrama, Systemische Aufstellung, Neurolinguistische Programmierung – um nur einige wenige Inhalte und Methoden zu nennen – in den Markt begeben. Sie können sich als Generalist verstehen und sich damit darauf spezialisieren, Netzwerke herzustellen oder Ihre Kunden bei der Schaffung und Pflege geeigneter Netzwerke zu unterstützen.

Welche Vision haben Sie?

Ihnen stehen theoretisch alle Türen offen. Sie müssen sie praktisch nur öffnen. Die Frage ist nur: Welche Tür ist für Sie auch tatsächlich die praktikabelste? Die Beantwortung dieser Frage ist in erster Linie abhängig von Ihrer Vision. Was bedeutet Spitzentrainer für Sie? Wo wollen Sie in zwanzig Jahren stehen? Nachdem Sie das für sich definiert haben, gehen Sie an die Beantwortung der zu Anfang dieses Kapitels gestellten drei Fragen. Was können/wissen Sie besser? Welche Zielgruppen verbreitern Ihren Wirkungskreis schnell und nachhaltig? Was macht Ihnen wirklich Spaß? Und dann haben Sie einen ersten Ansatz für die Beantwortung der Frage, welche Kompetenz für Sie und Ihre erfolgreiche Behauptung im Markt die richtige ist. Wenn ich von einem ersten Ansatz spreche, dann ist das mit meiner Empfehlung begründet, offen und flexibel zu bleiben. Menschen verändern sich. Gewohnheiten wechseln. Unternehmen geben sich neue Strukturen. Märkte sind im ständigen Wandel. Aus diesem Grund ist neben einer klaren Fokussierung vor allem auch eine hohe Flexibilität nützlich. Angesichts dieser Empfehlung ist es deshalb auch wichtig, die zuvor angeregte Vision und klare Zielsetzung noch einmal darauf hin zu überprüfen, inwieweit sie verlaufsoffen ist.

Von der Vision zur Praxis

Beispiel: Nehmen wir an, Sie hätten für sich das Ziel formuliert, im deutschsprachigen Raum der bekannteste, anerkannteste und bestverdienendste Trainer für selbstständige Anlageberater zu werden. Es könnte Ihnen passieren, dass Ihnen in einigen Jahren die Märkte und Kunden wegbrechen. Das große Sterben der Einzelkämpfer wird in Zeiten der allerorten grassierenden Fusionitis ja schon länger vorausgesagt. Und wen wollen Sie dann noch mit Ihren Seminaren erfreuen? Besser ist da, das Ziel zu modifizieren und vom bekanntesten, anerkanntesten und bestverdienendsten Trainer zum Thema Geld im europäischen Raum zu träumen. Und diesen Träumen können Sie dann die Taten folgen lassen. Sie können sich ja zunächst gerne auf die freischaffenden Anlageberater fokussieren. Sollten diese aber eines Tages tatsächlich aussterben, haben Sie dank Ihrer weiter gefassten Vision völlig problemlos die Möglichkeit, sich auf neue Kernzielgruppen zu konzentrieren. Weil Sie zwischenzeitlich Ihre Reputation in Sachen Geld dem Markt erfolgreich mitgeteilt haben. Ein Imagetransfer von einem Zielgruppensegment auf das andere ist leichter möglich, wenn die Vision und Ihre daraus resultierende Positionierung so weit gesteckt waren, dass beide oder besser noch mehrere Teilzielgruppen darin Platz und Berücksichtigung finden.

5 Spitzentrainer brauchen ein Spitzenmarketing

Alle Selbstständigen – unabhängig von Branche und Beruf – haben zu Beginn ihrer Selbstständigkeit ein gemeinsames Problem: Niemand kennt sie. Von Ihrer Existenz hat noch niemand Kenntnis genommen. Niemand weiß, was Sie können und wie und womit Sie sich für die potenziellen Kunden wirklich nützlich machen könnten. Wenn Sie also nicht zu den glücklichen wenigen gehören, die mit einem ersten größeren Beratungs- und Trainingsauftrag in der Tasche in die Selbstständigkeit starten, dann müssen Sie „Ihrem" Markt möglichst rasch mitteilen, dass es Sie gibt, was Sie leisten, was Sie den Kunden nutzen und was Sie von Ihren Wettbewerbern positiv unterscheidet.

Marktüberblick verschaffen

Dazu ist es sinnvoll, dass Sie sich zunächst einen Überblick über den Markt verschaffen und unter anderen die folgenden Fragen beleuchten:

- Wie groß ist der von mir avisierte Markt grundsätzlich?
- Welche anderen Anbieter tummeln sich in diesem Markt?
- Was sind die wichtigsten kommunikativen Multiplikatoren in diesem Markt (Verbände, Medien, Interessengemeinschaften, Anbieter von Großveranstaltungen et cetera)?

Bei der Beantwortung dieser und weiterer Fragen für eine exzellente Marktanalyse können folgende Quellen nützlich sein:

- Der BDVT
- Das Statistische Bundesamt
- Der Marktinformationsdienst mid in Düsseldorf
- Der Verlag Gruner & Jahr mit seinen Branchen-und Firmen-Reports MARIA
- Die verschiedenen Markt- und Firmendatenbanken im Internet
- Und last but not least das Internet an sich mit seinen zahlreichen Suchmaschinen (Yahoo.de, web.de, Hotbot.com, Altavista.de und Altavista.com)

Diesen Marketresearch sollten Sie allerdings erst starten, nachdem Sie Ihre Vision und Positionierung klar definiert haben. Weil Sie nur dann eine klare Vorstellung davon haben, in welchen Zielgebieten Sie sinnvollerweise recherchieren und welche Sie vernachlässigen können. Haben Sie alle marktrelevanten Daten zusammengetragen, rate ich Ihnen zur Aufstellung eines Business-Plans. Die wirtschaftliche Seite verdient eine gründliche Betrachtung.

Business-Plan erstellen

- Wie viel finanzielle Ressourcen haben Sie zur Verfügung oder können Sie sich in absehbarer Zeit beschaffen?
- Wie lange ist die zu überbrückende Zeit, in der Sie eher nur Kosten, aber leider keine oder kaum Einnahmen haben werden?
- Wie viel Geld werden Sie investieren müssen, um einem

größeren Kreis von Marktteilnehmern Ihre Existenz mitzuteilen?

- Wann ist mit einem Turn-around zu rechnen?
- Und ab wann beginnt im günstigsten und ungünstigsten Fall der Break-even und Return on Investment?

6 Marketing im Mix mit Kommunikation

Zentrale Aussage

Im Anschluss daran müssen Sie sich der Beantwortung der Fragen stellen, wie Ihr Marketing gestaltet sein soll und welche Instrumentarien des Marketingmix voraussichtlich besonders und welche weniger zielführend sein werden. Wie lautet der zentrale Kommunikationsinhalt, der das Selbstverständnis und den damit für Ihre Kunden verbundenen Nutzen unmissverständlich penetrieren hilft?

Verlaufsoffene Aussage

Übrigens: Auch hier ist – analog zur Vision – wichtig, dass dieser Slogan verlaufsoffen ist. Beispiel: Freude am Fahren ist einerseits eine Verpflichtung für alle MitarbeiterInnen und Zulieferer. Zugleich ist es aber auch die zentrale Botschaft an die Nutznießer der Marke BMW. Dieses so kommunizierte Nutzenversprechen kann allerdings immer wieder neu aufgeladen werden. Wenn ökologische Überlegungen im Vordergrund stehen, dann ist es eben diese Qualität der Freude. Wenn Geschwindigkeitsaspekte oder Gesichtspunkte des Komforts höhere Priorität bekommen, dann ist es eben diese Qualität der Freude am Fahren. Und falls Autos eines Tages verboten und nur noch öffentliche Verkehrsmittel zugelassen sind, könnte sich BMW ganz auf die Schaffung und das Betreiben entsprechender Verkehrsmittel verlagern. Und Freude am Fahren hätte – nun unter wieder anderen Vorzeichen – nach wie vor Gültigkeit. Das meine ich mit verlaufsoffen.

Kommunikation zur Kundengewinnung

Und wie geht es nun weiter? Nachdem Sie Ihre Positionierung definiert, Ihren Markt analysiert, Ihre Zielgruppe fokussiert und Ihre wirtschaftlichen Perspektiven kalkuliert haben, können Sie sich an die Beantwortung der Frage heranwagen, welcher Kommunikationsinstrumentarien Sie sich bedienen wollen, um dem Markt Ihre Existenz mitzuteilen und Kunden zu gewinnen.

Aus meiner Sicht kann ich von klassischen Mailings, Anzeigen, Einträgen von Branchendiensten et cetera nur abraten. Die Personalentwickler dieser Welt bekommen tagtäglich unzählige Mailings auf den Tisch. Um hier aus der Masse der Absender herauszustechen, müssten Sie sich wirklich schon etwas ganz Besonderes einfallen lassen. Das kostet meist alles viel Geld und der Return on Investment lässt all zu oft lange auf sich warten. Wirksamer sind aus meiner Sicht:

- Seminarbesuche
- Teilnahme an Kongressen
- Migliedschaft in wichtigen Berufsverbänden
- Fachartikel in speziellen Fachzeitschriften
- Vorträge auf Veranstaltungen, an denen die avisierte Zielgruppe teilnimmt

Persönlichen Kontakt herstellen

Das Motto lautet „Sehen und gesehen werden"; oder wie mein Lehrmeister Max Meier-Maletz es formuliert: Nehmen Sie Gesichtsbäder! Zeigen Sie sich in der Öffentlichkeit beziehungsweise in den für Sie relevanten Kreisen. Die persönliche Begegnung, der persönliche Kontakt ist nach wie vor das wirksamste Marketinginstrument. So genanntes Mouth-to-Mouth-Advertising ist das Beste. Leider hat es eine relativ geringe Reichweite. Aber ich halte es insbesondere in unserer Branche für das Wirksamste. Wenn es Ihnen gelingt, sich zunächst in einem ganz spitz definierten Umfeld als bekannter und beliebter Gesprächspartner zu positionieren, erfolgt die kommunikative Multiplikation nach und nach von ganz alleine.

Spitzentrainer und Spitzenmarketing bedeuten in unserer Branche nach meiner persönlichen Auffassung, sich auf ein ganz bestimmtes Thema und auf eine klar umrissene Zielgruppe zu konzentrieren. Teilen Sie dieser Zielgruppe Ihre überdurchschnittliche Kompetenz mit. Und der Kreis der über Sie informierten und an Ihnen und Ihrer Dienstleistung Interessierten wird sich deutlich schneller und nachhaltiger vergrößern.

7 Sie sind verpflichtet: zu lebenslänglich!

Gemeint ist hier lebenslängliches Lernen. Wenn Sie meine eingangs formulierten Kriterien für einen Spitzentrainer noch einmal Revue passieren lassen,

(Zur Erinnerung: Einen Spitzentrainer erkenne ich daran, dass er

- *für sich ein klare Position bezogen hat*
- *diese Position allen für ihn relevanten Marktteilnehmern mitgeteilt hat*
- *sie den avisierten Marktteilnehmern und hier insbesondere den potenziellen Kunden so vermittelt hat, dass diese die Positionierung verstehen und akzeptieren*
- *außer der ersten spontanen Begeisterung seiner Teilnehmer auch eine nachhaltig wirksame hohe Zustimmung zu Person, Inhalt und Methodik erzielt*
- *eine überdurchschnittliche Transferleistung (Übertragung der Lerninhalte vom Seminar in den beruflichen und/oder persönlichen Alltag) schafft*
- *durch die erbrachte Beratungs- und Trainingsleistung aktive Referenzen generiert und sein Geschäft vor allem von Weiterempfehlungen und langfristigen Kundenbindungen getragen wird*
- *deutlich über dem Durchschnitt liegende Honorare bekommt (ab € 3.000,00 aufwärts können wir getrost von einem überdurchschnittlichen Honorare sprechen – Stand: Januar 2002))*

dann wird klar, dass eine lebenslängliche Reflexion Ihrer Arbeit notwendig ist.

Kontinuierliche Positions-Prüfung

Sie werden immer wieder überprüfen müssen, ob Ihre Position für sich selbst und den Markt immer noch stimmt. Es gilt immer wieder die Akzeptanz von Person, Inhalt und Methode zu reflektieren. Sie werden (hoffentlich) konsequent den Erfolg der von Ihnen angebotenen Beratungs- und Trainingsleistungen evaluieren, also auf ihre Wirksamkeit hin überprüfen.

Und last but not least werden Sie sich auch immer wieder von neuem die Frage stellen dürfen, in welchen Bereichen Sie für Ihre Kunden noch mehr Nutzen stiften können, um auch zukünftig über dem Durchschnitt liegende Honorare zu erzielen.

Wie ich ja weiter oben kurz ausgeführt habe, habe ich mit meinem Unternehmen diese kritische Selbst-Reflexion gerade hinter mich gebracht. Dabei habe ich mich von folgende Fragen leiten lassen:

- Was hat mich vor fast zwanzig Jahren eigentlich zum Trainerberuf gebracht?
- Mit welcher Art von Seminaren habe ich meine Karriere begonnen?
- Was kann ich heute deutlich besser als meine Wettbewerber?
- Wo stifte ich nachweislich einen größeren Nutzen für meine Kunden und Seminarteilnehmer, als andere Anbieter dies tun?
- Woran habe ich selbst den meisten Spaß?

Präsentainment Company

Die Beantwortung dieser Fragen haben zu einer völligen Neupositionierung geführt. Back to the roots kristallisierte sich als Motto heraus. Und aus der act GmbH (Arbeitsgemeinschaft Creative Communication & Training) wurde die Präsentainment Company. Auf Beratung und Training rund um das Thema Präsentation werden wir uns also zukünftig fokussieren. Wir machen uns also endlich spitz und setzen nun endlich auch für uns selbst um, was ich Ihnen mit diesem Beitrag empfehle. Ob dieser Fokus für den Rest meines Berufsleben Bestand hat, kann ich aus heutiger Sicht noch nicht sagen. Denn die kritische Selbstüberprüfung wird auch weiterhin immer wieder stattfinden.

Aus meiner ganz persönlichen Erfahrung darf ich Ihnen sagen, dass es ein fortwährend spannender Prozess ist, sich permanent selbst auf den Prüfstand zu stellen und gestellt zu werden. Für mich ist es ein wirkliches Privileg, diesen Beruf des Trainers ausüben zu dürfen. Denn ich kenne keinen anderen, bei dem die ständige Überprüfung und Weiterentwicklung der fachlichen, der sozialen und der methodischen Kompetenzen ein so wichtiges Kriterium ist wie in diesem. Das ist sicher einer der Gründe, warum mich dieser Beruf so fasziniert. Und vielleicht ist diese meine Einstellung und Haltung der Grund dafür, dass mich Hans A. Hey gebeten hat, einen Beitrag zum Thema „So werden Sie Spitzentrainer“ zu schreiben.

Hans-Uwe L. Köhler
Training und Beratung
Am Forsthaus 20
87490 Börwang
Tel. 08304/5657
Fax 08304/5040
hukoehler@hans-uwe-koehler.de
http://www.hans-uwe-koehler.de

1972 beginnt Köhler mit Seminaren und Vorträgen. 1977 macht er sich mit nur 29 Jahren als Trainer und Berater selbstständig. Zu den ausgewählten Themen gehören Marketing, Management, Verkaufspsychologie, Verkaufstechniken, Gesprächsführung, Motivation, Führung, Rhetorik und strategische Unternehmensführung, in denen er heute unter dem Claim „Power of words" sein aktuelles und profundes Wissen vermittelt.

1984 wird Hans-Uwe L. Köhler Experten-Mitglied in der Gemeinschaft europäischer Marketing- und Verkaufsexperten „CLUB 55".

1986 erscheint im ECON-Verlag das Buch „Musashi für Manager" und 2001 das neu aufgelegte und komplett überarbeitete Buch „Verkaufen ist wie Liebe" bereits in der 7. Auflage bei Metropolitan.

Die Art, wie dieser Trainer denkt und lebt, ist immer wieder überraschend! Seine ständige Suche nach Optimierung im lebendigen Alltag fasziniert Zuhörer und Seminarteilnehmer. Er verkörpert seinen Traum von einer besseren Welt, in der ausreichend Glück und Erfolg vorhanden sind. Mit seinen kraftvollen Ideen, dass es keinen Mangel an Chancen gibt, befähigt er die Teilnehmer, erfolgreiche Gestalter des eigenen Schicksals zu werden.

Geld tut Trainern gut

Der Autor Hans-Uwe Köhler greift tief in den Fundus seiner motivierenden Begabung, um TrainerInnen die Vernetzung von Selbstbewusstsein, Eigenpräsentation und wirtschaftlichem Erfolg zu verdeutlichen. Seine Frage zum guten Schluss „Wo ist das Problem?“ ist ein Leitspruch, mit heiterer Gelassenheit an alle Fragen einer selbstständigen Trainerexistenz heranzugehen.

Nehmen wir einmal an, Sie haben auf Ihrem Weg zum Trainer bisher alles richtig gemacht – was Ihre Ausbildung betrifft. Das würde dann bedeuten, dass Ihr Werkzeugkoffer mit Trainingsinstrumenten gut gefüllt ist und dass Sie Ihr Handwerk verstehen.

Würde man in diesem Sprachmuster bleiben, dann werden Sie folgende Stationen durchlaufen: Starten werden Sie als Lehrling, als Greenhorn. Sie werden so schnell wie möglich versuchen, in den Stand des Gesellen aufzusteigen, bis dahin haben Sie dann auch Ihr Lehrgeld bezahlt. Wie lange Sie als Geselle arbeiten müssen und wann Sie Ihre Meisterprüfung ablegen werden, ist offen. Und wenn das mit der Meisterprüfung gut klappt – vielleicht wird aus Ihnen einmal sogar ein Star!

Für diesen Beitrag lasse ich die Frage offen, an welcher Stelle Sie gerade stehen. Trotzdem eine Frage: Glauben Sie, dass Trainer so über Ihre Position nachdenken?

Nächster Gedanke: Was Sie jetzt brauchen, ist ein Einkommen – schlicht und einfach! Und nun wird es richtig schwierig. Die Frage lautet nämlich: Wie viel Geld kann (manche sagen auch darf) ein Trainer für seine Arbeit verlangen?

Lassen Sie uns über Geld sprechen

Wertschätzung übers Honorar

Haben Sie schon einmal mit einem Trainer über dessen Honorare gesprochen? Fühlen Sie sich selber sehr wohl, wenn ein Kollege Sie fragt, wie hoch denn Ihr eigener Tagessatz so sei? Also, die Wahrheit ist wohl so, dass für viele Trainer dieser Punkt ausgesprochen sensibel ist. Warum eigentlich? Weil das Honorar Ausdruck der Marktwertschätzung ist. Punkt.

Auch wenn man das nicht so richtig wahrhaben will, jeder Trainer bekommt das Honorar, das er verdient. Jetzt schon ein kleiner Tipp: Egal wie viel und wie hoch – es ist immer zu wenig!

Außerdem werden Sie folgendes Phänomen beobachten: Es gibt einen himmelweiten Unterschied zwischen der Summe, die verlangt wird, und der Summe, die jemand bekommt.

Folgendes Gerücht will ich Ihnen nicht vorenthalten: Es wird gemunkelt, dass mehr als die Hälfte aller Trainer von ihrem Einkommen nicht selbstständig leben können!

Nur das Geld, das Sie verdienen, macht Sie reich.

Selbstbewusst planen

Bevor es jetzt um praktische Konsequenzen geht, möchte ich gerne mit Ihnen eine Modellrechnung erstellen. Nach dieser Modellrechnung lassen sich dann Varianten errechnen, die entweder zur Selbstberuhigung oder zur Selbstmotivation verwendet werden können.

Die Grundidee lautet: Sie möchten gerne in 10 Jahren auf Ihrem Konto ein Geldvolumen von 500.000 Euro haben. Wie dahin kommen?

Wenn Sie monatlich 3.750 € sparen und nur zu 10 % anlegen, dann haben Sie in etwa 9 Jahren ein angehäuftes Vermögen von 560.000 €. Um aber 3.750 € sparen zu können, müssen Sie auch leben – und zwar gut leben. Also brauchen Sie dafür noch einmal 3.750 €. Ihr Netto-Anspruch besteht also monatlich in 7.500 €. Bei einem Steuersatz von über 50 % brauchen Sie einen Rohertrag von 15.000 Euro. Mit Fahrzeug, Büro, Betriebskosten und einer netto (!) zu erwirtschaftenden Altersvorsorge müssen Sie monatlich 30.000 € erwirtschaften. Doch da Sie Urlaub machen müssen, verändert sich die Zahl der Arbeitsmonate von 12 auf 10, was bedeutet, dass Sie Ihr Jahreseinkommen von 360.000 Euro in einer sehr engen Tageszahl erarbeiten müssen. Bei 100 Arbeitstagen ergibt das einen Tagessatz von 3.600 € .

Wenn Sie dieses Einkommen haben, überspringen Sie dieses Kapitel. Wenn nicht, müssen Sie sich entscheiden: Entweder Sie werden oder bleiben in Ihren Lebensansprüchen bescheiden, oder Sie müssen noch härter und damit gegebenenfalls noch länger arbeiten (geht das überhaupt?) oder Sie sollten einmal richtig nachdenken. In jedem Fall sollten Sie sich zunächst einmal entspannen!

Setzen Sie sich positive Lebensziele.

Mut gehört dazu

Es hat jetzt keinen Sinn nachzurechnen, ob diese Modellrechnung nun genau so stimmt oder nicht. Es ist eine ungenaue Modellrechnung – nur in der Schlusskonsequenz stimmt sie.

In diesem Beitrag will ich Ihnen Mut machen, dieses Ziel des Wohlstandes anzustreben, ohne dabei auf Aktien oder Lottogewinne zu setzen.

Bevor nun das große Geheule losgeht, das Ziel sei unrealistisch: 100 Trainingstage à € 3.600, möchte ich Ihnen jetzt schon einmal sagen, was noch alles passiert, wenn Sie dieses Ziel anstreben, erreichen und sogar übertrumpfen. Wenn Sie dieses Ziel zu Ihrem Ziel erklären, dann werden Sie in den nächsten 10 Jahren

- wirklich gut leben
- Ihre Altersversorgung wird stehen
- Sie werden einen klangvollen Namen haben
- Sie haben dann mindestens ein Buch geschrieben
- und besonders wichtig: Sie haben Tausenden von Teilnehmern wertvolles Wissen geschenkt!

Sie müssen zugeben, wenn diese vorstehenden Punkte das Resultat

Ihres Lebens wären, dann wär's doch kein schlechtes Leben gewesen, oder?

Warum lesen Verkaufstrainer ihre eigenen Unterlagen nicht?

Leben Sie, was Sie trainieren

Auch wenn es provokant klingt, ich glaube, dass die meisten Trainer ihre eigenen Unterlagen nie wirklich für ihr eigenes unternehmerisches Leben angewandt haben. Man könnte bei zynischer Beobachtungsgabe feststellen: Der Management-Trainer wurde gefeuert, der Money-Coach macht Pleite, der Beziehungstrainer ist mehrfach geschieden und der Psychotrainer hat 'ne Macke!

Erlauben Sie bitte, dass ich Ihnen jetzt die nächste Schlüsselfrage stelle: Wollen Sie so bleiben, wie Sie sind, oder wollen Sie herausfinden, wer Sie sein könnten? Sie können sich ja auch einmal fragen, von welchen Glaubenssätzen in Wahrheit Ihr persönliches Marketingkonzept geprägt ist. Sie wissen ja, was Sie auch immer glauben, Sie werden in jedem Fall Recht behalten!

Bauen Sie sich zur Marke auf!

Eine Investition, die sich auszahlt

Es reicht doch nicht, nur einfach Geld oder mehr Geld als bisher zu verlangen. Der Kunde stellt Ihnen immer die Frage: „Wofür soll ich bezahlen?" Je flacher Sie als Markenpersönlichkeit sind, um so geringer ist Ihr Honorar!

Marken kann man sich merken und Marken markieren Positionen. Diese Positionen wiederum helfen Ihrem Kunden, Sie und damit auch die Richtigkeit seiner Entscheidung zu erkennen und bestätigt zu bekommen!

Was würden Sie einer Marke empfehlen, wenn diese sich im Markt positionieren soll?

Sie würden wahrscheinlich folgende Empfehlungen geben:

Positionieren Sie den Produktnamen!

Wiedererkennungs-Wert erhöhen

Sie haben als Trainer folgende Möglichkeiten. Entweder Sie bauen Ihren Familiennamen aus und auf. Oder Sie legen sich einen Künstlernamen zu. Oder Sie versuchen einen klangvollen Institutsnamen zu entwickeln. Bitte keine dämlichen Abkürzungen!

Lassen Sie Ihren Namen, den Namen Ihrer Trainingsfirma und/oder auch den Namen Ihres Produktes als eingetragenes Warenzeichen schützen. Beispiele: Hans-Uwe L. Köhler® oder LoveSelling® oder Entertrainment®. Fragen Sie einen Patentanwalt.

Sorgen Sie ab sofort für einen hohen Wiedererkennungs-Wert Ihres Namens. Lassen Sie Profis daran arbeiten.

Positionieren Sie eine Verpackungsform!

Äußere Form überzeugt

Erarbeiten Sie mit Profis eine wiedererkennbare Verpackungsform. Wenn Sie sich selber als Produkt im Wettbewerb mit Tausenden von Trainern sehen, wird schnell deutlich, wie wichtig die Verpackung ist. Eigentlich ist es eine riesengroße Ungerechtigkeit: Wir sollten Mitmenschen doch nur nach den inneren Werten beurteilen – stimmt doch, oder? Und uns Trainern sollte man immer die Möglichkeit geben, dass wir zunächst unsere inneren Werte darstellen können – auch richtig, oder? Richtig schon, aber naiv!

Es gibt da einen sehr hilfreichen Satz: Da Männer besser sehen als denken können, ist es wichtig, dass Frauen schön sind!

Vergessen Sie niemals: Ihre äußere Erscheinungsform wirkt schneller als alles andere! Die inneren Werte werden erst entdeckt werden können, wenn die äußere Form überzeugt hat!

Gehen Sie Schritt für Schritt alle Details Ihres äußeren Erscheinungsbildes durch. Machen Sie eine Farb- und Stilberatung. Ziehen Sie nicht mehr das an, was im Koffer obendrauf liegt. Jedes Detail an Ihnen wirkt und produziert oder provoziert eine Botschaft und damit eine Wirkung. Zeigen Sie sich und anderen, wie wertvoll Sie sind. Machen Sie sich nicht mit dem Kleidungsniveau Ihrer Teilnehmer gemein.

Problemlösungsorientiert oder begehrenswert?

Kompetent zupacken

Wie entsteht der Wunsch eines Kunden, mit Ihnen zusammenzuarbeiten? Ist es ein erdrückendes Problem, dass er nur durch Ihre Hilfe auflösen kann? Dann ein Tipp: Schwadronieren Sie nicht von einem ganzheitlichen Ansatz, den Sie angeblich immer verfolgen! Packen Sie zu. Lösen Sie das eine Problem jetzt!

Sie müssen sich die Frage stellen, welche Rolle Sie als Lieferant einnehmen wollen. Sind Sie Basislieferant, der in schöner Regelmäßigkeit seine Ware abliefert – zuverlässig, aber routiniert? Oder liegen Sie in einer Schublade, auf der steht: Nur im Notfall öffnen?

Was halten Sie von dem Etikett: Wann immer etwas Besonderes los ist, wann immer wir es uns leisten können, dann holen wir uns diesen Trainer!

Korrigieren Sie die Überschrift in problemlösungsorientiert **und** begehrenswert!

Seien Sie preisstabil!

Ultimativ verhandeln

Was machen Sie, wenn der Kunde zu Ihnen sagt: „Ihr Honorar ist für einen Tag o.k. Aber berücksichtigen Sie, dass Sie hier 10 Trainingstage kriegen können – da müssen Sie mit dem Preis was machen – nämlich nach unten optimieren!"

Es geht jetzt nicht darum, was Sie als Trainer im Seminar sagen. Es geht um Ihre Rolle als selbstständiger Unternehmer. Also lautet die Antwort: „Herr Kunde, einen Tag schlecht zu verkaufen, das kann ich mir leisten, aber 10 Tage zu einem schlechten Preis, das ist kaufmännisch unvernünftig – und wie soll ich mich vor Ihre Mannschaft stellen und ihnen Mut machen, fest in ihren Positionen zu bleiben, Preise im Markt durchzusetzen, wenn ich selber hier einbreche?"

Marke, Macht und Mythos

Powern Sie Ihr Selbstbewusstsein

Eine Empfehlung gebe ich Ihnen jetzt nicht: Seien Sie bescheiden! Seien Sie sich bitte darüber im Klaren, dass visionäres Denken seinen Preis hat. Natürlich lebt es sich vielleicht simpler, wenn man sich die Beruhigungssprüche der Vorgenerationen vorbetet. Dennoch:

Spaß macht das Leben erst dann, wenn man sich mutig in ihm bewegt!

Deshalb hier die klare Empfehlung. Bauen Sie sich zur Marke auf, verleihen Sie sich einen machtvollen Auftritt und arbeiten Sie an Ihrem Mythos. Dazu eine absolut wichtige Empfehlung, die insbesondere für Starter gilt: Das wichtigste Wort im Business lautet: Nein! Gerade dann, wenn der Ausbuchungsgrad noch zu wünschen übrig lässt, ist man geneigt, auch weniger gut bezahlte Aufträge anzunehmen. Und das ist immer und grundsätzlich falsch!

Die Gründe:

- Wenn Sie jeden Auftrag annehmen, zerstören Sie Ihr Selbstwertgefühl.
- Jeder schlecht bezahlte Tag, der mit Arbeit gefüllt ist, kann nicht mehr zu einem guten Preis verkauft werden!
- Nur knappes Gut ist auch begehrt!
- Wenn Sie wenig zu tun haben, nutzen Sie die Zeit über bessere Seminare nachzudenken!

Machen Sie eine Zwischenbilanz!

Beginnen Sie jetzt

Ganz einfache Fragen und Antworten bringen Sie ans Ziel.

1. Frage
   Wie viel Tage haben Sie im letzten Jahr gearbeitet?
2. Frage
   Wie hoch war der offizielle Tagessatz?
3. Frage
   Lag der Honorar-Gesamtumsatz über oder unter dem Multiplikator von Frage 1 und 2?
4. Frage
   Lag er darunter, wie viele Tage haben Sie dann zu einem anderen Preis verkauft?
5. Frage
   Was glauben Sie, ist Ihre Arbeit eigentlich wert, wenn man sie denn auch richtig einschätzen würde?

6. Frage
   Wie groß ist die Spanne zwischen dem tatsächlichen und dem gedachten Wert?
7. Frage
   In welcher Zeit wollen Sie diese Diskrepanz schließen?
8. Frage
   Erreichen Sie dann auch das Ziel, zu einem wohltuenden Vermögen zu kommen?
9. Frage
   Welche konkreten Schritte müssen Sie unternehmen, um noch begehrenswerter auf dem Markt aufzutreten?
10. Frage
   Wie entschlossen sind Sie, Ihre eigenen Ziele zu erreichen?

Ein Wort zum guten Schluss

Wenn durch diesen Beitrag bei Ihnen Widersprüche laut wurden, dann lesen Sie genau diese Sätze noch einmal nach! Vielleicht ist ja etwas daran, dass der Schuster krumme Absätze hat, die Kinder des Lehrers verdorben sind und das Vieh des Pfarrers verreckt – aber müssen Sie jetzt auch noch beweisen, dass gute Trainer für sich kein gutes Marketing machen können?

Sie werden in diesem Buch so viele Ideen finden, dass Sie eines nahen Tages sagen können: 1 Million € in zehn Jahren – wo ist das Problem?!

Hartmut Höfer
HÖFER & PARTNER
UNTERNEHMENSBERATUNG
Üsenbergerstraße 6
79341 Kenzingen
Tel. 07644/913064
Fax 07644/913 65
info@ hoefer-partner.de

Hartmut Höfer, Dipl.-Betriebsw., Inhaber von HÖFER & PARTNER und Gründungsmitglied des Netzwerkes CCS Competence Center Südwest, erarbeitet mit seinen Partnern ganzheitliche betriebswirtschaftliche Lösungen für den öffentlichen Dienst, Unternehmen des Handels und der Industrie. Hartmut Höfer ist darüber hinaus Vizepräsident des BDVT und Lehrbeauftragter an der Fachhochschule Offenburg für Führungs- und Organisationslehre.

Benchmarking für selbständige Trainer

Der Autor Hartmut Höfer hat aus eigener Praxis die Erfahrung gemacht: Es ist gut, von den Besten zu lernen, kreativ alle Märkte zu beobachten und hervorragende Entwicklungen adaptiv in die eigene Berufspraxis einzubeziehen. Die vielfältigen Beispiele geben einen guten Einblick, wie mit wachem Blick in die Gegenwart Erfolg versprechende Projekte für die Zukunft entwickelt werden können.

Auch für selbstständige Trainer gilt: *„Das Bessere ist des Guten Feind."* Wenn wir unter dieser Aussage einmal annehmen, dass wir auch als selbszständige Trainer unsere Performance ständig zu optimieren haben, weil wir in der Regel keine Monopolstellung für unsere Dienstleistungen reklamieren können, dann ist hierfür Benchmarking ein bemerkenswertes Werkzeug. In den nachfolgenden Ausführungen wird aufgezeigt, was durch Benchmarking möglich werden kann, ohne jedoch bis ins Detail den Benchmarkingprozess zu beschreiben, weil dann der Rahmen für diesen Beitrag gesprengt werden würde.

Der größte Raum in der Welt ist der Raum für Veränderungen!

Engpass Zeit

Veränderungen finden ständig statt, weil ganz besonders heute in unseren globalisierten Märkten nichts mehr statisch ist. Selbstständige Trainer leisten heute und auch morgen einen wertvollen Beitrag, damit diese notwendigen Veränderungen in den Unternehmen realisiert werden können. So wird von selbstständigen Trainern neben der notwendigen fachlichen und methodischen Kompetenz zunehmend gefordert, dass sie über Netzwerke verfügen und sich auch mit den so genannten „Neuen Medien" (CBT, E-Learning etc.) auseinander gesetzt haben. Der Faktor Zeit ist und wird der Engpassfaktor in unserer täglichen Arbeit. Wir haben einfach nicht die Zeit uns von A – Z in jedes Thema bis in das Detail einzuarbeiten. Schon in der Vergangenheit nutzten wir, um mit Max Meier-Maletz, BDVT, zu sprechen: „Das Lernen aus fremder Erfahrung". In erster

Linie handelte es sich dabei um das Lernen anhand von Analogien. So wurden z. B. aus Workshops und Kongressen des BDVT oder der Deutschen Marketingvereinigung jene Inhalte modifiziert übernommen, von denen man glaubte, dass sie optimal in das eigene Dienstleistungsangebot zu integrieren seien. Systematisch betriebenes Benchmarking kann aus meiner Sicht hierbei aber noch viel mehr leisten.

Definition

Der Begriff Benchmarking kommt ursprünglich aus der Landvermessung. Ein Benchmark war ein Erkennungszeichen, das auf einem Felsen, einem Gebäude oder einer Mauer angebracht war. Es diente als Verweiszeichen, um Positionen bei Vermessungen zu bestimmen. In den Wirtschaftswissenschaften wird heute unter einem Benchmark ein Wert für etwas Messbares verstanden, an dem andere gemessen werden können. So dient internes Benchmarking dazu, alle Prozesse zu optimieren, die an der betrieblichen Leistungserstellung beteiligt sind und bei denen zuvor ein Handlungsbedarf erkannt wurde.

Kopieren des Besten

Branchen-übergreifend

Auf der Suche nach der besten Lösung ist Benchmarking ein bemerkenswert einfaches Werkzeug: Es beruht im Wesentlichen darauf, genau zu beobachten, was läuft und was nicht läuft. Im Grunde ist es eine Art des Kopierens dessen, was sich in anderen Unternehmen oder Organisationen bereits bewährt hat. Egal ob es sich darum handelt, Kundenwünsche zu erfüllen, erreichbare Ziele zu setzen, die Produktivität zu erhöhen, wettbewerbsfähiger, kreativer zu werden usw. Es gilt, Augen und Ohren offen zu halten und die branchenbesten Praktiken modifiziert, d. h. angepasst an die eigene Organisation, zu übernehmen. Das Kopieren des BESTEN muss sich nicht unbedingt auf die eigene Branche beschränken; der Wahrnehmung sind praktisch keine Grenzen gesetzt. Herausfinden, eingehend studieren und es jenen gleichmachen, die es besser können, egal in welchem Bereich – das ist Benchmarking! Unabdingbare Voraussetzung ist allerdings, dass Ihr eigenes Unternehmen für Sie ein „offenes Buch“ ist, d. h. die Prozesse der Leistungserstellung hinsichtlich ihrer Abläufe und Kosten total transparent sind. Ohne diese Kenntnisse gibt es keine Messgrößen, die miteinander verglichen werden können.

Beispiel Textil

Beispiel aus der eigenen Beratungspraxis – Textildesignerin entwirft und fertigt mit ihren wenigen Mitarbeitern alles selbst. Das Zuschneiden, Nähen etc. ist mit 60 Stunden pro Kostüm/Anzug zu veranschlagen. Auf der Schwäbischen Alb stehen ungenutzte Kapazitäten zur Verfügung und benötigen für die gleiche Tätigkeit nur 12 Stunden ohne Qualitätsabstriche.

Ein dynamischer Prozess

Vorsprung im Wettbewerb

Benchmarking hat genau wie Qualitätsverbesserungen keine Ziellinie. Es ist ein dynamischer Prozess, der ständig zu betreiben ist. Es ist ein externer Blick auf interne Aktivitäten, Funktionen oder Verfahren, um eine Verbesserung zu erreichen. Ausgehend von einer Analyse der existierenden Aktivitäten und Praktiken in der eigenen Unternehmung will man existierende Prozesse oder Aktivitäten verstehen und dann einen externen Bezugspunkt identifizieren, der als Maßstab dient, an dem die eigene Aktivität gemessen oder beurteilt werden kann. Ein Benchmark lässt sich auf jeder Ebene der Organisation und für jeden funktionalen Bereich ermitteln. Das Endziel ist ganz einfach und lautet: „Besser zu werden als die Besten", oder anders ausgedrückt – einen Wettbewerbsvorteil gegenüber den anderen Mitbewerbern zu gewinnen.

Beispiel Xerox Corp.

Benchmarking wurde zuerst von der Xerox Corporation zum Ende der 70er-Jahre angewandt, um der japanischen Herausforderung zu begegnen. Von einer Quasi-Monopolstellung (80 % Weltmarktanteil) entwickelte sich die Xerox Corporation auf 30 % Weltmarktanteil durch die japanischen Mitbewerber in nur 5 Jahren zurück. Die Wende kam erst durch den Einsatz von Benchmarking. Interne Analysen und Vergleiche mit den eigenen japanischen Töchtern sowie externen Mitbewerbern führten zu nachhaltigen und radikalen Verbesserungen der Prozesse der Leistungserstellung, der Methoden und Strategien. Der Xerox Corporation gelang dadurch in den Folgejahren wieder die Rückkehr zum Weltmarktführer. Und Benchmarking ist bis heute als ein fester Bestandteil aus der Unternehmenskultur nicht mehr wegzudenken.

Beispiel Mercedes Benz

Die Autofirma Mercedes Benz galt über Jahrzehnte hinweg als Inbegriff für modernste Technik, hervorragende Qualität und Innovationen. Anfang der 90er-Jahre bekam das Unternehmen erhebliche Probleme. Erst der systematische Einsatz von Benchmarking verhalf dem Autobauer innerhalb weniger Jahre wieder zurück an die Spitze der Branche.

Benchmarking hilft sich strategische Wettbewerbspositionen zu sichern und seine Mitbewerber zu überholen. Auf der anderen Seite kann Benchmarking auch dazu eingesetzt werden, um aus einer Existenzbedrohung zurück auf die Erfolgsstraße zu gelangen.

Prinzipien des Benchmarking

Kontinuierlich optimieren

Welche Prinzipien liegen dem Benchmarking zugrunde, um die gewünschten Verbesserungen zu erreichen? Die eigenen unternehmerischen Aktivitäten und Prozesse der Leistungserstellung müssen zunächst genau erfasst, beschrieben und analysiert werden. Anregungen für Verbesserungen sollten von außen kommen. Verbesserungen durch Benchmarking sind nicht einmalig. Sie werden permanent betrieben. Die Wünsche der Kunden setzen die Standards für die Verbesserungen.

In diesem Zusammenhang kann nicht oft genug darauf hingewiesen werden, dass vor dem Verdienen das Dienen steht, weil nur die Kunden letztendlich das Einkommen bzw. den Bestand des Unternehmens sichern.

Wenn Sie im Moment kein Benchmarking betreiben, sollten Sie daran denken, dass sich gegebenenfalls Ihre Mitbewerber zu Ihren Lasten durch Benchmarking im Markt profilieren. Um zu den Besten zu gehören, müssen Sie permanent Ihr Leistungsprofil optimieren.

„Totale Qualität beginnt und endet mit Training. Um totale Qualität zu erreichen, müssen wir ständig Weiterbildung für jeden durchsetzen – vom Generaldirektor bis zum einfachen Arbeiter.“ *Kaoru Ishikawa*

Interne Einwände gegen Benchmarking kommen meist durch die Ablehnung reinen Kopierens zustande. Erfolgreiche Benchmarker wissen allerdings, dass es nicht möglich ist, Benchmarks von anderen Unternehmen 1 : 1 zu übernehmen. Es ist immer erforderlich, die Prozesse und Systeme auf das eigene Unternehmen abzustimmen.

Spektakuläre Benchmarkbeispiele

Aus den USA

Amerikanische Airline – Auftanken und Service im Hangar – benchmarkte die Boxenstops aus der Formel 1. Ergebnis waren verbesserte Umschlagzeiten und Effizienz.

US-Computerhersteller – Routinewartung & Reparaturen – benchmarkte das Wartungsprinzip von Disney-World-Attraktionen in den Erlebnisparks, die ihre Monteure bevollmächtigten Sofortentscheidungen zu fällen. Das Ergebnis waren um 80 % reduzierte Betriebsstörungen, was Millionen Dollar an Ersparnissen brachte.

Beispiele für TrainerInnen:

Europapark Rust – Wartezeiten zwischen den Veranstaltungen werden durch Kleinkunstauftritte kurzweilig überbrückt. Die Besucher werden nie allein gelassen. Für TrainerInnen heißt das, dass z. B. Wartezeiten vor dem Training oder in den Pausen durch Wahrnehmungsspiele, Literatur etc. interessant überbrückt werden können.

Gute Schauspieler oder TV-Moderatoren – beide haben i. d. R. eine klare und volle Stimme und beherrschen ebenso die Feinheiten der ausdrucksstarken Körpersprache. Für TrainerInnen heißt das, dass sie z. B. hier lernen können, wie sie ihr Wirken vor TeilnehmerInnen positiv beeinflussen können.

Wichtig! Den passenden Benchmarkpartner finden

Beim Einsatz von Benchmarking, insbesondere, wenn eigene Verhaltensweisen davon betroffen sind, muss genau darauf geachtet werden, dass die ausgesuchten Benchmarkpartner auch zur eigenen

Person passen. Nicht zu jedem von uns passt z. B. eine Sabine Christiansen oder ein Manfred Krug als Benchmarkpartner/in.

Wo können Sie in Ihrem Unternehmen durch internes Benchmarking Zeichen setzen?

Ansätze für Benchmarking	Nennungen
• Bedürfnisse der Kunden besser erkennen und erfüllen	
• Adaptieren der branchenbesten Methoden	
• Adaptieren der besten branchenfremden Methoden	
• Relevante, realistische und erreichbare Ziele setzen	
• Entwicklung von Messgrößen für Produktivitätskennzahlen	
• Temporäre Netzwerke zum Nutzen der Kunden bilden	
• Eigene Buchprojekte realisieren	
• Aktualisierung der eigenen methodischen Weiterbildung	
• Der Umgang mit neuen Medien und Techniken	
• Weiterentwicklung der eigenen Unternehmensstrategie	
• Professionelle PR-Arbeit betreiben	

Ansätze für Benchmarking	**Nennungen**
• Test der Qualität der eigenen Dienstleistungen	
• Bessere Problemlösungen finden	
• Kreative Lösungen für alte Aufgabenstellungen entwickeln	
• Marktführerschaft heißt immer auch Kostenführerschaft!	

Anhand der Rangreihe, die sich aus den Bewertungen ergibt, wird festgelegt, welche Ansätze zuerst vertieft werden sollten.

Viel Spaß beim internen Benchmarking in Ihrem Trainingsunternehmen.

Literatur für den Einstieg:

James G. Patterson, *„Grundlagen des Benchmarking“*, Manager Edition Überreuter
Kathleen H. J. Leibfried / Carol Jean McNair, *„Benchmarking“*, Haufe bei Knaur

Externe Benchmarkprojekte für selbständige TrainerInnen im BDVT

Auftrags-Sicherung

Kooperationen mit Bildungsträgern für die Erwachsenenbildung suchen:

- Kirchen
- VHS
- VDI, BDS und sonstige Verbände für UnternehmerInnen

- Landesgewerbeämter der Landesregierungen
- IHKs, HWKs, Innungen etc.
- Arbeitsämter
- Marketingclubs oder andere Berufsverbände

Die Zielsetzungen derartiger Benchmarkprojekte könnten sein: die Steigerung des Bekanntheitsgrades in der Region oder die Sicherung von standortnahen Beratungs- und Trainingsaufträgen.

Mitgliedschaften in anderen renommierten Verbänden

Image-Steigerung

- BDU-Mitgliedschaft
- ASTD-Mitgliedschaft in den USA

Die Zielsetzung dieses Benchmarkprojektes könnte sein, die eigene Kompetenz sichtbar zu dokumentieren und somit zur Imagesteigerung der eigenen Person beizutragen.

Vorträge zu aktuellen Themen aus der betrieblichen Erwachsenenbildung vor:

Dialog beginnen

- Banken
- Versicherungen
- Unternehmen
- öffentlichen Institutionen etc.

Die Zielsetzung dieser Benchmarkprojekte könnte sein, zunächst den Dialog mit den TeilnehmerInnen derartiger Veranstaltungen in Gang zu setzen, um dann über die Vertiefung des begonnenen Dialogs den einen oder andern Auftrag zu akquirieren.

Benchmark-Events im Berufsverband BDVT

Für relevante Zielgruppen

Ferner bietet sich an, auch den BDVT für die Realisierung von Benchmarkprojekten zu nutzen. Denkbar ist z. B., Events mit anderen BDVTlern vor Ort für die relevanten Zielgruppen zu organisieren. Das Ziel hierbei wäre z. B. den BDVT als leistungsfähigen Berufsverband für Managementtraining, Beratung und Marketing sowie Verkaufsförderung bekannt zu machen. Potenzielle Nachfrager wissen dann bei Bedarf, dass sie kompetente Partner für ihre Aufgabenstellungen unter den BDVTlern finden können.

Des Weiteren bietet sich eine intensivere Nutzung der RCs als „BDVT-vor-Ort-Plattform" an. Gäste werden je nach Thema gezielt aus der Region eingeladen. Es wird Hilfe zur Selbsthilfe geboten. Das Ziel eines derartigen Benchmarkprojektes könnte sein, dass die TeilnehmerInnen aus diesen Veranstaltungen etwas für ihren betrieblichen Alltag mitnehmen, was direkt umsetzbar ist.

Unter dem Stichwort „externe Benchmarkprojekte" wurden nur Ansätze aufgelistet, die wir selbst in unserem Netzwerk ausprobiert haben. Weitere Auskünfte sind auch über die Berufsgruppe der Selbstständigen im BDVT zum Thema Benchmarking zu erhalten.

Bernd Raffler
Conzestraße 32
59557 Lippstadt
Tel. 02941/22144
Fax 02941/23797
office@raffler-training.de
www.raffler-training.de

Bernd Raffler, BDVT, ist seit 1985 Trainer und Berater mit den Schwerpunkten: Organisation, Kommunikation und Einkauf.

Die Kraft für seine vielfältigen Aufgaben schöpft er aus seiner gesunden Lebensführung. Sportlich ist er immer noch gut drauf. So konnte er sich im Alter von 50 Jahren erstmals für die Deutschen Meisterschaften der Senioren über 400 m qualifizieren.

Geistige und körperliche Fitness als Basis für den Erfolg

Der Autor Bernd Raffler verbindet die Realitäten des Traineralltags – chronische Über- und Dauerbelastung gepaart mit mangelndem Gesundheitsbewusstsein – und führt sie einer Lösung zu. Den Ausgleich schaffen durch körperliches Training und ausgewogene Ernährung. Das Wesentliche ist wie überall: Tun muss es jeder selbst. Fangen Sie heute an!

Der Beruf „TrainerIn“ ist von der Belastung her eine Aufgabe, die körperlich stark fordert. Die Teilnehmer im Seminar, die Zuhörer beim Vortrag und die Menschen in den Firmen wechseln fast täglich. Dadurch wird immer eine Top-Leistung verlangt. Diese Aufgabe kann der Trainer nur annähernd erfüllen, wenn Geist und Körper gut trainiert sind.

Den Geist gezielt aktivieren

Wunderwerk Gehirn

Das menschliche Gehirn ist ein Wunderwerk. 15 Billionen Speicherzellen können jede Sekunde Millionen Informationen aufnehmen. Das Gehirn muss aber wie der Körper trainiert werden, damit es beweglich bleibt.

Mit 90 Jahren hat der Mensch ungefähr zehn Prozent seiner Gehirnsubstanz verloren. Inzwischen ist bekannt, dass diese Aussage für das geistige Funktionieren ohne Bedeutung ist, weil nur ein Fünftel des geistigen Potenzials genutzt wird.

Es gibt zwar typische Alterskrankheiten. Davon sind aber nur 6 % der Menschen über 60 Jahre und 20 % der Menschen über 80 Jahre betroffen. Es gibt unzählige Beispiele von Menschen, deren Gehirn bis ins höchste Alter optimal funktioniert. Ein gut trainiertes Gehirn scheint seine Leistung sogar kontinuierlich zu verbessern.

Es scheint für den Geist keine Altersbegrenzung zu geben. Als Beispiele nehmen Sie die Alterswerke großer Künstler und Wissenschaftler. Tizian schuf sein Meisterwerk, die „Pietà", mit 99 Jahren. Albert Schweitzer, Konrad Adenauer, Bernhard Shaw und Picasso sind weitere gute Beispiele.

Sie sind so jung – wie Sie denken

Geistig mobil bleiben

Die Speicherfunktion des Gedächtnisses nimmt mit den Jahren nicht ab. Nur der Zuwachs vollzieht sich etwas langsamer als in der Jugend. Somit ist es sehr einfach, älter zu werden und doch jung zu bleiben. Sie müssen nur weiter denken und lernen. Lernen ist wie Rudern gegen den Strom. Sobald Sie aufhören, treiben Sie zurück.

Nur wenn Sie mit starkem Willen und Ausdauer regelmäßig Ihre geistigen Kräfte mobilisieren, haben Sie auch Erfolg. Dazu müssen Sie die unkreative Zufriedenheit, die Unlust und die Bequemlichkeit überwinden.

Kreativ leben

Die kreativen Menschen sind von der Wichtigkeit ihrer Gedanken überzeugt. Die Begeisterung, die sie ihnen einflößt, ist der Grund dafür, den kreativen Prozess überhaupt zu beginnen. Der wahrhaft Kreative wünscht, seine Leistung bei jeder Gelegenheit zu verbessern.

Ahmen Sie diese Menschen nach und freuen Sie sich über jede Leistung, die sie vollbringen. Bauen Sie auf diesen Leistungen auf. Der sicherste Weg zum Erfolg führt noch immer von Sprosse zu Sprosse. Ausdauer und Geduld sind erlernbar. Setzen Sie sich für Ihre Ziele ein Zeitlimit.

Voraussetzungen für geistige Hochleistungen

Neun Tipps

Gerade unter einem gewissen Zeitdruck können auch Sie Höchstleistungen erbringen. Nachstehend nenne ich Ihnen neun Punkte, die Ihre geistige Leistung verbessern:

1. Bringen Sie alle körperlichen Dinge in Ordnung, die Sie stören.

2. Schlafen und ruhen Sie ausreichend.
3. Bauen Sie unnötiges Wissen ab, trainieren Sie „absichtliches Vergessen“.
4. Stärken Sie Ihren Geist durch glückliche Stimmungen.
5. Lernen Sie die Dinge im Ganzen.
6. Lernen Sie langsam und gleichmäßig.
7. Finden Sie heraus, ob Sie abends oder morgens besser lernen.
8. Entwickeln Sie ein bildhaftes Denken.
9. Schreiben Sie Ihre Ideen und Gedanken immer sofort auf.

Fernsehen ist ein passiver Zeitvertreib. Es lähmt das Denken und ermuntert zu keiner Anstrengung. Lediglich kann es unterhalten und zerstreuen. Lesen dagegen ist eine aktive geistige Leistung. Sie leitet Sie dazu an, sich auf eine Sache zu konzentrieren, die Sie wollen. Je interessanter ein Lesestoff ist, desto leichter lernen Sie.

Lernen Sie deshalb nur das, was Sie auch begeistert. Die Menschen sind selten zu dumm zum Lernen. Sie lernen nur sehr oft falsch. Wichtig ist das Wiederholen. Dann gelangt das Gelernte in das Langzeitgedächtnis. Das Behalten ist abhängig von der angeborenen Fähigkeit zu behalten und der Zahl der Wiederholungen im regelmäßigen Zeitabstand.

Gesundheit als Lebensaufgabe

Basis für den Erfolg

Gesundheit ist zwar nicht alles; aber ohne Gesundheit ist alles nichts! Diesen Satz sagte schon Schopenhauer. Negativ an einer fehlenden Gesundheit ist, dass Sie am Leben nicht die richtige Freude haben. Gerade heute ist aber die Erhaltung der gesunden Spannkraft und Lebensfreude, die nervlich-seelische Gesundheit, die Basis für erfolgreiche und überzeugende Arbeit im Beruf.

Ärzte haben festgestellt, dass ca. 80 % der deutschen Bevölkerung seelisch krank sind. Die Ausgaben der Krankenkassen steigen von Jahr zu Jahr. Trotz aller Aufwendungen sind die Deutschen aber nicht gesund. Es gibt junge Menschen, die wie Greise aussehen und auch wirken. Dagegen gibt es alte Menschen, die aktiv sind und Energie und Lebenskraft ausstrahlen.

Für eine gute Gesundheit müssen Sie natürlich die eigene Bequemlichkeit überwinden. Für alles, was Sie tun wollen, gibt es 20 gute Gründe, es nicht zu tun. Entscheidend ist aber nur, dass Sie es tun. Gesundheit und Fitness kommen nicht von selbst – Sie müssen sie sich schon erarbeiten.

Stress erkennen und abbauen

Bequemlichkeit überwinden

Die natürliche Funktion des Körpers wird in der heutigen Zeit immer wieder missbraucht. Gerade auch bei Trainern ist eine chronische Überbelastung üblich. Aus dieser Belastung resultieren viele gesundheitlich negative Folgen.

Eine der Folgen ist der extrem frühe Verschleiß. Er ist die Ursache dafür, dass vor allen Dingen Männer im Alter um die 50 Jahre plötzlich mit einem Herzinfarkt zusammenbrechen. Es ist nicht die Menge der Arbeit, sondern die Hektik, die den Herzinfarkt fördert.

Gesundheit wichtig nehmen

Das Gefühl der Gesundheit erwerben Sie oft erst durch eine Krankheit. Ich meine aber, Sie müssen doch nicht erst ernsthaft krank werden, um beurteilen zu können, wie wichtig Ihnen die Gesundheit ist. Sie sind doch in der Lage, für sich selbst zu sorgen.

In der heutigen Zeit ist Krankheit auch immer Schwäche. Aus Angst vor Imageverlust geben TrainerInnen persönliche Belastungen und Leiden ungern zu. Sie sollten sich aber mit Ihren persönlichen Leiden auseinander setzen, die Ursachen erkennen und einschränken bzw. beseitigen.

Checklist Stress

Versuchen Sie selbst einmal anhand der nachstehenden Beispiele eigene Stress-Symptome zu erkennen:

1. körperlich
   - Unfähigkeit zur Entspannung

- Kopf- und Rückenschmerzen
- Herz- und Kreislauf-Erkrankungen
- Erschöpfungs-Zustände
- Magen- und Darm-Erkrankungen

2. emotional
   - innere Unruhe
   - starke Aktivität
   - Ungeduld und schnelle Erregbarkeit
   - depressive Verstimmung
   - Unsicherheit

3. geistig
   - Einengung der Wahrnehmungsfähigkeit
   - Einschränkung des Denkvermögens
   - Konzentrationsschwäche
   - Vorurteile, geringe Selbstachtung

Wenn Sie die Fehler in Ihrem persönlichen Bereich erkannt haben, dann bauen Sie diese schnellstens ab. Das Streben der Menschen ist immer auf Glück und Selbstverwirklichung gerichtet. Ein gestresster Mensch hat auf Dauer keine positive Ausstrahlung. Aber gerade im Training ist die positive Ausstrahlung wichtig – als Vorbild und für den Lernerfolg. Oft ist der Unterschied zwischen Krankheit und Gesundheit nur, wie Sie mit den Stressreaktionen fertig werden.

Täglich und bewusst Negativ-Stress meiden

Positiven Stress nutzen

Wenn Sie das erkannt haben, sollten Sie jeden Tag daran arbeiten. Teilen Sie Ihren Arbeitstag so ein, dass Sie die Arbeit ohne Zeitdruck schaffen. Entspannen Sie sich in den Pausen. Sorgen Sie für den Wechsel zwischen Spannung und Entspannung. Es ist unmöglich, jeden Stress aus Ihrer Umgebung zu entfernen. Deshalb müssen Sie sich vom Stress entfernen. Meiden Sie zum Beispiel überfüllte Geschäfte, unnötige Streitgespräche, unangenehme Menschen und lästige Verabredungen.

Sie sollten lernen, nicht nur einmal mit dem Stress fertig zu werden, sondern täglich den Stress abzubauen. Unterscheiden Sie positiven und negativen Stress, Ersterer ist ein Leistungs-Aktivator. Ohne positiven Stress ist menschliches Leben und eine geistige Leistung nicht möglich. Von der völligen Entspannung zur höchsten Anspannung, das entspricht dem Lebensrhythmus.

Ihr Körper wurde geschaffen, um während einer bewundernswert langen Periode Kraft zu entfalten. Wenn Sie Ihrem Körper eine gesunde Ernährung geben, ausreichend Bewegung und Schlaf haben und ein gesundes Geistesleben führen, dann wird er immer wieder neue Kräfte hervorbringen.

Begeistern Sie sich für Ihre Aufgaben. Dann wächst auch die Energie und Lebenskraft. Arbeit macht Sie nur krank, wenn sie für Sie unbefriedigend ist. Deshalb sollten Ihre Aufgaben Sie immer fordern und reizen. Akzeptieren Sie diesen positiven Stress als Basis für Ihre Leistungsfähigkeit. Der Stress setzt ungeahnte Energien frei. Denken Sie immer daran, dass negativer Stress auch mental hervorgerufen wird und Sie ihn mit Ihren Gedanken in positiven Stress verwandeln können. Ein Beispiel: Negativer Stress entsteht bei dem Gedanken daran, was Sie heute nicht geschafft haben, positiver Stress durch die Verdeutlichung, wie vieles Sie heute erledigen konnten.

Körperliches Training als Ausgleich

Sport treiben

Aus dem Langstreckenläufer und Jäger ist den letzten 100 Jahren ein beheizter Sitzer und Fahrer geworden. Langfristig sind starke Behinderungen, besonders im Rückenbereich, die Folge davon.

Damit Ihr Organismus wieder in Ordnung kommt, müssen Sie Ihren Körper regelmäßig trainieren. Ich spreche hier nicht von sportlichen Höchstleistungen, sondern von einem regelmäßigen und dosierten körperlichen Training. Sie sollten möglichst jeden Tag zwanzig Minuten trainieren. Besonders empfehle ich Ihnen die Ausdauersportarten wie Laufen, Schwimmen und Radfahren.

Die Belastung sollte so hoch sein, dass Sie nach dem Training einen

Konstante Dauerleistung

Pulsschlag von etwa 180 minus Lebensalter haben. Trainieren Sie regelmäßig und vorsichtig dosiert. Durch regelmäßiges Training erreichen Sie Folgendes:

1. Kräftigung der Muskulatur.
2. Verbesserung der Sauerstoff-Versorgung.
3. Stoffwechselschlacken werden besser ausgeschieden.
4. Die Luftkapazität der Lunge erhöht sich – bessere Atmung.
5. Leistungsfähigkeit des vegetativen Nervensystems wird gesteigert.
6. Zunahme des Herzmuskels bei Dauertraining.

Beim Training werden drei Belastungsarten unterschieden: Kraft – Schnellkraft – Dauerleistung. Für Ihr Gesundheitstraining empfehle ich Ihnen aber nur das Ausdauer-Training. Mit den oben genannten körperlichen Verbesserungen schaffen Sie eine gute Grundlage, um mit den täglichen Anforderungen besser klarzukommen.

Tägliches Gesundheitsritual

Wenig Aufwand

Erfolg haben Sie nur, wenn Sie für Ihre Gesundheit täglich etwas tun. Planen Sie das Tun für Ihre Gesundheit, genauso wie auch die täglichen beruflichen Aufgaben. Denken Sie einmal an Ihr wichtiges und wertvolles Auto. Sie pflegen es, tanken es, schütten Öl nach und bringen es regelmäßig zur Inspektion. Ist Ihr Körper – Ihre Gesundheit – nicht genauso wichtig? Ich denke ja. Deshalb sollten Ihre Aktivitäten zum täglichen Ritual werden.

Bei der täglichen Körperpflege überlegen Sie nicht: Muss ich duschen, Zähne putzen, rasieren oder schminken? Sie tun es automatisch. Entscheidend bei den Gesundheits-Ritualen ist es, dass Sie davon überzeugt sind und diese Übungen auch gern durchführen. Das könnte zum Beispiel am Morgen so ablaufen:

1. Nach dem Aufwachen stehen Sie langsam auf. Dann räkeln und strecken Sie sich bei möglichst frischer Luft.

2. Mit einem Massagehandschuh oder einer Bürste bearbeiten Sie Ihre Haut mit mäßigem Druck. Trockenbürsten steigert die Hautdurchblutung und ist dadurch ein gutes Abhärtungsmittel.
3. Durch Kaltwasser-Anwendungen nach dem kneippschen Prinzip regen Sie Ihren Körper zur Wärmeproduktion an. Nach den Kaltanwendungen sollten Sie sich nicht abtrocknen, sondern durch Bewegung und Lockerungsübungen trocken werden.
4. Zum Auftakt des Tages und für Ihr Wohlbefinden sollten Sie dann zum Abschluss noch einige gymnastische Streck- und Dehnübungen absolvieren. Das Programm stellen Sie bitte selbst zusammen. Beachten Sie dabei, dass möglichst alle Körperteile bewegt werden.

Wenn Sie den Tag so beginnen, fühlen Sie sich wohl und Sie können sich auf den weiteren Verlauf so richtig freuen. Frei nach dem Motto: Gib jedem Tag wenigstens die Chance, der schönste deines Lebens zu werden.

Körperlich aktiv im Alltag

Pausen planen und nutzen

Auch die Mittagspause sollten Sie aktiv nutzen. Dazu gehört eine Entspannung. Hier hat sich das autogene Training besonders bewährt, da es Ihnen eine gute Entspannung in kurzer Zeit ermöglicht. Nach einer gewissen Übungsphase können Sie sich überall und in jeder Situation körperlich zurückziehen.

Neben dieser Entspannung sollten Sie auch eine Bewegung im Freien mit einplanen. Vielleicht lassen Sie Ihr geliebtes Auto einmal stehen. Dafür gehen Sie oder fahren mit dem Fahrrad die Strecke von Ihrer Arbeit zum Entspannungsort.

Nach Abschluss eines arbeitsreichen Tages sollten Sie als körperlichen Ausgleich ein Ausdauertraining durchführen. Wichtig ist dabei, dass Sie es regelmäßig betreiben. Viermal dreißig Minuten sind viel besser als zweimal zwei Stunden pro Woche.

Joggen ist ideal

Bei der Auswahl der Sportarten empfehle ich Ihnen gern das Laufen, weil ich das seit Jahren mit Freude tue. Sie benötigen dazu eigentlich nur ein Paar gute Laufschuhe. Dann können Sie überall laufen. Gerade der Trainerjob zwingt Sie oft zu Hotelübernachtungen. Ich habe festgestellt, dass es in der Nähe von Hotels fast immer eine Laufmöglichkeit gibt.

Bevor Sie aber mit dem Ausdauertraining beginnen, sollten Sie Ihren Hausarzt konsultieren. Besser für die Beratung ist es natürlich, wenn er noch Sportarzt ist und selbst Dauersport betreibt. Wenn Ihnen nun Laufen gar nicht zusagt, dann ist Radfahren und Schwimmen eine gute Alternative.

Bei Ihrer persönlichen Planung sollten Sie immer folgende Grundsätze beachten:

- Sitzende Tätigkeit durch körperliche Tätigkeit ausgleichen.
- Nervliche Anspannung durch Entspannung ausgleichen.
- Pausen, Freizeit und Urlaub ist immer auch Erholung für den Körper.

Körpergerechte Ernährung

Du bist, was du isst

Neben der täglichen körperlichen Betätigung ist für ein Wohlbefinden die richtige Ernährung entscheidend. Viele Menschen essen immer noch wie Schwerarbeiter, obwohl sie inzwischen Leichtarbeiter sind.

Über Ernährung gibt es inzwischen eine Vielzahl von Fachbüchern. Entscheidend ist für Sie aber, dass Sie die Grundprinzipien anwenden. Bevorzugen Sie vitalstoffreiche Lebensmittel. Dazu gehören das volle Getreidekorn, Wurzelgemüse, frische Salate, Frischobst und Milchprodukte. Reduzieren sollten Sie Industriezucker, weißes Mehl und Industriefette.

Verfahren Sie dabei nicht nach dem Prinzip FdH (friss die Hälfte), sondern wenden Sie das Prinzip FdR (friss das Richtige) an. Zum Essen sollten Sie sich immer Zeit lassen. Gut kauen in Ruhe ist eine wesentliche Voraussetzung zum Wohlergehen. Sie sollten sich angewöhnen, beim Essen nicht über unangenehme Dinge zu sprechen. Bei der Zubereitung oder Auswahl der Speisen achten Sie auch darauf, dass Ihnen die Speisen schmecken. Essen sollte keine Dauerdiät sein, sondern gesunde, wohlschmeckende und sättigende Normalkost. Unter diesem Aspekt dürfen Sie von Zeit zu Zeit auch einmal sündigen.

Nicht das Wissen ist entscheidend – sondern das Tun

Ich habe Ihnen nun eine Menge Empfehlungen für Ihre geistige und körperliche Fitness gegeben. Erfolg haben Sie in Ihrem anstrengenden Beruf als TrainerIn aber nur, wenn Sie die Dinge, von denen ich Sie überzeugen konnte, auch täglich anwenden.

Jetzt beginnen Die Regeln für ein gesundes Leben sind im Grunde sehr einfach. Nur müssen Sie sie auch befolgen und anwenden.

Resümee

- Trainieren Sie Ihr Gehirn täglich! Nur dann haben Sie eine Chance sich bis ins hohe Alter weiterzuentwickeln.
- Begeisterung und Wiederholung sind die wichtigsten Grundlagen fürs Lernen.
- Erfolg macht nur Spaß mit einem gesunden Körper.
- Positiver Stress ist ein Leistungs-Aktivator und damit die Basis für den Erfolg.
- Tägliches körperliches Training steigert das Wohlbefinden und die Belastbarkeit.

Siegfried A. Huth
Danziger Str. 14
35683 Dillenburg
Tel. 02771 - 6955
Fax 02771 - 6992
Siegfried Huth@t-online.de
www.trainer.de/sihu
www.bdvt.com/huth

Siegfried A. Huth zählt zu den ältesten, erfahrensten und erfolgreichsten Trainern. Er schult in sämtlichen Branchen. Die Teilnehmer kommen aus allen Hierarchien. Sehr gefragt ist er auch als Kongressredner, Coach und Ghostwriter. Seine Kernkompetenzen betreffen die Themen Verkauf, Rhetorik, Phonetik, Führung, Psychologie, Persönlichkeitsentwicklung, Erfolgsstrategien, telefonieren und korrespondieren. Er ist Herausgeber und Chefautor der Duden „Das Sekretariatshandbuch" und „Reden gut und richtig halten". Mit zahlreichen Fachbeiträgen und anspruchsvollen Sachbüchern, herausgegeben in angesehenen Verlagen, hat er sich einen Namen gemacht.

Huth ist seit vielen Jahren IHK-Dozent und gehört dem Prüfungsausschuss an.

Seit über 50 Jahren ist er in der Kommunal-, Landes- und Bundespolitik sowie in weiteren öffentlichen Bereichen aktiv. Als vereidigter Ehrenbeamter ist er mit 78 Jahren vermutlich in der Bundesrepublik der älteste amtierende Stadtrat. Er ist BDVT-Ehrenmitglied und war Vorsitzender des Beirats.

Siegfried A. Huth wurde für seine Verdienste vielfach ausgezeichnet. Der Hessische Ministerpräsident verlieh ihm den Ehrenbrief des Landes und der Bundespräsident das Bundesverdienstkreuz am Bande des Verdienstordens der Bundesrepublik Deutschland.

Lebenslang erfolgreich als Trainer

Der Autor Siegfried Huth gibt aus seiner Lebenserfahrung als Trainer mit humorvollem Selbstbewusstsein einen Teil seiner Überzeugungen an die nachwachsende Trainergeneration weiter. An den mit Wortwitz gemixten Wertvorstellungen eines ausbalancierten und engagierten Trainerlebens lassen sich individuelle Überzeugungen abprüfen.

Mit 60 am Ende?

In der Lebensplanung mancher Trainer sind berufliche Aktivitäten bereits nach dem 60. Lebensjahr nicht mehr vorgesehen. Dieses Prinzip ist zu respektierende Privatsache. Kommt das Thema gelegentlich aufs Tapet, ist zu hören:

- Länger will ich mir den Stress nicht antun
- Ich habe gesundheitliche Probleme
- Ich will noch Träume realisieren und mich anderweitig verwirklichen
- Ich habe genug Geld, jetzt will ich genießen
- Man muss Jüngeren Platz machen
- Alte Trainer haben kaum noch Chancen
- Die technische Entwicklung überrollt und überfordert mich
- Meine Frau zieht nicht mehr mit

Im Gespräch mit Kolleginnen gab es keine gravierende argumentative Abweichung. Obige Standpunkte lang und breit zu diskutieren, macht nicht viel Sinn. Schließlich sind die Konsequenzen nur für die Betroffenen bedeutsam.

Aufruf zur lebenslangen Aktivität

Widerspruch wird jedoch geweckt, wenn „Endzeit-Apologeten" ihre Maximen mit dem Schlenker propagieren: ‚Trainer über siebzig sind geistig ausgelutscht und körperlich abgefackelt'. Wer solchen Unsinn verbreitet, beweist mangelnde Urteilsfähigkeit oder offenbart Unlauterkeit. Neid ist der Vater der Niedertracht. Trainer können durchaus bis ins hohe Alter aktiv sein und attraktiv bleiben. Der Beweis, dass es klappt, bin beispielsweise ich selbst. Es funktioniert aber nur, weil ich es will. Wenn die intrinsische Motivation fehlt, bewirkt die extrinsische auch nichts. Deshalb ist es nicht meine Absicht, andere zu überreden, es mir gleichzutun. Man soll keinen Jagdhund in den Wald tragen.

Alle, die nicht bereit sind, sich das Verfallsdatum ihrer Popularität und Prosperität vorschreiben zu lassen, ermuntere ich jedoch gern nach eigenem Belieben beruflich am Ball zu bleiben.

Lebensleistung entscheidend

Für die Bewertung der Kenntnisse und Konzepte sind allein Kunden zuständig, keine konkurrierenden Kollegen oder gar dubiose Schlawiner, die sich als Gütesiegel-Händler eine schnelle Mark erschleichen wollen. Der Markt reinigt sich selbst. Wer Erwartungen enttäuscht, ruiniert seine Reputation und rutscht eh ins Aus. Kontakte und Kontrakte hängen nicht vom Lebensalter, sondern von der Lebensleistung ab.

Wie lange noch?

Oft fragt man mich, „Wie lange willst du noch arbeiten?“ Die Gründe dieser Erkundigungen sind unterschiedlich. Ich erkenne sie an den Gesprächssituationen, am Status des Fragenden und dem Stand der Beziehung zu mir, an der Körpersprache und dem Tonfall. Es schwingt immer etwas mit:

Bedauern:	Musst du das noch?
Bewunderung:	Wie schaffst du das bloß?
Anerkennung:	Ich könnte das nicht.
Vorwurf:	Warum genießt du nicht einfach dein Leben?
Spott:	Mann, bist du blöd.
Argwohn:	Bist du etwa ein Workaholic?
Misstrauen:	Bringst du das denn noch?
Hoffnung:	Kann ich deinen „Laden“ übernehmen?
Neugier:	Was sagt deine Frau dazu?
Vernunft:	Gib mir Tipps.

Meine Antworten fallen nach Lust und Laune aus:

✎ Es ist noch keiner früh gestorben, der bis ins hohe Alter gearbeitet hat.

- ✎ Arbeit ist des Bürgers Zierde, Segen ist der Mühe Preis.
- ✎ Ich habe kein Verfallsdatum.
- ✎ Meinen „Laden“ nicht, aber meine Lizenzen.
- ✎ Solange es mir Spaß macht.
- ✎ Ich verdiene gerne die zweite Million.
- ✎ Mein Lebenselixier ist Erfolg.
- ✎ Meine Seminare werden ausgezeichnet beurteilt.
- ✎ Meine Frau teilt mit mir gerne Bett und Beruf.

Meine Erfahrungen gebe ich dem Trainer-Nachwuchs gern weiter. Wer mich kennt, weiß, dass ich Zitate schätze – sie beeinflussen den Lerntransfer positiv. Nachstehend einige Beispiele:

- Je umfangreicher das Trainer-Reservoir an Wissen, Können und Erfahrung, umso interessanter sind die Seminare.
- Karriere beginnt im Kopf.
- Jahre lehren mehr als Bücher.
- Besser Querdenker als Anpassungsrastelli.
- Kleine Korrekturen haben manchmal große Konsequenzen.
- Ein kleiner Schock verursacht oft großen Schwung.
- Bloßes Raster- und Schablonendenken behindert Kreativität und Flexibilität.
- Intelligenz ohne Initiative ist so nutzlos wie ein Tank ohne Treibstoff.
- Die meisten Erfolge sind Kontakterfolge.
- Wer überdurchschnittlich erfolgreich ist, kann nicht auch noch erwarten besonders beliebt zu sein.
- Bekanntheit und Ansehen in der Branche verschaffen Respekt, fördern aber auch die Rivalität.
- Individualität wird selten kollektiv akzeptiert.
- Honorigkeit ist der Humus der Harmonie.
- Klugheit garantiert keinen Erfolg, Dummheit kann ihn nicht verhindern.

- Alle haben den gleichen Himmel, aber nicht den gleichen Horizont.
- Willst du dich profilieren, musst du markant formulieren.
- Vermögen hat etwas mit vermögen zu tun.
- Nicht alle Redner sind redlich.
- Herrscher lieben das Herdenverhalten.
- Adler fliegen alleine, Schafe brauchen die Herde.
- Willst du was gelten, mache dich selten.
- Lege dich quer, dann bist du wer.
- Verlässlichkeit ist das Fundament des Vertrauens.
- Bedeutsame Begegnungen ermöglichen einen Blick in die Bilanz des Lebens.
- Erfolgreiche Jahre sind Juwelen in der Kette des Lebens, vorausgesetzt, Menschlichkeit bestimmt den Sinn allen Strebens.
- Jeder Standpunkt hat seine eigene Sicht und jeder Widerspruch seinen speziellen Wert.
- Wer jedermanns Liebling sein will, ist bald jedermanns Trottel.
- Werde, der du bist.

Rückblick und Ausblick

Flexibel, aber nicht verbogen

Von Nietzsche stammt: „Es gibt meinen Weg und es gibt *deinen* Weg, aber *den* Weg, den gibt es nicht.“ Deshalb ist der Wunsch nach einem Patentrezept nicht zu erfüllen, wir müssen uns mit patenten Rezepten begnügen, für die jeder selbst verantwortlich ist. Ich habe in 40 Jahren (m)einen unverwechselbaren Stil entwickelt. Wenn Kunden positiv reagieren, habe ich kein Problem ihn moderat zu variieren. Meine Flexibilität geht aber nicht so weit, dass ich mich verbiegen lasse. Alle Kulturen bieten Wegweisungen an, die hilfreichen sollte man kennen und nutzen. Trainer mit Tiefgang vermitteln auch Zugang zur Philosophie. Sie sind Freunde der Weisheit und Begleiter bei der Suche nach Wahrheit, Sinn und Sinngebung allen Tuns. Gestresste Leistungsträger brauchen immer häufiger Balsam für die Seele, beispielsweise Kontemplation und Meditation. Psychologische Hilfen ziehen sich wie ein roter Faden durch alle Seminare. Nun, Psychologie ist die Lehre von der Seele. Hier bin ich immer bemüht, neue Ansätze für die persönliche Verwendung zu probieren, um sie dann seminaristisch zu praktizieren.

Engagement für die Gesellschaft

Zur sonstigen wissensmäßigen Ausstattung trägt permanente Weiterbildung sowie Kenntnis und Nutzung der neusten Kommunikationstechniken bei. Zum Akquisitionsbereich gehören bewährte Netzwerke mit wenigen ausgesuchten Kolleginnen und Kollegen. Außerdem funktionieren nach wie vor Beziehungen zu internationalen Konzernen, Großunternehmen, Verbänden und Institutionen.

Zur Imagepflege gehören Publikationen. Meine Fachbeiträge kann ich nicht mehr zählen. Meine Bücher und Broschüren haben eine hohe Auflage, sie sind in namhaften Verlagen erschienen. Trotz beruflicher Auslastung haben ehrenamtliche politische, soziale und gesellschaftliche Aktivitäten, die sehr zeitaufwendig sind, einen hohen Stellenwert. Diese Tätigkeiten sind wertvolle Erfahrungsquellen, lebensnah und gemeinnützig.

Fit bis ins Alter

Zur Abrundung gehören auch Hinweise zur Bedeutung gesunder Ernährung und sportlicher Betätigung – in meinem Fall (alpin) Schnee- und Wasserski.

Anreize zum Weitermachen sind folgende Zufriedenheitsfaktoren:

- Kanalisierung des Tatendranges
- Streben noch Selbstverwirklichung
- Gestalten, fordern und verändern
- Jüngeren Vorbild sein
- Den Jahren Leben geben

Dies alles gelingt mir, weil ich eine ungewöhnlich tüchtige Frau habe, die mir nicht nur den Rücken frei hält, sondern vielseitig mitarbeitet. Gemeinsamkeiten und Übereinstimmungen halten uns beide jung.

Hinzu kommt die Freude erfolgreicher Kinder und Enkelkinder an ihren tüchtigen Eltern bzw. Großeltern.

Es bleibt die Frage: Soll es wirklich lebenslang so weitergehen? Solange die Leute vom „alten Huth“ reden, sehe ich keinen Anlass zum Aufhören. Heißt es eines fernen Tages der „zu alte Huth“ – na ja, dann!

Liebe Senioren, der Zahn der Zeit zernagt zuerst alle, die Rost ansetzen.

Liebe Junioren, wenn Sie auch noch im hohen Alter im Trainingsbereich gefragt sein wollen, müssen Sie mit Ihren Aktivitäten jetzt schon die Weichen stellen.

Gerd Datené
team-training & transfer (ttt)
Beratung und Training
Rosenstr. 28
47906 Kempen
Tel. 02152/510777
Fax 02152/510681
tttkempen@aol.com

Gerd Datené, Dipl.-Ing., Jahrgang 1948, ist seit 1980 Inhaber der team-training & transfer – Unternehmensberatung & Training in Kempen am Niederrhein.

Er versteht sich als prozessbegleitender Moderator, Trainer und Coach bei einem (möglichst) ganzheitlichen, systemischen Ansatz.

Seine Schwerpunkte liegen in der Individual- und Gruppen-Psychologie, der Kommunikation, der Teamarbeit und der zielorientierten, motivierenden Management- und Führungsmethoden.

Nach seinem Ingenieur-Studium in Köln und Berlin absolvierte Gerd Datené zahlreiche Ausbildungen, z.B. Studium der praktischen Psychologie, Management-Trainer-Course in Portsmouth, England, sowie spezialisierte Bereiche der Psychotherapie, des NLP u.a.

G. Datené ist Mitglied des BDVT und der TrainerGruppe 8.

Trainer – ein Stressberuf. So bekämpfen Sie das Burn-out-Syndrom

Der Autor Gerd Datené sieht in der ständigen „Geberqualität“ von TrainerInnen eine Gefahr für Geist und Körper, wenn die ersten Signale einer Überforderung nicht rechtzeitig erkannt werden. Oft kommt es nachfolgend zu einem mentalen und körperlichen „Ausbrennen“, dem Burn-out-Syndrom. Bewusst umzugehen nicht nur mit den beruflichen Qualitäten, sondern mit sich selbst, ist der dringende Aufruf an alle, die eine selbstständige Trainerkarriere als Traumberuf gewählt haben.

Dieser Beitrag soll nicht entmutigen. Er soll vielmehr die langfristige Freude und ein erfülltes Engagement des Trainerberufes erhalten und ausweiten helfen. Dazu ist es wichtig, frühzeitig und weitsichtig entscheidende Faktoren der lebens- und berufsbegleitenden Einflüsse zu erörtern. Diejenigen, die die so spannende und interessante selbstständige Tätigkeit in erheblichem Maße beeinflussen werden – positiv, wie aber auch negativ, z.T. gar frustrierend und teilweise auch „gefährlich“ für die eigene Befindlichkeit.

Den Negativ-Faktoren, die zu einem „schleichenden“ Burn-out des Trainers führen können, nachhaltig vorzubeugen und ggf. abzuhelfen, dienen die folgenden Hilfen zur Selbsthilfe, zur ehrlichen Selbsterkenntnis und zur gezielten Abhilfe aus der vielfach erlebten Praxis des Autors – für Ihre zufriedene und sinnerfüllte Zukunft.

1 Eustress und Distress: Lust und Leid im Beruf des selbständigen Trainers

– vom Umgang mit den inneren Ressourcen; Grenzen erkennen und akzeptieren -

Euphorischer Beginn

(Nicht nur, aber besonders) zu Beginn einer Tätigkeit als selbstständiger Trainer dreht sich alles Denken und Handeln um die neue Chance und Herausforderung eines in der Tat neuen, faszinierenden Berufes und Lebens! In jeder Minute wird geplant, konzipiert, recherchiert, kontaktiert, organisiert. Das Equipment wird so perfekt wie möglich zusammengestellt, bereits Medien und Unterlagen erstellt. Das alles geschieht mit großem Engagement, Hoffnung und Enthusiasmus. Im Hinblick auf die viel versprechende Zukunft spielen Freizeit, Freunde und (auch oft) die Familie eine untergeordnete Rolle. Das ist (zunächst) auch o.k. so, schließlich ist man in einer Phase des Eustresses, der Begeisterung für das Neue! Es stellen sich aber schon jetzt naturgemäß viele Fragen – bewusst oder unbewusst.

1.1 Sicherheit / Absicherung

Realistisch planen

Wie wird die wirtschaftliche, finanzielle Zukunft aussehen? Habe ich genug Rücklagen, um eine „Durststrecke" zu überstehen? Reichen meine Finanzen, um die notwendigen Ausrüstungen, Medien, Materialien, ggf. Kontakt-, Mailing-, Insertionskosten sowie Reise-, Übernachtungskosten – nicht zu vergessen die laufenden Fixkosten und variablen Ausgaben – abzudecken? Werde ich wirtschaftlich (überhaupt) erfolgreich sein?

Machen Sie unbedingt vorher einen ehrlichen Finanz- und Wirtschaftsplan, sonst führen solche Überlegungen schnell zu Beunruhigung, zu Distress – und einem ersten möglichen Burn-out-Faktor!

1.2 Persönliche Ziele / Identität / Selbstwert und Selbstachtung

Werte leben

Sind mir meine persönlichen Ziele bewusst; habe ich ethische, moralische Grundsätze verinnerlicht, denen ich treu sein werde? Bin ich mir meiner Identität in meiner (neuen) verantwortungsvollen Rolle bewusst? Werde ich dafür Sorge tragen, meinen Selbstwert, meine Selbstachtung und Würde – auch bei verlockendsten Angeboten – nicht aufs Spiel zu setzen? Auch wenn sich diese Fragen zunächst etwas „abgehoben" anhören – Vorsicht (!): Es gibt nicht wenige Trainer, die – oft des Profits und des vermeintlichen Erfolges wegen – sich selbst und ihre inneren Persönlichkeitswerte verloren haben. Dies ist der wohl schlimmste Burn-out-Faktor, den ein Mensch erfahren kann: Selbstaufgabe und Selbstwerteinbruch! Kein Geld der Welt ist es wert, dieses „unwerte" Leben zu fristen!

1.3 Planung und Organisation / Zeitmanagement / Ressourcen

Zeitreserven vorsehen

Plane und organisiere ich mich, meine Aufgaben und meine Zeit sinnvoll, zielgerichtet und entsprechend meiner mir zur Verfügung stehenden Ressourcen (gesundheitlich wie „kräftemäßig")? Oder verzettele ich mich in (vielen, z.T. unnötigen) Kleinigkeiten? Schiebe ich wichtige Dinge vor mir her (im Amerikanischen heißt dieses Phänomen so treffend „Unfinished Business" – ein vielfach zu beobachtender, gravierender Burn-out-Faktor!)? Erstellen Sie für sich unbedingt eine A-, B-, C-Analyse Ihrer Aufgaben und Ihres Zeitpotenziales. Investieren Sie Zeit und Ruhe in eine für Sie geeignete Organisations- und Arbeitsstruktur! Die anfängliche Mühe macht sich später bezahlt! Planen Sie Ihre Reisen mit Reserven. Nehmen Sie Kunden und Seminarhotels von Beginn an in „die organisatorische Pflicht"!

1.4 Familie / soziales Umfeld / Gesundheit und Wohlbefinden

Frust vermeiden

Pflege und beachte ich meine Familie und meine Freundschaften? Achte ich auf meine Gesundheit und auf genügend Schlaf? Besonders bei Seminaren in Hotels werden nicht selten die Nächte sehr kurz (Vorsicht auch vor zu vielen nächtlichen Umtrünken). Sagen Sie lieber einmal „nein", zu Ihrem eigenen Wohlergehen.

Eustress und Distress liegen also oft nahe beieinander. Schnell wird aus Lust und Freude Frust und „Leid". Die eigenen Grenzen zu erkennen und sich selbst gegenüber offen zuzugestehen, ist keine Schwäche, sondern macht Sie stark für einen dauerhaften und sinnerfüllten Erfolg.

2 Die Ursachen und die ‚schleichende' Entstehung des Burn-Out-Syndromes

– eine lange, oft (zu) spät erkannte Lebensentwicklung; das (Un-)Gleichgewicht von „Geben und Nehmen" –

Schleichende Entwicklung

Viele Trainer sagen: „Mir passiert das nie!" – und stehen manchmal plötzlich, ohne es recht in der Gesamtentwicklung bewusst bemerkt zu haben, vor einem „Scherbenhaufen“: ausgebrannt und leer, frustriert, ohne Freude und Stolz an ihrer Arbeit „funktionieren“ sie nur noch, oft aus rein existenziellen Gründen, der „Not gehorchend“. Das ist zu schwarz gemalt?

Oh nein: Burn-out passiert häufiger, als mancher denken mag. Das Fatale daran ist, dass das Umfeld des Trainers es nicht einmal (sofort) bemerken muss – denn schließlich hat der Betroffene es ja tadellos gelernt, seine „Außen-Fassade“ aufrechtzuerhalten. Wie ist eine solche Lebensentwicklung möglich? Am Anfang des Berufes ist die Freude über jeden Auftrag groß. Er wird mit Engagement und Sorgfalt erfüllt; ist das Resultat gut, so ist die (innere) Zufriedenheit da. So sollte es immer sein, und so wünsche ich es Ihnen dauerhaft in Ihrem Trainerberuf.

Überforderung

Nun kann es (und wird es wahrscheinlich auch) so sein, dass es mehr und mehr Aufträge gibt, die – weil der Auslastung und der existenziellen Aspekte wegen reizvoll – sehr schnell das gesamte Leben „bestimmen“. Nicht selten höre ich von Trainern, die 140 Auftragstage und mehr pro Jahr „abwickeln“ (es gibt natürlich auch Trainer, die hieran wirklich Spaß haben – diejenigen sollen das auch gerne weiterhin tun und werden wohl auch nicht „ausbrennen“). Hinzu kommen die An- und Abreisezeiten, der Rest der Lebenszeit wird mit Administration, Vor- und Nacharbeit (!?) sowie unumgänglicher Organisation verbraucht. Kann ein solches Zeitbudget wirklich noch Freiräume für Kreativität, Entwicklung, Entspannung und Weiterbildung zulassen?! Nicht selten bleiben dabei Familie, Freunde, Hobbies auf der Strecke.

Diese Berufs- und Lebensentwicklung kann (muss nicht!) zu einem gefährlichen Burn-out-Faktor werden! Weniger ist oft mehr – lernen Sie frühzeitig (!) genug, „NEIN“ zu sagen, und tappen Sie nicht in die (zugegebenermaßen „verlockende“) Falle des reinen Geldverdienens und -vermehrens.

2.1 Energien zufließen lassen

Ein weiterer, psychologisch erheblicher Faktor im Trainerberuf ist der

Sich selbst wertschätzen

des „Gebens und Nehmens". Hier kann es ein großes Ungleichgewicht geben: In erster Linie „gibt" der Trainer: seine Zeit, sein Know-how, seine Kraft, seine Konzentration, seine Empathie, seine uneingeschränkte Aufmerksamkeit, seine gesamte Energie, ggf. seinen Schlaf, seine Gedanken, seine Ängste und Befürchtungen. Und dies ohne Pause, ohne Unterbrechung, ggf. 24 Stunden am Tag. Der Trainer „nimmt" dafür (hoffentlich) Erfolg, positives Feedback von den Teilnehmern und den Kunden und schreibt seine Rechnung. Im besten Fall „nimmt" er für sich in Anspruch, an einem langfristigen Erfolg eines Unternehmens maßgeblich beteiligt zu sein (aber auch hier hat der Erfolg meist „viele Väter").

Da das „Geben" eines engagierten Trainers in aller Regel den größten Teil seines Tuns ausmacht, ist ein Trainer in der Tat schnell leer und ausgebrannt. Er muss unbedingt dafür Sorge tragen, auch zu „bekommen", z.B. durch die Familie, Kollegen, Kunden, Teilnehmer – aber auch und gerade durch höchste innere Motivation (!) – und das ist nicht immer leicht!

Und ganz wichtig, wenngleich auch in unserer Gesellschaft (noch) tabuisiert: Ein Mensch darf niemals aufhören, sich selbst zu lieben, zu achten und wertzuschätzen! Selbstaufgabe nur zum Nutzen anderer Menschen ist auf Dauer in höchstem Maße gefährlich und selbstzerstörerisch.

3 Wirkungen und Beeinträchtigungen durch das Burn-Out-Syndrom in der Praxis des Selbständigen

– erste Signale erkennen, mögliche Folgen abwägen, Ursachen verändern –

Überlastung eingestehen

‚Man muss sich ... heute im Klaren darüber sein, dass es ein Überforderungsphänomen gibt, das kaum eingestanden werden kann, weil es zu den großen Tabus des Fortschritts gehört!' (Zitat Frau Dr. Jutta Greis, BDVT-Intern 159/2000). Dies gilt gleichermaßen für Trainer wie auch für ihre Teilnehmer und Kunden. Burn-out hat viele Ursachen, oft auch unausgesprochene oder verdrängte. Meist sind die

wirklichen Ursachen nur individualpsychologisch zu ergründen. Es gibt aber eine Reihe „klassischer“ Burn-out-Faktoren, deren 20 am häufigsten zu beobachtenden Sie auf den beiden folgenden Seiten in der vom Autor zusammengestellten Matrix finden.

Prüfen Sie sich anhand dieser Tabelle, ehrlich und kritisch, am besten in zeitlich regelmäßigen Abständen: Überall dort, wo Sie eine Bewertung von größer „6“ für sich feststellen, sollten Sie – wo immer möglich – Abhilfe schaffen oder zumindest bewusst und rechtzeitig gegensteuern.

4 Prophylaxe, Abhilfe und Begegnung von Burn-out für die Lebens- und Arbeitspraxis des selbstständigen Trainers

– gutgemeinte und machbare Tipps und Hinweise aus der Praxis für die Praxis –

Prüfen und umsetzen

Wie auch die jeweiligen Ursachen für Burn-out sehr individuell sind, so sind auch Abhilfe und Begegnung oft nur individuell zu suchen und zu finden. Dennoch hier eine Reihe nützlicher, bewährter Tipps und Hinweise: Aus der Tabelle können Sie bereits Ihre persönlich empfundenen Burn-out-Faktoren erkennen. Schauen Sie sich diese Bewertungen an, und fragen Sie sich, welcher der folgenden (hier nur „plakativen“) Hinweise für Sie hilfreich sein könnte:

- Ggf. eine generelle Grundanalyse durchführen lassen (physisch/ggf. psychisch)
- Biografischen Hintergrund auf evt. Relevanz zur persönlichen Situation „prüfen“
- Rückmeldungen „ungeschminkt“ wahrnehmen und sinnvoll ein- und zuordnen
- „Inneren Dialog“ prüfen und beachten; auf das „innere Kind“ hören
- Eigene Gefühle und Bedürfnisse zulassen und „leben“
- „Unfinished Business“ konsequent erledigen
- Selbstverantwortliches Handeln (statt Schuldzuweisung und Rechtfertigung) praktizieren

	Mögliches Burn-out-Syndrom Krisenfeld/Risikobereich	Betrifft mich in keiner Weise, habe absolut kein Problem damit.			Von Zeit zu Zeit spürbar, betrifft mich manchmal.			Absolut davon betroffen, für mich stark belastend. Ich habe große Probleme damit.		
		1	2	3	4	5	6	7	8	9
1	**Reisetätigkeit** *(Weg von zu Hause, „aus denn Koffer leben“. Fahrten, Trennung von Familie und gewohnter Umgebung, Hotels, „Schleppen“ von Gepäck ...)*									
2	**Akzeptanz von Aufträgen und Aufgaben** *(Wirklich gewollt? Stehe ich dahinter? Lediglich finanzielle, existenzielle Entscheidung? Ethische/moralische Akzeptanz)*									
3	**Finanzielle Abhängigkeit/Absicherung** *(Zu hohe finanzielle Belastungen; Zukunftsängste; Auftrag/Aufgabe nur der Existenzsicherung willen? ...)*									
4	**Psychische (Über-)Belastung** *(Ängste; Überforderung; Distress; „innerer Druck“ ...)*									
5	**Physische (Über-)Belastung** *(Körperliche Überbelastung; Gesundheit, körperliche Beschwerden, Krankheiten ...)*									
6	**Mangelndes Verständnis** für Ihre berufliche Situation bzw. Lebenslage bei anderen *(Familie, Freunde, Bekannte, Verwandte „verstehen“ mich/meinen Beruf nicht)*									
7	**„Das Nicht-Erreichen“ von Zielen und Idealen** *(Ziel-Anspruch/persönlicher Anspruch zu tatsächlich Erreichtem; Akzeptanz nur „kleiner“ Erfolge ...)*									
8	**Unehrlichkeit/Verlogenheit von Kunden/Kollegen/Geschäftspartnern** *(Vertrauensmissbrauch; Unzuverlässigkeiten: zu hohe/hohle Versprechungen ...)*									
9	**Unbefriedigende Wirkung meiner Arbeit/meines Tuns** *(Mangelnde Konsequenz in der Umsetzung; kaum spürbare, tatsächliche Änderungen, keine oder wenig positive Rückmeldungen ...)*									

Mögliches Burnout-Syndrom Krisenfeld/Risikobereich		Betrifft mich in keiner Weise, habe absolut kein Problem damit.			Von Zeit zu Zeit spürbar, betrifft mich manchmal.			Absolut davon betroffen, für mich stark belastend. Ich habe große Probleme damit.		
		1	2	3	4	5	6	7	8	9
10	**Zeitmangel** *(Zeitdruck: zu wenig Freiräume für Wesentliches; Hektik und Hetze …)*									
11	**Routine** *(Zu oft wiederkehrende Situationen; immer/oft „das Gleiche“, Langeweile …)*									
12	**Die Menschen** *(Unzulänglichkeiten, Unzuverlässigkeit, Vertrauensmissbrauch, falsche Versprechungen, Enttäuschungen …)*									
13	**Das tatsächlich individuelle Spezifische meiner Arbeit** *(Die „Lüge“ einer tatsächlich individuellen Tätigkeit: eigene Konzepte oder Vorgaben, Selbstverwirklichung meiner Ideen …)*									
14	**Einsamkeit** *(Ohne die wirklichen, „echten“ Bezugspersonen: ggf. Hotelzimmer, Langeweile …)*									
15	**Nicht allein sein können bzw. dürfen** *(Ständig Kunden, Geschäftspartner, Geschäftsessen, Besprechungen etc.)*									
16	**Das „Behaupten“ im Markt** *(Auftragssituation, Auftragsbeschaffung, Konkurrenz/Wettbewerb, Existenzabsicherung …)*									
17	**„Seelischer Mülleimer“** *(Konzentration auf Probleme und Konflikte anderer: Ich selbst „werde nichts los“/„bleibe auf der Strecke“ …)*									
18	**Organisatorische Unzulänglichkeiten** *(Büro-/Arbeits-Organisation; Wartezeiten; „Suche“ …)*									
19	**Privatleben** *(Gefahr des Verlustes privater Beziehungen und Kontakte; „Entwurzelung“: Vereinsamung …)*									
20	**Persönliche Konfliktbearbeitung** *(Umgang mit den eigenen Konflikten; „Hilflosigkeit“, Verdrängen eigener Konflikte und Ängste …)*									

- Auf Energiehaushalt (von „innen und außen") achten
- Selbstliebe, Selbstachtung und Selbstwert achten; niemals Selbstaufgabe zulassen
- Generell allgemeine Lebenssituationen – auch privat – prüfen und „ordnen"
- Sinnvolle und machbare Planung von Aufgaben und Zeit; Freiräume zulassen
- Den „Preis der Übereinstimmung" zu „zahlen" bereit sein (statt den „Preis der Abweichung" auf eigene Kosten hinzunehmen)
- Über Gegenwarts- und Zukunftssorgen und -Ängste mit vertrauten Personen offen reden
- Hilfe von außen annehmen; ggf. einen Therapeuten/Spezialisten aufsuchen
- Unterstützende Revitalisierungs- und Entspannungsmethoden nutzen
- „Lebens-Skript" überprüfen und ggf. konsequent ändern (pers. „Änderungs-Vertrag")
- Sich wohlwollenden Menschen anvertrauen; sich ggf. falscher „Freundschaften" entledigen
- Im Kollegenkreis und ggf. im Verband offen Erfahrungsaustausch suchen
- „Nein" sagen lernen; sich nie „prostituieren" lassen
- Nicht zum „seelischen Mülleimer" werden (oder sich total vereinnahmen lassen)
- Nur Dinge tun, die man wirklich kann und tun möchte
- Vorsicht mit „überdeckenden" Substanzen (Alkohol, Tabletten u.a.); auf Fitness und Gesundheit achten
- Sinnvoll und rationell planen und organisieren; Kunden und ggf. Seminarhotels mit in „die Pflicht" nehmen
- Sich über Erfolge – auch kleine – wirklich freuen, sie dauerhaft auf sein „Selbstwert-Konto" buchen und von den „psychologischen Zinsen" zufrieden leben

Resümee

Das Burn-out-Syndrom ist (leider) keine Fiktion. Es ist gerade in jüngster Vergangenheit – einer Zeit der Technik- und Wissensexplosion – ein stetig zunehmendes Phänomen, das in erster Linie Menschen betrifft, die in hohem Maße engagiert und erfolgsorientiert sind. Schätzungsweise 60 bis 70 % der bundesdeutschen Manager sind vom Burn-out-Syndrom mehr oder weniger betroffen. Viele psychosomatisch mitbedingte Krankheiten – allen voran der Herzinfarkt – sind die Folge. Viele menschliche Schicksale – und natürlich auch ökonomische Schäden – rühren oft aus den Folgen einer nicht frühzeitig genug begegneten Burn-out-Symptomatik. Das Thema wird in der Öffentlichkeit erst allmählich offener diskutiert, in den Unternehmen aber in aller Regel (noch) verdrängt und tabuisiert, obwohl es unterschwellig durchaus „gespürt“ wird. Sie als selbstständiger Trainer sind durch Ihren Beruf und seine sehr oft überaus „stressigen“ Begleiterscheinungen einerseits stets dem Risiko eines Burn-out-Syndromes ausgesetzt (eine Studie des Autors unter selbstständigen und angestellten Trainern im BDVT belegt dies markant!), andererseits wird es Ihnen bei zahlreichen Kunden, Teilnehmern, Kollegen und anderen Menschen häufig begegnen. Hier kann und sollte es dann (auch) Ihre Aufgabe sein, professionell damit umzugehen und – wo immer möglich – umsetzbare Hilfen anzubieten.

Vielleicht hilft Ihnen schon – jetzt oder später – der eine oder andere Tipp dieses Beitrages. Wirklich spezifische Abhilfe bei Burn-out-Symptomen wird aber – wie bereits erwähnt – jeweils individuell und situationsbezogen zu suchen und zu finden sein.

Wir wünschen Ihnen von Herzen ein erfülltes, zufriedenes und sinnvolles Trainer-Berufs- und Privatleben – möglichst ohne Burn-out-Syndrom! Dazu sollen diese Ausführungen beitragen helfen.

Nachwort

Liebe Trainerkollegin,

lieber Trainerkollege,

ganz bewusst wähle ich jetzt diese Anrede, weil ich hoffe, dass Sie beim Durchlesen bzw. Durcharbeiten dieses Buches wichtige Anregungen, vielleicht sogar den entscheidenden Kick für Ihre Trainerkarriere bekommen haben.

Wie ein roter Faden ziehen sich durch die meisten Beiträge eine Reihe von grundsätzlichen Empfehlungen, die für jede erfolgreiche Trainerlaufbahn entscheidend sind. Diese Thesen möchte ich wegen ihrer Wichtigkeit noch einmal stichwortartig zusammenfassen:

- Konzentrieren Sie sich auf Ihre Kernkompetenzen.
- Schaffen Sie sich ein klares, unverwechselbares Profil.
- Stellen Sie ganz besonders Ihren USP, Ihre Alleinstellungsmerkmale, in den Vordergrund.
- Analysieren Sie Ihren Markt und Ihre Wettbewerber.
- Erarbeiten Sie sich eine eigenständige Marketing- und Akquisitionsstrategie.
- Schaffen und pflegen Sie ein Interessenten-Informationssystem und eine Kundendatenbank.
- Bearbeiten Sie die von Ihnen ausgewählten Märkte und Branchen aktiv und systematisch.
- Achten Sie auf einen vernünftigen Mix aus Trainings- und Akquisitionstätigkeit.
- Gestalten Sie professionelle Angebote und Präsentationen.
- Verknüpfen Sie die Vorteile Ihres Angebots glaubhaft und nachvollziehbar mit den Zielen und Bedürfnissen Ihrer Interessenten.
- Konzentrieren Sie sich auf die erfolgsentscheidende Nutzenargumentation.
- Steigern Sie Ihren Bekanntheitsgrad durch wirkungsvolle Presse- und Öffentlichkeitsarbeit.
- Entwickeln Sie Maßnahmen zur Kundenpflege und zur Kundenbindung.

- Sorgen Sie für erstklassige, aktuelle Referenzen und Weiterempfehlungen.
- Und vor allem: Entwickeln Sie einen ständigen *Akquisitionsinstinkt:*
  - Sprechen Sie immer und überall über sich und Ihre Trainingsleistungen.
  - Machen Sie jeden Ihrer Seminarteilnehmer zum aktiven Akquisiteur für Ihre Trainingsleistungen.
  - Veranstalten Sie „Schnupperseminare“ für Entscheidungsträger.
  - Referieren Sie in Vereinigungen, in denen Ihre Auftraggeber organisiert sind, z.B. Marketing-Clubs, Junge Unternehmer, IHK, Innungen etc.
  - Nehmen Sie selbst an wichtigen Seminaren und Kongressen teil.
  - Publizieren Sie.
  - Beteiligen Sie sich an wichtigen Messen und Ausstellungen.
  - Werden Sie Mitglied in interessanten Berufsverbänden, wie z.B. im BDVT.
  - Pflegen Sie fachliche Kontakte, schaffen Sie sich ein Netzwerk von Verbindungen mit erfolgreichen Kollegen.

Die persönliche Begegnung, der persönliche Kontakt, die persönliche Ausstrahlung, die Überzeugung durch Persönlichkeit ist nach wie vor das wirksamste Akquisitionsinstrument des Trainers.

Erfolg hat drei Buchstaben: TUN. Deshalb ist es jetzt entscheidend, dass Sie die Anregungen, die Sie persönlich aus diesem Buch gewonnen haben, umsetzen, und zwar sofort. Um Ihnen den Transfer zu erleichtern, bearbeiten Sie bitte die nachfolgenden Anleitungen zu Ihrer persönlichen Zielfindung und Maßnahmenplanung:

Meine wichtigsten Anregungen aus dem Buch „Trainerkarriere“:	
Meine wichtigsten Ziele, die ich aus dieser Lektüre ableite:	**Bis wann will ich sie verwirklichen?**

Maßnahmen, die mich diesen Zielen näher bringen:	Welchen Zeitplan habe ich?
Ständige Aktivitäten:	**Was muss ich regelmäßig tun, um der Zielerreichung näher zu kommen?**

Hindernisse, die ich erwarte:	Wie will ich sie überwinden?
Unterstützungssysteme:	Wer oder was kann mich bei der Zielerreichung unterstützen:

Verstärker/Motivatoren:	Welche Maßnahmen verstärken meine Aktivitäten? Was motiviert mich zum Durchhalten?
Erreichte Erfolge:	Welche Maßnahmen brachten messbare Ergebnisse? Wie können diese Erfolge verstärkt und ausgebaut werden?

Und nun wünschen ich und alle Autoren dieses Werkes Ihnen eine langfristig erfolgreiche Trainerkarriere.

„Der Worte sind genug gewechselt,
nun lasst uns Taten sehn."

Herzlichst

Ihr Hans A. Hey BDVT
Herausgeber

Danke!

Frau **Ursula Widmann-Rapp**, mit der in intensiven Diskussionen Idee und Konzeption dieses Buches entstanden sind.

Den **Autoren** dieses Werkes, die alle honorarfrei im Interesse des Berufsstandes und des Trainernachwuchses mitgearbeitet haben.

Herrn **Erwin Hübner**, der ebenfalls honorarfrei Layout und Satz des Buches übernommen hat.

Meiner Frau **Ingrid Hey**, die mich wie immer am aktivsten unterstützte, indem sie alle Korrekturen las, die Beiträge koordinierte, die gesamten Schreibarbeiten ausführte und alle Nachfassaktivitäten ohne erkennbare Frustrationen erledigte.

Frau **Renate Richter** für ihren engagierten Einsatz als Lektorin. Besonders dafür, dass sie Konflikte, z.B. auch mit mir, nicht scheute und dadurch hohen Qualitätsanspruch konsequent verwirklichte.

Dem GABAL-Verlag für die äußerst unterstützende, kooperative Zusammenarbeit.

Allen aktiven und ehemaligen **BDVT-Kolleginnen und -Kollegen**. Die Kontakte, Gespräche und der intensive Erfahrungsaustausch in unserem Berufsverband schufen die Voraussetzungen zu diesem Buch.